扶

CHINA'S
POVERTY
ALLEVIATION

雷明　李浩　等　著

開明書店

中國扶貧

雷明 李浩 等著

責任編輯 陳思思
裝幀設計 譚一清
排 版 林筱晨
印 務 林佳年

出版 開明書店
香港北角英皇道 499 號北角工業大廈一樓 B
電話：（852）2137 2338 傳真：（852）2713 8202
電子郵件：info@chunghwabook.com.hk
網址：http://www.chunghwabook.com.hk

發行 香港聯合書刊物流有限公司
香港新界荃灣德士古道 220-248 號
荃灣工業中心 16 樓
電話：（852）2150 2100 傳真：（852）2407 3062
電子郵件：info@suplogistics.com.hk

印刷 美雅印刷製本有限公司
香港觀塘榮業街 6 號海濱工業大廈 4 樓 A 室

版次 2022 年 11 月初版

規格 16 開（240mm×170mm）

ISBN 978-962-459-264-1

本書繁體字版由清華大學出版社授權出版

作者簡介

雷明，北京大學光華管理學院二級教授，博士生導師，北京大學鄉村振興研究院（原北京大學貧困地區發展研究院）院長。英國愛丁堡大學 H. 教授（Honorary Professor of The University of Edinburgh）。新疆財經大學特聘教授，貴州省中國特色社會主義理論研究中心特約研究員，貴州師範大學客座教授。原國務院扶貧開發領導小組專家諮詢委員會委員，教育部教學指導委員會專業委員會委員，日本京都大學 KANSEI POWER 講座副教授，京都大學客座教授。

雷明教授長期從事有關中國貧困地區可持續發展、可持續貧、生態扶貧、多元扶貧、信息化扶貧、貧困治理等研究工作，2005 年起任北京大學貧困地區發展研究院常務副院長，2016 年起任北京大學貧困地區發展研究院院長，2021 年起任北京大學鄉村振興研究院院長。先後在 *Energy Policy*、*Omega*、*The International Journal of Management Science*、*Decision Support Systems*、*International Journal of Production Economics*、*Journal of Cleaner Production*、*Journal of Integrative Agriculture*、*International Journal of Production Research*、*Review of Development Economics*、*International Journal of Social Economics*、*Marx Ventuno*、*Sustainability*、*Entropy*、*Complexity*、*Revue Generale de Strategie* 等國內外重要學術期刊發表論文百餘篇，完成

調研報告幾十部，出版學術專著十多部。先後應邀在 *Nature*、新華社、《人民日報》、《光明日報》、《半月談》、*The Guardian*、*Straits Times*、*China Watch*、*China Daily*、《大公報》、《環境日報》、《科技日報》、《中宣部時事報告》、《中國社會科學報》、《貴州日報》、中央電視台、中央人民廣播電台、鳳凰衛視等媒體接受專訪和發表觀點。

代表性專著：*Climate Mitigation and Adaptation in China: Policy, Technology and Market* (Springer, 2022)、《通往富裕之路：中國扶貧的理論思考》(2021)、《中國扶貧》(2020)、《股田中國 —— 兼論農村股份合作制》(2020)、《新型城鎮化與貧發展》(2018)、《旌德調查 —— 關於安徽省旌德縣多元扶貧的調查報告》(2017)、《農村信息化模式選擇與路徑依賴 —— 廣東德慶縣農村信息化調查與分析》(2013)、《貧困山區可持續發展之路 —— 基於雲南昭通地區調查研究》(2010)、《科學發展 構建和諧 —— 貴州省畢節地區開發扶貧與生態建設》(2008)、《中國資源經濟環境綠色核算（1992—2002）》(2010)、《中國資源經濟環境綠色核算綜合分析（1992—2002）》(2011)、《綠色投入出核算 —— 理論與應用》(2000)、《可持續發展下綠色核算 —— 資源經濟環境綜合核算》(1999) 等。

入選教育部新世紀人才計劃，先後獲全國優秀博士後稱號，中國綠色人物特別獎，中國環境與發展國際合作委員會環境獎，國家教學成果二等獎，北京市哲學社會科學優秀成果專著一等獎、二等獎，北京市教學成果一等獎，全國統計科技進步獎論文二等獎，中國高校人文社會科學優秀成果專著三等獎，湖北省科技進步二等獎，日本笹川良一優秀青年獎等。

李浩，男，北京大學光華管理學院在讀博士生，參與多項導師雷明主持的科研項目，發表 SCI 論文一篇，國內核心期刊論文多篇，作為主要參與者參與導師主持的國務院扶貧辦項目，並作為主要合作者與導師共同出版《新型城鎮化與減貧發展》(2018)。

目　錄

第一章　緒論

第一節　貧困與反貧困理論 …… 001

第二節　中國的扶貧歷程與成就 …… 005

第二章　中國扶貧史

第一節　中華人民共和國成立後的扶貧 …… 021

第二節　總結 …… 046

第三章　中國扶貧模式

第一節　輸血救濟式扶貧 …… 049

第二節　以工代賑模式 …… 050

第三節　以縣為中心的扶貧 …… 053

第四節　整村推進 …… 056

第五節　集中連片特困地區扶貧 …… 060

第六節　精準扶貧 …… 064

第七節　深度扶貧 …… 070

第八節　可持續扶貧 …… 073

第四章 中國扶貧治理結構

第一節 公共品、準公共品及扶貧 …… 079
第二節 政府：主導—引導 …… 080
第三節 市場：無—有 …… 087
第四節 群眾：主體 …… 096
第五節 社會：參與 …… 100
第六節 國際組織：助推 …… 104
第七節 總結 …… 108

第五章 中國扶貧機制

第一節 經濟扶貧機制 …… 109
第二節 法制扶貧機制 …… 128
第三節 道德扶貧機制 …… 133
第四節 內生動力扶貧機制 …… 135
第五節 總結 …… 139

第六章 中國扶貧政策體系

第一節 研究問題 …… 141
第二節 中國扶貧政策體系 …… 147
第三節 總結 …… 171

第七章　中國扶貧組織保障

第一節　組織保障的含義 …… 173
第二節　中國扶貧組織保障形式 …… 177
第三節　總結及建議 …… 196

第八章　中國扶貧工作機制

第一節　自上而下、自下而上 …… 201
第二節　菜單式與訂單式 …… 210
第三節　學後幹與幹中學 …… 220
第四節　政府主導與市場主導 …… 224
第五節　供給側與需求側 …… 231

第九章　中國扶貧能力建設

第一節　基礎設施建設 …… 238
第二節　公共服務建設 …… 243
第三節　財政體系建設 …… 248
第四節　金融體系建設 …… 252
第五節　信息化建設 …… 255
第六節　市場培育 …… 259
第七節　人力資源培育 …… 263
第八節　總結 …… 266

第十章　中國扶貧實現路徑

第一節　輸血救濟 …… 267
第二節　以工代賑 …… 268
第三節　以縣為中心 …… 274
第四節　整村推進 …… 280
第五節　片區扶貧 …… 285
第六節　精準扶貧 …… 292
第七節　深度扶貧 …… 297
第八節　可持續扶貧 …… 303

第十一章　以縣為中心的扶貧

第一節　成就 …… 307
第二節　經驗 …… 310
第三節　問題 …… 321
第四節　對策 …… 323
第五節　總結 …… 330

第十二章　整村推進扶貧

第一節　成就 …… 333
第二節　經驗 …… 339
第三節　問題 …… 350
第四節　對策 …… 353

第十三章　片區扶貧

第一節　緒論 …… 357
第二節　中國片區扶貧取得的成就 …… 367
第三節　中國片區扶貧的典型經驗 …… 375
第四節　中國片區扶貧存在的問題 …… 385
第五節　中國片區扶貧的對策建議 …… 388
第六節　總結 …… 391

第十四章　精準扶貧

第一節　緒論 …… 393
第二節　精準扶貧戰略的形成及基本內涵 …… 396
第三節　精準扶貧的減貧成就 …… 404
第四節　精準扶貧的實踐案例 …… 412
第五節　精準扶貧的實踐困境與應對策略 …… 420
第六節　總結 …… 429

第十五章　深度扶貧

第一節　深度扶貧的理論基礎及主要成因 …… 433
第二節　深度扶貧的成就與經驗 …… 437
第三節　深度扶貧的難點和問題 …… 441
第四節　深度扶貧問題的解決措施 …… 446
第五節　總結 …… 458

第十六章 可持續扶貧

第一節 緒論 …… 461
第二節 產業融合：可持續扶貧發展新模式 …… 466
第三節 可持續扶貧案例 …… 472
第四節 可持續扶貧存在的問題 …… 485
第五節 總結 …… 487

第十七章 中國扶貧經驗總結

第一節 精準扶貧 …… 489
第二節 開放式扶貧 …… 494
第三節 綠色扶貧 …… 497
第四節 可持續扶貧 …… 501
第五節 共享扶貧 …… 505
第六節 協調扶貧 …… 511
第七節 創新扶貧 …… 515

第十八章 總結

第一節 本書要旨 …… 523
第二節 中國貧困現狀 …… 525
第三節 思考與建議 …… 529
第四節 2020 年扶貧工作展望 …… 532

第一章　緒論

第一節　貧困與反貧困理論

18 世紀工業革命開始以來，科學技術發展迅猛，機器開始替代人工，勞動力得以解放，生產效率逐步提高，社會財富不斷積累；同時，科技進步也加劇了世界各國的不均衡發展，貧富差距加大等問題日益凸顯。第二次世界大戰結束後，隨着全球化進程加快，發展中國家不斷發聲，貧困問題為全世界所關注，「消除貧困」成為世界大多數國家重要的發展目標。

一、貧困的定義與成因

貧困是伴隨着人類社會形成與發展而存在的世界性現象，是相對於富足而存在的，因而不同國家、不同民族都會出現貧困；貧困的表現方式是隨着國家或區域的經濟條件變化而發展的。因此，不同國家的人們，在不同的時間，對貧困的認識也不盡相同。

19 世紀末到 20 世紀初，英國的布什（Booth）和朗特里（Rowntree）出版了專著討論貧困問題。朗特里最早系統地提出貧困的定義：「如果一個家庭的總收入不足以維持家庭人口最基本的生存活動要求，那麼，這個家庭就基本上陷入了貧困之中。」[1] 人們早期對貧困的理解只停留在物質層面。百年間，學術界和國際機構都依據區域國家或全球發展的不同狀況對

* 感謝婁新琳為本章做出的工作。

1 西博姆・朗特里：貧乏研究[M]. 長澤弘毅，譯. 東京：株式會社千城，1975：1-2。

貧困進行了定義，隨着貧困理論的不斷發展，貧困的定義也越來越完善。

加爾布雷斯（Galbraith，1958）認為一個人貧困與否同時由他個人所擁有的收入和社會中其他人的收入水平決定。此後，魯西曼（Runciman，1966）與湯森德（Townsend，1971）提出相對貧困理論。湯森德認為那些缺乏獲得各種食物、參加社會活動和最起碼的生活與社交條件等資源的個人、家庭和群體就是貧困的，他們被剝奪了享有這些資源的權利。[1]1998 年諾貝爾經濟學獎獲得者阿馬蒂亞・森（Amartya Sen）首次使用權利方法進行貧困研究，在 20 世紀 90 年代提出從「可行能力」視角對貧困進行分析，指出要「用一個人所擁有的、享受自己有理由珍視的那種生活的實質自由，來判斷其個人的處境」，森認為貧困是「基本可行能力被剝奪，而不僅僅是收入低下」[2]，收入低下只是可行能力缺乏的一種直觀表現和重要原因。

《1990 年世界發展報告》根據森的貧困理論將貧困定義為「缺少達到最低生活標準的能力」[3]。《2000/2001 年世界發展報告》中，世界銀行將廣義的貧困定義為「貧困是指福利的被剝奪狀態」，指出「貧困不僅指物質的匱乏，而且還包括低水平的教育和健康」。除此之外，「貧困還包括風險和面臨風險時的脆弱性，以及不能表達自身的需求和缺乏影響力」。[4]

人們對貧困產生原因的認識也是隨着貧困概念的研究而開展的。早期人們對貧困的解讀主要集中在物質層面，認為造成貧困的原因是收入少導致的生活資源缺乏，即絕對貧困，這時的貧困研究主要以經濟學理論為依據。隨着貧困研究的不斷深入和人類需求層次理論的形成、相對貧困的概念確立，精神文化需求的缺失成為造成貧困的重要因素。

20 世紀 90 年代，阿馬蒂亞・森提出的「能力貧困」開拓了貧困研究的

---

1 郭熙保、羅知：論貧困概念的演進 [J]. 江西社會科學，2005（11）：38-43。

2 阿馬蒂亞・森：以自由看待發展 [M]. 任賾、于真，譯 . 北京：中國人民大學出版社，2002。

3 世界銀行：1990 年世界發展報告 [M]. 北京：中國財政經濟出版社，1990：52。

4 2000/2001 年世界發展報告：與貧困作鬥爭 [M]. 2000/2001 年世界發展報告翻譯組譯 . 北京：中國財政經濟出版社，2001。

新方向，貧困理論不再局限於經濟學分析，還加入了倫理學理論。「能力貧困」理論引入「可行能力」和「可行能力集」兩個新概念，並認為自由是人類發展的目標和手段，「可行能力」被剝奪將直接導致喪失實質自由，進而產生貧困。因而，貧困外在形式產生的根本原因在於能力和機會被剝奪。

貧困是一個多元化概念，包含物質、健康、文化、法律和政治等多方面內涵。貧困概念和相關理論的不斷完善，有力地支持了反貧理論的發展和反貧政策的制定。

二、反貧困理論

反貧困理論的構建主要有三個來源：一是後凱恩斯主義經濟學，即主流經濟學，以保羅・薩繆爾森（Paul A.Samuelson）的「收入可能性曲線」動態分析和阿瑟・奧肯（Arthur M. Okun）的「漏斗理論」為代表[1]，多強調經濟在貧困中的重要性，只有解決資本不足導致的收入低才能解決貧困問題；二是福利經濟學，以霍布森（Hobson）、阿瑟・庇古（Arthur Cecil Pigou）增加社會福利總量為宗旨的傳統福利經濟學、「帕累托最優狀態」為前提的新福利經濟學和阿馬蒂亞・森以收入均等程度為指標的福利經濟學為代表；三是發展經濟學，以瑞典經濟學家岡納・繆爾達爾（Gunnar Myrdal）的《世界反貧困大綱》中的反貧困思想為代表。[2] 20 世紀中後期，福利經濟學和發展經濟學的貧困研究更為主流認可。福利經濟學和發展經濟學強調機會缺失和能力缺乏導致貧困，主張國家通過政策引導和體制改革提高貧困人口的可行能力，從而在根本上解決貧困。

岡納・繆爾達爾 1970 年在《世界貧困的挑戰》一書中首次提出「反貧困」概念，「反貧困」的研究就此展開。目前，反貧困的概念主要有以下幾種表述：一是 poverty reduction，即減少貧困發生因素，強調反貧困的

1　陳昕：反貧困理論與政策研究綜述 [J]. 價值工程，2010，29（28）：256。

2　王俊文：當代中國農村貧困與反貧困問題研究 [M]. 長沙：湖南師範大學出版社，2010。

過程性。二是 poverty alleviation，即減輕、緩和貧困的手段。三是 support poverty，即扶貧，主要是政府或民間的反貧困計劃與項目。這在中國解決農村貧困問題工作中得到廣泛運用。四是 poverty eradication，即根除、消滅貧困，強調反貧困的目的性。[1] 這些概念分別從不同角度闡述反貧困，反映了反貧困的內在邏輯，即通過政府或民間組織的政策或項目減少發生因素、緩和貧困，向消除貧困的長遠目標而努力。

三、中國扶貧理論與政策的發展

中國的反貧困鬥爭始終伴隨着國家的建設與發展。

中華人民共和國成立之初，國民經濟破壞嚴重，人民普遍貧困，中國以馬列主義為基本理論指導進行社會主義建設，並結合中國國情，以發展生產力、恢復國民經濟為主要目標，着力開展集體所有制經濟建設，發展工業，以經濟增長緩解貧困，對於生活困難的特困和受災群眾，國家財政專項撥款下發救濟金。此時，中國還未形成系統的扶貧理論，也沒有制定明確的扶貧政策。

20 世紀 80 年代，中國着手解決農村貧困問題。在推進經濟體制改革、加快對外開放等措施大力發展國民經濟，從而實現共同富裕的同時，政府還開始有組織、有計劃地開展扶貧項目，針對中國區域發展不均衡的狀況，以開發式扶貧為理論基礎，提高貧困人口生產力，改善地區生活環境。至 20 世紀末，中國貧困人口的溫飽問題基本解決。

隨着扶貧工作的推進，中國貧困人口大幅下降，農村普遍貧困狀況得到緩解。至 21 世紀初期，中國貧困地區呈現出區域化、分散化的特點，並且貧困也不僅表現為物質生活資料的缺失，還向文化、教育、健康等多元貧困形態發展。針對這一現象，政府將以貧困縣為基礎的扶貧開發調整

1 王俊文：當代中國農村貧困與反貧困問題研究 [D]. 武漢：華中師範大學，2007。

為「整村推進」，注重貧困人口的能力培養，通過教育培訓、醫療改革、發展涉農產業等方式提高貧困人口自身發展能力。貧困人口規模進一步下降，但貧困地區發展滯後問題仍未解決，扶貧工作進入最後的攻堅階段。

近年來，隨着「精準扶貧」理念的提出，中國扶貧理論得以創新和發展。精準扶貧是一種合作型扶貧模式，它針對精準識別的貧困戶，以參與式扶貧為基礎，強調政府、貧困人口通力合作，依託社會平台進行產業發展、資源開發和基礎建設，從而實現脫貧。依託「精準扶貧」戰略，政府加大扶貧投入，因地制宜，因人施策，出台並落實各項扶貧政策。中國扶貧工作效率大幅提升，貧困人口脫貧速度明顯加快。

同時，改革開放以來國外先進反貧困經驗的傳入和國際組織對中國的扶貧援助，都推動了中國扶貧理論的完善和扶貧政策的發展。

第二節　中國的扶貧歷程與成就

一、扶貧歷程

解決貧困問題與增進人民福祉息息相關，歷來為政府所重視。中華人民共和國成立之初，中國致力於社會主義建設，發展工業帶動國民經濟恢復，以期緩解普遍貧困的狀況。對於極端貧困和受災致貧群眾，則由國家財政撥款救濟。

中共十一屆三中全會之後，中國開始進行經濟體制改革，實行土地經營制度變革、放開農產品價格、發展鄉鎮企業等一系列措施，促進了農村經濟的發展，緩解了農村貧困狀況，為扶貧工作的進一步開展奠定了基礎。據統計，1978 年到 1985 年，農村人均糧食產量增長 14%，棉花增長 73.9%，油料增長 176.4%，肉類增長 87.8%；農民人均純收入增長了 2.6 倍；沒有解決溫飽的貧困人口從 2.5 億人減少到 1.25 億人，佔農村人口的比例下降到 14.8%；貧困人口平均每年減少 1786 萬人。[1]

中國系統化的扶貧工作起步於 20 世紀 80 年代中期。改革開放政策實施後，在「先富帶動後富」理念的引領下，中國總體經濟水平顯著提高，同時，區域發展不平衡現象逐漸顯露，中國貧富差距開始拉大，一些地區由於地理環境、歷史因素和政策傾斜等原因逐漸落後，人民生活困苦。在這一背景下，1984 年中央下發《中共中央、國務院關於幫助貧困地區儘快改變面貌的通知》，決定採取放寬經營政策、興辦企業、減輕稅賦、加強基礎設施建設、發展教育事業等一系列措施，「幫助這些地區的人民首先擺脫貧困，進而改變生產條件，提高生產能力，發展商品生產，趕上全國經濟發展的步伐」。

1986 年第七個五年計劃出台，設專章規劃「老、少、邊、窮地區的經濟發展」，同年國務院成立貧困地區經濟開發領導小組，全面負責扶貧攻堅事業。這一階段，中國確定了開發式扶貧政策和規劃，根據貧困標準確立了扶貧工作重點縣，實施優惠政策，投入扶貧專項資金，啟動開發項目，使中國扶貧開發實現新跨越。至 1993 年，國家扶貧工作重點縣農民人均純收入從 1986 年的 206 元增加到 1993 年的 483.7 元；農村貧困人口由 1.25 億人減少到 8000 萬人，平均每年減少 640 萬人，年均遞減 6.2%；貧困人口佔農村總人口的比重從 14.8% 下降到 8.7%。[1] 但同時，中國大部分貧困地區選擇以工業為中心的經濟增長模式，以期快速、便捷地增加區域經濟收入，實現開發扶貧。實踐證明，這一方式雖促進了縣域經濟發展，但缺乏與貧困人口的直接聯繫。

隨着改革開放的深入及扶貧政策的實施，中國貧困發生率逐年下降，貧困人口規模顯著降低。但同時貧困的表現形式有了新變化，貧困人口主要集中在中西部地區，貧困人口呈現出明顯的地緣化分佈，貧困人口脫

1《中國的農村扶貧開發》白皮書，2001。

貧速度放緩，「以解決溫飽為目標的扶貧開發工作進入了攻堅階段」[1]。1994年，《國家八七扶貧攻堅計劃》（以下簡稱《扶貧攻堅計劃》）出台，重新認定國家扶貧工作重點縣，詳盡部署扶貧工作，從產業發展、財政資金安排、政策保障、教育衛生事業、基礎設施建設、社會合作等方面，加大政府投入及部門合作，「力爭用七年左右的時間，基本解決全國農村 8000 萬貧困人口的溫飽問題」。這是中國第一個目標明確、措施詳細、時間限定的扶貧計劃。1996 年，中共中央、國務院《關於儘快解決農村貧困人口溫飽問題的決定》頒佈，強調了解決農村貧困人口溫飽問題的緊迫性和重要性，堅持《扶貧攻堅計劃》，集中力量推動扶貧工作開展，確保 20 世紀末實現既定目標。1998 年、1999 年中國相繼召開扶貧工作會議，從上而下動員，對於堅定扶貧幹部工作信念，鼓舞貧困人口脫貧信心，堅定不移地實施扶貧政策、達到脫貧目標都有重要意義。到 2000 年年底，中國基本實現了《扶貧攻堅計劃》確立的脫貧目標。貧困人口生活條件明顯改善，貧困縣累計修建基本農田 6012 萬畝（一畝 ≈666.67 平方米），新增公路 32 萬公里，架設輸變電線路 36 萬公里，解決了 5351 萬人和 4836 萬頭牲畜的飲水問題，通電、通路、通郵、通電話的行政村分別達到 95.5%、89%、69% 和 67.7%，其中部分指標已經接近或達到當年全國平均水平。農村居民家庭人均純收入從 648 元提高到 1337 元，年均增長速度為 12.8%。[2] 中國農村絕對貧困人口由 1992 年的 8000 萬人左右下降到 3209 萬人，平均每年減少 532 萬人，農村貧困發生率由 8.8% 減少到 3.5%。其中國家重點扶持貧困縣的貧困人口由 1994 年的 5858 萬人下降到 2000 年的 1710 萬人。[3]

經過 20 餘年的扶貧奮鬥，中國貧困人口的溫飽問題已基本解決，但

1 中華人民共和國國務院：關於印發《國家八七扶貧攻堅計劃》的通知。

2 中國扶貧開發情況簡介 [EB/OL]. http://www.china.com.cn/economic/txt/2001-11/07/content_5073269.htm.

3《中國的農村扶貧開發》白皮書，2001。

仍有部分貧困人口因為地理、環境或歷史原因等在貧困線下掙扎；同時，隨着中國國民整體經濟水平的提高，相對貧困依然存在，且呈現出文化、教育、就業等多方面機會缺失的貧困表現，貧困人口整體生活質量偏低。

面對 21 世紀新的貧困態勢，中國及時調整政策，制定《中國農村扶貧開發綱要（2001—2010 年）》，確立貧困人口的主體地位，以「解決少數貧困人口溫飽問題，進一步改善貧困地區的基本生活條件，鞏固溫飽成果，提高貧困人口的生活質量和綜合素質」「為達到小康水平創造條件」為奮鬥目標，堅持扶貧政策保障和扶貧工作隊伍建設，以產業發展、環境改善、素質提高為切入點，通過市場化經營、基礎設施建設、教育培訓、科技指導、醫療救助、勞務輸出、搬遷扶貧等途徑，輔以社會力量和國際組織，進行貧困地區開發建設，並將扶貧重點轉向貧困村。進行整村推進、產業扶貧、勞務輸出、搬遷扶貧等具體扶貧措施的創新，因地制宜，推動農村地區尤其是貧困地區的經濟發展，進一步緩解貧困，在一定程度上改善了群眾的生活環境和居住條件。2001 年至 2010 年，592 個國家扶貧開發工作重點縣人均地區生產總值從 2658 元增加到 11 170 元，年均增長 17%；人均地方財政一般預算收入從 123 元增加到 559 元，年均增長 18.3%；農民人均純收入從 2001 年的 1276 元增加到 2010 年的 3273 元，年均增長 11%（未扣除物價因素）。[1] 十年間，貧困發生率從 10.2% 降至 2.8%，貧困人口減少 6734 萬人 [2]。

2011 年，中國大幅上調貧困標準，由於新標準的提出，農村貧困人口數量則由 2010 年的 2688 萬人增加到 16 567 萬人。同時，連片特困地區的扶貧任務依然艱巨，區域性貧困和貧困人口脫貧動力不足問題亟待解決；返貧現象時有發生。據有關部門統計，中國目前各地返貧率平均達到 15% 左右，而有的統計則認為中國目前返貧率為 15%—20%，最高的則認為中

1《中國農村扶貧開發的新進展》白皮書，2011。

2 中國統計年鑒 2017，按 2008 年貧困標準統計。

國每年的返貧率為 20%—30%[1]。針對中國貧困地區出現的新問題，中國政府下發《中國農村扶貧開發綱要（2011—2020 年）》，以「穩定實現扶貧對象不愁吃、不愁穿，保障其義務教育、基本醫療和住房。貧困地區農民人均純收入增長幅度高於全國平均水平，基本公共服務主要領域指標接近全國平均水平，扭轉發展差距擴大趨勢」為目標，調整扶貧資源配置，強化專項扶貧措施的實施。2010 年至 2012 年，全國農村貧困人口減少近 6700 萬人，農村貧困發生率從 17.2% 下降到 10.2%；重點縣農民人均純收入從 3273 元增加到 4602 元，年均增長 18.6%，增幅超過全國平均水平[2]。

2013 年，隨着「精準扶貧」理念的確立，中國扶貧工作翻開了新篇章。當年年底，國務院下發《關於創新機制紮實推進農村扶貧開發工作的意見》，強調要從根本上改變貧困地區發展落後現狀，通過改革創新扶貧工作機制，「着力消除體制機制障礙，增強內生動力和發展活力，加大扶持力度，集中力量解決突出問題，加快貧困群眾脫貧致富、貧困地區全面建成小康社會步伐」，詳細部署重點工作，「踐行黨的群眾路線，轉變作風，紮實工作，切實幫助貧困地區改變面貌，幫助貧困群眾脫貧致富」。2014 年以來，中國政府出台一系列相關政策保障精準幫扶，創新和完善扶貧方式，改革財政管理，優化金融服務機制，廣泛引導社會參與，開拓適合中國國情的特色扶貧之路。2016 年，正值「十三五」開局之年，國務院印發《「十三五」脫貧攻堅規劃》，詳細指導專項扶貧工作的開展，並創新性地提出健康扶貧、資產收益扶貧、電商扶貧、「互聯網＋」扶貧等新舉措。

2013 年至 2018 年，農村貧困人口從 8249 萬人減少到 1660 萬人，貧困發生率降至 1.7%[3]，貧困地區農村居民人均可支配收入與全國農村平均水

---

1 陳端計、楊莉莎、史揚：中國返貧問題研究 [J]. 石家莊經濟學院學報，2006（2）：166-169。

2 劉永富：國務院關於農村扶貧開發工作情況的報告 —— 2013 年 12 月 25 日在第十二屆全國人民代表大會常務委員會第六次會議上 [J]. 北京：全國人民代表大會常務委員會公報，2014（1）：105，109。

3 國家統計局：中國統計年鑒 2018。

平的差距進一步縮小，同時貧困地區基礎設施明顯改善，基本公共服務保障水平持續提高。

二、扶貧的成就與意義

經過近 70 年的扶貧開發，中國農村的貧困狀況得到很大程度的緩解。在不同扶貧標準下，中國的農村貧困人口和貧困發生率均有大幅下降。[1] 改革開放 40 年來，貧困人口數量從 1978 年年末的 77 039 萬人下降到 2017 年末的 3046 萬人，累計減貧 7.4 億人，年均減貧人口近 1900 萬，貧困發生率也從 97.5% 下降到 3.1%（圖 1-1），對全球減貧的貢獻率超七成[2]，中國成為率先完成聯合國千年發展目標的國家[3]。中國向全面建成小康社會的偉大目標又邁進了一步。

中國的扶貧質量也在不斷提升。貧困距指數（poverty gap index）是國際公認的貧困深度測量指標，反映了貧困人口收入與貧困線差距的百分比，數值越大說明貧困人口整體收入越低，越接近赤貧狀態。中國的貧困距指數自 1981 年以來迅速降低（圖 1-2），表明中國貧困人口的收入水平有了整體提升，基本與貧困線持平，也說明中國目前的極端貧困人口已經很少，貧困深度明顯降低，扶貧質量不斷提高。[2]

具體來看，中國扶貧取得的成就切實反映在居民、地區和國家發展的方方面面。

（一）貧困人口生活水平提高

貧困人口脫貧最直觀的反映就是生活水平的改善，包括收入和消費水

1 張騰、藍志勇、秦強：中國改革四十年的扶貧成就與未來的新挑戰 [J]. 公共管理學報，2018，15（4）：101-112，154。

2 改革開放 40 年　貧困人口減少 7.4 億 [EB/OL]. http://cn.chinagate.cn/news/2018-10/17/content_66636367.htm.

3《中國的減貧行動與人權進步》白皮書，2016。

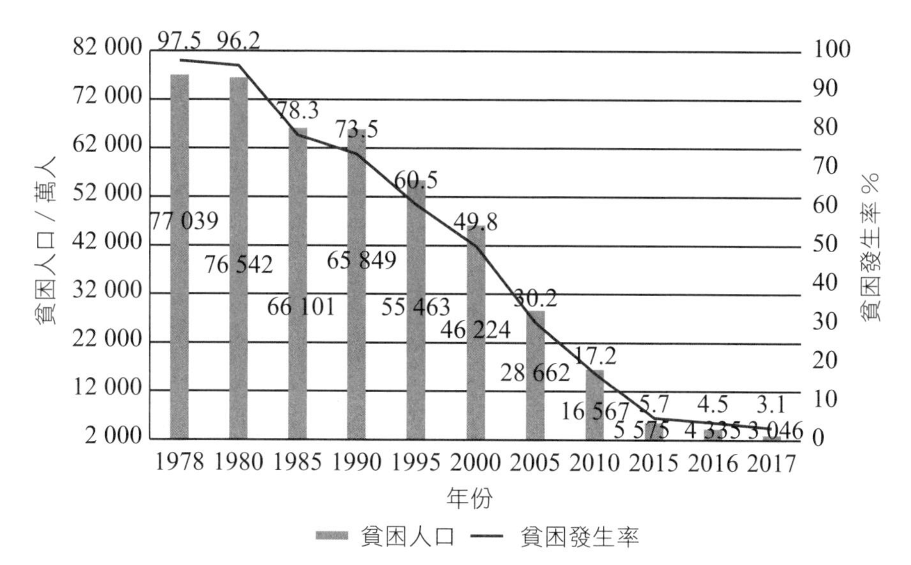

圖 1-1　1978—2017 年中國貧困人口數量及貧困發生率（2010 年貧困標準）

資料來源：國家統計局《中國統計年鑒 2017》

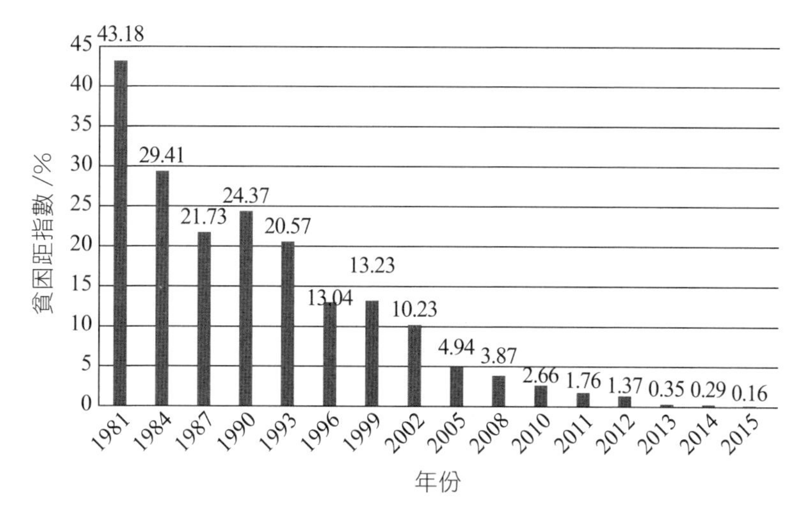

圖 1-2　中國貧困距指數變化情況

資料來源：http://iresearch.worldbank.org/PovcalNet/povOnDemand.aspx

平、住房狀況、地區基礎設施三個方面內容。

1. 收入和消費水平

貧困地區居民收入和消費水平一直保持快速增長，與全國農村平均水平的差距在逐漸減小。2017 年，中國貧困地區農村居民人均可支配收入為 9377 元，是全國農村平均水平的 69.8%；其中，集中連片特困地區和扶貧開發工作重點縣的居民人均可支配收入都在 9250 元以上（圖 1-3）[1]。2013 年實施「精準扶貧」戰略以來，中國反貧困鬥爭取得突破性進展。與「精準扶貧」實施前即 2012 年的指標相比，2017 年中國貧困地區農村居民人均可支配收入名義水平是 2012 年的 1.8 倍，扣除價格因素，實際水平是 2012 年的 1.6 倍，年均實際增長 10.4%，比全國農村平均增速快 2.5 個百分點，貧困地區農村居民人均可支配收入與全國農村平均水平之比提高了 7.7 個百分點。其中，集中連片特困地區和扶貧開發工作重點縣 2012—2017 年農村居民人均可支配收入實際年均增長率分別為 10.3% 和 10.7%，均高於全國農村平均增速。

2017 年，中國貧困地區農村居民人均消費支出 7998 元（圖 1-4），與 2012 年相比，年均名義增長 11.2%，扣除價格因素，年均實際增長 9.3%。其中，集中連片特困地區農村居民人均消費支出 7915 元，年均名義增長 11.2%，扣除價格因素，年均實際增長 9.2%；扶貧開發重點縣農村居民人均消費支出 7906 元，年均名義增長 11.3%，扣除價格因素，年均實際增長 9.3%。[1]

同時，貧困地區農民家庭耐用品升級換代，消費結構不斷優化。從傳統耐用消費品來看，2017 年貧困地區農村每百戶擁有電冰箱、洗衣機、彩電分別為 78.9 台、83.5 台和 108.9 台，分別比 2012 年增加 31.4 台、31.2 台和 10.6 台，擁有量持續增加，和全國農村平均水平的差距逐漸縮小。

1 國家統計局住戶調查辦公室：扶貧開發成就舉世矚目　脫貧攻堅取得決定性進展 [N]. 中國信息報，2018-09-04（1）。

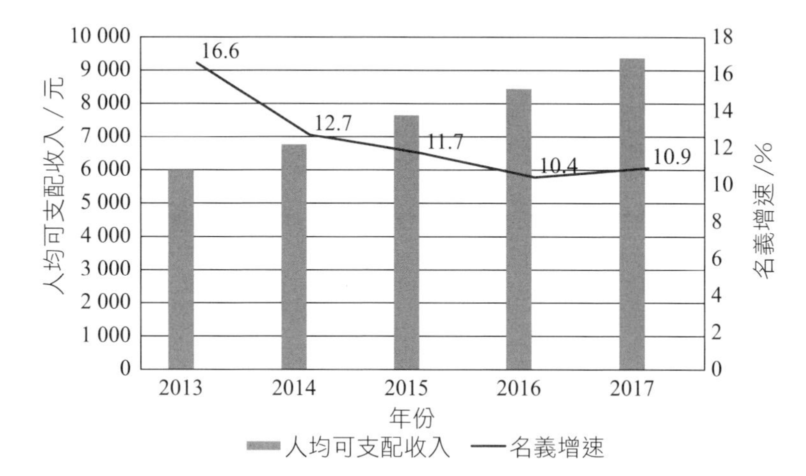

圖 1-3　2013—2017 年貧困地區農村居民收入增長情況

資料來源：國家統計局《中國農村貧困監測報告 2017》《農村改革書寫輝煌歷史　鄉村振興擘畫宏偉藍圖——改革開放 40 年經濟社會發展成就系列報告》

圖 1-4　2013—2017 年貧困地區農村居民消費支出增長情況

資料來源：國家統計局《中國農村貧困監測報告 2017》《農村改革書寫輝煌歷史　鄉村振興擘畫宏偉藍圖——改革開放 40 年經濟社會發展成就系列報告》

從現代耐用消費品來看，2017 年貧困地區農村每百戶汽車、計算機擁有量分別為 13.1 輛、16.8 台，分別是 2012 年的 4.9 倍和 3.1 倍，實現快速增長。[1] 貧困人口吃飯穿衣消費穩定增長，而佔比下降，交通通信、教育娛樂消費佔比提高。2016 年貧困地區農村居民人均食品支出為 2567 元，是 2013 年的 1.25 倍，恩格爾係數為 35.0%，相比 2013 年下降 3.2%；2016 年貧困地區農村居民人均衣着支出消費是 2013 年的 1.27 倍，衣着支出佔消費支出比重為 5.8%，較 2013 年下降 0.4 個百分點。而人均交通通信支出和文化娛樂支出佔比分別從 2013 年的 9.5%、9.3% 提高到 2016 年的 11.0% 和 10.8%。[2]

2. 住房狀況

貧困地區居民住房狀況不斷改善。1978 年，中國農村居民人均住房面積為 8.1 平方米，到 2017 年，這一指標是 46.7 平方米 [3]，增幅達到 80% 以上。2017 年中國貧困地區農村居民戶均住房面積比 2012 年增加 21.4 平方米；居住在鋼筋混凝土房或磚混材料房的農戶比重為 58.1%，比 2012 年上升 18.9 個百分點。貧困人口的居住質量也明顯提升，2017 年貧困地區農村飲水無困難的農戶比重為 89.2%，比 2013 年提高了 8.2 個百分點；使用管道供水的農戶比重為 70.1%，比 2013 年提高了 16.5 個百分點；使用經過淨化處理自來水的農戶比重為 43.7%，比 2013 年提高 13.1 個百分點；2017 年貧困地區農村居民使用衞生廁所的農戶比重為 33.2%，比 2012 年提高 7.5 個百分點。[4]

---

1 國家統計局住戶調查辦公室：扶貧開發成就舉世矚目　脫貧攻堅取得決定性進展 [N]. 中國信息報，2018-09-04（1）。

2 國家統計局：精準脫貧成效卓著　小康短板加速補齊 —— 黨的十八大以來經濟社會發展成就系列之六。

3 http://www.ce.cn/xwzx/gnsz/gdxw/201808/31/t20180831_30175442.shtml.

4 國家統計局住戶調查辦公室：扶貧開發成就舉世矚目　脫貧攻堅取得決定性進展 [N]. 中國信息報，2018-09-04（1）。

3. 地區基礎設施

中國重視貧困人口的居住環境及便捷程度，投入大量財政資金進行基礎設施建設，通電、通水、通路、通信，打通貧困地區與外界連接的通道。2015 年 12 月，隨着青海省最後 3.98 萬無電人口通電，中國全面解決了無電人口用電問題。[1] 2017 年，中國農村自來水普及率和集中式供水覆蓋率分別提高到 70% 和 75% 以上[2]；全國農村公路里程達到 400.93 萬千米，通公路的建制村佔全國建制村總數的 99.98%，其中通硬化路面的建制村佔全國建制村總數的 98.35%；貧困地區通硬化路面的自然村比重為 81.1%，低於全國水平，但仍比 2013 年提高了 21.2 個百分點；通電話、有線電視信號、寬帶的貧困村比重分別達到 98.5%、86.5% 和 71.0%，與 2012 年相比都有明顯提高[1]。

貧困人口收入消費水平的提高，直接反映了貧困地區群眾購買能力的提升；住房狀況的改善和基建水平的增長，表明了貧困地區生活環境和便捷程度的改善。困擾貧困人口的基本生存問題得到解決。

（二）貧困區域公共服務逐漸完善

公共服務為人們提供基本的生產生活保障，貧困地區教育、醫療和社會保障等公共服務的建設，拓展了貧困人口的可行能力與內生動力，切實增強了貧困地區的經濟活力與發展潛力。

1. 教育文化

教育脫貧力度不斷加大。中國通過深入普及義務教育，着力縮小城鄉差距，優化和完善農村貧困地區的辦學條件與教學設施，推動教育優惠政

1 中國已全面解決無電人口用電問題 [EB/OL]. http://power.in-en.com/html/power-2250215.shtml.

2 五年來貧困地區中央水利投資 2266 億元 [EB/OL]. http://news.xinhuanet.com/politics/2017-10/10/c_129718265.htm.

策向農村及貧困地區傾斜，切實維護農村貧困人口的受教育權利，促進教育公平。2012—2015 年，中央財政累計投入資金 831 億元改造義務教育薄弱學校，投入約 140 億元建設邊遠艱苦地區農村學校教師周轉宿舍 24.4 萬套，可入住教師 30 萬人。連續實施學前教育三年行動計劃，全國學前三年毛入園率由 2011 年的 62.3% 提高到 2015 年的 75%，中西部地區在園幼兒數由 2011 年的 2153 萬名增加到 2015 年的 2789 萬名，增長了 30%。同時，中國實施面向貧困地區定向招生專項計劃，面向 832 個貧困縣四年累計錄取學生 18.3 萬人，貧困地區農村學生上重點高校人數連續三年（2013—2015 年）增長 10% 以上。[1] 2017 年，貧困地區農村居民 16 歲以上家庭成員均未完成初中教育的農戶比重為 15.2%，比 2012 年下降 3.0 個百分點；84.7% 的農戶所在自然村上幼兒園便利，88.0% 的農戶所在自然村上小學便利，分別比 2013 年提高 17.1 個和 10.0 個百分點。有文化活動室的行政村比重為 89.2%，比 2012 年提高 14.7 個百分點。[2]

2. 醫療衛生

中國加大農村醫療投入，改善農村醫療衛生機構基礎設施，針對貧困人口實施醫療救助，並開展醫療公益事業，提升農村地區尤其是貧困地區醫療服務水平。2017 年，貧困地區農村擁有合法行醫證醫生或衛生員的行政村比重為 92.0%，比 2012 年提高 8.6 個百分點；92.2% 的戶所在自然村有衛生站，比 2013 年提高 7.8 個百分點（表 1-1）。[3] 同時，中國加強農村衛生環境的治理。2016 年年末，90.8% 的鄉鎮生活垃圾集中處理或部分集中處理，73.9% 的村生活垃圾集中處理或部分集中處理，17.4% 的村生活污水集中處理或部分集中處理，53.5% 的村完成或部分完成改廁①。至

1 《中國的減貧行動與人權進步》白皮書，2016。

2 國家統計局住戶調查辦公室：扶貧開發成就舉世矚目　脫貧攻堅取得決定性進展 [N]. 中國信息報，2018-09-04（1）。

3 國家統計局：農村改革書寫輝煌歷史　鄉村振興擘畫宏偉藍圖——改革開放 40 年經濟社會發展成就系列報告。

2017 年，中國貧困地區 61.4% 的戶所在自然村垃圾能集中處理，比 2013 年提高 31.5 個百分點[1]。

表 1-1　2012—2017 年貧困地區農村醫療衛生條件　%

指　標	2012 年	2013 年	2014 年	2015 年	2016 年	2017 年
擁有合法行醫證醫生 / 衛生員的行政村比重	83.4	88.9	90.9	91.2	90.4	92.0
所在自然村有衛生站的農戶比重	——	84.4	86.8	90.3	91.4	92.2
擁有畜禽集中飼養區的行政村比重	16.0	23.9	26.7	26.9	28.0	28.4
飲用水經過集中淨化處理的自然村比重	——	27.7	34.4	39.2	44.7	——
所在自然村垃圾能集中處理的農戶比重	——	29.9	35.2	43.2	50.9	61.4

資料來源：國家統計局《中國農村貧困監測報告 2017》《農村改革書寫輝煌歷史　鄉村振興擘畫宏偉藍圖 —— 改革開放 40 年經濟社會發展成就系列報告》

3. 社會保障

農村社會保障機制不斷健全，居民最低生活保障標準不斷提高，貧困人口生活負擔切實減輕。2007 年全國農村低保年平均標準為 840.0 元 / 人，2012 年增加到 2067.8 元 / 人，增長 1.5 倍，年均增長 19.7%；2007 年全國 1608.5 萬戶、3566.3 萬人得到了農村最低生活保障，2012 年則增加至 2814.9 萬戶和 5344.5 萬人。2017 年全國農村低保年平均標準為 4300.7 元 / 人，比 2012 年增長 1.1 倍，年均增長 15.8%。截至 2017 年年底，全國有農村低保對象 2249.3 萬戶、4045.2 萬人。[2]「病有所醫」「老有所養」

1　國家統計局住戶調查辦公室：扶貧開發成就舉世矚目　脫貧攻堅取得決定性進展 [N]. 中國信息報，2018-09-04（1）。

2　國家統計局：農村改革書寫輝煌歷史　鄉村振興擘畫宏偉藍圖 —— 改革開放 40 年經濟社會發展成就系列報告。

取得新進展，新型農村合作醫療基本實現全覆蓋，至 2015 年年底，全國鄉鎮新型農村社會養老保險參保人數達到 41 365 萬人，比 2013 年增加 182 萬人。[1] 2016 年，中國整合城鎮居民醫保和新農合兩項制度，建立城鄉居民基本醫療保險制度，城鄉居民公平享有基本醫療服務[2]。

（三）貧困地區經濟快速發展

1999 年，中國貧困地區生產總值為 5702 億元，佔全國生產總值的 0.06%[3]；至 2015 年，貧困地區生產總值增加到 55 607 億元，佔全國生產總值的 8.1%[4]。扶貧工作開展以來，中國不斷調整涉農政策，貧困地區經濟一直保持積極發展態勢，具體體現在以下兩個方面。

1. 涉農產業生產力提高

改革開放建立家庭聯產承包責任制以來，極大地提高了農業生產力。同時，國家不斷出台惠農政策，加強專業知識技術指導，提高農業生產所需物資設備水平，促進農產品生產。21 世紀以來，中國糧食持續豐收，油料、蔬菜、水果、茶葉等經濟作物產量總體保持較高水平。1978 年，中國糧食總產量為 30 475 萬噸。到 2016 年，這一數字為 62 143.9 萬噸，增長 51%。[5] 2013 年，中國糧食產量首次突破 60000 萬噸，至 2016 年均在 60000 萬噸以上，標誌着中國糧食綜合生產能力實現質的飛躍；2016 年，全國人均糧食佔有量達到 447 公斤，比 1978 年提高 128 公斤，高出世界平均水平 47 公斤。各類農產品單位面積產量也連續增長，其中 2016 年全國糧食單產達到

1 國家統計局：農村改革邁出新步伐農業發展再上新台階 —— 黨的十八大以來經濟社會發展成就系列之七。

2 中華人民共和國國務院：關於整合城鄉居民基本醫療保險制度的意見。

3 中國農村貧困監測報告 2000。

4 中國農村貧困監測報告 2017。

5 中國統計年鑒 2017。

363 公斤 / 畝，比 2012 年增加了 10 公斤 / 畝，增長 2.8%。[1]

林業、畜牧業也得到快速發展。森林資源不斷增多，森林覆蓋率由 2012 年的 21.6% 增加到 2016 年的 22.3%，全國自然保護區數量也從 2012 年的 2669 個增加到 2016 年的 2750 個。[2] 林產品產量穩定增長，近年來，受到生態保護力度加大的影響，木材產量有所回落。畜牧業整體保持穩定發展，規模化養殖佔比不斷上升。

2. 涉農產業結構升級

中國是農業大國，第一產業是農村地區的主導產業。近年來，中國農村多種經營模式快速發展，各類新型農業生產經營主體和服務主體大量湧現。2016 年中國農民專業合作社和龍頭企業分別已達 179.4 萬個和 13 萬個，比 2012 年分別增長 160.4% 和 8.6%[2]。同時貧困地區大力發展產業融合，農業與第三產業協同，發展農村採摘、觀光、旅遊等服務項目，第三產業生產總值佔比越來越多，且增幅最大（見表 1-2）。貧困地區產業結構優化，經濟增長加快。

表 1-2　貧困地區生產總值　萬元

指　　標	1999 年	2011 年	2015 年	年均增長率 /%
地區生產總值	5 702	36 637	55 607	8.75
第一產業增加值	2 144	8 979	12 668	4.91
第二產業增加值	1 882	16 019	22 463	10.94
第三產業增加值	1 675	11 641	20 477	11.23

資料來源：國家統計局《中國農村貧困監測報告 2000》《中國農村貧困監測報告 2017》

1　國家統計局：農村改革邁出新步伐農業發展再上新台階——黨的十八大以來經濟社會發展成就系列之七。

2　國家統計局：農村改革書寫輝煌歷史　鄉村振興擘畫宏偉藍圖——改革開放 40 年經濟社會發展成就系列報告。

（四）為全球減貧事業作出貢獻

中國積極參與國際減貧事業。中國借鑒和參考國際組織的先進扶貧經驗與理念，並根據國情進行改革創新，獲得了顯著成效，如開發式扶貧、小額貸款等，推動了國內扶貧事業的發展。在致力於消除自身貧困的同時，中國積極開展南南合作，建立以合作共贏為核心的新型國際減貧夥伴關係，支持和幫助廣大發展中國家，特別是最不發達國家消除貧困，為全球減貧事業注入新活力[1]，體現了大國的責任和擔當。

1 攜手合作　中國力量托起全球減貧事業［EB/OL］. http://views.ce.cn/view/ent/201806/25/t20180625_29521009.shtml.

第二章　中國扶貧史

第一節　中華人民共和國成立後的扶貧

在既往的研究中，已經有許多學者按照各自的標準為中華人民共和國成立以來的扶貧戰略與政策劃分階段。

曾小溪、汪三貴以追求的社會生活水平為依據，將扶貧劃分為五個階段：保障生存階段、體制改革階段、解決溫飽階段、鞏固溫飽階段、全面小康階段。[1] 2007 年出版的《中國扶貧開發政策演變（1949—2005 年）》則強調了扶貧政策與包括經濟發展、現代化等具體時代背景的緊密聯繫，計劃經濟體制、制度性變革、高速經濟增長背景和全面建設小康社會進程因此成了劃分的背景性依據。[2] 以上兩種劃分標準都是單維度的，或以目標、或以背景，明晰地區分出了確定的節點。而程聯濤（2017）對中國扶貧開發歷程的劃分根據的是宏觀經濟形勢的變化和扶貧戰略的調整，是多重因素交雜的階段劃分的嘗試。將二者相結合後，他劃分了計劃經濟體制下廣義扶貧階段、農村經濟體制改革推動貧困緩解階段、扶貧開發正規化階段、八七扶貧攻堅計劃階段、綜合性扶貧開發階段、新時期集中連片扶貧開發階段六個階段。[3] 新意與爭議並存的是，他將前兩個階段歸類為依靠經濟發展

---

* 感謝邵夢琪為本章做出的工作。

1 曾小溪、汪三貴：中國大規模減貧的經驗：基於扶貧戰略和政策的歷史考察 [J]. 西北師大學報，2017（54）：11-19。

2 中國國際扶貧中心：中國扶貧開發政策演變（1949—2005 年）[M]. 北京：中國財政經濟出版社，2007。

3 程聯濤：我國農村扶貧開發制度創新研究 [M]. 貴陽：貴州人民出版社，2017。

緩解貧困的間接扶貧過程，從而忽視了這一時期的直接扶貧舉措。

階段劃分的結果大同小異，但仍有一些問題懸而未決。最具爭議的是1949—1978年，也就是改革開放以前的扶貧政策。關於這一時期主要有兩種說法：胡鞍鋼[1]、范小建[2]等學者認為這一時期的減貧成就主要來自制度改革以及高度覆蓋的基本社會保障，這些舉措並不屬於狹義上的扶貧。而劉娟（2009）、朱小玲、陳俊（2012）等學者則將這一時期的舉措總結為小規模救濟式扶貧[3]。也有學者以1986年貧困地區經濟開發領導小組的建立作為扶貧的正式起點。如左停等（2015）將1986年以前的減貧工作總結為以經濟增長為主、以救濟為輔的減貧模式，在1986年才開始有針對、有目的的扶貧工作。[4]

這些階段的劃分各有側重，其共同特徵是將扶貧放在大背景之中，強調特定階段與宏觀趨勢的契合，或多或少弱化了扶貧政策作為主要研究對象的核心位置。以下將以不同階段的代表性政策為中心，以時間為線索梳理中華人民共和國成立以來中國的扶貧歷程。誠然，同一階段的政策是複雜多樣的，無法用簡單的一句口號加以概括，但這些關鍵詞仍然能夠體現一個時期扶貧開發的總體設想和指導方針，可以提綱挈領地描繪70年來中國農村地區扶貧開發的圖景。

一、1949—1979年救濟式

救濟式扶貧被形象地描述為輸血式扶貧，是以政府為主體，以國家財

1 胡鞍鋼：中國減貧之路：從貧困大國到小康社會（1949—2020年）[M]// 胡鞍鋼主編，國情報告（第十一卷 · 2008年）. 北京：社會科學文獻出版社，2012。

2 范小建：60年：扶貧開發的攻堅戰 [J]. 求是，2009（20）：35-37。

3 劉娟：我國農村扶貧開發回顧、成效與創新 [J]. 探索，2009（4）：4。

4 左停、楊雨鑫、鍾玲：精準扶貧：技術靶向、理論解析和現實挑戰 [J]. 貴州社會科學，2015（8）：156-162。

政為支撐，以財政補貼、實物救濟為主要手段的政策體系。

1950 年 4 月 26 日，時任內務部長謝覺哉在中國人民救濟大會上發表的講話 ——《我們能夠戰勝災荒》，顯現了中華人民共和國成立初期扶貧工作的基調和思想基礎。他提出，「政府的錢、糧，即是人民的錢、糧」[1]，調集資源實施貧困救濟是合情合理、毋庸置疑的。

賑濟災荒是中華人民共和國成立後農村扶貧工作的重中之重，也是幾千年來中國社會福利思想的一種延續。1949 年，蘇北、皖北、山東等地區發生了較為嚴重的水災。在這一背景下，董必武就災荒救濟工作做了題為《新中國的救濟福利事業》的報告。報告中強調，主要的救災方法為政府領導人民互助自救，同時給予災民必要和可能的幫助。政府直接撥給災區糧食超過 15 億斤，並調控有餘糧的地區將糧食輸往災區。據統計，在抗災的五年時間內，受災農民從各級政府獲得的救濟經費將近 10 億元；直至改革開放，救濟農村貧困戶的撥款高達 22 億元。

除此之外，中央及地方各級政府以無償發放或低息、無息貸款的形式向農村貧困戶發放大量生產和生活資料。1951 年年初，熱河省自行購買耕畜 3000 餘頭，並通過借貸的方式發放給貧困戶，銀行也下撥貸款，幫助貧困戶購買種子和牲畜。[2] 1952 年，吉林省農村信貸部在農耕季節幫助群眾以群眾募集資金為基礎購買了 444 匹馬、820 頭牛、737 台車、394 500 斤種子。除此之外，國家充分考慮到資金投入的選擇性問題，即雖然貸款為生產發展提供了最初的資金來源，但最貧困的地區和最貧困的農戶往往無力償還貸款，因而主動或被動地被政策的優惠拒之門外。於是，1959 年 2 月，毛澤東提出「建議國家在十年內向公社投資幾十億到百多億元人

1　朱小玲、陳俊：建國以來我國農村扶貧開發的歷史回顧與現實啟示 [J]. 生產力研究，2012（5）：30-32，1261。

2　謝覺哉：我們能夠戰勝災荒 [J]. 新華月報，1950：14-15，2（2）。

民幣，幫助公社發展工業，幫助窮隊發展生產」[1]。隨後，中央下撥 10 億元的投資，以幫助無力償還貸款的生產隊和人民公社購買生產資料與生產設備，改善生產條件。[2] 1963—1970 年，中國農業銀行每年向生活、生產困難的貧下中農困難戶發放專項貸款 5000 萬元。

在現今的學術研究中，救濟式扶貧往往作為開發式扶貧的對立面出現，在媒體報道中被簡單化為慈善式扶貧。誠然，中華人民共和國成立初期的扶貧工作思路和方式都較為單一，但將其簡單化為純粹的賑災、輸血也是不符合史實的。

在 1949 年的水災發生後，國家也採取了以工代賑的手段，調入 2.3 億斤糧食，用於興建蘇北地區水利工程。1950 年 6 月的《中華人民共和國土地改革法》宣告施行土地改革，以實現「耕者有其田」，生產資料的重新分配使廣大農民自行發展生產成為可能。1951 年熱河省扶助貧困戶發展農副業的工作得到了中央的肯定。熱河省遞交的《扶助困難戶生產的報告》得到了時任政務院副總理黃炎培的肯定，「熱河經驗」成為中華人民共和國最早的農村地區扶貧試點工作的典型。1964 年《關於在社會主義教育運動中加強農村社會保險工作，幫助貧下中農克服困難的報告》標誌着農村貧困問題的正式提出。中央在全國各地農村開始佈置扶貧試點工作，重點是給貧困勞動力安排適當的生產門路，使其通過生產自救擺脫貧困。

二、1979—1985 年以工代賑

1979—1985 年的扶貧工作往往被研究者形容為「體制性改革扶貧階段」，即通過進行農村土地制度改革與經濟體制改革獲得扶貧成效。農村

1 中共中央文獻研究室：鄭州會議記錄（1959 年 2 月 27 日至 3 月 5 日中共中央政治局擴大會議）[M]// 中共中央文獻研究室：建國以來重要文獻選編（第十二冊）. 北京：中央文獻出版社，1996。

2 王愛雲：1978—1985 年的農村扶貧開發 [EB/OL]. 國史網，[2017-09-01]. http://www.hprc.org.cn/gsyj/zzs/zzsxs/201709/t20170901_401820.html.

土地制度實現了從人民公社制度到家庭聯產承包制的轉變，極大地調動起農民的生產積極性，給農村的生產帶來了新鮮氣息。經濟體制改革指改計劃經濟體制為市場經濟體制，農民通過出售富餘農產品和勞動能力換取額外的收入。

但就狹義的直接扶貧而言，20 世紀 80 年代的扶貧工作顯現出由無償救濟為主到幫助生產為主、無償救濟為輔的轉型特徵。提供信貸資金、實施以工代賑、擴大就業機會等成了扶助貧困農戶的重要手段。

無論就政策發佈的時間順序，還是就扶貧工作步驟前提的關鍵性而論，貧困標準和貧困戶都是扶貧模式轉型的第一步。在理論原則方面，1978 年正式劃定了農民貧困標準。在實踐方面，1979 年已經在全國範圍內實施了更為細緻且多樣化的扶貧措施，如逐戶建立貧困戶登記卡片，在勞動分工上給予貧困戶照顧，建立幹部保戶和群眾性保戶小組等。

以工代賑是有償救濟的典型方式。1933 年 3 月美國成立的「民間資源保護隊」先後僱用了 250 萬—300 萬名 18—25 歲失業青年，從事修築森林道路、植樹造林等公共事務，這是最早的工賑單位。1977 年 4 月人民黨執政期間，印度也實施了以工代賑計劃，即以國家儲備糧為酬勞，組織農村失業人員進行農田建設工作，從而緩解農村地區的失業和貧困問題。實際上，以工代賑並非西方世界的獨創，它在中國有着悠久的歷史。早在東周齊景公之時，晏子就曾在饑荒時期招募飢民參加路寢之台的工程建設，「三年台成而民振。故上說乎遊，民足乎食」[1]。這一方法的優越之處在於：對貧困農民而言，參加以工代賑不僅可以增加收入，而且可以融入社會、提升勞動能力；對國家而言，僱用貧困農民參與工程建設可以降低財政開支，促進社會和諧；從理念角度來講，有償救濟崇尚不勞者不得食的原則，有利於社會公平。

扶貧扶優服務中心是這一時期具有代表性的救災扶貧服務組織。1983

1　晏嬰：晏子春秋 [M]. 北京：中華書局，2007。

年，山西省潞城市東邑鄉以雙扶服務中心為組織和指導單位，動員當地兩百多名貧困農民在當地工廠做工，三個月內人均收入 150—200 元。在此後的幾年間，這一做法被迅速推廣到全國。截至 1986 年 11 月，全國擁有這類雙扶服務公司總計五萬多個。[1]1990 年民政部關於對雲南省民政廳《關於要求保留省扶貧扶優服務公司的請示》的覆函肯定了雲南省的做法，並盛贊其將「保障災民基本生活和扶持發展生產相結合、無償使用與有償使用相結合、救災和扶貧相結合」[2]。

截至 1982 年年底，全國有 1814 個縣的 3.1 萬餘個公社開展了扶貧工作，共有 327 萬貧困戶享受到了政策的關懷。1986 年，尚存在溫飽問題的貧困人口數量在 1978 年的 2.5 億人的基礎上縮減了一半，中國減貧出現了歷史性的突破。

三、1986—1993 年以縣為中心

市場化經濟改革的開展不僅帶來了 20 世紀 80 年代中後期經濟的迅猛增長，也造成了地區、個體間在收入、能力、生活水平、思想觀念等方面的巨大差距。扶助一些發展緩慢的地區和部分生產生活條件相對落後的個體成為當務之急。

1986 年 6 月，貧困地區經濟開發領導小組成立。這標誌着今後貧困地區的開發工作和政策制定有了統籌與協調的領頭單位，也標誌着以開發式扶貧為方針的專項扶貧的開始。同年，扶貧工作被列入「七五」計劃。從計劃、組織、規模而論，1986 年開始了中國開發式扶貧工作的全新階段。

就在這一年，「貧困縣」的概念開始出現。由於財政資金有限，為了

1 王瑞芳：告別貧困：新中國成立以來的扶貧工作 [EB/OL]. 國史網，[2010-01-05]. http://www.hprc.org.cn/wxzl/gsqk/dangdaizh_21/diwuqi_5/zhailw/201001/t20100105_39991.html.

2 民政部：關於對雲南省民政廳《關於要求保留省扶貧扶優服務公司的請示》的覆函 [EB/OL]. http://www.51wf.com/print-law?id=1158263.

集約使用資金，國家嚴格限制了貧困縣的入選條件，即 1985 年人均收入低於 150 元。在後來的工作中，隨着經濟的發展和反貧困政策的深入，牧區縣和「三西」項目縣又被逐步納入其中。在這一時期，資源傳遞主要有國家財政扶貧資金、貼息貸款和以工代賑三種手段，貧困人群對自身脫貧的義務和能動性在政策中得以體現，脫貧不再被認為是國家單方面的工作。同時，由於區域間人口流動的日益頻繁，組織勞務輸出、定點對口扶持等多樣化的手段也成了合理而可能的舉措。[1]

1987 年 10 月底，《關於加強貧困地區經濟開發工作的通知》提出了「扶貧落實到戶」的口號，致力於提高扶貧對象的瞄準精確性。貧困戶、五保戶、救濟戶等我們今日耳熟能詳的概念出現在這一通知中，也彰顯了個體貧困的層次差異和程度差異。

1991 年 3 月下旬發佈的《關於「八五」期間扶貧開發工作部署的報告》是「七五」向「八五」計劃過渡時期扶貧開發工作的指導性文件。文件確定在「八五」期間，貧困縣數量將不再增加，國家將集中力度、加大投入解決現有的貧困縣的脫貧問題。[2] 這一文件顯示出，扶貧工作不再是「廣撒網、多撈魚」思路，而有了切實的、確定的目標，扶貧工作由看過程轉變為看效果。

案例：巴東縣整合內外資源，推動產業發展

巴東縣位於鄂西自治州，是國家重點貧困縣之一。在 20 世紀 80 年代末期，巴東縣憑藉準確的定位和對自身優勢的把握，獲得了大量國家財政資金和項目的支持。

1989 年，巴東縣被納入省重點試點縣，獲得國家投資 220 萬元，以以

1 趙強社：扶貧模式演進與新時期扶貧對策探析 [J]. 西部學刊，2013（2）：19-24。

2 國務院貧困地區經濟開發領導小組：關於「八五」期間扶貧開發工作部署報告的通知 [EB/OL]. 人民網，[1991-03-20]. http://cpc.people.com.cn/GB/64184/64186/66684/4494179.html.

工代賑的方式修通了縣內道路，解決了 10 萬人的飲水問題。神農溪景區被國家旅遊局納入長江旅遊線重點開發項目，獲得 100 萬元基礎建設資金。

農業生產方面，巴東縣利用包括縣內投資、外資在內的 4022 萬元建設資金，組織當地農民大規模種植柑橘，從而成了長江中上游柑橘種植基地。1986—1989 年，巴東縣累計獲得國家扶貧資金 1420 萬元。以扶貧資金為支持，巴東縣培育煙葉、茶葉、柑橘等特色品種，經濟效益卓著。1988—1989 年的兩年間，煙葉種植產業為農民增收 4000 萬元。

此外，巴東縣加大力度推廣普及科技農業，鼓勵科技人員下廠下鄉，與沿海地區的科研單位開展緊密合作。科學技術的普及提升了巴東縣農業生產對抗自然災害的能力。

資料來源：羅賢美：外力與內功 —— 巴東縣扶貧思路，中國民族

20 世紀八九十年代，中國市場經濟發展尚處在起步與探索的階段。特別是在內陸地區，可利用的資源和成功經驗都相對匱乏。在這一窮二白的基礎之上，巴東縣所作出的努力是在充分發揮自主能動性基礎上的對黨和國家脫貧號召的積極有益的嘗試。如何在現實情況與現實需求的廣闊空間中尋求一條最為適合、最為高效的脫貧路徑成了首先要解決的問題。針對這一問題，巴東縣積極探尋自身優勢，充分利用縣內、縣外能提供的資金、技術等各類資源，大力推進特色農業發展。此後，巴東縣以現有資源與成果為基礎，不斷擴展新的優勢、新的資源，顯現了以縣為單位的集約發展的優越性。

四、1993—2000 年八七扶貧攻堅

截至 1992 年年底，依據年人均純收入 320 元的標準，全國尚有 8065.5 萬名農村居民生活在貧窮的困境之中。這些貧困人口集中分佈在深

山區、荒漠區等自然、生態條件險惡的偏遠地區的 592 個貧困縣中。[1] 此時扶貧工作進入攻堅階段。

為了解決農村貧困問題，縮小地區差距，實現共同富裕的最終目標，1994 年 4 月 15 日中央政府發佈《國家八七扶貧攻堅計劃》通知。「八七攻堅」的名稱直接地體現了中國反貧困的堅定決心和宏偉雄心：「集中人力、物力、財力，用七年左右的時間，基本解決 8000 萬農村貧困人口的溫飽問題。」[2] 同年，中央決定將縣設為脫貧工作的基本單位，重新劃定了貧困縣的標準，不僅設立了 1992 年人均純收入 400 元的入選標準，而且設立了 700 元的強制退出標準。[3] 在 1999 年，即「八七攻堅」工作進入尾聲之際，中央再次召開會議，發佈了《關於進一步加強扶貧開發工作的決定》。根據中國農村貧困監測調查資料，1997—2001 年，國定貧困縣累計扶持農戶 3073 萬戶，扶持人口 12 469 萬人次。以年均脫貧人口而論，1997—1999 年達到了扶貧攻堅的一次高潮。

「八七扶貧攻堅計劃」的主要措施包括以下五項。

（1）以解決溫飽為直接目的，重點發展投資少、見效快的產業，多、快、好、省地幫助當地民眾擺脫貧困。堅持開發式扶貧，利用資源和勞動力資本的優勢，發展勞動密集型和資源開發型企業。

（2）進一步加強貧困地區基礎設施建設，解決人畜飲水困難、貧困鄉用電困難和交通閉塞等阻礙發展的基礎建設問題。1997—2001 年，

1　中華人民共和國國務院新聞辦公室：中國的農村扶貧開發 [EB/OL]. 中國網，[2001-10-15]. http://www.scio.gov.cn/zfbps/ndhf/2001/Document/307929/307929.htm.

2　中華人民共和國國家發展和改革委員會地區經濟司：改革開放以來我國實施的 4 個扶貧項目規劃 . 中華人民共和國國家發展和改革委員會，[2016-12-02]. http://www.ndrc.gov.cn/gzdt/201612/t20161202_829216.html.

3　中華人民共和國國務院新聞辦公室：中國的農村扶貧開發 [EB/OL]. 中國網，[2001-10-15]. http://www.scio.gov.cn/zfbps/ndhf/2001/Document/307929/307929.htm.

全國 592 個國定貧困縣累計修建基本農田 6012 萬畝，新增公路 32 萬千米，架設輸變電線路 36 萬千米，解決 5351 萬人和 4836 萬頭牲畜的飲水問題。[1]

（3）扶貧政策向中西部地區傾斜。這首先體現在扶貧專項資金的分配上。中央財政、信貸、以工代賑等扶助資金應向貧困縣傾斜，而在 592 個貧困縣中，西部 9 個省區佔據了 307 席。國定貧困縣較多的省份包括雲南（73）、陝西（50）、貴州（48）等。以信貸資金為例，中央決定，自 1994 年起停止向沿海地區發放扶貧信貸資金，轉而將其用於中西部貧困地區的扶貧工作。中央號召東部貧困縣以地區力量解決自身貧困問題，完成貧困縣的脫貧工作。[2]

（4）動員全黨全社會、沿海發達地區、中國扶貧基金會、聯合國開發計劃署等海內外機構參與扶貧，實現中央機關定點幫扶、東西協作對口幫扶、社會團體幫扶等多種形式的幫扶模式。1996 年 9 月起，東部的廣東、江蘇、浙江等省（市）和單列市與西部 10 個省（自治區）一一結對，為中西部貧困地區帶去發展的成功經驗和經濟、人才資源。

（5）強化「省」在扶貧工作中所負有的責任。這主要體現在「資金、權力、任務、責任」的「四到省」的原則之中[1]。1994—2000 年，中央總計下發 1240 億元資金用於專項扶貧貸款、以工代賑和財政發展及新增財政扶貧資金三項扶貧投資計劃。在此過程中，中央政府根據貧困人口數量及以農民人均純收入為依據的貧困程度、當地經濟資源等因素核算各個省能獲得的扶貧資金，隨後由省扶貧領導小組進行資金分配與調度。

---

1 汪三貴、李周、任燕順：中國的「八七扶貧攻堅計劃」：國家戰略及其影響 . 上海扶貧大會案例研究，2004。

2 中華人民共和國國務院新聞辦公室：中國的農村扶貧開發 [EB/OL]. 中國網，[2001-10-15]. http://www.scio.gov.cn/zfbps/ndhf/2001/Document/307929/307929.htm.

案例：貴州省盤縣農村小額信貸扶貧

以國際先進經驗為基礎，中國政府積極探索小額信貸的扶貧到戶新模式。截至 1999 年，全國投入的資金總量達 30 億元，惠及 240 多萬貧困農戶。這一模式在為貧困農戶定向提供生產資金與信貸支持的同時，較好地解決了貼息貸款到戶率低、還款率低的問題，被廣泛地應用於中西部省區的農村扶貧開發工作中。

盤縣處於廣西、雲南和貴州的交界地帶，是貴州省內貧困程度和貧困深度都極為深重的地區。1998 年 7 月，盤縣在貴州省政策指導下在全縣各鄉鎮開展了小額信貸扶貧試點工作。在組織上，盤縣成立了縣、鄉、鎮等級別的小額信貸扶貧工作領導小組，協調銀行、婦聯、團委等多個部門參與工作。在管理上，實行「雙線運行，封閉管理」，一方面由農行進行審查發放，另一方面由鄉鎮、村委會進行對象審定和後續管理。在產業佈局上，以養殖業為發展重心，引導貧困農戶加入畜牧養殖業。以小額扶貧貸款為資金支持，扶持農戶購買母牛。

截至 2002 年年底，盤縣累計發放小額扶貧貸款 17 265 萬元，扶持貧困農戶 77 286 萬戶。四年間，農民人均純收入由 1253 元提高到 1491 元，貧困人口由 26.08 萬減少至 11.02 萬。截至 2015 年，盤縣農行投入小額扶貧到戶貸款累計達 18 754 萬元。盤縣扶貧開發成就顯著，被稱為「小額信貸盤縣模式」。

資料來源：杜曉山、張保民、劉文璞，等：中國小額信貸十年

小額信貸扶貧的做法體現了對資源利用效率的重視。這一路徑突破了傳統的以縣、市等政府單位作為投資者與規劃者的扶貧模式，在縣級機構實行管理和審查的同時，將資源的利用、處置權直接下放到貧困戶。貧困戶可以真正根據自身需要和個人能力、興趣，選擇合適的投資對象和投資領域。但在此間也隱藏着能力不足的危險，即在農業生產知識之外，貧困戶是否擁有足夠的金融、管理知識，使獲得的資源發揮出最大的效益。小

額信貸扶貧在賦予貧困戶勞動資料與經濟資助的同時，也對勞動者的技能提出了更高層次的要求。

五、2001—2010 年整村推進

整村推進是甘肅省率先提出的新形勢下的扶貧方式，是以區域貧困為核心問題的扶貧新思路的探索。其主要特徵為以貧困村為基本單位，整合領導力量、工作力量、扶貧資金等單位內扶貧資源，進行扶貧綜合開發。主要工作內容不僅包括傳統扶貧工作的改善基礎建設、穩定解決溫飽問題，還創造性地納入能力建設、民主建設、管理水平等社會性因素。[1]

（一）主要思想

整村推進計劃首先針對的是貧困瞄準問題。在「八七攻堅」之後，農村貧困人口分佈由原來的以縣為單位的集中分佈變為以村為單位的集中分佈。基於大規模貧困現象的普遍緩解，貧困問題分佈的零散化的現實狀況，扶貧政策的目標瞄準模式也發生了相應的變化。

其次，整村推進方針強調因地制宜、因村制宜。這一思路也是由中國現實存在的地域差異性決定的。方案要求各個村集體根據自身的資源、存在的問題、發展所處的階段尋找適宜的解決方案。例如，甘肅的靜寧縣李堡村基於日照時間長、晝夜溫差大的自然特徵，將蔬菜種植作為全村的核心產業，獲得了良好的經濟效益。

同時，整村推進遵循參與式發展思路（圖 2-1），強調通過參與向群眾賦權，扶貧開發的主體是貧困群眾。扶貧工作層次的下移意味着群眾參與的增加。它要求充分發揮村內農民的參與積極性，充分尊重農民的意見與建議，突出農民群體的主體性特徵，增強貧困農民的自我發展能力。較此

1 吳華：整村推進扶貧開發案例 [EB/OL]. [2017-12-12]. http://www.iprcc.org.cn/ppt/2007-12-20 /1198127183.doc.

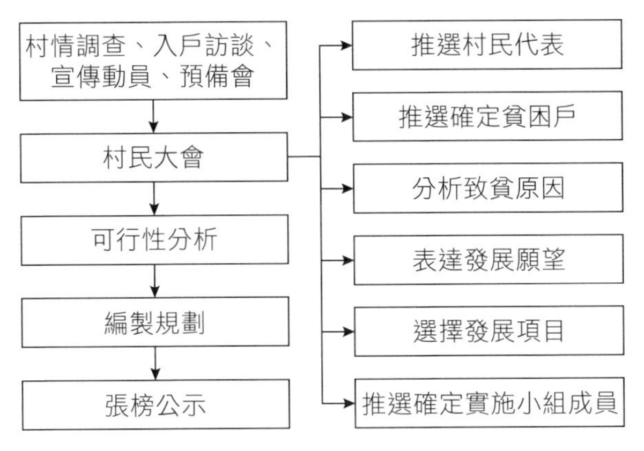

圖 2-1　整村推進規劃流程

前的扶貧規劃而言，參與性扶貧更具針對性、實用性、參與性、公開性、綜合性、過程的互動性、可操作性、科學性等特徵，因而顯現出一定的優越性和可持續能力。[1]

（二）政策依據

整村推進的前身為甘肅省在 1998—2000 年實施的將項目管理與到村到戶相結合的貧困村試點工作，提倡村民廣泛參與方案制訂，組織群眾參與管理。試點的 10 個貧困村的人均純收入在一年間從 721 元提高到 1332 元，使人們的思想觀念發生轉變，村級組織得到加強，基礎建設與生產條件得到改善，先進的生產技術也得到推廣。

2001 年，國家在全國範圍內宣傳、推廣整村推進和「甘肅模式」。2001 年 6 月發佈的《中國農村扶貧開發綱要（2001—2010 年）》在總結前一階段扶貧攻堅的成果與經驗基礎上，提出扶貧工作重心下沉、進村入戶的要求。整村推進成了 2001—2010 年的十年扶貧工作的重點。2002 年計劃在 14.8 萬個貧困縣實施整村推進工作，覆蓋 80% 左右的扶貧對象。

1　任燕順：扶貧開發模式與方法研究 [M]. 北京：中國財政經濟出版社，2008。

此外，貧困縣這一名稱正式更名為國家扶貧開發工作重點縣。

2005 年，國務院扶貧開發領導小組又相繼印發了《關於加強扶貧開發「整村推進」工作的意見》等一系列文件，明確提出了「基本解決農村貧困人口的溫飽問題，基本完成 14.8 萬個村的整村推進扶貧規劃」的「兩個基本」的目標。2008 年的政策在現有項目基礎上，額外提出要在人口較少民族、邊境地區和革命老區普及整村推進工作，確保這三類重點地區的貧困問題得到解決。[1]

到 2010 年年底為止，有 12.6 萬貧困村將這一計劃投入實施，原定目標基本實現，收到了良好的經濟效益和社會效益。

案例：甘肅省徽縣麻安村整村推進扶貧開發

麻安村位於甘肅省北部，由於山地面積大、耕地面積小等地理情況，水土流失、土壤貧瘠、降水不均的自然狀況，遠離城市、山高路遠的交通狀況，農業基礎薄弱、種植結構單一的經濟狀況，教育水平及醫療衛生條件欠發達的社會文化狀況等多重因素，長期處於貧困狀態。

2002 年，由縣扶貧辦、縣林業局、畜牧局等工作人員共同組成的規劃小組與婦女代表、黨員代表、貧困戶代表等協同召開整村推進扶貧開發專題座談會和準備會，通過入戶訪談、問卷調查、群眾會議等方式充分掌握當地基本情況和基礎數據，分析長期貧困的原因，探索解決問題的基本思路。經初步排查和村民大會表決，初步篩選出包括教育、交通、農業發展在內的 11 個項目，交由參會村民選擇。同時，村民通過代表提名與直接選舉的方式產生了麻安村項目規劃實施小組和五個項目能力建設小組。每戶至少有一人參與表決大會。在規劃實施過程中，各階段的計劃、採購、工程也統一張貼公示，並接受領導小組、能力小組的監督管理。在村日常工作之餘，36 名婦女

1 顧仲陽：2010 年底前我國確保三類貧困村整村推進 [N]. 人民日報，2018-07-03（2）。

參加了由澳門巴迪基金會舉辦的培訓，並於培訓後在村內進一步分享培訓經驗。麻安村還建立了「大戶帶小戶」的互幫互助制度，推動先富帶動後富。

項目實施後，農民人均純收入在四年間由 650 元上升到 1200 元，養殖業和非農產業收入大幅提升。經濟收益之外，農民的自我管理能力和發展積極性也得到了充分發揮，村民大會舉辦頻率提高至每年六次，婦女參與公共事務的積極性提高了，村集體的凝聚力也不斷加強。

資料來源：徐進：整村推進扶貧思路與方法研究

當扶貧的關注點從縣、市一級別進一步聚焦到微觀的村時，個人能力的各個層面具有了研究的意義。脫貧不僅是經濟層面的富足，更是管理能力與民主意識的增長。這種主觀因素的轉變若能得到實現，將長遠地有利於當地經濟、社會、文化的可持續發展。從麻安村的案例中，我們清晰地看到脫貧項目深入並嵌入具體村落的日常生活和行為實踐之中，且由自上而下的設計扭轉為了自下而上的呈現，這在中國扶貧的實踐中是獨具特色且充滿創新意涵的。

六、2011—2013 年集中連片

2010 年 2 月 4 日，時任總理溫家寶做了題為《關於發展社會事業和改善民生的幾個問題》的講話。講話中，他提出要「繼續抓好農村扶貧工作，把扶貧開發的重點放在貧困程度較深的集中連片貧困地區和特殊類型貧困地區」[1]。在此之後，包括中共十七屆五中全會、國家扶貧工作會議、人大會議在內的幾次重要會議都進一步確認了消除絕對貧困的首要任務和連片特困地區的主要對象。

2011 年 4 月審議通過的《中國農村扶貧開發綱要（2011—2020 年）》

1　溫家寶：關於發展社會事業和改善民生的幾個問題 . 求是，[2010-04-01]. http://theory.people.com.cn/GB/11273957.html.

（以下簡稱《綱要》）是這一特定歷史時期中國農村扶貧開發工作的綱領性文件。文件指出，中國扶貧開發整體上已經從解決溫飽進入「兩不愁三保障」的新階段。絕對貧困的問題已經得到初步解決，縮小發展差距、調節收入不平等、提高發展能力成了急需解決的問題。

過去 30 年的扶貧工作經歷了由片區到縣、由縣再到村的扶貧單位變遷，《綱要》的提出再一次將片區作為扶貧的主戰場，也是針對區域發展差異格局的政策性調整。集中連片貧困區多數是老區、邊境地區和少數民族聚居地區，生態環境的脆弱性是其共同特徵。以片區為組織的扶貧攻堅需要中央和地方共同支持，跨省合作協同發展。

2011 年 11 月，作為革命老區、民族地區的武陵山片區也成為 11 個片區中最早完成規劃的片區。《武陵山片區發展與扶貧攻堅規劃》提出，要依靠重慶、武漢、貴陽、長沙等中心城市的輻射帶動作用，加快工業化、城鎮化水平；以旅遊業為依託，打造十二條精品旅遊線路，優化產業結構與產業佈局；發展中草藥種植等具有區域性特色的高效農業；建立生態、地貌、物種、水源保護區，對石漠化採取強有力的措施，加強生態保護與建設。

集中連片的扶貧政策的理論基礎為新區域主義，如強化地方合作，支持產業升級和新興產業發展；人力資本理論，如教育扶持和投資；生計資本理論，如關注貧困人口對自然、物質、金融、人力和社會資本的擁有；空間貧困理論，如扶貧搬遷；多元發展理論，如關注地區差異性和扶貧道路的多樣性。

案例：滇桂黔石漠化片區扶貧

滇桂黔石漠化區地跨三省，共有國家級貧困縣 66 個。2011 年集中連片特困地區扶貧計劃實施之初，滇桂黔石漠化區的貧困發生率為 31.5%，顯著高於全國平均水平。針對區域落後的多重原因，特別是石漠化的地質成因，該地區制訂了以產業扶貧為核心的多領域協同合作的扶貧計劃。

（1）產業扶貧。着力建設特色農業產業基地和旅遊產業基地。這一地區湧現出大批農產品名縣，如「中國水晶葡萄之鄉」三都縣、「中國火龍果之鄉」羅甸縣。在此過程中，各鄉縣根據各自的經濟結構、管理模式、經濟發展水平調整政府、企業、農民、合作社在發展中佔據的位置，形成了多種產業扶貧模式，調動各主體參與脫貧致富工作。[1]

（2）水利扶貧。水利建設工作也依據北部經濟區、中部生態區、西南邊境區的這一劃分尋求最為高效有利的開發路徑。[2] 在發展基礎相對較好的北部經濟區，水利扶貧工作的主要任務是增強水資源調控能力和供水保障能力，推動區域產業發展；中部生態區是石漠化最嚴重的地區，扶貧工作的重心為水土流失和石漠化綜合治理，提高涵養水源和保持水土能力；西南邊境區的具體工作為興修水庫及建設節水灌溉配套設施。

（3）智力扶貧。為就讀於職業院校的貧困家庭子女提供學業指導和資金資助，提高教師待遇，實現教育扶貧。為扶貧規劃、開發項目提供指導，派遣科技特派員到農村輔助科技創業行動，實施科技扶貧。開展「雨露計劃」，開展務農技能和農業實用技術培訓，幫助貧困地區居民提升就業能力。

（4）金融扶貧。滇桂黔貧困地區基於《金融服務工作指導意見》，不斷嘗試創新金融服務方式，提高金融服務的覆蓋面，讓可及和普惠的金融服務在農村地區落地生根。例如，黔南州推動農村土地承包經營權和宅基地使用權抵押貸款工作。[3] 截至 2015 年 6 月，廣西滇桂黔石漠化連片特困區 29 縣支

1　李英勤：滇桂黔石漠化片區產業扶貧的成效、問題與對策研究 [J]. 黔南民族師範學院學報，2016（6）：64-69。

2　水利部：水利扶貧規劃滇桂黔石漠化片區水利扶貧實施方案印發 [EB/OL]. [2014-05-07]. http://www.gov.cn/xinwen/2014-05/07/content_2673994.htm.

3　中國人民銀行河池市中心支行課題組、冼海鈞：普惠金融服務問題研究 ——以黔桂連片貧困區為例 [J]. 南方金融，2015（2）：68-71，100。

農貸款餘額為 11.41 億元，同比增長 240.6%。

資料來源：蘇維詞：滇桂黔石漠化集中連片特困區開發式扶貧的模式與長效機制；李向陽、陳翔、李敏：滇桂黔石漠化區水利扶貧總體工作思路研究；許凌志：廣西滇桂黔石漠化連片特困區智力扶貧若干問題研究；李英勤：滇桂黔石漠化片區產業扶貧的成效、問題與對策研究；王海全、覃安柳：集中連片特困區金融扶貧成效、存在問題及政策建議——以廣西滇桂黔石漠化區為例；中國人民銀行河池市中心支行課題組：普惠金融服務問題研究——以黔桂連片貧困區為例

滇桂黔石漠化區的貧困有多重原因，其中生態環境脆弱是脫貧攻堅工作首先面臨的巨大挑戰。在這一客觀條件之下，水利開發、農田利用、科學技術的學習與運用等諸多政策都以生態環境建設為中心展開。與此同時，區域統籌發展並不意味着對共性的強調和對個性的忽略。滇桂黔石漠化區區域內部在降水、日照等自然條件，民族分佈、年齡結構等人文條件和產業結構、資金積累等經濟基礎等諸多方面都呈現出不同面貌，因地制宜在區域化發展的過程中依然具有決定性意義。

七、2013 年精準扶貧

（一）政策依據

2012 年召開的中國共產黨第十八次全國代表大會把脫貧攻堅納入「五位一體」總體佈局和「四個全面」戰略佈局，標誌着扶貧攻堅戰的全面打響。

此前，扶貧工作的精確化，如 2011 年《開發綱要》所提出的，主要體現在建檔立卡等具體操作中。2012 年習近平在阜平調研時指出，將「因地制宜、科學規劃、分類指導、因勢利導」[1] 作為扶貧的基本思路。隨後汪洋副總理又將仍然存在的「大水漫灌」現象擺上了台面，在深入反思過往的手段及成效後，他提出要進一步提高扶貧的精準度，「瞄準重點、精準

1 陳明生：精準扶貧的分類管理與精準扶貧不同方式的應用 [EB/OL]. 光明網，[2018-10-22]. http://news.gmw.cn/2018-10/22/content_31793647.htm.

制導、定點清除」。

2013 年 11 月，習近平在湖南湘西花垣縣十八洞村視察時首次提出了「精準扶貧」概念。「貴在精準，重在精準，成敗之舉在於精準」成為主旋律。

此後，精準扶貧的概念不斷深化、細化。2015 年 6 月，習近平在貴州考察時提出了「四個切實」的工作要求。2015 年 6 月 18 日，在集中連片特困地區扶貧攻堅座談會上，他又提出，扶貧工作要以「六個精確」為基本要求，「五個一批」為根本途徑[1]，這一總結進一步豐富了精準扶貧、精準脫貧的內涵。11 月 27 日，他又將精準扶貧問題歸納為「扶持誰」「誰來扶」「怎麼扶」的問題，釐清了扶貧問題的前提、目的、主體，為未來的扶貧工作梳理了主要脈絡。在此先的因地制宜的基礎上，他提出要因人施策、責任到人，進一步降低扶貧工作重心，並進一步細化出發展生產、易地搬遷、生態補償、發展教育、社會保障五大基本手段。除此之外，他還就建立貧困縣、貧困戶退出機制作出部署。退出機制因而成為靶向瞄準的有機組成部分。

中央各部委就扶貧工作在各個領域內的落實作出部署。電商扶貧、能源扶貧、網絡扶貧……一系列具有時代特徵的文件的發佈也成為扶貧方案與時俱進、不斷創新的明證。扶貧攻堅日益滲透於新時代各領域的工作之中。

（二）內涵及存在的問題

目前，學界對於精準扶貧的研究更多建立在對政策文獻的總結基礎之上，集中在對其性質、意義與特徵的總結和分析，精準扶貧概念尚無明確而清晰的定義。

習近平總書記在講話中指出，精準扶貧在內容上主要涉及精準識別、精準幫扶、精準管理、精準考核四大方面。這四個方面並不是相互割裂、

1 中共中央黨史和文獻研究會、國務院扶貧辦：習近平扶貧論述摘編 [M]. 北京：中央文獻出版社，2018。

平行的，它們彼此勾連，勾畫了精準扶貧的全過程。其中，精準識別是基本前提，精準幫扶是政策核心及主要舉措，精準管理是重要保障，精準考核是提升成效的重要手段。[1]

精準識別涉及扶貧對象的確認問題，是最為學者關心的核心問題。目前中國的貧困識別採用規模控制、指標分解的方法。各省（區、市）根據國家統計局調查得出的鄉村人口數量和貧困發生率，將貧困人口識別規模按市、縣、鄉、村的層級逐級分解。楊朝中（2014）進一步解釋了片區、重點縣、貧困村、貧困戶的多層級劃分。[2] 針對這一運作流程，左停（2015）等提出，在這一過程中，以統計數據為基礎的貧困指標和扶貧政策並不能夠完全精準地反映現實情況。當指標下發到村一級後，村莊內部在貧困戶認定上享有較大的自由裁量權，民主評議標準不統一、不公開，特別是貧困標準上下的群眾難以識別，因而在實際分配中會產生輪流享受、平均分配、精英俘獲等脫靶現象。[3] 楊亮承（2016）藉助布迪厄場域視角剖析扶貧瞄準過程，認為扶貧工作的困難實質在於：縣級政府在基層實踐中具有自主決策權和支配權，貧困戶往往因為缺乏獲取資源能力而處於被支配地位。[4] 楊瑚（2017）則對縣政府的角色有不同意見，他提議將扶貧對象認定權由鄉鎮和村上移至縣，從而減少自由裁量權的過度使用，提升扶貧瞄準工作的專業性和標準化程度。[5] 陳瀟陽（2014）則提出以「扶貧對象自願申報、政府部門自動識別、脫貧對象主動退出、公共參與評議」為主要流程的動態甄別機制，將以往自上而下的貧困瞄準機制變革為自下而上的貧困

1 王介勇、陳玉福、嚴茂超：我國精準扶貧政策及其創新路徑研究 [J]. 中國科學院院刊，2016（3）：103-104。

2 楊朝中：構建精準扶貧體制機制 [J]. 政策，2014（5）：53-55。

3 左停、楊雨鑫、鍾玲：精準扶貧：技術靶向、理論解析和現實挑戰 [J]. 貴州社會科學，2015（8）：156-162。

4 楊亮承：扶貧治理的實踐邏輯 —— 場域視角下扶貧資源的傳遞與分配 [M]. 北京：中國農業大學出版社，2016。

5 楊瑚：精準扶貧的貧困標準與對象瞄準研究 [J]. 甘肅社會科學，2017（1）：95-100。

申報機制。[1] 葉初升、鄒欣（2012）同樣倡導一種自下而上的瞄準模式，將加強瞄準主體和對象的互動和雙向交流視為提高瞄準效率的治本之策。[2]

精準幫扶指因人、因地、因致貧原因制宜，制訂個性化的扶貧措施，從而幫助貧困人口擺脫貧困。汪三貴、郭子豪（2015）認為項目式扶貧存在的最大問題是扶貧無法覆蓋真正貧困的人口，無法與千差萬別的致貧原因相對接，與貧困戶的實際需要相脫節。[3] 而精準幫扶就是對以往重視整體而不重視個性的扶貧工作方法的一種撥亂反正。[4] 然而，唐麗霞等研究者認為目前的精準幫扶在實踐中仍然沒有解決這一問題。例如，政策對資金的規定主要目的是避免扶貧資金被挪用、濫用，對扶貧到戶資金使用的明確規定忽視了農民自身發展需要，也忽視了各個村莊和個人的差異性。[5]

在精準管理上，吳雄周（2015）等認為，扶貧管理亂象主要表現在管理主體缺乏約束力，減貧目標模糊不清，人情化現象普遍。[6] 黃承偉、覃志敏（2015）同樣批評了扶貧駐村幹部工作方法的非制度化和非持續性現象。[7] 林忠偉（2016）在廣西壯族自治區扶貧管理的具體實踐中關注到管理者自身的能力缺陷，信息化能力不足導致對貧困戶的致貧原因、生活需求、生活近況認識不足。[8] 萬江紅、蘇運勛（2016）同樣提及，扶貧幹部輪

---

1 陳灝陽：我國農村扶貧對象動態甄別機制的構建路徑 [J]. 河北大學學報（哲學社會科學版），2014（1）：38-41。

2 葉初升、鄒欣：扶貧瞄準的績效評估與機制設計 [J]. 華中農業大學學報（社會科學版），2012（1）：63-69。

3 汪三貴、郭子豪：論中國的精準扶貧 [J]. 貴州社會科學，2015（5）：147-150。

4 葛志軍、邢成舉：精準扶貧：內涵、實踐困境及其原因闡釋 —— 基於寧夏銀川兩個村莊的調查 [J]. 貴州社會科學，2015（5）：157-163。

5 唐麗霞、羅江月、李小雲：精準扶貧機制實施的政策和實踐困境 [J]. 貴州社會科學，2015（5）：151-156。

6 吳雄周、丁建軍：精準扶貧：單維瞄準向多維瞄準的嬗變 —— 兼析湘西州十八洞村扶貧調查 [J]. 湖南社會科學，2015（6）：162-166。

7 黃承偉、覃志敏：我國農村貧困治理體系演進與精準扶貧 [J]. 開發研究，2015（2）：56-59。

8 林忠偉：精準扶貧體制機制創新研究 [J]. 經濟與社會發展，2016（1）：7-13。

換制不利於扶貧管理人員了解村莊事務及利益關係，因而阻礙了公共問題的處理。在以村委會為關注重點的研究中，研究者分析了精準扶貧在基層地方的運作後提出，扶貧駐村幹部制度分解了村委會的職能與權威，威脅到村民自治的制度基礎和基層民主的活動空間。[1] 李鷗、葉興建（2015）則認為繁重的脫貧工作加重了村委會的任務負擔，激化了政府行政管理與村民群眾自治組織之間的矛盾。[2]

關於扶貧的精準考核尚無統一的定義，目前主要有兩種說法。少數學者認為精準考核指對扶貧對象的考核，如王介勇等（2016）認為，精準考核的內涵為貧困人群、貧困縣的脫貧退出和再入機制。[3] 更多研究中，精準考核等同於對工作的考核與對政策的評估，如吳雄周、丁建軍（2015）對湘西扶貧狀況的調查中，以扶貧管理機構等作為考核對象[4]，林忠偉（2016）將其定義為對識別、幫扶、管理的成效進行量化考核，獎優罰劣的過程[5]。

案例：農產品電子商務的「隴南模式」

2013 年，隴南成縣縣委書記李祥在微博銷售「成縣核桃」的創新之舉轟動全國，在這一網絡熱點事件中，隴南農產品進入全國網民的視野。2015 年 1 月，隴南市電商扶貧試點工作全面啟動。截至 2016 年 11 月底，隴南全市經營各類網點 9000 多家，農產品網絡銷售額累計突破 39 億元，電商、物

---

1 萬江紅、蘇運勳：精準扶貧基層實踐困境及其解釋 —— 村民自治的視角 [J]. 貴州社會科學，2016（8）：149-154。

2 李鷗、葉興建：農村精準扶貧：理論基礎與實踐情勢探析 —— 兼論複合型扶貧治理體系的建構 [J]. 福建行政學院學報，2015（2）：26-33，54。

3 王介勇、陳玉福、嚴茂超：我國精準扶貧政策及其創新路徑研究 [J]. 中國科學院院刊，2016（3）：103-104。

4 吳雄周、丁建軍：精準扶貧：單維瞄準向多維瞄準的嬗變 —— 兼析湘西州十八洞村扶貧調查 [J]. 湖南社會科學，2015（6）：162-166。

5 林忠偉：精準扶貧體制機制創新研究 [J]. 經濟與社會發展，2016（1）：7-13。

流等企業為全市提供就業崗位 5.7 萬多個，吸納貧困戶就業 1.4 萬餘人，隴南引來了農產品貿易的網銷時代。

在「隴南模式」中，政府為貧困群眾提供計算機、互聯網使用和網絡宣傳營銷等電商從業實用技能培訓，選派 128 名未就業大學生到浙江電商企業開展為期半年的在崗培訓，他們是電商產業發展的先行者和引導者。隴南市政府創建了隴南電商職業學校，先後累計培養各類電商從業人員 5.2 萬人次。此外，政府興建基礎設施建設，掃清電商產業發展的障礙。幾年間，隴南市補貼物流企業 247 家，建設快遞網點 928 個。

在精準幫扶方面，隴南市針對各區縣的不同產品優勢，培育出禮縣蘋果、武都花椒等銷路極佳且具有地區特色的農產品。根據各村鎮的經濟結構特徵，探索出龍頭企業帶動型、貧困農戶創業型、能人大戶引領型等多種網店建設模式。[1] 在扶持有能力的村民開設網店，以緊跟時代潮流的方式脫貧致富的同時，政府還通過各方面舉措引導缺乏創業能力的貧困戶通過精準扶貧專項貸款、土地入股電商企業等途徑，分享電商發展的紅利。例如，禮縣良源電商公司吸納 40 戶貧困戶每戶 5 萬元的精準扶貧貸款入股，通過分紅為貧困戶每年帶去 5000 元的增收。

此外，隴南市積極尋找外部資源，大力引入阿里巴巴、京東等互聯網企業作為戰略夥伴，建立「特色商城·隴南館」「阿里巴巴隴南產業帶」「京東幫服務店」「蘇寧雲商農村電商項目」。

資料來源：隴南日報，2015 年 6 月 4 日

電商扶貧是「互聯網＋」時代發展衍生出的扶貧新形式。互聯網的使用可以跨越地域的限制，這在很大程度上克服了中西部地區經濟發展的一大困難。但要真正緊跟電商經濟的時代潮流，無論在道路交通、物流運作方面，還是在經營者的個人能力、經營策略方面，都潛藏着巨大的挑戰和

1　杜理明：隴南農產品電子商務發展現狀及對策研究 [J]. 電子商務，2015（4）：12-13，15。

虛假繁榮的危險。對於經濟較為發達、教育水平相對較高的東部地區，這些困難都是無法避免的，對於中西部地區更是如此。例如，在扶貧成果的考核方面，尚且缺少準確合理的監控與評價體系。「刷單」「無效購買」成為下轄縣區內日益浮現的現象。如何擠出業績內的水分，衡量區域電商真實的發展狀況成為政策評估的難點。在現今的情勢下，電商對地區經濟發展的助推作用不言自明。只有腳踏實地地藉助電商平台發展出切實可行的經營方略，才能防範電商致富成為蒙蔽雙眼和頭腦的幻覺。

八、2017 年深度扶貧

（一）政策依據

2016 年 12 月，《「十三五」扶貧攻堅規劃》正式提出了 2020 年前實現「兩不愁三保障」的扶貧攻堅總目標，這意味着扶貧攻堅工作到了最後的衝刺階段，如何實現深度貧困地區真脫貧、不返貧成為攻堅克難的核心議題和各領域工作的重中之重。

在這一現實情境之下，習近平總書記於 2017 年 6 月 23 日在山西省太原市主持召開深度貧困地區脫貧攻堅座談會。講話圍繞着深度貧困的中心議題展開。他點明，深度貧困是現階段扶貧攻堅的重難點。他總結了深度貧困地區的普遍特徵，分析了深度貧困的多維成因。除社會發育滯後、生態環境脆弱等深度貧困成因之外，習近平還提出要對因病致貧問題給予特別關注，即關注系統問題之外的個人問題。

2017 年 10 月 18 日至 10 月 24 日，中國共產黨第十九次全國代表大會在北京召開。中共十九大報告着重強調，要集中力量重點攻克深度貧困地區脫貧攻堅任務，確保脫貧目標的實現。習近平在報告中將「精準脫貧」列為決勝全面建設小康社會的三大攻堅戰之一，明確提出「打好精準脫貧攻堅戰，要把扶貧和扶志、扶智結合起來，進一步向深度貧困地區聚焦發力，重點攻克深度貧困地區脫貧任務」[1]。

2017 年 11 月 21 日印發的《關於支持深度貧困地區脫貧攻堅的實施意見》，明確了深度扶貧的主要對象：貧困發生率超過 18% 的貧困縣，貧困發生率超過 20% 的貧困村以及雲南怒江州、甘肅臨夏州等西部少數民族聚居地區的「三區三州」。新增脫貧攻堅資金、項目、舉措都將主要用於深度貧困地區。

2018 年 6 月中旬頒發的《關於打贏脫貧攻堅戰三年行動的指導意見》則專門設立章節，以大量的篇幅討論深度貧困地區所面臨的機遇與挑戰，足以顯現這一任務在現階段中國國內建設與發展中所佔據的戰略性地位。該指導意見提出加快推進深度貧困地區交通、電力、網絡、生態、醫療等多領域的發展，全方位提升貧困地區生活水平與發展能力。多舉齊下，不僅有力地推動了扶貧的立體化，也表現出現代化建設進入綜合管理、協同發展的新階段。

（二）概念與內涵

深度扶貧的「深」首先在於扶貧對象的特徵與現狀。依據 2017 年底的《關於支持深度貧困地區脫貧攻堅的實施意見》的標準，截至 2017 年底全國仍然有 110 個深度貧困縣和 16000 個深度貧困村。除此之外，各省按照貧困發生率 11% 的標準確定了 334 個省級深度貧困縣。這些深度貧困地區貧困人口佔比高、人均收入和消費水平低、基礎設施匱乏、致貧原因多樣。過去幾十年的扶貧工作沒有能夠徹底解決這些地區的貧困問題，也說明了深度扶貧地區貧困程度之深、脫貧難度之大。

深度扶貧的「深」其次在於要激發貧困群體的脫貧意願，提升貧困群

1 習近平：決勝全面建成小康社會 奪取新時代中國特色社會主義偉大勝利 —— 在中國共產黨第十九次全國代表大會上的報告 . 新華社，[2017-10-27]. http://www.gov.cn/zhuanti/2017-10/27/content_5234876.htm.

眾的自我發展能力和可持續脫貧能力，這是醫治貧困的根本之策。從救濟式扶貧到開發式扶貧，從以縣、村為單位到集中連片，由大規模扶貧再到精準扶貧，中國在減貧路上不斷探索前行。在幾十年間，扶貧的領域不斷擴大，扶貧手段日趨多樣，貧困群體的主體性日益成為不可忽視的重要元素。中共十九大報告的「注重扶貧同扶志、扶智相結合」[1]，正是要求在認識和行動兩方面激發貧困群眾擺脫貧困的內在動力。「賦權優於給錢」，政府及其他社會主體應以合理方式予以貧困群體必要支持。人力資源和社會保障部、國務院扶貧辦於 2018 年 10 月聯合發佈《關於開展深度貧困地區技能扶貧行動的通知》，即旨在通過建立完善職業指導、分類培訓、技能評價、就業服務協同聯動的公共服務體系，提升職業技能培訓水平，促進轉移就業脫貧效果。

深度扶貧的「深」同樣也指「真脫貧、不返貧」的脫貧目標，要通過各類舉措讓貧困群體徹底擺脫貧困。雖然沒有明確界定深度貧困人口，但在應用中主要指因病致貧、返貧及老貧人口。這部分人口多數在客觀上缺乏勞動能力與技能，缺乏穩定工作與經濟來源，面對變故和災害時應對風險能力弱，遭遇危機時返貧概率大。只有建立起可持續的扶助體系，關注深度貧困人口的長期發展，才能真正做到脫貧成果可持續。

第二節　總結

自中華人民共和國成立以來，扶貧政策方針經歷了數次轉變。在對主要階段進行歷史性梳理之後，首先需要澄清的是：核心概念或口號的提出並不意味着在此之前同樣的工作思路和指導意見完全不存在。誠然，隨

1　習近平：決勝全面建成小康社會　奪取新時代中國特色社會主義偉大勝利 —— 在中國共產黨第十九次全國代表大會上的報告 . 新華社，[2017-10-27]. http://www.gov.cn/zhuanti/2017-10/27/content_5234876.htm.

着經濟社會的發展和互聯網的普及，扶貧的具體領域和具體手段都日漸多元，但扶貧工作的思路在總體上沒有巨大改變。例如，改革開放後的以工代賑政策，不僅在社會主義建設時期的政策文件中出現，而且在中國扶貧工作的歷史演進中佔據重要位置。可以說，扶貧政策的變化在更大程度上是扶貧領域、扶貧手段和扶貧對象隨着具體貧困狀況的轉變而發生的在側重上的變化。

整體而言，中國的扶貧政策是連貫而穩健的，中國政府和中國共產黨始終將共同富裕作為社會主義社會發展的核心目標之一，將消除貧困視為不可推卸的責任和義務。在此基礎之上，我們可以觀察到各時期的扶貧政策在以下方面進行了以現實為導向的調整。

（1）就扶貧主體而言，政府部門在扶貧工作上有了更為細緻的責任劃分。在 20 世紀 50 年代普遍貧困的形勢下，扶貧工作更多關注自然或人為災害導致的農業生產中斷，國家與具體地區之間形成直接的點對點的資源輸送渠道，中央或各級政府直接將資金、勞動力或糧食送到受災群眾手中。而在改革開放之後，特別是進入 21 世紀以來，政府性扶貧主體呈現縱向多層級、橫向多領域特徵。自國務院扶貧工作小組成立後，除傳統的農業部、水利部外，工信部、交通部、教育部等國家部委都被納入扶貧工作的範疇，扶貧成為橫跨多個領域的核心議題。與之相應地，扶貧研究也日益成了跨學科的課題。除此之外，越來越多非政府的主體也參與到扶貧工作中來。在近五年的精準扶貧工作中出現了不少以企業為主導的精準扶貧項目。在這些項目中，企業塑造了良好的社會形象，貧困地區的產業鏈得以延伸，產業結構得到優化，農業生產的效益獲得較大幅度的提升；與此同時，從政府主導的以再分配為主要內容的扶貧模式變為企業一對一幫扶為主要方法的扶貧模式，扶貧主體的多元化也同樣展現了經濟市場化背景下的扶貧思路和環節設計的開放與創新。

（2）在扶貧工作對象方面，扶貧單位層級不斷轉變。從 20 世紀八九十年代的以縣為中心到 21 世紀初的整村推進，再到集中連片、精準扶貧，我們可以看出扶貧問題的分析單位和實踐單位都有兩條並行的線路：一是扶貧瞄準的精準化。對於貧困縣、貧困村、貧困戶，精確的政策制定和嚴格的篩查制度背後是對資源利用效率和社會公平的不斷追求。在貧困瞄準單位不斷下移的過程中，貧困戶獲得越來越多的話語權，也越來越深地融入扶貧攻堅的工作之中，自下而上信息流通成為自上而下資源流通之外的另一條並行道路。二是區域協調發展。以滇桂黔石漠化地區為例，同一地區往往具有相似的貧困成因，以區域為單位的統籌發展是對症下藥的直接結果。而就實踐而言，區域內合作有助於資源分配的合理化和脫貧效率最優化。

從經濟扶貧到多維扶貧。經濟發展自始至終都是扶貧工作的核心和基礎，無論在哪個時期，人均收入都是入選貧困重點縣的最主要標準。在經濟範疇內，隨着政府政策制定和管理能力的提升，隨着扶貧工作經驗的不斷積累和扶貧問題的不斷暴露，貧困戶面臨的經濟風險和具有的勞動能力等不可直接測量的經濟因素，也通過民主評議等主觀方式不斷被納入考察體系之中。除了經濟狀況外，貧困群眾的受教育水平、信息化工作水平、參與和管理公共事務的能力，貧困地區的基礎設施建設、生態環境保護也成了扶貧攻堅的工作對象。脫貧在實踐中日益成為全方位的立體的概念，脫貧質量與可持續性成了指標脫貧之上的更高追求。

第三章　中國扶貧模式

第一節　輸血救濟式扶貧

中華人民共和國成立後，中國政府一直在努力發展經濟、消除貧困，但多數學術研究認為真正意義上的扶貧措施是直到改革開放後才開始大規模實施的。[1] 改革開放以前，扶貧工作最早以農村地區救濟和救災工作為主，以地區性的試點工作為主，在人民公社時期以人民公社和生產隊為主要工作單位。

改革開放廢除了人民公社，除了建立以家庭聯產承包責任制為基礎的雙層經營體制外，還放開了市場和農產品價格，促進了鄉鎮企業的發展，極大地解放和發展了生產力，迅速改善了農民的收入狀況，大面積緩解了農村貧困問題，從總體上降低了中國農村地區的貧困發生率，也為解決農村貧困問題奠定了基礎。

早期的扶貧政策採取的是提供資金補貼的「輸血式」扶貧模式，以救濟貧困地區和人口為主：扶貧工作主要為各級政府和相關部門向貧困地區直接提供生產和生活所需要的物資，輔以小額貸款或其他相關優惠政策和生產補貼，使貧困者脫離貧困。扶貧政策目標主要關注「老、少、邊、窮」地區的貧困問題，將其作為各級政府工作的重點。[2]

1　國務院：《中國的農村扶貧開發》白皮書，2001。

2　申秋：中國農村扶貧政策的歷史演變和扶貧實踐研究反思 [J]. 江西財經大學學報，2017（1）：91-100。

1980 年，中央財政設立支援經濟不發達地區發展資金；1982 年，將甘肅定西、河西和寧夏西海固等全國最為貧困的集中連片地區列入國家專項扶貧工作計劃；同年，國家經委發佈《關於認真做好扶助農村貧困戶的通知》；1984 年，劃定了 18 個集中連片貧困區。這一時期，國家以大面積貧困的農村地區，以及極端貧困情況集中的連片貧困區為主要扶貧對象，以區域性扶貧模式為主。

輸血救濟式的扶貧政策取得了一定成效。這一扶貧模式下提高了普遍貧困狀態下的貧困人群的生活水平，滿足了貧困群體的溫飽需求。1978 年到 1985 年，農村人均糧食產量增長 14%，農民人均純收入增長了 2.6 倍；貧困人口從 2.5 億人減少到 1.25 億人，農村地區貧困發生率下降到 14.8%；貧困人口平均每年減少 1786 萬人。[1]

但是在那些受到劣勢自然地理環境限制、基礎設施薄弱的農村地區，經濟發展仍然非常落後。區域性的瞄準方式和救濟式的扶貧模式都不能幫助他們真正脫離貧困。貧困地區與其他地區，特別是與東部沿海發達地區在經濟、社會、文化等方面的差距逐步擴大，農村地區仍有相當一部分人的經濟收入不能維持其生存的基本需要，「輸血式」扶貧模式難以從根本上提高貧困地區的自我發展能力。為了更有效地開展扶貧工作，中國的扶貧方式逐漸從直接輸血的救濟式轉向開發式。

第二節　以工代賑模式

20 世紀 80 年代，中國反貧困戰略隨着國家經濟發展政策的變化也發生了重大轉變，扶貧模式由主要補貼貧困地區政府財政和直接救濟貧困人口的模式，轉向為扶持貧困者發展，幫助改善其生產生活條件，以激發這些地區內生的經濟發展動力，逐步實現社會經濟發展的開發式扶貧。以工

1　國務院：《中國的農村扶貧開發》白皮書，2001。

代賑政策就是這種轉變中的一個組成部分[1]。

2014 年，國家發改委修訂了《國家以工代賑管理辦法》，規定「以工代賑」指的是受賑濟者參加政府投資建設公共基礎設施的工程以取得勞務報酬，用以取代直接救濟貧困者的一項扶持政策。以工代賑是主要在農村地區實行的扶貧政策，政策實行地區為當地貧困農民提供參與工程建設、賺取勞務報酬的機會。以工代賑的扶貧計劃主要面向扶持集中連片特殊困難地區，兼顧其他國家扶貧開發工作重點縣和其他貧困地區，向革命老區、少數民族地區、邊疆地區傾斜。[2]

作為扶貧政策的以工代賑起源於 1984 年，以工代賑模式的開展表明了中國的反貧困模式從救濟式向開發式轉變。1994 年國務院頒佈了《國家八七扶貧攻堅計劃》，投入十億元作為以工代賑資金，堅持開發式扶貧的方針，對現有扶貧成果進行鞏固和發展，以減少返貧人口。

以工代賑不僅可以通過組織賑濟對象參與生產計劃或公共建設來取得收入和基本的生活保障，達到反貧困的目的，還可以促進政策實行地區的生產發展、增加基礎設施和公共工程的建設，推動當地經濟社會的長遠發展。工程項目的建設也有利於增強地區抗擊自然災害的能力，減少返貧的出現。並且以工代賑具有明確的指向性，可以準確瞄準目標人群、提高扶貧效率。但在以工代賑濟政策開展過程中，存在工程扶持和報酬賑濟的矛盾、長期效益和短期效果的矛盾、扶貧開發與抗災救災的關係等一系列問題。

作為中國扶貧開發政策的重要組成部分，以工代賑有效地起到了集中資源的作用，推動了農村地區農田、水利、公路等基礎設施的建設，對改善貧困地區生產生活條件、增加農民收入、促進貧困地區發展，作出了不可替代的重要貢獻。以工代賑在扶貧開發工作中取得了顯著成效，可以說

1　斯麗娟：以工代賑在農村扶貧開發中的效益 —— 基於甘肅省以工代賑政策實施的調查 [J]. 甘肅社會科學，2011（3）：237-239。

2　國家以工代賑管理辦法 [EB/OL]. http://www.gyygdz.gov.cn/article_view.aspx?aid=1018.

是一項符合中國貧困地區實際的有效的扶貧政策，直至今天依然是中國反貧困政策中的重要部分。

案例：甘肅省清水縣

甘肅省地處我國西北，地貌類型多樣，地形複雜。其中山地佔總面積的70%。貧困縣主要分佈在山區，其中貧困人口主要集中在自然條件惡劣的交通閉塞地區和偏遠山區，那裏自然災害頻發。加之交通極為不便，信息閉塞，貧困人口居住分散，扶貧成本高且效果難以鞏固。

清水縣作為甘肅省國家扶貧工作重點縣之一，以農業和農村基礎設施建設為重點，努力實現脫貧致富，共完成總投資 11 927.68 萬元的以工代賑項目 176 項，其中：國家以工代賑投資 8554.7 萬元，省級配套 1358.91 萬元，整合其他專項資金 193.6 萬元，地方自籌 1718.4 萬元，以及其他投資 102.02 萬元。

以工代賑工程在改善清水縣農村生產生活條件、改變落後面貌、促進當地資源開發和脫貧致富等方面取得了顯著成效。截至 2005 年，清水縣累計完成公路建設 772.72 公里，修建大中橋樑 13 座 548.61 延米，涵洞 183 道 1775.05 延米，建成了一大批通鄉、通村路和資源開發路，清北公路、清張公路等有效加強了清水縣與外部的聯繫，對當地經濟發展起到了重要作用。

同時興修梯田 20.97 萬畝，建設灌渠 18 條 65.49 公里，新增灌溉面積 1.93 萬畝；修建農村供水工程 67 處，解決了部分人口的用水問題；新建、改建 10kV 輸電線路 20 公里；新建農村廣播電視「村村通」工程 20 處。2005 年年底，全縣農民人均純收入達到 1189 元，較 1984 年的 81 元增長 13 倍多，基本解決了大多數貧困鄉村群眾的溫飽問題，農村貧困人口由 1984 年的 15.98 萬人下降到 2 萬人。這一切與以工代賑工程對於當地經濟建設的推動作用密不可分。[1]

---

1 http://www.gsdrc.gov.cn/content/2006-10/24428.html.

但同時也出現了一些問題：由於扶貧工作壓力巨大，地方財政資金有限，甘肅省扶貧工作非常依賴中央專項扶貧資金的支持，而中央扶貧資金主要投向國家扶貧工作重點縣，難以惠及其他地區。大量農村地區勞務輸出，老弱病殘「留守」的「空巢村」造成了以工代賑工程項目的勞動力短缺，不利於農業產業化發展。基礎設施的公共物品屬性使得在後期項目運轉過程中水利、道路、橋樑工程等基礎設施的維護工作不到位，從而縮短了以工代賑工程效益的持久性等。

資料來源：甘肅省發改委，http://www.gsdrc.gov.cn/content/2006-10/24428.html

以工代賑對甘肅省清水縣的經濟建設起到了明顯的推動作用，同時也提供就業機會，解決了貧困群體的溫飽問題。通過以工代賑的工程項目，使群眾生產生活條件的直接改善和群眾的期望相一致，極大地調動了貧困鄉村群眾的積極性，地區的環境面貌和基礎設施得到較大提升，也為後續發展提供了保障。但同時，以工代賑的扶貧模式較大程度依賴中央扶貧資金，惠及地區有限，也存在其他問題，因此無法成為持久的自主的發展模式。

第三節　以縣為中心的扶貧

1986 年，國務院成立「貧困地區經濟開發領導小組」作為專門的反貧困機構，開始正式實行計劃性的扶貧工作。隨着對於國家貧困形勢的認識加深，中國貧困分佈的區域性特點開始顯現。為了有效配置資源、有組織地開展工作，國家劃定了 331 個國定貧困縣，後增加為 592 個。隨着社會經濟的發展和貧困形勢的變化，貧困縣的劃定標準和確定範圍的相關政策陸續進行過調整，但以縣為中心開展扶貧工作自此成為中國開展扶貧工作的主要特點之一，縣級單位一直都是貧困瞄準機制和扶貧工作開展、扶貧資源分配的重要環節。

國定貧困縣的確定標準經歷過三次較大的調整，時間分別在 1986 年、1994 年和 2001 年。1986 年第一次確定了國定貧困縣標準：在 1985 年縣人均純收入低於 150 元的縣，並對少數民族自治縣、革命老區根據地縣放寬標準為縣人均收入低於 200 元，為個別有特大貢獻的老革命根據地縣放寬為縣人均收入低於 300 元。各省也根據自身情況確定了 368 個省級貧困縣。這一政策基本覆蓋了中國絕大多數農村貧困人口。1994 年發佈的《國家八七扶貧攻堅計劃》，提出繼續以貧困縣作為扶貧對象，調整了國定貧困縣的標準，將 1992 年人均純收入低於 400 元的縣納入國定貧困縣，1992 年人均純收入高於 700 元的縣退出貧困縣。並根據中國貧困形勢進一步明確了扶貧工作的重點，形成了中國扶貧戰略的基本框架。2001 年國家再次調整了貧困縣的標準，將貧困縣的確定權限下放至省級，國務院扶貧辦只進行審核和備案，全國保持貧困縣的總數為 592 個，東部沿海地區的貧困縣由各省自行扶持，退出國定貧困縣範圍，將西藏整體作為一個扶貧單位，退出原有貧困縣名額，其餘各省採用「631」指數法，即各省貧困人口佔全國比重為 60%，農民人均純收入較低的縣數佔全國比例為 30%，人均財政收入低的縣數佔全國比例為 10%，以此來確定各省的貧困縣數量。[1] 此後，國家將扶貧瞄準單元不斷下移到村一級直至貧困農戶，但縣級單位仍然為扶貧資源整合的重要層級。

以縣為中心的扶貧模式，貧困縣主要享受三類政策：第一類為國家專項扶貧資金分配傾斜政策；第二類為國家給予貧困地區的行業優惠政策，如水利交通、教育衛生等行業的優惠政策；第三類為國家財政轉移支付政策，包括稅收減免、優惠補貼等。以縣級單位為貧困工作瞄準和開展對象，增加了原本普遍性的貧困政策的精確度，同時有利於地方政府把貧困問題同地區開發問題相結合，整合資源，對貧困進行綜合治理。同時，以

1　左常升：中國扶貧開發政策演變（2001—2015）[M]. 北京：社會科學文獻出版社，2016：8-9。

縣為中心開展扶貧工作可以節省國家的扶貧成本，使扶貧資金和扶貧管理成本控制在與當時貧困形勢適應的水平。

1986 年至 1993 年，國家重點貧困縣農村居民家庭年人均純收入從 206 元提高到 483.7 元，年增長率達到 13%，農村絕對貧困人口從 1.25 億人降低到 8000 萬人，貧困發生率從 14.8% 降低到 8.7%；到 2000 年底，農村絕對貧困人口降低到 3000 萬人，農村貧困發生率降低到 3.4%，國家重點扶持貧困縣的貧困人口從 1994 年的 5858 萬人降低到 2000 年的 1710 萬人。[1] 以縣為中心的扶貧工作取得了較明顯的成效。

但根據實證研究可知，以縣為中心的扶貧模式存在一定的問題。

其一，以縣為貧困瞄準單元的實際準確度有限，扶貧投資僅能到達貧困縣的貧困村，而無法覆蓋到大量居住在非貧困縣的貧困人口。2000 年，生活在貧困縣的絕對貧困人口佔全國總貧困人口的 54.3%，有大約一半的貧困人口生活在非貧困縣。[2] 即使在貧困縣內，貧困人口也主要居住在一些偏遠村落，使縣級瞄準難以達到預期的效果。

其二，貧困縣的確定受政治因素影響較大。貧困縣的「帽子」對於縣級官員的個人考察和晉升有影響，一定程度上演化為政治博弈的空間，導致扶貧資源的不公平分配和爭取貧困縣資格的不正當競爭。[3] 此外，早期國定貧困縣的確定標準具有濃厚的政治色彩和偏向性，附着在貧困縣上的優惠政策成為地方政府爭取發展資源甚至採取不正當手段的動力。

其三，以縣為中心的扶貧工作在發展過程中缺乏有效的退出機制。儘管 1995 年國務院扶貧開發領導小組提出貧困縣數只能減少，不能增加，但到 2012 年調整時，貧困縣總數仍然為 592 個。這一時期中，除去政策原因，真正退出的貧困縣只有 38 個，佔總量的 6.42%。貧困縣的政策優惠

1　呂書奇：中國農村扶貧政策及成效研究 [D]. 北京：中國農業科學院，2008。

2　汪三貴、Albert Park，Shubham Chaudhuri，Gaurav Datt：中國新時期農村扶貧與村級貧困瞄準 [J]. 管理世界，2007（1）：56-64。

3　許源源：中國農村扶貧瞄準問題研究 [D]. 廣州：中山大學，2006。

並沒有使貧困縣產生主動脫帽的動力，貧困縣的識別機制也受到政治因素的影響，導致長期固化，缺乏靈活有效的進退機制。[1]

以縣為中心的扶貧模式仍然是中國目前開展扶貧工作的特點之一，但其實施期間存在的較多缺陷和問題也為中國實行整村推進、精準扶貧等扶貧模式提供了動力來源和參考經驗。習近平也在中共十九大報告中提出，到 2020 年中國要實現貧困縣全部摘帽，解決區域性整體貧困，做到脫真貧、真脫貧。

第四節　整村推進

整村推進是指以扶貧開發工作重點村為工作對象，整合資源、科學規劃，促進農村經濟社會文化全面發展，增加貧困群眾收入和改善其生活條件的扶貧開發工作方式。

整村推進方式的背後是中國扶貧開發模式由項目主導的區域性開發向直接定位貧困人口的「到村到戶」扶貧方式的轉變。《中國農村扶貧開發綱要（2001—2010 年）》中明確提出整村推進的扶貧工作方式。而隨着中國扶貧工作的開展，扶貧面臨着新的特點。一是整體貧困人口的減少使部分貧困村落凸顯，絕對貧困人口的分佈相對集中使扶貧工作瞄準重點從貧困縣轉為貧困村；二是剩餘貧困人口多處於自然條件惡劣的偏遠地區，扶貧難度增加，解決溫飽的難度較大；三是扶貧成果不穩定，返貧率仍然較高；四是農村勞動力素質偏低，整體社會發育水平低。鑒於以上扶貧形勢的變化，為了實現《中國農村扶貧開發綱要（2001—2010 年）》所確立的目標，中國以「整村推進」作為新的扶貧方式，能夠更好地識別貧困群體，有利於扶貧資金進入基層組織，幫助貧困村整合各類扶貧資源，激發貧困

1 李小雲、唐麗霞、許漢澤：論我國的扶貧治理：基於扶貧資源瞄準和傳遞的分析 [J]. 吉林大學社會科學學報，2015，55（4）：90-98，250-251。

農戶自主脫貧的積極性，同時提高貧困人口的綜合素質和貧困村可持續發展能力。[1]

「整村推進」，即「參與式整村推進」，是一種來源於甘肅省扶貧工作實踐，後逐漸向全國推廣的扶貧辦法。一方面，以村為單位的評估方式縮小了扶貧針對地區的範圍，提高了扶貧的精確度，使得真正惠及貧困人群；另一方面，該計劃以村級扶貧規劃為切入點，發動農戶參與扶貧計劃制訂、實施和監督的全過程，政府則以政策引導和技術支持為主，有利於自主脫貧，促進農戶自我發展，提高農戶參與扶貧開發工作的積極性，也更契合貧困農戶的發展需求，有利於項目的推進和落實。並且，該辦法能夠拓寬公共參與與基層公共服務的基礎，有助於農村文化與社會建設，有利於維護農村基層穩定，加強基層組織建設；也有利於集中國家資源，重點解決凸顯出來的貧困村的問題。

整村推進是目前中國反貧困工作中仍在沿用的重要方法，其作用與意義十分重大，但具體實踐中還有一些問題需要解決。

其一，是扶貧資金不足的問題。完成貧困村整村推進的工作需要扶貧資金尤其是財政扶貧資金的支持，而事實上地方扶貧工作中整村推進只是重點貧困村扶貧的部分，還有其他的扶貧任務需要完成，但各項資金均存在缺口，使得整村推進出現困難，在部分資金短缺地區只能實施一些基礎性建設項目，用戶的穩定增收項目由於資金過少而無力安排。

其二，整村推進並未解決扶貧對象不明確的問題，在資金和項目的安排上仍不能做到優先考慮最貧困的人口，扶貧的精確度仍有待提高，這也是此後發展精準扶貧政策需要解決的重點內容之一。在實施過程中，部分地區採用讓農戶配套資金的方式，形成了超出貧困人口承受能力的高門檻，使多數貧困戶被排斥在項目之外。此外，出於資金使用效率和回報率的考慮，許多地方的工作人員更偏向將資金投放到回報率更高但不一定最

1 楊軍：「整村推進」扶貧模式的問題與對策研究 [J]. 西部論壇，2006，16（6）：15-20。

貧困的農戶，尤其是扶貧貸款和需要回收的「滾動扶持」的投入上。同時，實踐中貧困戶各家情況不一且都十分複雜，僅靠資金的支持很難完成脫貧工作，還需要配套的政策和措施予以幫助。另外，由於一些地方農村基層幹部的工作作風和素質的原因，在監督機制不完善的情況下使整村推進工作中出現不規範問題，在群眾中產生了惡劣影響。

其三，整合扶貧資源需要加強各有關部門的組織協調，加強制度建設。扶貧工作中出現了扶貧資金與項目捆綁、使用不配套的問題。多頭管理的資金在一些地區的到位和配套情況差強人意。而整村推進項目建成後，由於後續管理涉及的部門多，村級管理上存在先天不足的問題；省級政府相關部門也尚未制定一個操作性較強的措施，為整村推進的可持續發展提供政策保障。[1]

「整村推進」的扶貧模式是在中國之前幾十年的扶貧經驗上進行總結和改進的，在扶貧工作中產生了明顯的效果，但仍然存在不足之處。「整村推進」政策中出現的問題正是此後推行精準扶貧政策的重要原因之一。

案例：湖北省房縣

房縣位於湖北西北腹地，總面積 5110 平方公里，是湖北省大縣，為國家扶貧開發工作重點縣，省革命老區。轄 20 個鄉鎮（場）、305 個村居，總人口 48.87 萬人，耕地面積 42 052 萬畝，其中農業人口 38.4 萬人，佔總人口的 79.5%。至 2010 年年底，農民人均純收入 3310 元，貧困人口 118 379 人，佔全縣農業人口的 31%。[2]

2001—2011 年，整村推進工作在房縣共 168 個重點貧困村開展。基礎設施建設和群眾生產生活條件得到逐步改善，168 個重點貧困村 10 年共新

1 李樹基：整村推進扶貧開發方式研究——以甘肅為例 [J]. 甘肅社會科學，2006（2）：207-210。

2 房縣扶貧辦：整村推進存在的主要問題與對策 . http://www.hbfp.gov.cn/xxgk/dcxj/1433.htm.

修、維修村組公路 1344 公里，新修、維修河堤 10.8 萬米，新建人畜飲水池（窖）672 口，埋設飲水管道 82.9 萬米，建沼氣池 2.3 萬口，硬化門前曬場 20.1 萬平方米，新建和維修村委會、衛生室 1.7 萬平方米。

項目實施期間，房縣發展了特色產業，大幅增加了貧困人口收入。採取扶貧部門、專業技術人員、鄉村幹部、當地群眾「四位一體」的措施，扶持重點貧困村建設農特產品基地。在集中扶持下，當地整村推進的 168 個重點貧困村的主導產業已初具規模，形成以煙、藥、菌為主的特色產業基地達 45.9 萬畝。到 2010 年底，重點村貧困人口人均純收入達 2919 元，年均增長 392 元，增幅達 19%。增幅高於全縣農民人均純收入增長水平。

此外，扶貧資金得到整合利用，整體使用效益得到提高。上級政府累計投入房縣各類扶貧資金 2.6 億元，通過「捆綁」使用，80% 以上用於貧困村整村推進基礎設施、社會發展等項目建設。縣政府在財政資金十分緊張的情況下加大對扶貧開發的投入力度，把配套扶貧資金用於扶持龍頭企業和產業發展，取得明顯成效。此外，在整村推進過程中，幹部群眾積極參與，項目建設活力大大增強。全縣上下通力合作，充分評估、論證、挑選、規劃扶貧項目。

但與此同時，房縣的整村推進工作仍然存在一些問題。一方面，貧困村基礎設施落後，短期內群眾生產生活條件難以從根本上改善。重點村的建設年限僅為兩年，資金投入年限過短，基礎設施的建設和維護成了各重點村的難題。部分村為了完成規劃任務形成了新的村級債務。另一方面，產業發展見效緩慢，重點貧困村的群眾難以從根本上脫貧。由於貧困村分佈分散，產業項目難以集中，並且缺乏長遠規劃，沒有連續性。一些產業項目時間短，規模小，效益不突出，難以為群眾增收。還有一些產業發展沒有與市場對接，存在盲目性。龍頭企業與農戶的聯繫鬆散，帶動能力也非常有限。而發展產業項目見效之困難也導致許多貧困村幹部重基礎設施輕產業發展，認為整村推進的主要工作內容在修路架橋、解決飲水困難等。另外，還存在扶持資金額度偏小成效有限、扶貧資金多頭管理整合困難、扶貧開發工作與整村推進難以配套等問題。

資料來源：房縣扶貧辦：整村推進存在的主要問題與對策，http://www.hbfp.gov.cn/xxgk/dcxj/1433.htm

整村推進工作在房縣的重點貧困村開展，大大改善了貧困村的基礎設施和環境風貌，並改善了貧困人口的生活條件，發展了特色產業和龍頭企業，有利於可持續發展。整村推進模式使房縣的扶貧資金得到整合利用，產生了較好的使用效果。但仍然存在資金和項目年限有限、項目後期維持困難、產業發展存在各種制約、難以產生理想效益等問題。由此可見，整村推進的扶貧工作不應當僅僅是短期項目投入，更應當努力調動地區內生發展力量，實現自主脫貧、可持續發展。

第五節　集中連片特困地區扶貧

2011 年國務院發佈《中國農村扶貧開發綱要（2011—2020 年）》，作為中國扶貧開發工作的綱領性文件，綱要提出了「連片特困地區」的概念，將六盤山區、秦巴山區、武陵山區、烏蒙山區、滇桂黔石漠化區、滇西邊境山區、大興安嶺南麓山區、燕山 - 太行山區、呂梁山區、大別山區、羅霄山區等區域的連片特困地區和已明確實施特殊政策的西藏、四省藏區、新疆南疆三地州作為扶貧攻堅主戰場。「連片特困地區」成為當前階段扶貧攻堅工作的主要對象，片區減貧戰略的實施是中國扶貧戰略的重要規劃部分。

「連片貧困地區」的概念最早出現在 1984 年中共中央、國務院發佈的《關於幫助貧困地區儘快改變面貌的通知》中，在 1986 年明確了 14 個「連片貧困地區」，後調整為貧困縣相對集中的 18 個區域。2000 年以後，由於發展的非均衡現象開始越來越明顯，出現貧困集中在老少邊窮等特殊地區的趨勢，「特殊類型貧困地區」成為扶貧開發工作的新概念。《中國農村扶貧開發綱要（2011—2020年）》正式公佈了根據592個集中連片特困縣確定的14個集中連片特困地區。各部委也分別出台了扶持政策，從各個角度針對貧困片區實際情況制定了優惠政策。[1]

集中連片特困地區集中在山區、高海拔地區和生態環境惡化地區，貧困原因主要為資源匱乏的資源性貧困，生產活動效率低下的生產性貧困，勞動者自身知識文化素養不足或勞動力外流、人力資源匱乏制約地區發展的主體性貧困，以及由於政策缺位、被邊緣化導致的政策性貧困。四種類型的貧困相互關聯，連片特困地區的扶貧工作需要結合這四方面進行進一步的統籌安排。[2]

集中連片特困地區片區劃分以縣為單位，以西部地區為重點，一般為跨省片區。因此，連片特困地區的脫貧工作離不開區域性開發工作，片區工作是實施扶貧計劃的重要戰略支點。地理分佈集中的連片特困地區導致貧困的理由、共享的資源都是具有相似性和整體性的，連片特困地區的減貧工作由外源性、「輸血式」的扶貧模式轉變成為區域內生發展、自我開發的規劃實施。以片區為單元開展扶貧減貧工作，有利於打破行政單位之間的壁壘，加強區域協調發展，減少扶貧工作的阻力，更好地整合資源，形成發展合力。

片區減貧政策取得了明顯的成效：片區脫貧速率高於全國貧困地區平均速率，片區的人均生產總值增速也高於全國貧困地區的增速。除西藏、四省藏區、新疆南疆三地州三個片區外，全國劃分的11個片區在2001年至2010年人均生產總值增速較快，城鄉居民人均可支配收入大幅增加，發展速度與全國保持同步（圖3-1）。[3]

---

1 萬君、張琦：區域發展視角下我國連片特困地區精準扶貧及脫貧的思考[J]. 中國農業大學學報（社會科學版），2016，33（5）：36-45。

2 張立群：連片特困地區貧困的類型及對策[J]. 紅旗文稿，2012（22）：18-20。

3 萬君、張琦：「內外融合」：精準扶貧機制的發展轉型與完善路徑[J]. 南京農業大學學報（社會科學版），2017，17（4）：9-20。

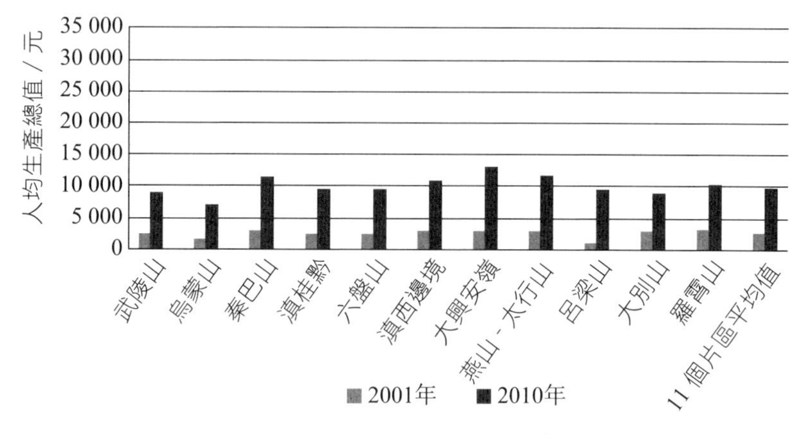

圖 3-1 片區經濟發展狀況[1]

然而，集中連片特困地區扶貧工作仍然存在一些難點問題和不足，片區攻堅整體效果和推進速度低於預期。根據國務院扶貧辦信息中心的資料，2014 年年底，全國 14 個連片特困地區在片區攻堅規劃進行到一半的時間，僅有 5 個片區完成原計劃總投資額的 50%[2]。張琦、陳偉偉基於 2013 年片區檢測數據和徐孝用等人利用四川省涼山州的面板數據進行的研究都表明，片區攻堅取得一定成效，但投入產出效率一般。此外，片區扶貧往往集中於經濟方面，在經濟收入以外的教育、健康、文化等領域仍然處於較為落後的狀態，這些問題的尚未解決會制約片區的可持續發展。片區的支持政策也存在精準度低、缺少差異化、集中於見效快的項目等特點，片區扶貧在實踐中並沒有完全實現打破行政區劃、生產要素在區域間自由流動的初衷，跨區域整合扶貧資源並沒有形成氛圍、制度和相應的市場機制，扶貧資源在較大投入的情況下仍然面臨碎片化和被分割的問題。

1 共濟：全國連片特困地區區域發展與扶貧攻堅規劃研究 [M]. 北京：人民出版社，2013。

2 萬君、張琦：區域發展視角下我國連片特困地區精準扶貧及脫貧的思考 [J]. 中國農業大學學報（社會科學版），2016，33（5）：36-45。

案例：烏蒙山區四川省敘永縣

敘永縣地處四川盆地南緣，係烏蒙山區餘脈。全縣面積 2976.8 平方公里，耕地面積 93.5 萬畝。敘永縣是全國 592 個貧困縣之一，烏蒙山區 38 個特困縣之一，四川省革命老區、享受少數民族地區政策待遇縣，屬於典型的「老少邊窮」地區，是國家扶貧開發工作重點縣。時有 89 個省級扶貧開發工作重點村，至 2010 年末尚有 13.16 萬貧困人口，佔全縣總農業人口的 21.66%。由於基礎條件差、自然災害頻發、貧困人口較多、部分地區貧困程度較深，扶貧開發任務艱巨。

2011 年敘永縣根據縣區位優勢和產業優勢，制訂了符合自身社會經濟情況的扶貧計劃[1]。敘永縣位於 321 國道、敘威公路、川黔鐵路交匯處，臨近瀘州航空港，具有便捷的海陸空立體交通網絡。敘永縣有悠久的烤煙產業和核桃種植歷史。敘永縣將財政扶貧專項資金補助重點用於培育扶持連片優勢產業並配套基礎設施，打造優質煙葉和優質核桃科技示範園，發揮示範帶動作用，同時進行基礎設施建設、新農村建設和社會事業建設，改善人民生產生活環境。此外，敘永縣還根據自身地理氣候條件發展了高山蔬菜產業，幫助農民增收，2014 年該產業產值佔全縣農業產值的 18.58%，馬鈴薯、烤煙、蔬菜等主要種植作物在該地區的脫貧貢獻率達到 25% 以上，具有較高的效益和廣闊的發展前景。[2]

國土資源部響應《烏蒙山片區區域發展與扶貧攻堅規劃（2011—2020 年）》，出台了針對連片特困地區的支持政策，如實施用地指標傾斜，開展土地綜合整治，指導地質環境保護和開發利用等。2012 年，國土資源部將四川省瀘州市優先列為工礦廢棄地複墾利用試點，為當地經濟社會發展提供了政策支持。敘永縣把握政策機遇，成為首批工作試點縣，通過開展工礦廢棄

---

1 http://www.xuyong.gov.cn/publicity_dept18/subject017/subject1124/63458.

2 章世榮、彭曉明、李雪梅，等：高山蔬菜產業化對烏蒙山區扶貧開發的作用——以敘永縣為例 [J]. 現代農業科技，2015（23）：310-311。

地複墾利用工作，有效改善了生態環境，保護了耕地資源。2013 年以來，敘永縣政府共實施項目 8 個，建設規模 8086 畝，在瀘州市政府的支持下與瀘州市中心城區達成轉讓協議，既解決了瀘州市中心城區建設用地緊缺問題，又推進了敘永縣的脫貧攻堅工作。[1] 通過工礦廢棄地複墾獲得的周轉指標也為敘永縣提供了易地扶貧搬遷建設用地。

「十三五」易地搬遷脫貧規劃也為敘永縣提供了脫貧發展的解決方案和政策支持。2017 年，敘永縣根據《「十三五」時期易地扶貧搬遷工作方案》開展扶貧搬遷工作，完成易地扶貧搬遷 5045 人，項目總投資 26 789.71 萬元 [2]。

資料來源：敘永縣發展和改革局：2017 年敘永縣易地扶貧搬遷投資計劃公示，http://www.xuyong.gov.cn/bmpd/xfzggj/zwgk1/content_52314

位於集中連片特困地區的敘永縣在開展扶貧工作的過程中，較好地把握住了政策機遇，在不斷嘗試中探索出扶貧減貧工作的新路。根據自身自然環境特點、區位優勢和產業優勢，敘永縣制定了適合自身發展的脫貧規劃，合理利用扶貧資金，發展效益較高的產業。同時把握土地政策，改善了生態環境，並和周邊城區合作，為脫貧發展提供助力。此外，利用政策支持，來開展扶貧搬遷工作。敘永縣多方向、多樣化、多層次地根據自身實際情況，利用貧困縣政策傾斜，脫貧工作取得了較大的成就。

第六節　精準扶貧

隨着以區域性為重點的扶貧工作的開展，扶貧開發工作逐漸暴露出

1 鄭子敬：烏蒙山片區利用土地政策易地搬遷脫貧路徑研究 —— 以四川省敘永縣和古藺縣為例 [J]. 國土資源情報，2016（11）：52-56。

2 敘永縣發展和改革局：2017 年敘永縣易地扶貧搬遷投資計劃公示 [EB/OL]. http://www.xuyong.gov.cn/bmpd/xfzggj/zwgk1/content_52314.

許多問題。以政府財政扶貧資金為主導的投入模式不僅難以滿足貧困居民的脫貧需求，而且在實際工作中還出現了一些問題，如基層腐敗、高調貧困，甚至各縣市搶奪「貧困帽」等[1]。這不僅造成扶貧資金浪費，未達到原有的扶貧效果，而且扶貧政策也偏離了原定的扶貧目標，出現了貧困人口瞄準難、幫扶效果不好等問題[2]。2011 年，中央大幅提高了扶貧標準，貧困人口陡增至 1.28 億人，如何進一步提高貧困群眾的生活水平成了扶貧工作的新重點。在這種情況下，「精準扶貧」概念應運而生。

精準扶貧政策的出現源於廣東省扶貧工作「雙到」的經驗：規劃到戶和責任到人。2013 年 11 月，習近平在視察湖南省湘西州時，首次提出「實事求是、因地制宜、分類指導、精準扶貧」的扶貧新方針，這標誌着中國「精準扶貧」階段的開始。2015 年 6 月，習近平在貴州考察時指出，扶貧開發工作要做到「切實落實領導責任、切實做到精準扶貧、切實強化社會合力、切實加強基層組織」，將「精準扶貧」概括為六個方面：「對象要精準、項目安排要精準、資金使用要精準、措施到位要精準、因村派人要精準、脫貧成效要精準。」[2]《中共中央關於制定國民經濟和社會發展第十三個五年計劃的建議》中明確提出將「實施精準扶貧、精準脫貧，因人因地施策，提高扶貧實效」作為扶貧開發的新模式，隨着中國扶貧脫貧工作進入攻堅克難的新階段，精準扶貧成了中國扶貧的新模式。精準扶貧模式的提出見證了中國扶貧瞄準導向經歷了從縣到村再到戶的不斷精確轉變，嘗試改善資源傳遞機制，將扶貧資金真正投入最需要的地方，以產生最大的效用。

就本質而言，「精準扶貧」要解決的是扶貧問題中面臨的「扶持誰」「誰來扶」「怎麼扶」三個問題。在扶貧對象方面，精準扶貧通過先進的技術手段和科學的測量機制確保扶貧資金能夠真正落實到有需要的群眾手中；在

1　周蘭：從粗放扶貧到精準扶貧 —— 運動式治理下的風險防範 [J]. 中國集體經濟，2018（6）：161。

2　王瑞芳：精準扶貧：中國扶貧脫貧的新模式、新戰略與新舉措 [J]. 當代中國史研究，2016（1）：82-83。

扶貧主體方面，精準扶貧強調以政府和公共財政力量為主導，充分發揮市場作用，吸納社會力量進入扶貧開發領域；在扶貧手段方面，精準扶貧主張通過推動當地區域經濟社會發展來從根本上解決貧困問題。[1]歸根結底，精準扶貧就是要使用科學化的、系統化的思維方式，利用先進的管理理念，進一步提升扶貧工作的精準度和效率。精準扶貧的核心要義是精準化理念。扶貧工作的目標是識真貧、扶真貧、真扶貧。而分批分類理念為精準扶貧的基礎工具。習近平於 2015 年詳細描述了「四個一批」，即「通過扶持生產和就業發展一批，通過移民搬遷安置一批，通過低保政策兜底一批，通過醫療救助扶持一批」。[2]

精準扶貧主要分為精準識別、精準幫扶、精準管理和精準考核四個方面。精準扶貧的重點工作內容為建檔立卡與信息化建設，建立駐村幹部幫扶制度，建設扶貧開發的特色項目，提高扶貧的精確性和有效性。

但在實施過程中，精準扶貧工作仍然存在不少難點和困難，如下所述。

在精準識別方面：確定貧困人口規模的程序多數時候是自上而下基於省級扶貧部門測算結果分配的，政策上的「規模控制」可能會造成部分貧困村或貧困戶被排斥在精準識別之外；部分不連片的貧困村可能因為集中連片開發政策而被排除在外；識別貧困村和貧困戶的過程中，由於如何精確統計農戶的收入仍然是一件複雜的事情，在缺乏準確的家庭收入信息的情況下，多依靠民主評議後公示的方式在村內推舉建檔立卡的名額，但在這個過程中可能會出現惡意排斥和過失排斥的現象，造成部分研究顯示的由民主評議與收入標準判斷貧困戶差異較大，精準識別的準確度問題對精準扶貧的工作開展形成巨大的挑戰。

在精準扶持方面：如何降低貧困戶從扶貧開發中受益的門檻，解決資金短缺限制貧困戶發展問題，是精準扶貧要解決的難點；同時，還需要解

1 鄭瑞強：精準扶貧政策初探 [J]. 財政研究，2016（2）：19-21。

2 唐任伍：習近平精準扶貧思想闡釋 [J]. 人民論壇，2015（30）：28-30。

決扶貧資金和項目管理體制不符合、不配套的問題，真正做到因戶因人制宜地採取扶持措施，靈活發揮扶貧資金的作用，真正滿足貧困戶多方面、差異化的需求；此外，貧困戶在扶貧工作中的主體性、積極性在委託給本地一些技術部門或者龍頭企業時並沒有被完全地發揮出來，也沒有成為真正的受益者；還存在扶貧模式傳統單一、部分產業幫扶措施脫離產業發展規律、扶貧資金投入有限等其他問題。[1] 此外，精準扶持建立在精準識別的基礎上，因此，精準識別造成的偏差可能大大降低精準扶貧的效果，這將是精準考核方面面臨的問題。[2]

因此，精準扶貧的扶貧模式要做到：在實施過程中科學設計工作流程，改進扶貧開發方式，增加政策保障，健全扶貧工作機制，靈活開展扶貧工作，努力消除貧困，改善民生，實現共同富裕，達到社會主義的本質要求，在 2020 年完成「全面建成小康社會」的宏偉目標，為中華民族的偉大復興奠定堅實的基礎。

案例：廣西壯族自治區龍州縣

廣西崇左市龍州縣位於廣西壯族自治區西南部，與越南接壤，是典型的老少邊窮地區，是廣西壯族自治區 28 個國家扶貧開發工作重點縣、滇桂黔石漠化連片扶貧開發重點縣。龍州縣總面積 2317.8 平方公里，轄 12 個鄉鎮，127 個行政村（社區）。2015 年年末，龍州縣總人口 26.85 萬人，其中壯族人口佔 95%，農業人口 21.25 萬人，貧困人口 5.08 萬人，佔農業人口總數的 23.91%。龍州縣以農業為經濟基礎，經濟結構單一，地處山區，村民少有外出務工，家庭收入來源少，貧困問題嚴重。

為了改善龍州縣貧困村產業分散、農產品不成規模、銷售渠道不暢的狀

1 鄧維傑：精準扶貧的難點、對策與路徑選擇 [J]. 農村經濟，2014（6）：78-81。

2 汪三貴、郭子豪：論中國的精準扶貧 [J]. 黨政視野，2016（7）：44。

況，2014 年 6 月，龍州縣 33 個貧困村的第一書記在縣委和縣政府的支持下組建「第一書記產業聯盟」，力圖打造一條具有地方特色的政府帶動的農業產業化扶貧路徑，形成「組團找項目、引技術、籌資金、育產業、闖市場、促發展」的新型農業產業化發展格局，從而形成了一條以政府引領的「帶—產—供—銷」農業縱向一體化利益鏈，以推動各貧困村依靠農業產業化脫貧致富。圖 3-2 所示為菌類產業案例中產業聯盟、合作社與廣西矩樸農業發展有限公司的「帶—產—供—銷」關係結構。[1]

2017 年，龍州縣整合 3.35 億元資金，重點投入 47 個貧困村產業項目，以及村屯道路、人畜飲水等領域。此外，龍州縣因地制宜，利用本縣豐富的紅色旅遊資源、自然生態資源和邊關風情、民俗文化底蘊等，大力發展鄉村旅遊扶貧產業，帶動貧困村民就業，採取政府指導下的合作社模式運營鄉村旅遊微型企業，以自願聯合、民主管理的方式，極大程度上調動了村民的參與熱情，農戶對鄉村旅遊扶貧工作的滿意度也非常高。龍州縣的鄉村旅遊扶貧項目不僅為農戶帶來了經濟效益，還帶來了不同程度的社會效益、文化效

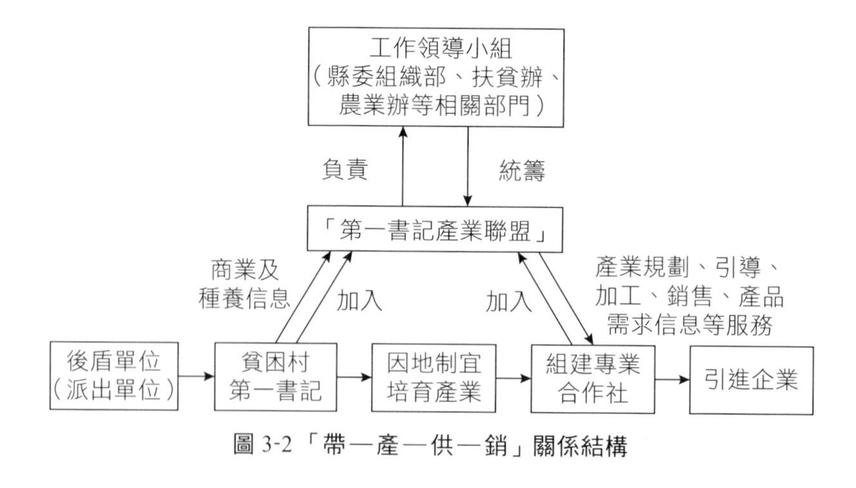

圖 3-2「帶—產—供—銷」關係結構

1 蔣永甫、莫榮妹：幹部下鄉、精準扶貧與農業產業化發展——基於「第一書記產業聯盟」的案例分析 [J]. 貴州社會科學，2016（5）：162-168。

益和環境效益。[1]

2017 年龍州縣主動提交脫貧摘帽申請，是全區計劃脫貧摘帽六個縣（區）中唯一的國家扶貧開發工作重點縣。經過國家專項評估檢查，2017 年龍州縣綜合貧困發生率為 1.91%，錯退、漏評問題不顯著，群眾認可度達 96.34%，符合貧困縣退出條件，龍州縣因此成為廣西第一個脫貧摘帽的國定貧困縣。[2] 數據統計顯示，2016 年，龍州縣減貧 2405 戶 9559 人；2017 年，全縣減貧 10 097 戶 37 554 人。龍州縣發展了「種養貿遊工」五大扶貧產業，發放產業獎補 4654 萬元，為 1864 戶貧困戶發放小額信貸 7326 萬元。九個易地扶貧搬遷點全部建成，搬遷入住貧困戶 2113 戶 6903 人，完成危房改造 2498 戶、修繕 991 戶。實施村屯道路硬化 386 公里，解決 132 個村屯飲水安全問題，提升了 119 個村級公共服務設施。該縣全面落實教育、醫療、低保、社保、就業等一攬子保障政策，九年義務教育鞏固率為 92.31%，貧困戶新農合參合率、大病住院報銷率均達 100%。落實 2350 萬元貧困村村集體經濟發展基金，投入 2700 萬元實施光伏扶貧；在全區率先試點成立貧困村村民合作社，47 個貧困村實現村集體經濟收入 2.3 萬元以上。[3]

資料來源：廣西壯族自治區崇左市龍州縣民政局，http://longzhou.gxmzt.gov.cn/info/137564

龍州縣的脫貧經驗有較多創新發展的亮點，通過組建「第一書記產業聯盟」將黨組織建設與產業發展相結合，促進扶貧工作開展。同時根據實際情況發展了多項產業項目，為貧困地區帶來較好的經濟效益和社會效益。然而，龍州縣脫貧工作持續時間較短，儘管見效快，但仍需要更長時

1　李星群、楊麗梅、侯成：龍州縣鄉村旅遊扶貧模式研究 [J]. 廣西民族師範學院學報，2018，35（2）：33-36。

2　左江日報：革命老區龍州縣脫貧摘帽 [EB/OL]. http://czjyxc.czgxw.gov.cn/xwzx/xqdt/201808/t20180808_297110.html.

3　廣西壯族自治區崇左市龍州縣民政局 [EB/OL]. http://longzhou.gxmzt.gov.cn/info/137564.

間的檢驗。龍州縣的「第一書記產業聯盟」創辦經驗有限，功能定位和合法性尚有不明確之處，章程也不盡完善，需要審慎參考。龍州縣在旅遊扶貧產業方面的發展多數從 2016 年開始起步，發展時間短，部分項目仍在完善中，部分問題或者效益可能並不能及時顯現出來。對於脫貧成果的維護和管理仍然是龍州縣在未來所面臨的考驗。

第七節　深度扶貧

深度扶貧是指對於連片特困地區、深度貧困地區進行有針對性的扶貧補助，幫助當地人民走出貧困的扶貧開發戰略。深度扶貧戰略是習近平在 2017 年 6 月 23 日的深度貧困地區脫貧攻堅座談會上提出的。習近平指出：「脫貧攻堅本來就是一場硬仗，而深度貧困地區脫貧攻堅是這場硬仗中的硬仗。我們務必深刻認識深度貧困地區如期完成脫貧攻堅任務的艱巨性、重要性、緊迫性，採取更加集中的支持、更加有效的舉措、更加有力的工作，紮實推進深度貧困地區脫貧攻堅。」[1]

目前，國家深度扶貧項目重點支持的是「三區三州」—— 西藏自治區、川滇青甘四省份藏區、新疆南疆地區和四川涼山州、雲南怒江州、甘肅臨夏州，以及全國貧困率超過 18% 的貧困縣和貧困率超過 20% 的貧困村。這些地區自然條件差、經濟基礎弱、貧困程度深，給扶貧開發和可持續減貧提出了更高的要求。

在落實深度扶貧戰略、提升連片特困地區群眾生活水平方面，國家從金融支持、多部門協作、人才培養、生態恢復等多個方面提出了不同的扶貧戰略。在財政支持方面，中央將進一步加大對於「三區三州」地區的

1　習近平：「在深度貧困地區脫貧攻堅座談會上的講話」，2017 年 6 月 23 日 . http://www.xinhuanet.com/politics/2017-08/31/c_1121580205.htm.

財政支持力度，通過轉移支付、專項扶貧資金投入等方式協助深度貧困地區脫貧。在金融扶貧方面，中國人民銀行、銀保監會採取了定向降費降準策略，充分調動、發揮資本市場潛能，幫助深度貧困地區走上產業脫貧道路。同時，針對一些自然環境惡劣、可發展空間小的深度貧困地區，國家發改委一方面動員、鼓勵公益性建設項目向「三區三州」傾斜；另一方面也大力開展易地搬遷扶貧，為群眾提供更加優越的生活環境；針對「三區三州」中生態脆弱、環境問題嚴重的區域，由發改委、農業部、林業局等部門組織生態修復工程，通過發展生態保護產業來吸納勞動力，實現生態脫貧的目的。在幹部培養方面，對於深度貧困地區實施特殊傾斜政策，鼓勵當地人才通過相關計劃成為地方公務員，也鼓勵外部人才向深度貧困地區流動，通過人才培養和人才交流機制推動地區貧困問題的緩解。

同時，針對深度貧困地區群眾不同的致貧因素，如因病致貧、因殘致貧、因教育落後致貧等，國務院也提出了相應的扶貧戰略，在完善深度貧困地區醫療體系、加強對於深度貧困地區殘疾人口補貼、推動深度貧困地區教育事業發展等方面從根本上消除深度致貧因素。同時，中央又結合涉及連片特困地區群眾切身利益的住房、飲水安全、基本生活保障、就業、基礎設施等問題，提出了保障住房安全、飲水安全，開展就業扶貧，大力推進貧困地區基礎設施，優先保障特困地區建設用地指標等戰略，從多方面、多角度系統地改善深度貧困地區貧困人口的生活環境[1]，徹底打贏這場「脫貧攻堅戰」。

案例：山西省天鎮縣

天鎮縣位於山西省最北端，地域自然環境差，生態系統嚴重失衡，農

1　中共中央辦公廳、國務院辦公廳：關於支持深度貧困地區脫貧攻堅的實施意見，2017-09-25。

業基礎薄弱，無礦物資源，鄉鎮企業落後。天鎮縣的勞動力資源雖然比較豐富，但勞動力素質較低。全縣 11 個鄉鎮的 222 個行政村中有 120 個是貧困村，總人口為 21.6 萬，其中農業人口 17.6 萬，有 4.93 萬人屬於貧困人口，2016 年農民人均可支配收入只有 6060 元，低於全省平均值 40 個百分點。天鎮縣是全國扶貧開發工作重點縣，山西省連片特困地區區域發展和扶貧攻堅試點縣，全省 10 個深度貧困縣之一。

根據天鎮縣的縣情，當地政府成功打造了「天鎮保姆」的品牌。2011 年縣扶貧辦等部門進山溝通，努力動員並組織婦女打破傳統觀念，參加家政服務培訓班。同時，縣委、縣政府聘請專家為婦女進行專業技能培訓。此外，天鎮縣還設立了辦事機構並完善工作機制，對外出保姆開展後續服務，主動做好勞務輸出對接工作，創建了「基地 + 中心 + 高校」三位一體培訓輸送的工作機制。[1] 截至 2018 年，陽光高級職業學校已累計培訓當地婦女 10000 餘人，成功地將 5000 多名婦女輸送至北京、天津等大城市，勞務收入超過 2 億元。經過不斷努力和探索，天鎮縣已經成為全省勞務輸出精準扶貧的代表。目前，「天鎮保姆」的培訓已經從初期的僅靠政府補貼走向與大公司、大企業合作，與北京商鯤教育集團合作打造「天鎮保姆」升級版，啟動大同高級培訓基地，更好地融入了市場機制。[2]

此外，天鎮縣是山西省光伏產業重點縣、首批光伏扶貧試點縣。該縣在全省率先實現了貧困村光伏扶貧電站全覆蓋，完成 4 萬千瓦地面集中式電站、120 個村 1.2 萬千瓦村級分佈式電站，並科學制定收益分配辦法，形成以工資分配為主、以舊機補貼為輔的資產收益脫貧模式。2017 年首批光伏扶貧收益資金發放 990 萬元，惠及貧困戶 5000 多戶、1 萬多人，每年可為貧困

1 賈步雲：家政服務　精準脫貧 —— 關於「天鎮保姆」品牌效應的調查 [N]. 山西日報，2016-07-12（10）。

2 于海洋、胡裕坤、周永波：打造「天鎮保姆」品牌，讓家政行業更高端 [J]. 家庭服務，2018（4）：40-41。

村分配收益 8 萬元，為非貧困村分配收益 4 萬元。貧困村將收益資金的 60% 集中用於特困群體，40% 用於扶貧公益事業。

資料來源：于海洋、胡裕坤、周永波：打造「天鎮保姆」品牌，讓家政行業更高端 [J]. 家庭服務，2018（4）：40-41

「天鎮保姆」項目的選擇，切實做到了「三個準確」，即需求準確、對接準確、幫扶準確，因地制宜找準了特色扶貧項目，最大化發揮了經濟效益和社會效益，同時提高了地區的勞動人口素質，改變了社會觀念。貧困群眾的自我發展能力得到了提高，人民脫貧致富的內在活力得到了激發。天鎮縣也在積極響應政策，努力發展高科技產業，光伏產業為天鎮縣的貧困群體提供了穩定可持續的生活保障。

第八節　可持續扶貧

可持續扶貧脫胎於可持續發展理念。可持續發展理念，是人類在 20 世紀 80 年代面臨人口、資源、環境等重大危機日益加深的背景下提出的一種新的發展觀。1987 年，聯合國世界環境與發展委員會（WECD）發表的題為《我們共同的未來》的報告指出，可持續發展是「既能滿足當代人們需求，又不對後代人滿足其需求的能力構成危害的發展道路」。從可持續發展概念衍生而來的可持續扶貧，其宗旨在於通過各種扶貧行動使人口從根本上擺脫貧困，走上通向富裕、文明的新生活的發展道路。[1]

總體來看，可持續扶貧包括以下三個方面的內容。

（1）經濟可持續扶貧。相對於傳統的、一過式的輸血式扶貧，可持續扶貧更加注重培養貧困地區的經濟產業，形成良好的「造血能力」。援助

1　徐薇：我國可持續扶貧戰略研究 [J]. 理論與改革，2002（5）：62-65。

內容也從傳統的資金援助、物資援助轉向投資援建工業園區、免費提供職業技術培訓、幫助受援地區進行招商引資等。只有通過產業發展建成良好的、具有自給能力的工業體系，才能滿足受援地區人民日益增長的物質文化需求，才有可能不斷消除貧困，人民生活水平才會逐步提高。

（2）社會可持續扶貧。中國當前的扶貧模式主要體現在為受援地區提供教育、人才方面的支持，通過援建學校、師資交流、幹部交流等手段，系統性地提高受援地區普遍的文化素養和人口素質，促進精神文明建設。社會可持續扶貧立足於改變受援地區人們的觀念和文化素養，讓當地形成不斷追求發展和進步的自身動力，從而根本改變滋生貧困的社會因素。

（3）生態可持續扶貧。習近平指出：「綠水青山就是金山銀山」。在傳統的扶貧模式中，許多自然資源豐富的受援地區對於自然資源採取了掠奪式開發，只顧眼前利益，不顧子孫後代的幸福生活。生態可持續扶貧理念的提出，目的在於喚醒受援地區群眾對於生態保護的重視，避免在扶貧開發過程中對於當地的生態環境造成嚴重的破壞，從而帶來不可持續的發展。

習近平高度重視扶貧工作的可持續性。2016 年兩會期間，習近平在參加青海代表團會議時指出：「脫貧攻堅一定要扭住精準，要更加注重教育脫貧，要更加注重提高脫貧效果的可持續性。」可持續扶貧，關鍵就在於徹底扭轉舊有的只重視短期效果，而忽視培育受援地區長期自主發展能力的扶貧模式，從「授之以魚」走向「授之以漁」，讓貧困地區形成具有地方特色、符合地方發展實際的產業，通過自己的力量來徹底擺脫貧窮落後的局面。

可持續扶貧模式的提出是對原有的政府主導、忽視基層組織和社會力量主動性、過多注重扶貧的數量和速度而忽視質量、以政策主導而制度建設滯後的扶貧模式的困境的反思。可持續扶貧模式要求政府、企業和社會組織等多元主體參與，促進企業、社會組織和公民的協同治理。

案例：雲南省會澤縣

雲南省會澤縣位於滇東北高原腹地，烏蒙山主峰地段。該縣面積5854平方公里，其中山區佔95.7%，縣內礦產資源豐富。至2016年年底，會澤全縣有14個貧困鄉（鎮、街道），175個貧困行政村、80 930戶貧困戶、263 418個貧困人口，農民人均可支配收入8603元，為雲南省貧困人口數量第一大縣。[1]會澤縣屬於烏蒙山集中連片特殊困難地區範圍，生態環境脆弱，自然災害頻發，水土流失嚴重，人口資源環境矛盾突出；人畜混居現象普遍，地方病嚴重，基礎設施薄弱，市場體系不完善，產業發展滯後。[2]

會澤縣依據國家政策和全省戰略部署，設立了會澤縣扶貧開發辦公室，在吸收國家和省政府政策的同時，根據自身情況不斷進行扶貧政策調整。

首先，結合實際打造特色產業扶貧體系。在扶貧開發工作中按照城鄉一體化發展的思路，以「減貧增收」為目標，以「精準扶貧」為突破口，從改善農村基礎設施條件、拓寬農民增收渠道、提高農民基本素質着手，以實施整鄉推進、整村推進、易地搬遷、產業扶貧、信貸扶貧等扶貧工作為重點，引導農民增強「造血」功能。

其次，建檔立卡，落實貧困戶信息，「因地制宜、因戶施策」，改變「大水漫灌」式扶貧。層層壓實脫貧責任，定點、定戶、定人、定責幫扶，全力推動精準扶貧。按照「一村一策、一戶一法、一戶一幫」的精準扶貧工作要求，深入分析每個貧困戶的致貧原因。落實幫扶責任，制定差異化的扶持政策，幫助貧困村、貧困戶編制脫貧計劃和產業發展規劃，探索直接幫扶、委託幫扶和股份合作等有效幫扶方式，集中力量予以扶持。建立「領導掛點、部門包村、幹部幫戶」長效機制，完善整合、幫扶、考評、退出、獎懲「五

---

1 會澤縣人民政府：會澤概況．http://www.hz.yn.gov.cn/hzzfb/1657606137849053184/20130608/247643.html，2013年6月8日。

2 國務院扶貧開發領導小組辦公室：烏蒙山片區區域發展與扶貧攻堅規劃（2011—2020年）．http://www.ndrc.gov.cn/zcfb/zcfbqt/201304/W020130425472738090512.pdf，2012年2月。

項機制」，簡化行政批覆手續，推進「八項工程」。

同時，明確「一年夯實基礎，四年整體脫貧，一年鞏固提高」的時間表。力爭 2019 年實現扶貧對象脫貧、摘帽、增收三個主要目標，達到全縣 32.93 萬農村貧困人口全部脫貧。[1]

總體而言，會澤縣精準扶貧工作取得了成效。根據雲南省貧困發生率數據，2010—2015 年會澤縣貧困發生率高於全省平均水平，但這五年來會澤縣貧困發生率已經大幅下降（圖 3-3），在雲南省和烏蒙山連片區域內降幅均居於中等水平。2015 年貧困發生率已經降到 2010 年的一半以下，在雲南全省減貧工作中其取得的成效已經非常顯著。

2011 年至 2014 年，會澤縣先後實施多種多個扶貧項目，秉持深度扶貧與可持續扶貧的理念，從生態保護和貧困群眾生存發展環境改善、產業化發展、農業發展等層面，直接或間接地帶動了貧困戶就業和增收。到 2015 年 10 月，全縣 50 餘萬人受益，農村居民人均可支配收入達 5337 元，13.88 萬農村貧困人口靠精準扶貧實現了脫貧目標。[2]

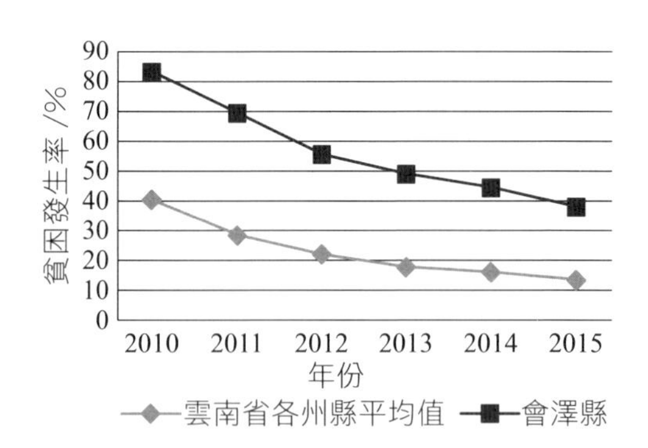

圖 3-3　2010—2015 年雲南省各州縣及會澤縣貧困發生率

1　中國減貧研究數據庫：會澤縣扶貧概況 [M]. 北京：社會科學文獻出版社，2016。

2　趙天祥：會澤一戶一策精準扶貧顯成效 [N]. 雲南經濟日報，2015-10-17（3）。

總結近年來會澤縣扶貧工作，主要存在以下幾個方面的問題：精準識別存在困難，精準幫扶資源不足；管理監督不足，考核標準含糊；財政資金的分配和使用並不完全合理有效。

資料來源：會澤縣人民政府，http://www.hz.yn.gov.cn/hzzfb/ 1657606137849053184/20130608/247643.html

會澤縣結合實際打造特色產業，在精準扶貧的框架下提高貧困人口的素質，設置完善的扶貧機制和考核機制，細分責任，明確工作時間表，具有可持續扶貧的工作機制。而本地扶貧項目的開發和建設，有利於貧困戶的就業和增收，從而實現可持續的發展。會澤縣的精準扶貧工作已經取得了顯著的成效，但其貧困發生率仍保持在較高的水平，扶貧工作中仍存在諸多問題，影響着總體績效的提升和扶貧目標的完成。

第四章　中國扶貧治理結構

扶貧治理結構是在貧困治理過程中對多元主體之間權、責、利關係的一種規定，是形成多元共治格局的基礎[1]。合理的扶貧治理結構能充分協調政府、市場和社會機制，規範扶貧各方的責、權、利，統籌資源，綜合施策，優勢互補，提高扶貧治理工作效率；同時可以帶動貧困人口積極參與治理工作，提高扶貧對象的主體意識。

在這一章中，我們先明確公共品理論對中國扶貧治理結構的意義，接着從政府、市場、群眾、社會和國際組織五個方面闡述中國的扶貧治理結構。

第一節　公共品、準公共品及扶貧

一、基本概念

公共品（public goods）一詞最早在 1919 年由瑞典經濟學家林達爾正式使用，是指為了滿足與社會、個人都有利益關係的公眾需求，國家運用權力保障社會每個人的最基本福祉，而從事的職責活動所產生的結果、形成的物質形態[2]。根據非排他性和非競爭性這兩個特點，公共品被劃分為準公共品和純公共品兩類。其中，準公共品是指擁有有限的非競爭性或有限的非排他性的公共物品，它介於純公共品和私人產品之間。

---

* 感謝婁新琳為本章做出的工作。

1 孫遠太：政府的貧困治理能力及其提升路徑 [J]. 開發研究，2015（3）：31-34。

2 https://baijiahao.baidu.com/s?id=1580162964055977393&wfr=spider&for=pc.

二、扶貧的準公共品屬性

扶貧可看作一種準公共品，並且是接近私有物品的準公共品。扶貧具有非排他性和不充分的非競爭性，從非排他性角度來說，某些人利用此產品，卻不會排斥其他人對它的利用，因為對於接受扶貧的甲和乙來說，甲在脫貧的同時並不排斥乙脫貧；但是在非競爭性上卻不充分，在一個國家內貧困群眾越多，扶貧所需的人力、物力負擔越重，成本就會越高，故而扶貧具有一定程度的消費競爭性。

隨着公共品理論不斷完善，其供給機制也不斷發展。而明確扶貧的準公共品屬性，是選擇供給機制的前提。一般來說，準公共品可以由公共部門或私人提供，扶貧在準公共品性質上更加接近於私人品，接受者之間存在競爭關係，私人供給是最常採用的方式，政府有時為實現特定目標也會參與供給。[1] 在中國，扶貧作為準公共品，是由政府與社會機構、組織、企業和個人廣泛合作所提供的。公共品理論是中國制定扶貧政策和組織扶貧工作的理論支持之一。明確扶貧的準公共品屬性，對於理解中國的扶貧政策、創新扶貧理論和優化扶貧治理結構具有重要意義。

第二節　政府：主導—引導

中國很早就將扶貧工作作為政府工作的重點之一。在中國扶貧事業發展的幾十年中，政府不斷優化調整扶貧工作，創新扶貧政策與形式，在實踐中總結經驗，經歷了扶貧主力軍到扶貧推動者的角色轉變，即「主導」到「引導」的轉變。

1　楊輝：市政債券發行規則與制度研究 [M]. 北京：經濟科學出版社，2007。

一、政府主導階段

過去，中國的貧困治理完全由政府主導。人民公社時期，人民普遍貧困，那時的「一大二公」嚴重降低了農民生產的積極性，農業發展速度緩慢，成為國民經濟中薄弱的部分。20 世紀六七十年代，政府直接為貧困人口提供日常生產生活所需物資，屬於典型的救濟扶貧。

1978 年，中共十一屆三中全會之後，中國推行家庭聯產承包責任制，以發揮集體優越性和個人積極性，解放農村生產力，打破「大鍋飯」的舊體制，推動農村經濟體制改革，使農民的貧困問題得到了很大的緩解。1978 年到 1985 年，農村人均糧食產量增長 14%，農民人均純收入增長了 2.6 倍；沒有解決溫飽的貧困人口從 2.5 億人減少到 1.25 億人，佔農村人口的比例下降到 14.8%；貧困人口平均每年減少 1786 萬人[1]，農民生活得到初步改善。

20 世紀 80 年代中期之後，「三農」問題凸顯，因此中國更加重視脫貧事業。1986 年國務院成立貧困地區經濟開發領導小組，形成自上而下的具有組織性、規劃性的扶貧機制。1994 年 3 月，國務院制定和發佈了全國扶貧開發工作的綱領性文件《國家八七扶貧攻堅計劃（1994—2000 年）》（以下簡稱《扶貧攻堅計劃》）。在這段時間，中國扶貧工作卓有成效，貧困人口大幅減少，農村貧困人口由 1978 年的 2.5 億人減少到 1997 年底的 5000 萬人，貧困發生率也由 30.7% 下降到 6.1%[2]。到 2000 年年底，中國基本實現了《扶貧攻堅計劃》所確立的反貧困目標。進入 21 世紀，國務院頒發了《中國農村扶貧開發綱要（2001—2010 年）》（以下簡稱《綱要（2001—2010 年）》），基本延續了《扶貧攻堅計劃》的政策和途徑。根據 2010 年 1274 元的年純收入扶貧標準衡量，農村貧困

1　扶貧時間軸 . http://www.xinhuanet.com/local/2016-01/07/c_128602701.htm.

2　中國海南改革發展研究院反貧困研究課題組：中國反貧困治理結構 [M]. 北京：中國經濟出版社，1998。

人口佔農村人口的比例從 2000 年的 10.2% 下降到 2010 年的 2.8% [1]。這一階段，政府不再大規模依賴「輸血式」扶貧，而是採取開發扶貧，擴大投資，依靠科技進步和當地資源，加強基礎建設、促進教育培訓、改善醫療衛生條件，或合理引導易地搬遷，並實行優惠政策，動員國企和黨團組織參與扶貧。《綱要（2001—2010 年）》中首次明確了扶貧需要多種經濟所有制和全社會共同參與，但仍堅持政府主導。在這一階段，政府不斷總結扶貧經驗，制定相關政策和法規，鼓勵社會參與扶貧，向引導型扶貧轉變初露端倪。

二、政府引導階段

改革開放以來，中國以政府為主導的扶貧事業取得了非凡的成就，但仍存在以下缺陷，急需創新政策改革體制。

一方面，政府沒有擺脫「輸血式」扶貧，貧困人口處於被動受體位置，過度依賴於政府的救濟，而不履行脫貧的義務和責任，反而加劇了政府的扶貧負擔。「輸血式」扶貧沒有深入剖析致貧原因，僅輸送金錢和項目，不能激發貧困人口的主體意識，不能使其樹立脫貧致富的信心。「扶貧開發光有『輸血』不行，容易養懶漢。」[2] 政府的扶貧治理改變長期以來的無償救助方式，注重「『授人以魚』不如『授人以漁』」，動員扶貧治理對象參與扶貧行動，增強其脫貧意識，並使其承擔相應責任，逐漸成為扶貧治理的主要力量。

另一方面，政府在扶貧工作中集決策者、實施者、監督者的身份於一身，缺乏外部監督，容易產生權錢交易、挪用資金的問題，滋生腐敗。早在「八七」扶貧攻堅時期，中國就出現了挪用扶貧資金等貪污腐敗現象。

1 利友、張飛：精準扶貧：貧困治理的「中國樣本」與「中國經驗」[J]. 西北民族大學學報（哲學社會科學版），2018（4）：134-140。

2 http://cpc.people.com.cn/GB/64093/64094/10720166.html.

根據中國改革與發展報告專家組 2002 年版的《中國財富報告》，1988—1997 年，個體私營經濟偷稅漏稅平均佔基尼係數的 9.86%，官員腐敗佔 1.42%，其他非法或非正常收入佔 3.63%（表 4-1）。2016 年，全國檢察機關共立案偵查扶貧開發領域職務犯罪案件 1892 人，與 2015 年同比上升 102.8%。2017 年，中央紀委公開曝光扶貧領域的腐敗案例，包括挪用低保資金、騙取危房改造補助資金、篡改五保戶和低保戶補貼名單等，扶貧領域存在形式主義、官僚主義、盲目決策、弄虛作假等作風問題。扶貧領域滋生腐敗行為，會擴大人們之間的收入差距，加劇社會的貧富懸殊問題，導致扶貧效果大大下降。

表 4-1　1988—1997 年個體私營經濟偷稅漏稅、官員腐敗和其他非法非正常收入佔基尼係數的比重　　%

年份	總體收入差距		正常收入差距		個體私營經濟偷稅漏稅		官員腐敗		其他非法非正常收入	
	基尼係數	比重	基尼係數	比重	基尼係數	比重	基尼係數增加值	比重	基尼係數增加值	比重
1988	41.69	100	34.98	83.91	4.46	10.70	0.46	1.10	1.79	4.29
1989	42.45	100	36.96	8.07	3.73	8.79	0.33	0.78	1.43	3.37
1990	40.15	100	34.69	86.40	3.28	8.17	9.56	1.39	1.62	4.03
1991	41.70	100	36.90	88.49	2.85	6.83	0.35	0.84	1.60	3.84
1992	42.62	100	37.72	88.50	2.73	6.41	0.41	0.96	1.76	4.13
1993	45.95	100	40.17	87.42	3.10	6.75	1.00	2.18	1.68	3.66
1994	51.11	100	43.56	85.23	5.29	10.35	0.78	1.53	1.48	2.90
1995	51.73	100	41.91	81.02	7.46	14.42	0.80	1.55	1.56	3.02
1996	49.91	100	40.58	81.31	6.71	13.44	1.03	2.06	1.59	3.19
1997	49.32	100	40.27	81.65	6.28	12.73	0.90	1.82	1.87	3.79
平均		100		85.10		9.86		1.42		3.63

資料來源：中國改革與發展報告專家組：中國財富報告，2002：276

再者，隨着社會發展和扶貧治理的推進，貧困人口進一步減少，但整體出現了「大分散、小集中」的分佈格局，扶貧重點和資源配置需再度調整。2011 年，中國制定《中國農村扶貧開發綱要（2011—2020 年）》，扶貧減貧事業進入新階段。

張康之教授在 1999 年最先使用「引導型政府職能」一詞，他認為「引導型政府職能」模式是中國建立社會主義市場經濟的正確選擇[1]。後來鄭家昊（2013）將其概括為：「引導型政府職能模式是一種面向後工業社會的、自覺的，旨在通過推動服務型政府建設而引導社會實現科學發展的全新的政府職能模式。」[2] 先前以政府為主導的扶貧治理是一種綜合性、系統化的工作模式，難以滿足當前扶貧治理所需的針對性、多樣性、精細化的內在要求。2013 年 11 月，習近平在湖南湘西土家族苗族自治州考察時，首次提出了「精準扶貧」的戰略思想。精準扶貧政策的提出及實施，體現出政府的引導作用，是在實踐領域對引導型政府職能模式引導社會發展的積極實踐。

2014 年以來，政府出台了一系列政策保障精準扶貧，優化政府相關職能，加大金融扶貧力度，創新和完善扶貧方式；不再強調政府的主體位置，而是廣泛引導社會力量的參與，並改革財政管理，優化金融服務機制，從政策和制度上協調社會力量參與扶貧，並進行監控。政府引導型的治理結構反映了政府扶貧機制的改革和政府扶貧職能的轉變。此時，政府更多的是扮演引領者、監察者、協調者的角色。

隨着「互聯網＋」成為國家戰略，「互聯網＋精準扶貧」的工作模式廣泛應用於貧困地區的扶貧工作和產業發展。中國政府開創了新型扶貧方式：依靠互聯網平台和大數據進行信息統籌、人員培訓和政策引導，在對貧困人口建檔立卡基礎上，準確瞄準貧困戶，建立跟蹤機制，完善監督管理，從根本上解決傳統粗放式扶貧中貧困人口數目、扶貧資金、項目指

1 張康之、鄭家昊：論政府職能模式 [J]. 閱江學刊，2010，2（3）：5-12。

2 鄭家昊：引導型政府職能模式的興起 [M]. 北京：中國社會科學出版社，2013：1-10。

向、針對政策等不明確的問題；同時，政府制定相關政策引導電商經營扶貧產品，激發社會力量參與扶貧治理的積極性，開拓貧困地區產品經營新渠道，實現定點幫扶，授人以漁。

案例：隴南市電商扶貧

隴南市是甘肅省乃至全國最為貧困的地區之一，擁有豐富的特色優質農產品，但因交通不便、信息閉塞，難以轉化為群眾收入。2015 年年初，隴南市經批准成為全國電商扶貧首個試點市。兩年來，該市加大行政推動力度，通過網店帶動、電商產業帶動、電商創業帶動、電商就業帶動和電商入股帶動，促進電商和精準扶貧深度融合。

到 2016 年年底，全市共發展網店超萬家，兩年間網絡銷售農產品達 64 億元，使 718 萬人實現就業。其中，750 個電商扶貧試點貧困村開辦網店 980 家，帶動 15 萬貧困人口增收。兩年中農民人均可支配收入從 4345 元增長到 6108 元，增長了 40%，電商對增長的貢獻率為 43.4%。貧困人口通過電商 2015 年人均增收 430 元，2016 年人均增收 620 元。另外，全市貧困人口由 2014 年的 64.4 萬人下降為 2016 年的 36.9 萬人，減少 42.7%；貧困發生率由 26.04% 下降為 14.86%，下降了 12 個百分點。由於電商扶貧成效顯著，隴南市因此榮獲「2015 年中國消除貧困創新獎」，2016 年 10 月被授予「電商扶貧示範市」稱號。

隴南市政府進行電商扶貧的主要做法，一是強化政策扶持，設立電商財政專項資金，支持貧困村網店建設、網貨開發、教育培訓；二是建立網店帶貧機制，通過一店帶多戶、一店帶一村的方式，以保護價收購貧困戶農產品，並為他們提供市場信息及進行網上代購等服務；三是加強電商技能培訓，組織駐村工作隊、大學生村官等進村入戶，幫助村民學電商、開電商、用電商，讓貧困農戶享受到新技術發展成果；四是完善電商發展產業鏈，加快完善生產、加工、包裝、物流、營銷等產業鏈，提高電商運營效率，吸納貧困農民就業；五是培育農特產品網銷品牌，許多做電商的農民開始註冊商標，對產品開展食品安全 QS 認證，提升了當地農副產品品牌知名度；六是完善電商發展的基礎設施「短板」，實現硬化通村公路一萬公里，行政村公路通暢率達到 99.7%，全市行政村寬帶覆蓋率達到 80.8%。

資料來源：隴南電商表現如何，人民日報，2017 年 3 月 19 日 01 版

在隴南扶貧案例中，政府大力引導農民利用電商平台銷售商品，針對性地解決了農副產品銷售難問題，通過產業發展帶動農民增收；同時，電商扶貧還促進了貧困群眾思想觀念轉變，提高了他們的風險意識、誠信意識和品牌意識。在電商扶貧過程中，學網、觸網、用網成為農村的新時尚；涉農產業也在互聯網的推動下得以發展，吸引着更多青年尤其是大學生返鄉創業開辦網店。政府引導下的電商扶貧直接激發了貧困人口的內生動力，減貧成效大大提升。

政府還直接與社會力量合作，即政府購買服務，它是 20 世紀 80 年代開始形成的新公共管理的產物，即政府向社會組織提供扶貧服務所需資金。歐美國家的公共服務實踐經歷和新公共管理理論說明，政府購買社會組織公共服務，能優化政府職能，減輕政府支出，提高公共服務質量。20 世紀 90 年代開始，中國北京、上海等地區開始探索政府購買服務模式，抓準扶貧重點，明確扶貧要求，藉助社會組織的專業力量，提供更有效的公共服務。

案例：廣西靖西的政府購買扶貧服務

廣西靖西通過政府購買服務的方式，向社會組織「購買」50 名勞務派遣工，用以協助市扶貧開發辦公室、鄉鎮扶貧工作站等進行扶貧開發調查研究、收集資料、發佈信息、宣傳、建檔立卡等工作。

靖西有貧困人口 15.9 萬人，佔全縣總人口的 23.7%，要解決 15.9 萬人

脫貧的問題，扶貧任務相當艱巨。該市由委託的勞務公司按靖西扶貧工作的要求及條件面向社會組織招聘，經市組織、人社、扶貧等相關部門考核同意聘用後，勞務公司與勞務人員簽訂三年勞務合同，並負責做好勞務人員的工資、保險、合同等管理工作。

資料來源：右江日報，2015 年 12 月 19 日

靖西推行政府向社會力量購買服務，這是創新政府服務、推動政府職能轉變、提高政府工作效率、促進服務型政府建設的有效途徑。同時，政府向社會力量購買服務，既解決了政府人員編制不足與服務事業不斷增多的矛盾問題，也可以通過發揮市場機制作用，有針對性地選派定向的服務人員，為群眾提供更加方便、快捷、優質、高效的公共服務。

第三節　市場：無—有

一、市場力量的引入

20 世紀 80 年代以來，中國實施了 30 多年的「政府主導型」扶貧治理，過去的扶貧治理過於強調政府的主導地位，較少重視市場的作用。政府的行政手段對於解決大範圍、集中性的貧困問題卓有成效，但隨着中國社會經濟發展，扶貧形勢發生深刻變化，政府為主導的扶貧治理結構暴露出專業性和精準度不足等問題，於是中國開始重視市場力量在扶貧事業中的引入。與政府相比，市場帶來的是一種分散性決策機制，較政府更具有精準性、專業性，在產品、資本、技術、管理等方面都有獨特優勢。讓市場參與扶貧治理，充分尊重市場經濟規律，科學調整產業結構與資源配置，建立健全脫貧治理機制，重點發展市場需求潛力大的商品性競爭性產業，讓貧困群眾通過市場實現與有效率的生產要素相結合，可以充分發揮貧困人口的主觀能動性，使其脫貧致富。2013 年「精準扶貧」戰略提出以

來，中國堅持精準扶貧脫貧，大力培育特色產業，支持社會力量參與脫貧攻堅。市場機制和市場力量的參與，提高了扶貧事業的精準性和專業性，市場是資源配置的最佳手段，中國扶貧治理的成功，離不開充分發揮市場的作用。

二、產業扶貧模式

從政府主導扶貧發展到政府引導扶貧治理的過程中，市場力量的參與呈現出從無到有的發展趨勢。在這一變化過程中，產業扶貧最能體現市場扶貧的特點。產業扶貧是指政府利用貧困地區的自然稟賦，通過產業發展治理貧困問題的方式。其通常以市場為導向，以經濟效益為中心。在精準扶貧的背景下，產業扶貧的方式主要分為「公司＋農戶」「合作社＋農戶」和「公司＋合作社＋農戶」三種。

1.「公司＋農戶」模式

1988 年，劉允洲和陳健提出「公司＋農戶」的概念，董雷（1993）對此概念進行了界定。他認為，這種模式是指「以實體公司為龍頭，聯繫農戶簽訂合作經營合同」[1]。後來也有部分學者對「公司＋農戶」模式的概念進行了完善，如蔣伯英（1994）將「公司＋農戶」模式定義為「是以市場為導向，以公司為龍頭，以區域經濟為基礎，以擴大經營為目的，構築小農戶與大市場之間的橋樑，形成產供銷一體化的經濟共同體」[2]。徐恩波、劉衛鋒（1995）認為它是「以國內外市場為導向，以經濟利益為紐帶，以合同契約為手段，以農副產品加工、銷售等企業為中心，團結一大批專業化生產的農戶，結為一個利益共同體進行生產經營活動」[3]。杜吟棠（2002）在分

1 董雷：發展農村市場經濟的有效途徑——「公司＋農戶」[N]. 經濟日報，1993-7-8（2）。

2 蔣伯英：構築農民走向大市場的橋樑——供銷社探索「公司＋農戶」路子的調查[J]. 農村經濟，1994（7）：25-27。

3 徐恩波、劉衛鋒：「公司＋農戶」的理論基礎及運行機制[J]. 中國農村經濟，1995（11）：64-65。

析「公司＋農戶」模式內涵的基礎上，提出自己對此模式的兩種理解方式：第一種方式認為「公司＋農戶」模式是一個特指範疇，即僅指公司和農戶之間通過簽約形式建立固定供銷關係；而在第二種理解方式中，他認為「公司＋農戶」模式是一個泛指範疇，除了固定供銷關係，還包括緊密型聯合和鬆散型聯合。[1]

公司是政府認可的具有一定規模的交易主體，農戶通過政府認識公司，政府通過公司扶持農戶。在「公司＋農戶」模式中，公司和農戶是「一錘子」的買賣關係，公司能發揮自身在土地、資金、社會關係等方面的優勢，幫助農戶減少信息不對稱和生產規模的瓶頸。

案例：「民豐模式」：產業扶貧見實效

2017 年，民豐縣通過國家專項評估，由自治區人民政府正式批准退出貧困縣，它是和田地區 11 個深度貧困縣中第一個脫貧的縣。在浩瀚沙漠腹地的民豐縣能在和田地區率先脫貧，讓人刮目相看，也驚歎不已，成績的取得完全得益於新疆崑崙尼雅生態農牧發展有限公司在民豐縣實施的「公司＋農戶」的產業扶貧模式。

新疆海大集團響應自治區黨委、政府「百企助百村・攜手共發展」和「中國光彩事業南疆行」號召，於 2014 年 12 月在民豐縣葉亦克鄉成立新疆崑崙尼雅生態農牧發展有限公司，公司註冊資金 1.836 億元，是集農業種植、養殖、加工、銷售、物流配送為一體的以產業扶貧為主的農牧公司。截至 2017 年已投資近 9 億元，建設了 8 萬畝種植基地、5 萬畝散養基地，年出欄尼雅產品雞 1400 萬羽。公司帶動 3000 名當地群眾就業，與 2800 戶貧困戶簽訂了養殖協議，每戶可增收 1.5 萬元。2017 年 4 月，公司在民豐縣葉亦

1 杜吟棠：「公司＋農戶」模式初探——兼論其合理性與局限性 [J]. 中國農村觀察，2002（1）：30-38。

克鄉投資建設 14.9 萬平方米尼雅富民小區，搬遷 1438 戶農牧民入住。2017 年 7 月，按照《和田地區跨縣易地扶貧搬遷工作（墨玉縣至民豐縣）實施方案》，公司積極參與接收墨玉縣易地搬遷人員，對搬遷人員進行崗前培訓，再將其妥善安置到公司的種植基地、養殖基地、加工基地以及物流配送等部門就業，使易地搬遷的貧困戶「搬得進、穩得住、有事做、能致富」。

新疆崑崙尼雅生態農牧發展有限公司到深度貧困地區投資，助力當地政府脫貧攻堅，也遇到了一些亟待解決的困難：一是融資貸款難；二是難以享受各項優惠政策；三是項目建設配套設施亟待完善；四是當地人力資源市場匱乏，無法滿足企業用工需求。

下一步，新疆崑崙尼雅生態農牧發展有限公司將按照自治區脫貧攻堅的目標、任務和要求，傾力打造尼雅黑雞繁育基地、種植基地、散養基地、綜合加工基地、冷鏈物流及倉儲配送基地、科研培訓中心和中央廚房項目，計劃投資 21.75 億元，規劃 24 萬畝種植面積，種養殖戶將達到 3 萬戶，每戶年增收 3.5 萬元左右，形成以尼雅黑雞為主的種養殖龍頭企業。將打造「一縣一品一業」農業產業扶貧的「民豐模式」，助力民豐縣在脫貧道路上不但能摘帽，而且能穩得住、有發展。

資料來源：新疆維吾爾自治區工商聯，http://www.acfic.org.cn/gdgsl_362/xinjiang/xjgslgz/201805/t20180531_53411.html

「民豐模式」就是「公司 + 農戶」模式的典型代表，新疆崑崙尼雅生態農牧發展有限公司通過「公司 + 養殖戶」「公司 + 種植戶」「農牧公司 + 現代物流 + 現代農業」等方式，為助力民豐縣脫貧攻堅走出了一條「民豐模式」的扶貧之路。

同時，「公司 + 農戶」模式也存在其局限性。在農業產業化過程中，企業向農戶提供的服務主要是收購並出售農產品。它們很少給農戶提供資金、技術服務和有關市場信息，對農戶的扶貧明顯不到位，不能很好地滿足貧困農戶的需求。再者，農業生產經營天然地具有相當的不確定性，會較多地受到自然力的影響，「公司＋農戶」的組織模式從而也具有相當的不穩定性，一旦農戶擁有足夠的信息和談判能力，這一權利關係必然解體。[1]

2.「合作社＋農戶」模式

「合作社＋農戶」模式較為適合產業單一的合作社。與前一種模式相比，這種模式在規模化經營、標準化生產、社會化服務等方面會更具組織性和專業性。建立合作社的方式一般有兩種：由政府組織創辦領辦和生產經營者自發聯合成立。

案例：燈塔市：「合作社＋農戶」的經營模式實行「四個統一」

遼陽燈塔市現代波特農產品專業合作社成立於 2007 年，位於燈塔市西馬峰鎮，自成立以來一直為合作社成員提供農業生產資料的購買，農產品的包裝、運輸配送、銷售、儲藏以及與農業生產經營有關的技術服務、信息服務以及培訓服務。

合作社發展的同時加強科技投入，其與遼寧農科院簽訂了技術合作協議，由農科院派專家到合作社參與種植管理、經營管理和提供技術服務。採用「四位一體」種植管理技術並加以推廣，使農戶所產的蔬菜達到綠色食品蔬菜標準。合作社帶動周邊 13 個村 600 多戶將近 1000 人共同參與種植經營，採用「合作社＋農戶」的經營模式，通過統一供種、供肥料、供技術，統一回收，統一包裝，統一品牌，統一銷售的經營模式，形成了產業優勢。合作社還為會員提供生產經營中的技術服務、信息服務、培訓服務，帶領成員到外地考察和交流技術，解決技術問題，解決農戶生產過程中遇到的實際難題，使農民在生產中掌握了綠色食品蔬菜生產技術和操作規程。合作社主要以綠色食品蔬菜種植銷售為主，有 5 個系列 30 多個品種的產品達到國家

1　柴效武、葉益東：「農業合作社＋農戶」——農村制度變遷過程中組織模式的抉擇 [J]. 浙江大學學報（人文社會科學版），2006（4）：98-107。

綠色食品標準。註冊了「現代波特」牌商標，所有產品統一收購、統一檢測、統一包裝、統一銷售。

合作社強化信譽和品牌意識，以市場為導向，在省內的瀋陽、遼陽等城市開辦了多處「綠色食品展示銷售中心」，讓綠色食品進入千家萬戶，讓廣大消費者吃上放心菜、安全菜、健康菜。現在產品供不應求，銷售越來越好。

合作社成立後，每年收購並銷售綠色食品蔬菜 1500 噸，實現銷售收入 900 多萬元，實現盈餘 80.1 萬元。會員年分配利潤 40 萬元，剩餘利潤提取公積金 40.1 萬元作為合作社流動資金和日常經營費用。種植和經營中帶動周邊農戶 600 戶，每戶每年可多增加收入 3000 元，這些農戶年共新增加收入 182.4 萬元。

在以後的經營中，合作社將逐年擴大經營規模和多帶動農戶，每年在原有規模的基礎上以 30% 的速度遞增，讓周邊的農民多增加收入將是合作社的長期發展規劃。

資料來源：燈塔政府網，2017-6-22

燈塔市的專業合作社將種植農戶集中在一起，統一經營，形成拳頭力量，進行規模化、集約化經銷，經營風險、交易成本和不確定性大大降低；同時專家為合作社提供種植技術指導和經營管理培訓服務，使農民掌握更多種植和經營管理知識，以提高農業生產力。在合作社的示範帶動下，農業產業鏈得以延伸，集中起來的小農戶形成一定經濟規模，利於規避市場風險，打破市場壟斷，從而更好地與市場對接，真正走向大農業。[1]

3.「公司＋合作社＋農戶」模式

此模式是上述兩種模式的延伸，是通過結合龍頭企業和專業合作社兩大主體，以公司為主幹、合作社為分支將農戶集中的產業扶貧模式，公

1 現代農業裝備編輯部：農機合作社　引領小農戶走向大農業 [J]. 現代農業裝備，2018（5）：10-11。

司、合作社與農戶共同參與扶貧治理，以實現三方的互利共贏。在這種模式中，合作社作為公司和農戶的中介，能有效克服公司本身較強的自我逐利性而帶來的扶貧責任的弱化，充分發揮各方所長，調動各方積極性，實現長遠發展。

案例：新投集團實施「龍頭企業 + 合作社 + 農戶 + 基地」的扶貧模式

新投集團根據喀什市英吾斯坦鄉的實際，以「區域特色產業發展帶動扶貧開發，扶貧開發促進區域發展」為工作思路，以產業扶貧方式增強貧困戶造血能力，脫貧攻堅工作取得了一定成效。新投集團在已有的新投鴿業公司基礎上，採取「龍頭企業 + 合作社 + 農戶 + 基地」的經營模式，龍頭企業負責前端的種鴿引進、養殖技術的推廣和防疫體系建立，農民深度參與到養殖和飼料種植環節，建立風險共擔、利益共享的運作機制，形成農民脫貧致富的長效機制。

「龍頭企業」—— 新投鴿業公司，在經營過程中採取「七統一」：統一安排養殖計劃、統一供應飼料、統一養殖技術和培訓、統一疫病防治、統一質量標準、統一收購、統一品牌銷售。企業與合作社簽訂《肉鴿養殖合同》進行訂單養殖，確保產品的有機綠色，確保產品收購，確保養殖戶獲得穩定的收益。

「肉鴿養殖合作社」—— 是養殖戶利益的代表，能夠把分散的養殖戶組織起來。由新投鴿業公司推動，在各村黨委政府和工作隊的支持及協助下，組織當地的養殖大戶、能人組建合作社，並不斷發展養殖戶入社，對養殖戶進行指導和服務，以提高技術水平和產量，降低成本。企業給合作社一定的返利作為合作社的利潤，合作社將利潤返還給養殖戶。

「農戶」—— 在合作社的幫助與指導下，按統一要求進行養殖。養殖戶的利益則通過產品交付、合作社盈餘分紅以及節約下來的成本三個方面獲得，超過單純養殖的收入。養殖戶實現了零風險。

「基地」—— 養殖戶同時也是種植戶，在合作社的統一計劃下，形成飼料種植基地。由合作社統一種植品種結構、統一種植技術、統一進行有機認證，確保飼料供應。

資料來源：http://www.xjgzw.gov.cn/neirong.jsp?urltype=news.NewsContentUrl&wbtreeid=1069&wbnewsid=10885

英吾斯坦鄉的「公司＋合作社＋農戶」模式發展思路清晰，由公司進行養殖設施建設，推行標準化養殖技術，提供統一的品牌建設和產品銷售；黨委政府組織創辦合作社，整合當地資源，積極發動群眾抱團發展；農戶則在公司和合作社的標準化指導下進行日常管理，從而提高養殖品質，增加收入。這一模式對於解決農產品供求結構失衡、農民收入持續增長乏力、庫存高企與銷售不暢、小生產與大市場、國內外價格倒掛等矛盾大有裨益。[1] 農業的根本出路在於產業化[2]，「公司＋合作社＋農戶」模式利用企業優勢增加資金和技術投入，創建「投入—產出—收益—再投入」循環，徹底打通農產品供應鏈，確保農業產業化順利進行。

近些年，隨着社會發展、科技創新，人民生活水平普遍提高，產業扶貧的範圍進一步增加，發展旅遊業、邊境貿易等也成為農戶脫貧的較好選擇，農戶依託當地環境和地緣優勢，發展第二、第三產業；同時，隨着互聯網高速發展，互聯網企業崛起，其中電商通過眾籌、直銷等方式極大地促進了扶貧事業發展，在扶貧事業中發揮着重要作用。

案例：愛德麵包坊的「逆襲」故事

創辦於 2007 年的愛德麵包坊隸屬於愛德基金會，它是愛德慈佑院為智障青少年進行職業訓練的工作坊。該麵包坊堅持以服務智障人士職業康復為

1 「公司＋合作社＋農戶」，山西省農業合作社亮點紛呈 . http://k.sina.com.cn/article_5305757517_13c3f6f4d01900455h.html.

2 陳政高：農業的根本出路在於產業化 . http://cpc.people.com.cn/GB/64093/64102/13499891.html.

目標，授之以漁，開展職業康復活動，建構展能平台，以倡導社會接納為使命。麵包坊成立之初是作為一個公益性質的職業技能培訓項目，為喜憨兒模擬一個真實的工作場景，希望喜憨兒能通過這裏的訓練，學習到一定的職業技能，最終得到用人單位的認可。

2009 年，愛德麵包坊進行了工商註冊，並聘請總經理負責市場運營，從而轉型成為社會企業，希望藉助商業的運作模式，可持續地為喜憨兒提供培訓和庇護性就業。盈利的資金除了支付麵包坊日常運營的成本外，還用於喜憨兒的就業學習補貼，以及增加學員培訓基金，擴大培訓規模。

愛德麵包坊通過提供烘焙等技能培訓，讓喜憨兒掌握一技之長，重新獲得自信、快樂。截至 2016 年，愛德麵包坊共接收了五名喜憨兒作為他們的員工，來參與麵包坊的運營，讓他們像正常人一樣有體面的工作。另外，還有 12 名喜憨兒正在接受技能方面的培訓。

2010 年，愛德麵包坊和一些電商平台合作，建立網上銷售渠道，主賣曲奇之類保質期較長、方便運輸的產品。如今，愛德麵包坊淘寶店鋪的營業額達到每年 30 萬元，兩家實體店的營業額已經達到每年 200 萬元。早期麵包坊還處於虧損狀態，最近幾年都在向扭虧為盈方向努力。此外，麵包坊還收到很多企業、咖啡廳等團購的訂單，也會承接愛德基金會的活動茶歇訂單。通過多渠道銷售方式，愛德麵包坊如今基本實現了盈虧平衡。

資料來源：https://www.sohu.com/a/108284013_465387

愛德麵包坊以「授人以漁」的理念幫助喜憨兒真正走向自立，而轉型成社會企業，利用市場的手段又讓麵包坊可持續運營，再加上眾籌的籌款方式、明星力量的助陣，在傳播上起到了出人意料的效果，可以讓更多人去了解、關注喜憨兒這一特殊群體，並能通過消費一份曲奇這種力所能及的方式切實地幫助他們。愛德麵包坊引入市場力量並獲得成功的案例讓我們看到市場在扶貧事業中的巨大潛力。

第四節　群眾：主體

一、參與式扶貧的發展

20 世紀 80 年代，中國開始了正式的規範化扶貧工作，最初採用政府主導式扶貧，由政府控制扶貧資金分配及項目實施，很多扶貧資金沒有被有效利用，一些貧困農戶對「上級決定項目」不滿。20 世紀 90 年代中後期，中國在非政府組織的農村扶貧項目中獲得啟發，逐漸形成了參與式扶貧模式。2001 年下發的《綱要（2001—2010 年）》，首次提出採用參與式方法制訂和實施村級脫貧規劃思路；2004 年和 2005 年，中央又接連下發指導意見，推動扶貧工作「整村推進」，使得中國的參與式扶貧進一步深化。

美國康奈爾大學教授諾曼・烏赫弗（Norman Uphoff）最早提出「參與式扶貧」的概念，他認為「發展對象不僅要以實現發展目標為目的，而且要作為受益方參與監督和評估」。「參與式」扶貧是指政府通過投入一定數量的資金，以貧困村為平台，為貧困農戶創造表達意願的機會，賦予貧困農戶知情權和監督權，並激發他們的參與意願，發動群眾參與扶貧項目的決策、實施和監督過程，從而使貧困農戶自主脫貧、自我發展。[1]

與自上而下的救濟式扶貧和開發式扶貧相比，參與式扶貧的核心是以人為本，它更加關注貧困人口的真正需求，充分保障其知情權和監督權，帶動貧困群眾參與項目決策、實施和監督；尊重貧困人口的主體地位，促進自我發展，真正調動群眾參與脫貧的積極性，通過加強對貧困人口的思想教育、政策宣傳、技能培訓和培育致富帶頭人等方式，提高自身脫貧能力和內在動力，在思想和行動上實現由「被動脫貧」向「主動脫貧」轉變，實現扶貧的可持續發展。另外，參與式扶貧對扶貧對象在其生活地區所擁

1　李興江、陳懷葉：參與式扶貧模式的運行機制及績效評價 [J]. 開發研究，2008，135（2）：94-99。

有的豐富鄉土知識表示認可，本土知識是解決貧困問題的有力手段。群眾參與扶貧治理，能和政府進行知識共享，促進參與雙方的互惠共贏。

二、參與式扶貧面臨的挑戰

目前，參與式扶貧仍需解決以下問題。

1. 貧困戶參與度低

現在部分地區的當地政府沒有做到具體問題具體分析，貧困群眾無法參與扶貧，或者參與之後無法獲利。在精準扶貧的背景下，群眾參與扶貧，政府部門人員不能只是坐在辦公室裏為貧困地區描繪美好藍圖，而要重視民間智慧，給予貧困戶足夠的話語權和決策權，通過公示制度、投訴制度的建立，確保群眾的積極參與。

案例：山東：着力給貧困群眾輸送精神給養

「貧困群眾既是脫貧攻堅的對象，更是脫貧致富的主體。要加強扶貧同扶志、扶智相結合，激發貧困群眾的積極性和主動性，激勵和引導他們靠自己的努力改變命運。」山東在貫徹落實中央精神中，着力給貧困群眾輸送精神給養，引導他們增強主體意識，挖掉精神上的窮根。山東的主要措施包括以下三個方面。

(1) 轉變思想觀念，解決「不想幹」問題。有的貧困群眾缺乏脫貧激情，他們曬着太陽看着幹部幹，坐等黨和政府送小康。這種「等靠要」思想成為脫貧攻堅最大的攔路虎。山東通過紅色文化激勵、傳統文化滋養、先進文化引導等方式，轉思想、扶志氣、長本領，讓貧困群眾的心裏熱起來、腦子轉起來、身子動起來，變「要我脫貧」為「我要脫貧」。例如，按政策規定，蒙陰縣 72 歲貧困戶徐美鳳可以享受「兜底脫貧」，但她以「合作社＋貧困戶」模式養殖長毛兔，實現了光榮脫貧。

（2）推廣職教技能培訓，解決「不會幹」問題。文化程度低、勞動能力弱、技術水平差，素質「貧困」也阻礙着貧困群眾脫貧。山東着力增強貧困群眾脫貧本領，推廣「田間課堂」「大篷車下鄉」等培訓模式，近兩年已免費培訓職業技能和實用技術 55.1 萬人次。山東還利用身邊典型言傳身教，讓本村近鄰的脫貧戶與貧困戶結成對子，樹信心、傳經驗、找門路。菏澤市從脫貧戶中選取有代表性、可複製可推廣的脫貧案例，編印《菏澤扶貧 60 例》，讓貧困戶照着學、比着做。

（3）強化基層建設，形成「有人領」局面。從 2012 年開始，山東先後選派四萬多名第一書記駐村，抓黨建，強「兩委」，促脫貧。全省建立一萬多個精準扶貧理事會，老幹部、老黨員、致富能手與貧困戶代表全程參與並監督扶貧。各地還設有扶貧聯絡員，登門入戶講政策、聽需求、出點子、辦實事，成為貧困群眾的「眼、嘴、耳、腿」。2016 年以來，山東已有 135 萬貧困群眾用自己的雙手勞動脫貧，佔脫貧人口的 58.4%。

資料來源：人民日報，2018 年 3 月 28 日

山東省從轉變思想、組織技能培訓、基層隊伍建設三個方面引導貧困人口積極參與脫貧，扭轉貧困人口的「等靠要」思想，針對貧困群眾自身的弱勢與不足，推廣職業培訓和典型範例學習，並加強黨員幹部對口幫扶。這些措施極大地提高了貧困人口的脫貧動力和脫貧意識。

脫貧致富，從根本上來說是貧困群眾自己的事情。脫貧攻堅要注意通過提高農民「參與度」來增強貧困戶的「獲得感」，通過提高「參與度」來激發農民自身的發展動力。相對於給錢、給物的「輸血式」扶貧，參與式扶貧在速度上可能要慢一些，但對鞏固脫貧成效卻至關重要，值得多付出一些耐心和時間。[1]

---

1 https://www.zg3n.com.cn/article-52846-1.html.

2. 監督不到位，熟人獲得較大的優惠力度

參與式扶貧容易受到基層微觀權力的干擾，若監督不到位，基層幹部中容易發生權力尋租的情況。在信息不對稱、權力干預程度低的環境下，扶貧扭曲走樣，基層幹部讓相熟的人獲得較大的優惠力度。

案例：扶貧豈能優親厚友

西潭鄉位於詔安縣的西南部，是一個農業大鄉，轄區群眾大多以農業生產為生。為響應國家扶貧攻堅號召，幫助個別困難農戶儘快脫貧致富，2015年3月，詔安縣扶貧辦下達給西潭鄉2014年度生產性扶貧補助資金32戶指標，每戶補助2000元。金額雖然不大，但對於特別困難的群眾來說無疑是「救命錢」。

作為鎮分管扶貧工作的副鄉長，鍾武欽並沒有把此事放在心上，只是口頭向鎮主要領導簡單匯報了一下分配計劃，便匆忙召開由各村村主任、統計員參加的工作會議進行分配。雖然他在主觀上對此項工作消極應付，但在具體操作上，鍾武欽又特別重視，看似矛盾的行為背後，藏着他內心的「小九九」。鍾武欽第一次對32戶指標進行分配時，以西潭鄉上營村沒有派人參加會議，不重視扶貧工作為由，自作主張取消該村的指標，剩下的16個村每個村兩戶指標。隨後不久，縣扶貧辦給西潭鄉追加四戶指標，在其他村不知情的情況下，鍾武欽悄悄地把指標都給了自己的老家美營村。

資料來源：中國紀檢監察報，2017年4月20日

打贏脫貧攻堅戰事關全面建成小康社會，事關增進人民福祉，事關鞏固中共執政基礎，中共中央高度重視。作為最接近貧困群眾的扶貧幹部，應嚴格落實各級有關要求，秉公辦事，憑着一顆公心把脫貧攻堅工作做實做細，確保每一分「造血錢」「救命錢」都真正用到貧困鄉村、貧困群眾身上。本案例中，肩扛此項重任的鍾武欽卻優親厚友，因此，必須嚴肅問責。

第五節　社會：參與

改革開放以來，社會資本不斷擴大，社會力量逐漸參與到中國扶貧攻堅事業中來。2014 年 11 月國務院印發《關於進一步動員社會各方面力量參與扶貧開發的意見》（以下簡稱《意見》），強調社會力量在扶貧工作中的重要引領作用，倡導更多社會力量參與扶貧，積極梳理解決社會力量遇到的「組織動員不夠、政策支持不足、體制機制不完善等問題」。社會力量也可作為扶貧事業的監督者和協調者，以彌補政府在扶貧工作中的不足，推進體制機制創新。

《意見》中，着重強調了社會組織、民營企業和個人三類社會力量參與扶貧開發。故本節從這三方面闡述社會力量參與中國扶貧治理的情況。

一、社會組織參與扶貧

社會組織即不以營利為目的、主要開展各種志願性的公益或互益活動的非政府的社會組織[1]。它具有親民性、靈活性、高效性的特點。社會組織的這些特徵，使其在扶貧事業中具有天然優勢，以貧困者的需求為導向，帶動貧困者發揮主觀能動性，使其積極參與到自我發展的實踐中去，這種方式不僅提高了扶貧的實際效果，而且提供了更新、更有效的運作模式和管理理念。

20 世紀 80 年代開始，社會組織開始參與中國扶貧事業；從 1994 年《扶貧攻堅計劃》提出要「充分發揮中國扶貧基金會和其他各類民間扶貧團體的作用」開始，社會組織蓬勃發展。截至 2017 年 11 月，全國有 75.7 萬個社會組織（指的是在民政部門登記的社會團體、基金會、社會服務機構，下同），其中社會團體 35.4 萬個，社會服務機構 39.7 萬個，基金會 6062 個。2016 年底，全國社會組織具有固定資產 2746 億元，接

1　王名：非營利組織管理概論 [M]. 北京：中國人民大學出版社，2002。

受各類社會捐贈 653.7 億元，動員志願者 191 萬人次。[1] 全國各地社會組織積極參與扶貧治理，並取得了一定成效。2017 年，國務院發佈的《關於廣泛引導和動員社會組織參與脫貧攻堅的通知》，強調了社會組織的扶貧責任，並進一步明確服務領域和職責，要求政府相關部門大力支持並有效監督。在政府相關政策規劃的支持和引導下，社會組織已成為扶貧治理的重要力量。

二、民營企業參與扶貧

民營企業是指在中國境內除國有企業、國有資產控股企業和外商投資企業以外的所有企業，包括個人獨資企業、合夥制企業、有限責任公司和股份有限公司[2]。改革開放以來，民營企業從無到有，並逐漸發展，成為參與中國經濟建設的重要力量。民營企業參與扶貧攻堅也呈現階段性變化。1978 年到 1994 年，中國民營企業參與扶貧大多是出於自發，通過安排就業和捐款捐物以幫襯鄉鄰，滿足情感需求，實現自我價值。1994 年到 2006 年，中國民營企業參與扶貧開始進入自覺階段，在政府、組織的引導下，民營企業通過多元化的扶貧方式，為全國的扶貧工作貢獻力量。2006 年至今，中國民營企業參與扶貧進入了新的階段，精準扶貧思想確立後，一方面，企業發揮自身產業資源優勢，科學、可持續扶貧，促成和貧困群眾雙贏的良好局面；另一方面，扶貧開發作為企業發展戰略和企業文化，被越來越多的民營企業接受，民營企業自覺參與扶貧開發常態化。

根據《2016 中國 100 強企業社會責任指數年度報告》（CICSR）顯示，民營企業的社會責任履行狀況逐年改善，同等規模的民營企業在社會責任方

1　我國全面引導和動員社會組織參與脫貧攻堅 [EB/OL]. http://www.msweekly.com/show.html?id=95459.

2　李小安：民營企業財務管理與創新研究 [M]. 長沙：湖南大學出版社，2009。

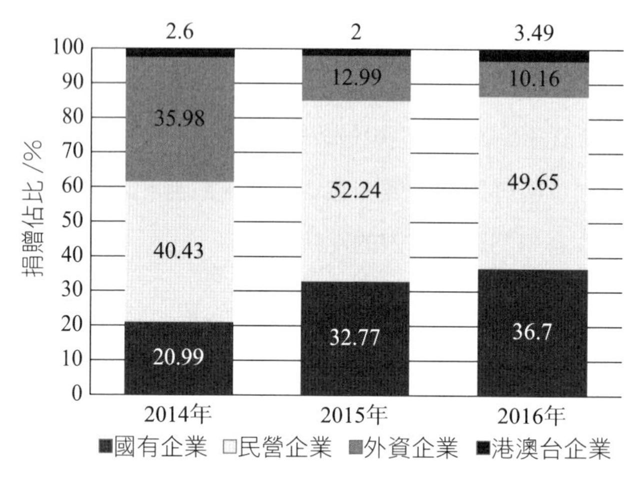

圖 4-1 各類型企業捐贈佔比

資料來源：2015 年度中國慈善捐助報告，2016 年度中國慈善捐助報告

面優於國有企業。[1] 在慈善捐助方面，民營企業積極參與，連續三年成為企業捐贈的主力軍，其捐贈佔比較國有企業高出 10 個百分點以上（圖 4-1）。

這些數據都充分說明了民營企業在中國扶貧事業中是不可或缺的。民營企業的參與，既可以彌補政府和國有企業扶貧中的不足，又能發揮出市場制度的積極作用。但民營企業參與扶貧開發仍面臨諸多困難，如企業參與扶貧的內生動力不夠、正向環境支持缺乏等困境。政府各部門仍需做好政策支持和服務保障，了解貧困群眾需求與企業要求，暢通溝通渠道，調動企業積極性；同時民營企業也需發揮主觀能動性，利用自身優勢，創新扶貧方式。

三、個人參與扶貧

近些年來，隨着人民生活水平的普遍提高以及互聯網的高速發展，越來越多的公眾選擇網絡捐贈，網絡捐贈平台為個人小額捐贈提供了便利快捷的方式，以互聯網捐贈為主的個人捐贈蓬勃發展。同時，越來越多的政

---

1 民營企業在國民經濟中的地位和作用 [EB/OL]. http://www.zytzb.gov.cn/tzb2010/S1818/201705/5b671e39e3e544e28a694520dd38e9dc.shtml.

商、演藝界人士也為扶貧助力。名人捐贈的意義不僅在於資金貢獻，更多的是他們可以引領社會公眾關注扶貧，推動「我為人人、人人為我」的全民公益理念廣泛傳播。

現在，社會力量在中國扶貧事業中的參與規模不斷擴大，社會組織需要各界人士的加入，合力助推扶貧攻堅。政府需要對個人參與及相關平台加以規範和管理，網絡捐贈平台也應注重慈善項目的多元化發展，引導民眾對慈善加深理解和參與。另外，貧困群眾作為受益者也要積極參與，發揚勤勞向上的精神，積極脫貧，而不是被動接受捐款捐物。

案例：中國扶貧基金會聯合阿里巴巴發起陽光跑道項目

中國扶貧基金會對貧困地區鄉村小學的專項調研顯示：75% 的貧困地區鄉村學校沒有跑道，而能夠真正擁有塑膠跑道的學校比例僅為 8.3%。為了改善貧困地區小學的體育硬件設備，2018 年 6 月，阿里巴巴公益聯合中國扶貧基金會發起「陽光跑道」項目。「陽光跑道」項目首期計劃在雲南、貴州、陝西、河北等省份的 20 個縣 100 所貧困鄉村小學校修建陽光跑道，助力孩子們放飛體育夢想。

該項目通過阿里巴巴平台如阿里拍賣以及淘寶商家的「公益寶貝」捐贈或直接捐款來籌款，並於 6 月 22 日在北京奧林匹克森林公園發起公益跑活動，倡導社會公眾進行步數捐贈，為貧困山區兒童捐建塑膠「追夢跑道」。

6 月 22 日當天，在體育明星石竟男、孫偉、謝杏芳的帶領下，近千人在北京奧林匹克森林公園完成了他們 6.23 公里（約 1 萬步）的公益跑，現場產生的步數將計入全國總步數。

資料來源：中國扶貧基金會，http://www.cfpa.org.cn/news/news_detail.aspx?articleid=709

「陽光跑道」項目以線上線下結合模式，鼓勵公眾行動起來，幫助貧困地區孩子圓體育夢，這是社會力量參與扶貧治理的一個縮影：社會組織為貧困群眾與民營企業牽線搭橋，同時社會組織又與民營企業通力合作，加上明星助力，倡導社會公眾積極參與扶貧事業。

當前，精準扶貧作為中國扶貧治理的重要策略，責任重大、意義深遠，只有拓寬扶貧思路，廣泛動員社會力量，創新參與機制，統籌安排社會扶貧資源，打造精準扶貧的「統一戰線」，才能取得扶貧攻堅戰的最後勝利。

第六節　國際組織：助推

一、國際組織在中國的扶貧工作

國際組織一般指國際非政府組織，主要是「在至少兩個以上國家設有分支機構、開展活動的非政府組織」，它具有組織性、非政府性、自治性、非政治性、非宗教性、公益性、志願性、國際性等特點。[1]

中國自改革開放以來實現了六億多人口的脫貧，國際組織在中國的扶貧治理中起着重要的助推作用。20 世紀 90 年代後，國際組織開始在中國推行大規模的扶貧活動。中國先後與世界銀行、聯合國開發計劃署、亞洲開發銀行等國際組織和英國、德國、日本等國家以及國外民間組織在扶貧領域開展了卓有成效的減貧項目合作。據不完全統計，截至 2010 年，扶貧領域共利用各類外資 14 億美元，再加上國內配套資金，直接投資總額近 200 億元人民幣，共實施 110 個外資扶貧項目，覆蓋了中國中西部地區的 20 個省 300 多個縣，使近 2000 萬貧困人口受益[2]。國際組織主要通過資金投入和項目投入參與中國扶貧，包括金融貸款、小額信貸、人才技術支持、發展開發項目、提供理論培訓等方式。

1 王傑、張海濱、張志洲：全球治理中的國際非政府組織 [M]. 北京：北京大學出版社，2004。
2 中華人民共和國國務院新聞辦公室：《中國農村扶貧開發的新進展》白皮書，2011。

案例：聯合國開發計劃署在中國發展小額信貸

1994年，聯合國開發計劃署開始在中國發展小額信貸，與中國國際經濟技術交流中心合作，由後者提供支持和協調，項目首先在雲南建立了基層農村發展協會，後來逐漸發展到了16個省區的48個縣，項目總投入接近2000萬美元。項目至今已向中國各地超過30萬客戶發放了小額貸款。除了發放貸款，聯合國開發計劃署還支持能力發展項目，旨在為貸款者提供工作和生活的技巧，使他們了解貸款所具有的潛在作用。2001年，聯合國開發計劃署與中國國際經濟技術交流中心啟動了可持續小額信貸扶貧項目，集中在中國四川儀隴、內蒙古赤峰、貴州興仁和甘肅省的定西實施這一項目，幫助農村發展協會實現可持續性。其中三個村在運作上實現了可持續性，還有一個參加了全球性的由「助貧諮詢組」組織的「財務透明獎」活動。

資料來源：中國新聞網，2005年11月13日

20世紀90年代初期，國際組織配合中國扶貧政策，引入小額信貸扶貧。原聯合國祕書長科菲．安南曾指出：「小額信貸不是慈善捐助，而是一種將其他人擁有的相同權利和服務向低收入家庭擴展的途徑。小額信貸是一種需要低收入者通過自身投入和遠見實現脫貧的方式。」[1] 實踐也表明，小額貸款是一種行之有效的方法，可以通過資金和項目支持，幫助貧困人口解決溫飽，達到脫貧致富的目的。

案例：中國西南世行扶貧項目

從1990年起，國務院扶貧辦便開始了與世界銀行的合作，對我國貧困地區的社會經濟狀況進行了詳盡的調查。1992年正式向世行提出援助中國西南扶貧項目的意見。1995年6月，「中國西南世行扶貧貸款項目」正式批准；

1　雷向晴、馬和勵：我看到中國人民那種努力向上的精神[J]. 對外大傳播，2006（11）：18-19。

7 月，執行協議正式簽訂，項目開始實施。全項目分為九個分項目，分別為教育、衛生、勞務輸出、基礎設施、產業建設和機構建設等提供貸款和項目支持。

項目的實施實現了設計目標，取得了顯著成績：項目區農民人均收入由 1995 年的 733.4 元增加到 2001 年的 1202.17 元，農民收入大幅度增長。絕大多數貧困農戶穩定解決溫飽，擺脫貧困，走向富裕。

資料來源：拓展國際經濟合作 開創我國扶貧開發新格局 —— 西南和秦巴山區世行扶貧項目工作概述 [J]. 地球信息科學學報，1996（1）：4-7

世行在中國西南的扶貧項目不僅得到了廣大貧困農戶的歡迎和擁護，而且受到世界銀行的充分肯定和國內外有關部門的高度讚揚。項目注重把基礎設施建設、涉農產業發展、教育培訓、醫療衛生等各種措施結合起來，找準貧困原因，針對性地投入綜合性項目。這樣既可以解決貧困群眾的溫飽問題，又可以改善貧困地區的生活生產條件和發展環境，同時有利於培育貧困群眾長期發展的能力，確保不返貧。世行扶貧項目還有其嚴格的程序規範和項目監測，可以有效地實施項目管理，以保證扶貧工作科學、高效、安全、順利開展，實現既定目標。

世行中國西南扶貧項目在設計思路和實踐上不同於中國當時其他的扶貧項目，且比這些單一扶貧方式為主的項目效果要好很多，從而一舉成為中國廣大貧困地區和今後扶貧開發推廣的範例，同時也拓寬了中國政府的扶貧理念。在項目管理上的規範化程序也為中國扶貧治理的制度創新提供了寶貴的經驗。

案例：貴州鎮寧：舉行博愛家園生計金發放儀式

「博愛家園」生計項目是由紅十字國際委員會和中國紅十字會合作發起的，旨在通過「減災加減貧」的方法，致力於提升社區可持續發展能力。

2018 年 3 月 26 日，紅十字國際委員會援助安順市鎮寧自治縣簡嘎鄉「博愛家園」生計項目需求評估圓滿結束，簡嘎鄉翁解村 198 戶建檔立卡貧困戶中，145 戶通過初步評審。

2017 年，在貴州省紅十字會的積極爭取和協調下，紅十字國際委員會同意援助安龍、鎮寧兩個縣實施「博愛家園」生計項目，每個縣援助資金 90 萬元左右。經過多方協商，該項目最終確定在極貧鄉鎮 —— 鎮寧自治縣簡嘎鄉翁解村實施。同時為確保項目順利落地實施，紅十字國際委員會、中國紅十字會還開展了「貴州博愛家園生計項目需求評估培訓班」，為當地項目執行者提供經驗指導。3 月，在市紅十字會的指導下，鎮寧縣紅十字會、簡嘎鄉人民政府共同對翁解村 198 戶建檔立卡戶進行需求評估，按照紅十字國際委員會的要求，最終評選出 140 戶作為援助對象。8 月，每戶 6200 元的生計金已全部發放，共 86.8 萬元。生計金由貧困戶根據自己的發展意願制定創業計劃書，並根據創業計劃書自由支配，不需返還。

資料來源：多彩貴州網，2018 年 8 月 31 日

「博愛家園」項目是紅十字國際委員會和中國紅十字會在積累多年項目經驗的基礎上，圍繞紅十字會核心業務，借鑒國際項目先進理念，以社區為平台，自主設計、自主實施、自主管理的綜合性發展型項目。項目主要包括組織發展、軟件建設、硬件建設和生計發展四方面的內容，以協助貧困農戶制訂創業計劃書、進行生計金發放、對農戶創業情況進行監督回訪等工作為主。「博愛家園」項目投入的資金量雖然不大，但對於貧困群眾解決實際困難、培育互補互愛、傳播紅十字精神有重要意義，同時對於中國的精準扶貧和基層自治也有借鑒意義。

二、國際組織的助推作用

國際組織在中國開展扶貧，不僅直接幫助受助貧困群眾脫貧，還帶來

了國際先進扶貧理念，提供了許多可借鑒的成熟經驗，在開發項目過程中可以讓我們了解先進的理念和技術，並因地制宜，創新了許多符合中國國情的、可供國家和政府推廣的扶貧方式，如小額信貸、參與式扶貧等，推動中國扶貧理論和實踐的共同發展，加快了農村扶貧治理進程。同時，國際組織能在中國扶貧中發揮不可替代的作用，也有賴於政府的信任和大力支持。扶貧治理是一個世界性、歷史性的難題，中國政府一直與國際組織開展多邊和雙邊交流合作，積極為消除貧困而不斷努力。國際組織在援助中國扶貧的過程中也面臨管理和監控體制不健全、理念衝突等問題，有待我們做出更多的努力來解決。

第七節　總結

中國的扶貧治理，政府、市場、社會缺一不可。扶貧不僅要依靠行政手段與力量的推動，還要充分發揮市場機制的作用，並依靠社會資源；以人為本，充分考慮貧困人口自身意願，提高參與度，防止返貧。同時，我們要與國際組織密切合作，學習國際先進理論並吸取其實踐經驗，促進中國扶貧事業長足發展。

隨着中國經濟發展，社會不斷進步，扶貧事業也要與時俱進。優化中國扶貧治理結構，需要我們集中力量，而不急於大幹快上，或是複製他人的成功經驗，而應開拓思路，大膽嘗試，因地制宜，最終才能找準適合本國扶貧發展的產業和脫貧路徑，建立完善的扶貧治理體系，「創新完善人人皆願為、人人皆可為、人人皆能為的社會扶貧參與機制，形成政府、市場、社會協同推進的大扶貧格局」。[1]

1 創新完善人人皆願為、人人皆可為、人人皆能為的社會扶貧參與機制 . http://www.gov.cn/xinwen/2014-12/15/content_2791576.htm.

第五章　中國扶貧機制

改革開放以來，中國進入全面扶貧階段，社會各種力量都投入到扶貧工作中來 —— 政府利用一系列宏觀調控手段，包括加大投入扶貧資金的力度、給予農民稅收優惠、幫扶老、少、邊、窮地區教育等，力圖同時從內、外兩方面改善貧困人口的生活質量，實現可持續扶貧的目標；市場也在公平與效率的原則下優化資源配置，各種要素充分迸發出活力和創造力，推動了經濟的持續健康發展和人民物質文化生活水平的提高；立法機關逐步完善法律體系，先後推出《中華人民共和國農業法》《財政專項扶貧資金管理辦法》《國家扶貧資金管理方法》等一系列文件，使扶貧工作走上更加規範化、制度化的道路；新時代的社會主義倫理道德成為扶貧工作的精神旗幟，激發貧困人民脫貧的內生動力是未來扶貧工作的內在要求和實現可持續扶貧的必由之路。

第一節　經濟扶貧機制

一、宏觀經濟增長與扶貧

本章所論述的貧困是絕對貧困。絕對貧困是指低於維持身體有效活動的最低指標的一種貧困狀態，這種最低指標是指「勉強維持生存的標準，而不是生活的標準。在對家庭生活做這種最低指標的估計時，應遵循這樣的規定，即除了為維持身體健康而絕對必須購買的物品外，其他一切都不

* 感謝譚暉為本章所做出的工作。

能包括在內，而且所有購買的物品必須是最簡單的」。由這一概念我們可以看出，這裏的貧困是從收入和消費[1]的貨幣角度來度量的，即在某一標準的貨幣單位以下的生活水平就屬於貧困。在學術研究中，也通常以貧困人口或者貧困率作為衡量貧困的統計指標。中國 2009 年和 2011 年的貧困線為每年 1169 元和 2300 元，世界銀行最新的貧困線標準是每人每天 1.9 美元，家庭人均收入在貧困線以下的人口就屬於貧困人口[2]。從理論上來說，經濟增長狹義上指 GDP（國內生產總值）增長，即在一個較長的時間跨度上，一個國家人均收入或人均產出水平的持續增加[3]，因此經濟增長對扶貧工作有着直接而主要的影響，要想達到全面扶貧、可持續扶貧的目標，最根本的就是要促進經濟發展，拉動經濟增長。

經濟增長與貧困緩解歷來是學術研究的重要課題。人們一般認為，經濟增長是減輕貧困的有力武器，但是經濟增長能夠在多大程度上緩解貧困呢？國務院扶貧辦的測算結果表明，貧困人口減少與經濟增長的彈性係數為 0.8，即每增長 1 個百分點，農村貧困人口減少 0.8 個百分點。謝金鵬（2008）利用 1995—2004 年的貧困指數和農村人口收入，估算出貧困發生率與中國經濟增長的彈性為 -2.003，即中國經濟每增加 10%，貧困的發生率就下降 20.03%。文秋良（2006）利用 1993—2004 年省級的經濟增長和貧困數據分析了全國與不同地區經濟增長和貧困人口的變化趨勢，研究結果表明，1993—2004 年貧困發生率對全國平均經濟增長的彈性絕對值為 1.07，即人均 GDP 增長 1%，貧困發生率就下降 1.07%。曹文道（2000）利用 1979—1998 年的數據對中國經濟增長與貧困發生率進行回歸分析，研究結論表明貧困發生率對全國平均經濟增長的彈性絕對值為 0.56，即人

1 梅里曼 - 韋伯斯特大學生詞典。

2 https://baike.baidu.com/item/%E4%B8%AD%E5%9B%BD%E8%B4%AB%E5%9B%B0%E6%A0%87%E5%87%86/1207599.

3 https://baike.baidu.com/item/%E7%BB%8F%E6%B5%8E%E5%A2%9E%E9%95%BF/81517?fr=aladdin.

均 GDP 每增長 1%，貧困發生率就會降低 0.56%。

進入 21 世紀以來，中國經濟進入高速發展的時期，社會生活日新月異，人民生活水平也在穩步提高。隨着一個個階段性扶貧政策的結束和新的扶貧政策的開始，中國的貧困狀況也發生了翻天覆地的變化，因此本章選用最新的數據，希望反映經濟增長與貧困人口在新時代的關係，採用人均 GDP 反映經濟增長狀況，採用農村貧困人口數量反映社會貧困狀況。

（一）中國經濟增長基本狀況

圖 5-1 顯示了 2010—2017 年人均國內生產總值的變化趨勢，圖 5-2 顯示了 2010—2017 年人均國內生產總值對數的變化趨勢。2011 年，中國決定將貧困線標準由原來的 1169 元上調至 2300 元，這一舉措也使 2010 年的貧困人口由 2688 萬人擴大到 1.28 億人。2010 年之後貧困線的大幅調整導致前後數據不具備縱向可比性，所以本章主要的分析對象是 2010—2017 年的最新數據，2010 年以前年度的數據不納入本章的研究範圍。

從圖 5-1 可以看出，2010—2017 年中國人均國內生產總值呈現持續快速上漲趨勢，從 2010 年的人均 30 876 元上升到 2010 年的人均 59 660 元，年均增長率約為 12%。

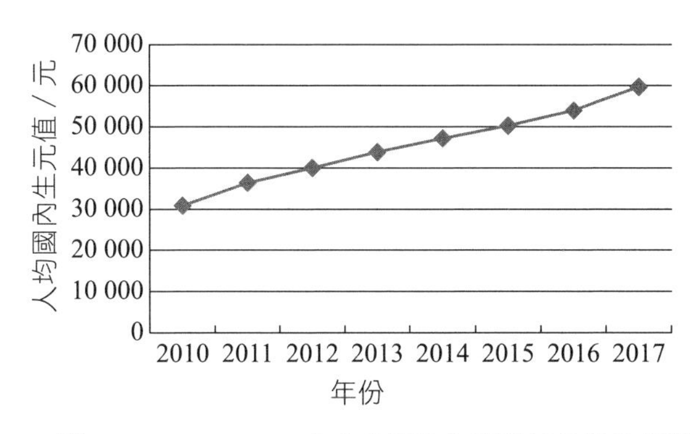

圖 5-1　2010—2017 年人均國內生產總值的變化趨勢

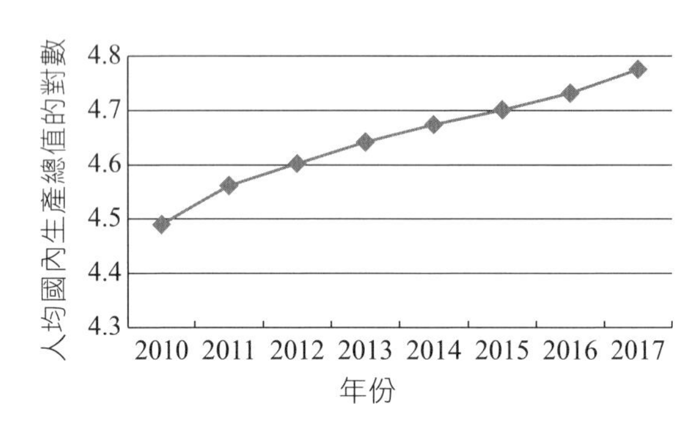

圖 5-2 2010—2017 年人均國內生產總值對數的變化趨勢

（二）中國貧困人口變化趨勢

圖 5-3 顯示了 2010—2017 年農村貧困人口的變化趨勢，圖 5-4 顯示了 2010—2017 年農村貧困人口對數的變化趨勢。

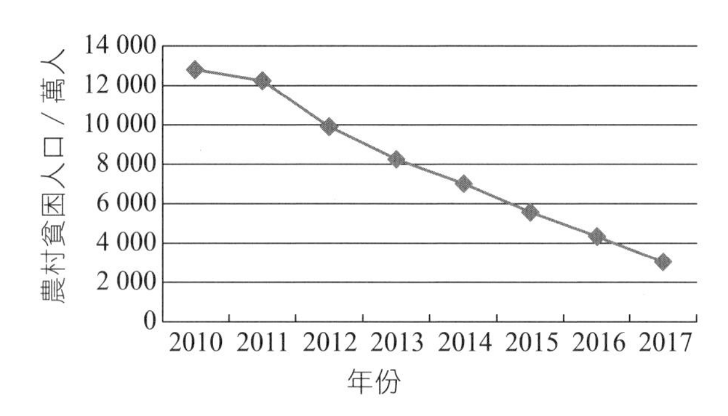

圖 5-3 2010—2017 年農村貧困人口的變化趨勢

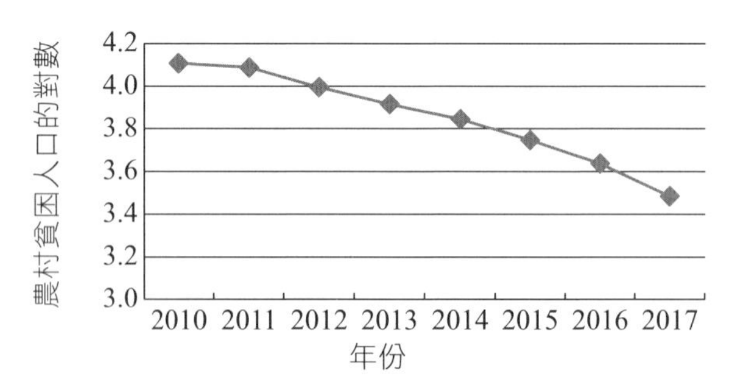

圖 5-4 2010—2017 年農村貧困人口對數的變化趨勢

從圖 5-3、圖 5-4 可以看出，2010 年以來，農村貧困人口呈現出顯著下降的趨勢，從 2010 年的 1.28 億人下降到 2017 年的 3046 萬人，下降幅度達 9754 萬人，每年平均下降率約為 10%，低於人均國內生產總值的增長速度。

（三）經濟增長趨勢與農村貧困人口變化趨勢的關係

改革開放 40 年以來，中國經濟一直處於持續高速發展的時期，同時農村貧困人口下降趨勢顯著，1978 年到 2017 年，中國農村的貧困人口由 2.5 億人減少到 3046 萬人，按照國際貧困線每人每天 1 美元的標準，貧困率也從 1981 年的 64% 降到了 2004 年的 10%[1,2]。持續高速的經濟增長是克服貧困的力量源泉[3]，那麼，中國的經濟增長在緩解農村人口的貧困狀況方面到底發揮了多大作用？下文將分別採用非參數估計和參數估計的方法來估測經濟增長對扶貧工作的驅動作用。

1. Lowess 平滑非參數估計

圖 5-5 所示為用 Lowess 平滑方法估測的人均國內生產總值對數與農村貧困人口對數之間的關係曲線，由於數據樣本不大，因此此處使用 80% 的觀測值個數為帶寬。圖 5-5 清晰直觀地展現了人均國內生產總值與農村貧困戶數量之間的負相關關係，且很大程度上可以概括為線性關係，即隨着經濟的增長和人均國內生產總值的增加，中國農村貧困人口的數量呈現出相應的下降趨勢。

通過 Lowess 平滑方法可以看出經濟增長與農村貧困人口的變動趨勢，但這只是一種描述性統計分析，二者之間所存在的內在定量關係仍需要通過回歸分析等參數估計方法得到。

1　Martin R, Chen Sh H-China's(uneven)Progress Against Poverty[J]. *Journal of Development Economics*, 2007(82)：1 42.

2　此類數據皆來自國家統計局：中國統計年鑒（1978—2010）。

3　Chambers D, Ying W, Hong Y. The Impact of Past Growth on Poverty in Chinese Provinces [J]. *Journal of Asian Economics*, 2008(19)：348-357.

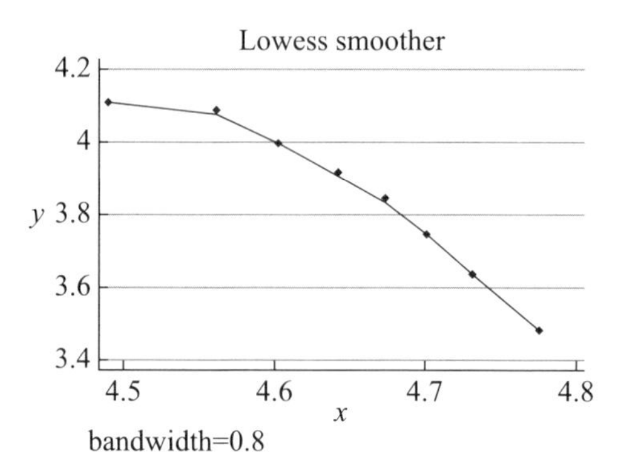

圖 5-5　人均國內生產總值對數與農村貧困人口對數的 Lowess 平滑趨勢

2. 參數估計方法

下面使用回歸分析的參數估計方法估測經濟增長與農村貧困人口數量之間存在的定量關係。經濟增長對扶貧工作的作用可用以下回歸模型來表示：

$$Y = \alpha + \beta X + \varepsilon$$

圖 5-6 所示為使用 Stata 軟件和上述模型進行回歸分析所得到的結果。

Source	SS	df	MS			
				Number of obs	=	8
				F(1, 6)	=	71.34
Model	.312262394	1	.312262394	Prob > F	=	0.0002
Residual	.026264025	6	.004377337	R-squared	=	0.9224
				Adj R-squared	=	0.9095
Total	.338526418	7	.048360917	Root MSE	=	.06616

y	Coef.	Std. Err.	t	P>|t|	[95% Conf.	Interval]
x	-2.251495	.266573	-8.45	0.000	-2.903776	-1.599214
_cons	14.31564	1.239037	11.55	0.000	11.28382	17.34745

圖 5-6　Stata 回歸分析結果

根據以上 Stata 分析結果，即 α=14.31，β=−2.25，可得以下公式：

$$Y = -2.25X + 14.31$$

其中，Y 代表被解釋變量——中國農村貧困人口對數；X 代表解釋變量——經濟增長即人均國內生產總值對數；α 表示不隨經濟增長變動的固定效應；β 表示經濟增長對減貧工作的效率，由於農村貧困人口數量與人均國內生產總值均取對數，該係數就是農村貧困人口數量對經濟增長的彈性值，即人均國內生產總值每增長 1%，農村貧困人口下降的百分數；β 的絕對值越大，說明經濟增長對減少貧困越有效果；ε 為隨機擾動項，包含除解釋變量 X 以外其他影響 Y 的因素。為了減少原來數據的複雜性，本節回歸分析的對象都是原始數據的對數形式，因此 β 表示農村人口數量百分比隨經濟增長百分比的變化彈性。根據之前的非參數分析結果可知，經濟增長會導致農村貧困人口數量呈現下降趨勢，因此 X 的係數 β 應該為負數。

首先，由於全國農村貧困人口對人均國內生產總值的彈性為負值，並且在統計上非常顯著，從而可以有效地佐證非參數估計的結果，即人均國內生產總值的增加能緩解貧困，這一結果也與國家扶貧辦和謝金鵬（2008）的研究結果一致。其次，貧困人口對人均國內生產總值的彈性為 −2.25，即人均國內生產總值每增加 1%，農村貧困人口數量就會下降 2.25%，與其他學者的研究結論相比，這個彈性的絕對值相對高一些，這說明進入新時代以後經濟增長對貧困的緩解作用更為顯著。最後，農村貧困人口除了受經濟因素的影響外，還會受到政治、文化、社會倫理道德以及內生動力的影響，因為這些因素無法完全地與經濟因素割裂開，經濟的發展與社會穩定、政治民主、文化繁榮息息相關，而且政府對貧困地區的直接財政支出也會促進經濟的發展。因此，我們認為不能孤立地看待經濟增長對緩解貧困的積極作用，在促進經濟迅速發展的同時，也要重視社會各方面平衡發展對經濟增長的協調作用。

上述分析表明，經濟增長確實是減少農村貧困人口數量的最主要影響因素，持續高速的經濟增長為緩解農村貧困狀況提供了最堅實的物質基礎，為中國農村貧困人口的大幅減少作出了顯著貢獻[1]，因此促進經濟增長、完善

1　汪三貴：在發展中戰勝貧困 —— 對中國 30 年大規模減貧經驗的總結與評價 [J]. 管理世界，2008（11）：85-95。

市場經濟扶貧機制，應該是黨和政府進行扶貧工作不變的核心和指南。

二、政府宏觀調控機制與扶貧

我們一般認為消費、投資和出口是拉動經濟增長的「三駕馬車」[1]，要促進經濟發展就要從擴大內需、刺激出口和加大投資等方面進行研究。但是曾有學者指出，「三駕馬車」只能帶來短期經濟波動，其對於拉動長期經濟增長的效果十分有限；經濟增長的最終動力還是來源於創新、技術進步、人力資本累積以及制度改進[2]，即我們需要把促進經濟發展由着眼於「需求側」發展轉移到「供給側」發展上來，以實現新時代經濟的可持續性發展。

要刺激經濟增長，一方面政府要發揮「看得見的手」的作用，大力進行宏觀調控，完善經濟制度的頂層設計，通過政策激勵促進創新、推動技術進步，為經濟增長提供制度基礎；另一方面要大力發展社會主義市場經濟，發揮政府在資源配置中的基礎性作用和市場在資源配置中的決定性作用，提高資源配置效率，充分釋放出勞動、資本、人才等各種生產要素的活力和創造力，避免資源錯配對經濟增長的阻礙作用。「看得見的手」和「看不見的手」同時發揮作用，促進經濟發展的根本動力才能得到充分迸發，這一因果關係在大量的研究中已被驗證。嚴成樑、沈超的研究也指出制度是經濟增長的根本原因和經濟波動的重要原因[3]。經濟增長對緩解貧困的驅動作用也已經在前文中得到驗證，但是拉動經濟增長的哪些因素會對緩解貧困起到多大程度的作用？貧困人口從經濟制度完善和市場化中究竟能受益多少？這些問題我們依然不知。弄清楚這些問題的答案，對我們進一步完善扶貧工作機制、找準正確的扶貧工作路徑有着重要而深刻的意義。

1 曹美芳：什麼是拉動經濟增長的「三駕馬車」[J]. 統計科學與實踐，2011（4）：64。

2 孫樹強：拉動經濟增長的「三駕馬車」：一個謬誤，促進增長應從供給側發力 . 搜狐財經，2017-03-16。

3 嚴成樑、沈超：轉型時期制度變遷對我國經濟波動的影響研究 —— 市場化水平視角 [J]. 經濟理論與經濟管理，2014（1）：27-37。

經濟制度對中國經濟增長的貢獻一直是學術界研究的重點，目前已有研究一般用市場化水平來度量經濟制度，衡量市場化水平的指標既有單個指標也有複合型指標。單個指標包括非國有控股企業在工業總產值中的比重、非國有單位職工數量佔就業人數比重等；複合型指標主要是樊綱、王小魯等人構建的市場化指數，他們認為市場化是指中國從計劃經濟向市場經濟過渡的體制改革，是實行一系列經濟、社會、法律乃至政治體制市場化改革的成果，因此市場化指數可以用來量化制度對經濟的影響；市場化指數是一個指標體系，包括政府與市場的關係、非國有經濟的發展、產品市場的發展、要素市場的發育程度和市場中介組織的發育五個方面，和一系列更加細化衡量這五個方面的 25 個分指標。相對於單個指標來說，樊綱等的市場化指數包含的指標更多，能更加全面地反映市場化水平[1]。基於樊綱等構建的市場化指數，周業安等的研究表明，市場化水平與經濟增長呈現正向變動關係，市場化程度的單位變化對人均國內生產總值的貢獻程度達到 0.2 以上[2]。

這一部分主要研究政府對經濟的宏觀調控制度對農村貧困的緩解效應。被解釋變量依然沿用前文所使用的 2010—2017 年的農村貧困人口數量，解釋變量為政府的制度質量。雖然樊綱等人的市場化指數能更加全面地反映制度質量對經濟的影響，但是由於這一指標只更新到 2010 年的數據，且反映的是不同省份地區之間的相對市場化程度，基於數據的可得性和總體性這兩個因素，下面最終選擇非國有控股企業利潤在全體規模工業企業總利潤中的比重這一單一指標來度量制度性因素。

從圖 5-7 可以看出，2010—2015 年中國非國有企業在工業企業利潤中的比重一直在持續穩定上升，2015—2016 年比重略微上漲（從 0.827 到

1 樊綱、王小魯、朱恆鵬：中國市場化指數 —— 各地區市場化相對進程 2011 年報告 [M]. 北京：經濟科學出版社，2011。

2 周業安、馮興元、趙堅毅：地方政府競爭與市場秩序的重構 [J]. 中國社會科學，2004（1）。

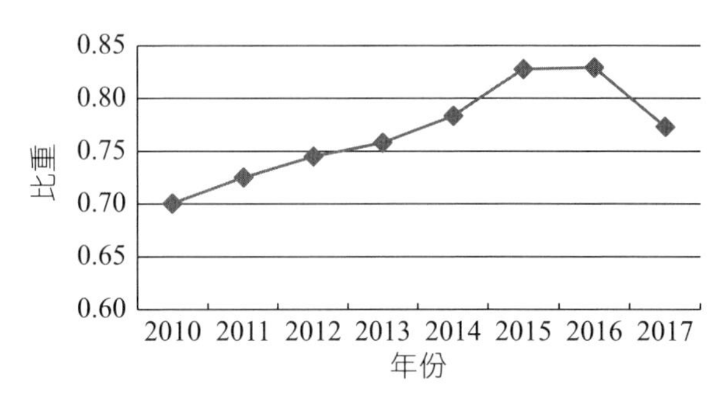

圖 5-7 2010—2017 年非國有控股企業在工業企業利潤中的比重

0.829），在 2016 年後，國有企業的利潤份額大幅上升，導致非國有企業利潤比重大幅下降。

1. 非參數估計

圖 5-8 所示為用 Lowess 平滑方法估計的非國有控股企業利潤比重與農村貧困人口對數之間的變化關係曲線，由於數據樣本不大，因此此處使用 80% 的觀測值個數為帶寬。圖 5-8 清晰直觀地展現了非國有控股企業利潤比重與農村貧困人口數量之間的負相關關係，即隨着非國有控股企業利潤比重的增加，農村貧困人口的數量呈現下降趨勢。

接下來通過回歸分析的參數估計方法獲取二者之間存在的定量關係。

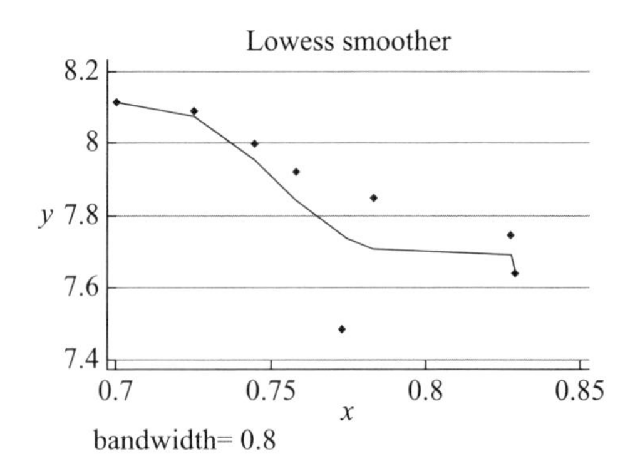

圖 5-8 2010—2017 年非國有控股企業利潤比重與農村貧困人口對數的 Lowess 平滑曲線

2. 參數估計

下面使用回歸分析的參數估計方法估測經濟增長與農村貧困人口數量之間存在的定量關係。經濟增長對扶貧工作的作用可用以下回歸模型來表示：

$$Y=\alpha+\beta X+\varepsilon$$

圖 5-9 所示為使用上述模型進行回歸分析所得到的結果。

Source	SS	df	MS			
				Number of obs	=	8
				F(1, 6)	=	7.72
Model	.190451206	1	.190451206	Prob > F	=	0.0321
Residual	.148075212	6	.024679202	R-squared	=	0.5626
				Adj R-squared	=	0.4897
Total	.338526418	7	.048360917	Root MSE	=	.1571

y	Coef.	Std. Err.	t	P>|t|	[95% Conf.	Interval]
x	-3.609355	1.299282	-2.78	0.032	-6.788583	-.4301274
_cons	10.62389	.9991776	10.63	0.000	8.17899	13.06879

圖 5-9　stata 回歸分析結果

根據以上 stata 分析結果，即 $\alpha=10.623$，$\beta=-3.61$，可得以下公式：

$$Y=-3.61X+10.623$$

其中，Y 代表被解釋變量——中國農村貧困人口對數；X 代表解釋變量——非國有控股企業利潤比重；α 表示不隨非國有控股企業利潤比重變動的固定效應；β 表示非國有控股企業利潤比重對緩解貧困的效率；ε 為隨機擾動項，包含除解釋變量 X 以外其他影響 Y 的因素。為了減少原來數據的複雜性，採用中國農村人口數量的對數形式進行回歸分析，因此 β 表示農村人口佔比隨非國有控股企業利潤比重百分比的變化彈性。根據之前的非參數分析結果，非國有控股企業利潤比重增加會導致農村貧困人口數量呈現下降趨勢，因此 X 的係數 β 應該為負數。

首先，全國農村貧困人口對非國有控股企業利潤比重的彈性為負值，並且在統計上非常顯著（$p < 0.03$），從而可以有效地佐證非參數估計的結果，即非國有控股企業利潤比重的增加能緩解貧困；其次，貧困人口對非國有控股企業利潤比重的彈性為 -3.61，即非國有控股企業利潤比重每增加 1%，農村貧困人口數量就會下降 3.61%，說明政府的市場化改革制度對農村貧困的緩解有十分明顯的效果；最後，非國有控股企業利潤比重的變動對農村貧困人口的變動解釋程度達到了 56.26%，在經濟因素對貧困緩解達到約 92% 的解釋效果下，可以大致判斷市場機制對貧困緩解的效果可達到 32% 左右，這說明新時期的扶貧工作依舊是政府在發揮主導作用，而市場仍在發揮輔助作用。

三、市場機制與扶貧

貧困實際上是分層次的，應區分為「宏觀貧困」和「微觀貧困」。「宏觀貧困」是指整體角度上的區域性的大面積貧困，如國家貧困、地區貧困、農村貧困等；從這個角度看，所有低收入的地區都是貧困地區，而所有高收入的地區則不是貧困地區[1]。「微觀貧困」是小範圍內的貧困，可精確到單個家庭或者更小的社會單位；從這一角度看，中國大部分地區都存在貧困問題，因為在收入分配政策不是絕對公平的情況下，總會存在收入和財富分配不均的情況，中國經濟狀況最好的東部沿海地區也有難以解決溫飽問題的流浪者，經濟狀況相對落後的地區也存在着大量的先富者。

自改革開放 40 年以來，中國減貧工作取得了巨大的成就。在 1978 年剛剛開始實施改革開放，計劃經濟向市場經濟過渡的時候，中國的貧困人口數量是 2.5 億人，佔當時全部人口的 1/4。隨着市場經濟的不斷發展和政府不斷調整扶貧政策、加強扶貧力度，到 2002 年中國的貧困人口減少

---

1 https://baike.baidu.com/item/%E8%B4%AB%E5%9B%B0%E9%97%AE%E9%A2%98/7887358.

約 2820 萬人。毫不誇張地說，在 20 世紀最後的 20 年裏，全世界減少的貧困人口絕大多數發生在中國。但是無論是政府對經濟的宏觀調控，還是政府對扶貧工作的直接財政資金投入，作用的對象都是宏觀的區域性貧困問題，即當中國存在集中連片的貧困區域時，政府通過對該地區集中投入財政資金、完善基礎設施和公共資源、實施有針對性的惠民利民政策等方式，可以高效、迅速地實現緩解貧困的目的。然而，現在大面積的極端貧困區域越來越少，更多的是以分散的單位貧困人口存在，他們的居所並不集中，即使在政府所認定的貧困縣，貧困人口也大約只佔全縣人口的 9%，這給政府採用強有力的措施增加了難度[1]。同時，隨着市場化的發展和扶貧工作的推進，政府主導扶貧還出現了以下缺陷。

1. 貧困主體參與程度低

政府在進行一些扶貧制度的設計時把貧困主體排除在外，在制定扶貧政策時，往往基於某個大範圍地區的整體情況，而沒有考慮到各個基層單位的實際參與情況，從政策的開始制定到最後決策，農戶都沒有參與其中。這不僅會影響農戶參與到最後扶貧政策執行中的積極性，而且會導致農戶無法及時準確地理解出台的政策，加大了政策推行的難度和成本。

2. 基層政府對上級政府依賴程度高

中國長期實行的政府主導扶貧模式本質是政府主導，即上級政府包攬包括扶貧政策的制定、扶貧重點的確立、扶貧資金的籌集、扶貧方向的把握，以及扶貧過程與效果的評估考察[2] 等全部工作，在扶貧工作的各個流程都能看到政府的影子，基層政府只需要在底層被動地負責相關政策的執行工作，這也導致了基層政府對上級政府過於依賴、扶貧項目缺乏後期跟蹤、扶貧效果與設計目的不相符等問題的發生。

---

1 林毅夫：貧困增長與平等：中國的經驗和挑戰 [J]. 中國國情國力，2004（8）：4-5。

2 牟秋菊、潘啟龍：「政府—市場」雙導向扶貧開發機制初探——以貴州省為例 [J]. 農業經濟，2015（9）：45-47。

3. 忽視貧困群體的真正需求

政府主導的扶貧模式是自上而下的頂層設計模式，上級政府通常是越過基層政府直接進行決策，在沒有充分了解某些基層單位的特殊情況下也會出台一些具有宏觀性的普適政策，但是這些政策可能並不適合一些地區的實際情況，也不符合農戶的選擇意願。舉例來說，在某些經濟落後交通不便的山區，政府為了提高農民的收入和生活水平，曾經劃撥財政資金補貼農民大面積種植西紅柿等經濟作物，同時提供技術指導，這一舉措對於平坦地區的農民收入確實有很大的促進作用；但是對於海拔特別高的貧困地區農民來說，解決交通問題，開闢一條能通車到家門口的鄉村公路才是當務之急，沒有便捷的道路，成熟的農產品不能及時運輸出去，在面對收購農作物的批發商時，農民也沒有議價能力，最後只能把辛苦耕種的農產品賤賣出去，這可能不僅沒有增加經濟收入、改善生活水平，還會讓原本就貧困的家庭雪上加霜。

4. 資金使用效率低下

劃撥財政扶貧資金通常的模式是上層決策，然後資金由上級政府劃出，層層流轉，最後到達底層貧困戶的手中。這種模式存在流轉節點過多、審批手續複雜、流轉時間過長等問題，往往中間的某一個環節出了問題，就會導致扶貧資金整體流轉的停滯，從而使得扶貧資金無法及時到位；此外，大額的資金經過各種大量複雜的程序流轉，中間的過程沒有辦法得到全面、有效、及時的監督，最後對到位的資金數量和使用情況的監控可能也存在滯後情況，甚至會發生扶貧資金被其他項目佔用或挪用的情況。

由於政府主導型扶貧模式存在上述種種問題，市場機制逐漸被引入反貧困工作中來。強化市場機制在反貧困工作中發揮的作用，並不意味着削減政府的職能，相反，市場積極承擔一些緩解貧困的工作，不僅能夠防止政府工作過程中的「越位」和「缺位」現象，還能提高扶貧工作的效率，讓政府更加合理有效地行使公共權力，把資源投放到更加需要的工作中去。

中國當前進入經濟發展新常態的發展時期，在新常態下，區域經濟將會呈現出新的特徵，最明顯的是傳統經濟模式發展增速放緩，市場呼喚更加有技術含量的高效發展模式，對於廉價勞動力和自然資源的需求越來越少，從而改變了扶貧工作的思路和路徑。在這一經濟背景下，習近平從當前的中國國情出發，2013 年提出了「精準扶貧」的概念。精準扶貧是基於改善扶貧瞄準效果不佳的問題所提出的新政策，其目的是通過對真正的貧困家庭和人口的扶持達到可持續脫貧，它包括精準識別、精準幫扶、精準管理和精準考核[1]四個方面的內容。要達到精準扶貧的目標，只靠政府發揮主導作用是遠遠不夠的，只有廣泛的市場主體參與其中，才能做到瞄準幫扶真正的貧困人口，實現可持續脫貧的目標。經濟運行新常態和精準扶貧模式都要求市場機制更加主動積極地參與到扶貧工作中來，那麼，市場主體在扶貧工作中究竟應該扮演怎樣的角色？發揮怎樣的作用呢？

企業參與到精準扶貧工作中來，最主要的是要明確各個市場主體的幫扶對象和幫扶方向，利用自身的資本、技術優勢，為地區經濟開闢出一條有地區特色的可持續發展道路。

要想實現可持續性脫貧，從根本上解決貧困問題，最有效的方式是讓貧困主體本身掌握持續獲得穩定收入的能力，也就是古語常說的「授人以魚，不如授人以漁」。無論是財政資金還是作為市場主體的企業贊助，在只有投入沒有產出的情況下，總有枯竭的一天。因此要想實現 2020 年徹底消滅貧困人口的目標，同時防止貧困人口返貧，必須增強貧困主體自身創造財富的能力，在大眾創業、萬眾創新的環境下促進貧困人口在本地實現創業、創收和創生活[2]，推動扶貧工作走上一條可持續的健康發展道路。

1　孫佳薇：以精準識別為前提、以精準幫扶為核心、以精準管理為關鍵、以精準考核為保障 [N]. 黑龍江日報，2017-06-28（01）。

2　莊品斑：新常態下精準扶貧創新機制探究 [J]. 現代經濟信息，2017（4）：66-67。

公司制企業作為市場經濟最小而最廣泛的主體，擁有技術、資本、人才等先天優勢，在社會主義市場經濟體制的豐沃土壤上藉助國家人口紅利、地區自然資源，完成了財富的初步創造與積累。企業作為市場主體參與到扶貧工作中來，不僅是企業社會責任和回饋社會的要求，而且可以縮小市場各要素之間的收入分配差距，創造更加公平的經濟環境，促進市場整體消費能力的增長，從而為企業發展營造更好的市場環境。

具體而言，企業應該如何積極地參與到扶貧工作中來呢？首先，企業應該做好充分的調研和前期準備工作，精準識別真正需要幫扶的貧困地區。其次，企業要利用本身的技術和資本優勢，根據貧困地區的特徵量身定製出符合當地特點的幫扶措施，幫助該地區釋放出優勢因素的活力，促進貧困人口因地制宜創造財富。中國大部分貧困地區都是因為相對閉塞、地勢崎嶇的自然條件，而無法進行大規模農耕和走工業化道路，但是這些地區往往有着純天然的豐富的自然資源可以挖掘，在這種情況下，企業如果能夠給當地投入初始的開發資金，促進地區的土特產開發產業或者旅遊開發產業發展，不僅能夠幫助該地區脫貧，還能夠為企業自身創造出一個新的產業和利潤增長點，實現雙贏甚至多贏的目標。最後，企業要做好扶貧工作中的跟蹤考核工作，促進貧困地區走上可持續脫貧的道路，防止脫貧後返貧。

下面結合一個具體的實例說明企業應該如何作為市場主體參與到扶貧工作中來。

案例：萬達丹寨「精準扶貧」模式收效顯著

中共十八大，習總書記要求把扶貧開發擺到治國理政的重要位置；中共十九大，習總書記提出把精準脫貧作為決勝全面建成小康社會的三大攻堅戰之一；剛剛召開的中央經濟工作會議，明確提出將打好脫貧攻堅戰作為國家今後三年的工作重點之一。

萬達集團積極響應習總書記號召，把脫貧攻堅作為新時代賦予企業新的歷史使命，看成是企業承擔社會責任的最好體現，作為企業的重要工作來抓。

1. 包縣扶貧　萬達16億資金資助貧困項目

精準扶貧關鍵是做對項目、做出效果，不是看花錢多少、項目大小。2014年，把丹寨縣確認為扶貧目標後，為找到現金流長期穩定、當地持續受益的扶貧產業，萬達做了整整一年的調研工作。調研中萬達發現，丹寨山清水秀、苗侗風情濃郁，具備發展旅遊的條件，最終，萬達決定把旅遊作為丹寨產業扶貧的核心。不僅如此，針對丹寨縣貧困原因的多樣化，萬達還首創「企業包縣、整縣脫貧」扶貧新模式，即通過市場手段，結合企業優勢，通過「教育、產業、基金」這種長、中、短期兼顧的方式，全面激發貧困地區、貧困戶脫貧的內生動力。

萬達將扶貧資金定為16億元。其中，長期項目是投資3億元捐建貴州萬達職業技術學院，該學院立足長遠，旨在通過教育提高丹寨人口素質，從根本上阻斷貧困發生路徑；中期項目是萬達集團創造性地提出以旅遊景點為基礎，捐贈8億元建設丹寨萬達旅遊小鎮，旨在帶動全縣旅遊產業發展，增加大量就業崗位；短期項目是，萬達投入5億元成立丹寨扶貧專項基金，基金每年收益5000萬元用於丹寨兜底扶貧，分配給產業無法惠及的鰥寡孤獨等特殊困難人群。

目前，萬達丹寨包縣扶貧的長、中、短三期項目都已落地，且成效顯著。

2. 規劃旅遊小鎮　當地旅遊綜合收入一年翻5倍

產業扶貧是真正的「授人以漁」，是鏟除窮根之策。但如果產業不與特色、市場對接，那麼「產業扶貧」最終仍是「竹籃打水一場空」。

經過深入細緻的調研，萬達根據丹寨的特點探索出一條全新路徑：發展旅遊業，帶動當地其他產業發展。但難點在於，丹寨沒有名山大川，也沒有名勝古跡，更沒有成熟的旅遊景點，因此，在丹寨搞旅遊產業完全是無中生有。為解決這一難題，萬達決定規劃建設一座旅遊小鎮作為丹寨產業扶貧的龍頭。

位於丹寨縣東湖岸邊的萬達旅遊小鎮佔地400畝，結合丹寨民族文化歷史悠久、底蘊豐厚的現狀，小鎮引進了古法造紙、錦雞舞、芒筒蘆笙祭祀樂等7個國家級非物質文化遺產項目和17個省級非物質文化遺產項目。此舉不僅增加了旅遊小鎮的趣味性和互動性，還幫助當地傳統文化煥發出新的生機。

如今，旅遊小鎮已成為黔東南州極具民族特色的旅遊集散地和目的地，更是貴州旅遊的一張新名片。數據顯示，截至2018年1月3日，半年時間，丹寨萬達小鎮累計接待客流量303.92萬人次；帶動全縣旅遊綜合收入20.93億元，丹寨縣全年旅遊綜合收入達25億元，和去年同期相比翻了5倍。

實踐證明，丹寨旅遊小鎮不僅帶動了當地餐飲、住宿、手工業等多個產業繁榮，還帶動丹寨周邊卡拉、泉山、甲腳、石橋等27個景區和旅遊村寨實現收入2億元，吸引丹寨外出務工人員紛紛回鄉就業、創業。

3. 3億元建職業學校　萬達擇優錄取50%畢業生

扶貧先扶智，讓貧困地區的孩子掌握知識、改變命運、造福家庭，最有效、最直接的精準扶貧就是「教育扶貧」。

解決產業脫貧的同時，萬達着眼長遠，通過教育扶貧，從源頭上徹底「拔窮根」。具體做法是：投資3億元捐建貴州萬達職業技術學院，變單純的「授魚」扶貧為「授漁」扶貧。2017年9月30日，貴州萬達職業技術學院正式開學。學校的專業設定均和萬達現有業態掛鈎，開設了文化旅遊管理系、護理系及會計等專業。

4. 設立扶貧基金　丹寨預計提前兩年脫貧

除產品扶貧、教育扶貧外，針對孤、殘、重病等特殊貧困人群，萬達有針對性地設立了規模達5億元的萬達丹寨專項扶貧基金，使這些特殊困難群體可以獲得穩定收益，確保其他扶貧方式無法惠及的特殊貧困人群精準脫貧，消除貧困「死角」。

不僅如此，據丹寨縣統計，萬達旅遊小鎮和學院直接創造就業人數近 2000 名，直接和間接帶動全縣貧困人口 26 637 人實現增收，佔全縣貧困人口的 75%。

公開材料顯示，2014 年，丹寨縣在整個貴州省扶貧綜合排名中位列第 23 位；2016 年，萬達包縣扶貧各項動作開始落地，丹寨縣綜合排名第二，其中群眾滿意度全省排名第一。據報道，預計丹寨縣將在 2018 年實現全縣脫貧摘帽，比原計劃提前兩年。

萬達集團對丹寨的包縣扶貧模式也獲得社會的認可。2016 年，憑藉着丹寨扶貧項目，萬達集團獲得了國家首屆扶貧攻堅創新獎。而萬達集團開創的丹寨模式，也逐漸成為全國產業扶貧的新品牌。

資料來源：新京報，http://www.wanda.cn/2018/2017media_0117/37710.html

中共十八大以來，以習近平為核心的中共中央把脫貧攻堅作為全面建成小康社會的重要任務，在全國範圍內全面打響了脫貧攻堅戰。習近平強調，扶貧開發是全黨、全社會的共同責任，要動員和凝聚全社會的力量廣泛參與。要堅持專項扶貧、行業扶貧、社會扶貧等多方力量、多種舉措、有機結合和互為支撐的三位一體大扶貧格局。在中共中央、國務院的領導下，貴州省委省政府將扶貧作為第一民生工程，精準扶貧、精準脫貧的做法，為全國脫貧攻堅探索了有益經驗，形成了脫貧攻堅的省級樣本。

萬達對貴州省丹寨縣的扶貧模式，不僅利用當地的自然優勢，發掘了可長期盈利的優勢產業，還為萬達集團本身創造了一個新的產業增長點，拓寬了集團發展路徑，同時營造了積極承擔社會責任的企業形象；不僅創造了雙贏的局面，而且真正實現了產業扶貧、精準扶貧的目標，驗證了市場主體積極投入扶貧工作理論的正確性，為廣大企業做了一個良好的表率。

識別貧困的主要依據是收入和消費水平，理論和實證研究都證明發展經濟是戰勝貧困的不二選擇。通過發展經濟來改善貧困需要政府和市場的共同參與，只有「看得見的手」和「看不見的手」共同發揮作用，形成「政府—市場」雙導向扶貧開發機制[1]，才能從根本上解決貧困問題，推動扶貧工作走上可持續發展道路。

第二節　法制扶貧機制

法制建設是搞好扶貧開發工作的基礎和保障。改革開放以來，中國的扶貧工作取得了舉世矚目的成就，到2017年，全國範圍內的農村貧困人口已經減少到3097萬，人民生活水平得到了大幅提升，貧困線以下的家庭生活質量也得到了一定程度的改善。但是數據顯示，近年來的扶貧工作明顯出現了動力不足、邊際效益遞減的趨勢，立法機構雖然頒佈了《中華人民共和國農業法》《財政專項扶貧資金管理辦法》《國家扶貧資金管理方法》等少數幾部法律法規，但是與扶貧攻堅、實現可持續脫貧的艱巨任務相比，中國扶貧開發工作還存在很大程度的改進空間，扶貧工作法制建設不完善在很大程度上導致了扶貧邊際效益遞減，脫貧工作進入瓶頸期。

一、法制機制存在的問題

（一）立法工作滯後，扶貧工作定位模糊

由於相關立法的滯後，中國對扶貧開發的定位不夠明確，對扶貧開發機構的任務、扶貧工作的性質和作用都有很大的自由理解空間[2]，相關機構沒

1 牟秋菊、潘啟龍：「政府—市場」雙導向扶貧開發機制初探——以貴州省為例[J].農業經濟，2015（9）：45-47。

2 杜曉：自然條件惡劣社會服務水平低制約扶貧效果，破解扶貧開發難題亟待完善法制[N].法制日報，2012（01）。

有明確具體的工作範圍，導致扶貧工作某些流程職能重複交叉，責任範圍互相推諉，某些環節又無人管理，貧困人群的問題得不到有效及時的解決。

（二）扶貧效率不高，資金無法及時落實

立法沒有切實制定扶貧工作激勵機制，對於扶貧工作，做與不做、做好做壞都是一個樣，各部門在推進扶貧政策的時候積極性不高，導致工作效率不高，政策落實周期長且成效並不顯著；政府劃撥的財政資金流轉環節複雜，相關流程手續沒有通過立法程序得到充分規範，不僅導致扶貧資金無法及時到位，而且相關人員可能會利用法律的漏洞私自把扶貧資金挪為他用，甚至佔為己有。《國務院關於 2017 年度中央預算執行和其他財政收支的審計工作報告》顯示，在精準扶貧工作中，部分扶貧資金和項目監管仍較粗放，有 28.11 億元被騙取套取或挪用，舉借的 11.75 億元閒置，還有 261 個項目（投資 2.88 億元）長期閒置或未達目標。[1]

（三）貧困人口對扶貧法規了解不足，無法有效維護自身權利

法制建設不足目前已經成為深入推進扶貧工作的一大阻礙，推動扶貧開發法制化建設已經成為中國新階段扶貧攻堅的必然選擇。

二、完善法制扶貧的路徑選擇

（一）法律要明確規定貧困者的各項權利，並且加強普法宣傳工作

對於貧困群體享有的權利，法律法規應該作出明確的規定，並對相

1　國務院關於 2017 年度中央預算執行和其他財政收支的審計工作報告，2017（04）。

關法律知識進行大力普及，建立法律扶貧「明白卡」，發放到戶，公示法律幫扶範圍和聯繫方式，方便貧困群眾申請法律服務，使得貧困戶能知法、守法、用法，能夠利用法律工具來維護自身權利，早日實現脫貧的目標。

（二）法律要明確承擔扶貧救濟任務的主體和相關責任範圍

從政策層面確立法律扶貧的地位，使之成為各級部門的工作內容和績效評估標準，同時建立法律扶貧隊伍，將扶貧工作細分成小的任務流程，並且層層落實責任，確保每部分扶貧工作都落實到位，各部門都在扶貧工作中各司其職。

（三）法律應該明確扶貧的組織管理體制，嚴懲扶貧工作中的違法行為

扶貧工作需要政府、市場和社會公益組織的共同參與，法律要確認各個主體在扶貧開發中扮演的角色，防止任一社會主體集體性缺位現象的發生；同時加強扶貧監督，規範法律扶貧行為，各級司法機關既要嚴懲脫貧工作中的貪污腐敗行為，又要積極作為，打擊在貧困村產業發展、基礎設施建設等方面坑農騙農、影響脫貧步伐的行為，確保扶貧資金用到實處，發揮效果。

在推進扶貧開發法制化的進程中，國家權力機關可以通過立法程序完善立法，使扶貧工作具有更高的地位和更規範的程序；同時，地方權力機關和行政機關也可以結合當地扶貧實際情況，制定相應的具體條例和辦法，作為扶貧法制體系的補充，促進地方扶貧工作有條不紊地進行。下面以一個具體實例進行補充說明。

案例：脫貧攻堅　人大行動：從一部法規看湖南省人大如何用法治推進扶貧開發

湖南省人大常委會在扶貧開發中就認真貫徹落實中央和省委關於脫貧攻堅的重大決策部署，推進扶貧開發法制體系建設，在湖南省十二屆人大常委會第十九次會議表決通過了《湖南省農村扶貧開發條例》（以下簡稱《條例》）。

在脫貧工作中，某些地區存在「上面熱、下面冷」的現象，有的貧困戶「等」「靠」「要」思想嚴重，有的貧困縣、貧困村「爭戴窮帽」「只願戴不想摘」；涉農資金與扶貧資金不匹配，存在「撒胡椒面」「大水漫灌」現象……該《條例》就這些問題和現象進行了規範和制止。

針對「上熱下冷」的現象，《條例》從精準識別對象、層層落實責任、強化扶貧措施等方面入手，層層傳導壓力，強化監督考核；對於貧困戶的「只戴不摘」現象，《條例》嚴格監督制度、明確考核標準、完善貧困退出驗收辦法，確保資源投放到真正的貧困戶手中；針對扶貧資金使用效率不高的問題，《條例》嚴格執行脫貧攻堅一把手負責制，落實好省負總責、市縣抓落實使用的工作機制，確保責任層層落實，使扶貧資金用到最需要的地方。

在《條例》頒佈之後，湖南省各地各部門積極組織學習和宣傳工作。各級政府充分利用廣播、電視、報紙、網絡等媒介，採取專家座談、法規解讀、專題報道、資料發放等方式對《條例》的精神進行廣泛宣傳，使《條例》家喻戶曉、人人皆知，進一步營造全社會關注貧困、參與扶貧的脫貧攻堅濃厚氛圍。

在湖南省人大常委會的高度重視下，《條例》為依法扶貧、脫貧、治貧提供了堅強的法律保障，確保了精準扶貧、精準脫貧各項政策的落實到位，在扶貧開發工作中發揮了巨大的作用。[1]

資料來源：紅網，http://hnsfpb.hunan.gov.cn/xxgk_71121/gzdt/fpyw/201709/t20170922_4579350.html

《湖南省農村扶貧開發條例》填補了湖南省農村扶貧開發立法空白，確立了農村扶貧開發的法律地位，明確了各級政府、有關部門，以及社會、企業、個人的扶貧責任，規範了農村扶貧開發的對象、措施、項目、資金、監督考核和法律責任等內容，標誌着湖南省農村扶貧開發走上法治化軌道，為加大農村扶貧開發力度，促進貧困地區經濟社會發展，確保如期完成脱貧攻堅目標任務提供了強有力的法治保障。

《湖南省農村扶貧開發條例》的實施，是推進法治湖南建設和依法脱貧的重大舉措，有利於進一步理順工作思路、創新工作機制，更好地宣傳動員群眾，增強幹部群眾依法治貧、精準扶貧的積極性、主動性和創造性；有利於進一步引領和推進全省農村扶貧開發，引導社會力量支持和參與農村扶貧開發，為打贏脱貧攻堅戰整合更多的資源、凝聚更大的力量[2]。

法制建設是搞好扶貧開發工作的基礎和保障，推進扶貧開發法制建設，促進扶貧工作走上規範化、制度化的道路，既是提升扶貧工作邊際效益的必然要求，也是實現到 2020 年消除貧困人口、全面建成小康社會的必由之路。

1 脱貧攻堅　人大行動：從一部法規看湖南省人大如何用法治推進扶貧開發，紅網。

2 陳金霞、高志軒：法治精神引領扶貧開發，法治方式打贏脱貧攻堅戰 [N]. 河北日報，2016-12-13（23）。

第三節 道德扶貧機制

「扶貧先治愚」，思想觀念是進行扶貧社會實踐的方向。現在在農村還普遍存在的落後愚昧的思想觀念影響着扶貧開發的推進，還會在很大程度上造成返貧現象的發生。厲以寧認為，「市場和政府在扶貧工作中的力量都是有限的，在扶貧中還存在着第三種調節，那就是道德力量的調節，這是最容易被忽視又是最不應該被忽視的」[1]，加強貧困地區的思想道德建設，改變貧困群眾的愚昧現狀，是當前精準扶貧、精準脫貧工作中刻不容緩的任務。

一、道德扶貧的動因分析

（一）在基層存在很多不道德的現象阻礙脫貧工作

曾有人在基層進行精準扶貧調查摸底工作時，發現了一些令人深思的現象：有些人生活過得不錯，是當地的先富戶，蓋起了二三層的新樓房，然而，就在樓房旁邊、後面，他們的父母卻住在簡陋、低矮、潮濕的小房裏；還有一些地方，農民受舊風俗習氣的熏染，紅白喜事大操大辦；更有甚者，有的貧困者平時好吃懶做，甚至吃喝嫖賭、鋪張浪費，戴上貧困帽就不願摘下，養成了等待救濟的壞毛病⋯⋯這些人的道德貧困都成了實現全面脫貧、持續脫貧的攔路虎。

（二）精準扶貧工作中存在道德風險[2]

《國務院關於 2017 年度中央預算執行和其他財政收支的審計工作報

1 呂巍：道德調節 —— 扶貧中不應忽視的力量 [N]. 人民政協報，2016-06-24（2）。

2 白維軍：精準扶貧中的道德風險識別及防範 [J]. 中國人力資源社會保障，2017（10）：55。

告》顯示，在精準扶貧資金使用和執行過程中，96 個地區建檔立卡數據不夠完整、準確，個別村幹部採取分戶拆戶等方式將親屬納入建檔立卡對象，出現了「幫親不幫貧」的現象。50 多萬貧困戶未按規定享受助學金、危房改造等補貼 2.86 億元。一些地方扶貧工作注重形式主義，弄虛作假，違反中央八項規定，其中：37 個縣把 10.92 億元投向企業、合作社和大戶，但未與貧困戶建立利益相關機制，13 個縣將 3.21 億元產業扶貧等「造血」資金直接發放給貧困戶，5 個縣將 540 多萬元用於景觀修建、外牆粉飾等；4 個縣在易地扶貧搬遷範圍、建設標準等環節層層加碼，形成資金缺口 2.97 億元，原定任務也未完成；12 個市縣存在虛報脫貧數據等問題；12 個市縣扶貧工作中存在超標準接待問題，涉及金額 1700 多萬元。此外還存在騙取套取和挪用扶貧資金的現象。[1]

二、道德扶貧的路徑選擇

（一）促進道德自律，樹立道德激勵[2]

道德自律是指任何一個社會成員必須遵守法律、道德規範，必須約束自己的行為，不做違背法律和違背道德規範的事情。一個人的習慣和行為往往是從童年開始在潛移默化的過程中長期形成的，家長、老師和整體社會環境都會對道德自律產生影響，因此促進道德自律的形成應該從孩童時期抓起，越早越好，幫助他們在成長過程中形成正確的價值觀和道德導向，以社會道德來規範自己的行為。要做到這一點，就要大力發展社會主義先進文化，通過「紙質宣傳冊」「橫幅標語」「道德講堂」等媒介來宣傳中華優秀傳統文化，弘揚尊老愛幼、孝敬父母、勤儉節約的傳統美德；通過成立村民議事會、紅白理事會、禁毒禁賭會等群眾組織，引導群眾遏制

1 國務院關於 2017 年度中央預算執行和其他財政收支的審計工作報告，2017（4）。

2 厲以寧：精準扶貧、社會流動和道德力量調節 . 主旨演講，無鏈接。

陳規陋習，移風易俗，轉變思想觀念，養成良好的生活習慣；對於消極贍養老人、好逸惡勞不思進取的行為進行公開譴責和懲戒，同時幫助這類群眾轉變思想，通過一對一幫扶等形式喚起他們的孝心。

與道德自律不同，道德激勵是指任何一個社會成員都應當用道德規範來鞭策自己，為公眾做善事，幫助別人，更包括應當為國家、民族、人類貢獻自己所能。完善道德扶貧機制不僅要幫助貧困戶本身形成道德自律，政府還要從外部樹立道德扶貧的榜樣和典型，通過電視、廣播、網絡、報刊等形式進行大力宣傳和表彰，形成道德激勵，使道德同時從內外兩方面發揮行為規範作用。

（二）加強黨風黨紀建設，預防道德風險

政府和社會扶貧機構要加強黨風黨紀建設，提高自身思想素質，從思想根源上摒除「懶政怠政」思維，全心全意地把扶貧視為自己的神聖使命，並以最大的熱情和能力去完成工作，而不是抱着應付工作、完成任務、撈取好處的目的，出於私利將精準扶貧資源變為利己和化解上訪糾紛的工具。

第四節　內生動力扶貧機制

一、內生動力的定義

內生動力本質上是人的主觀能動性，對貧困主體而言，內生動力就是擺脫貧困、克服貧困的強大願望，「外因是變化的條件，內因是變化的根據」[1]，只有群眾本身具有強烈的脫貧內生動力，才能從根本上和長遠解決貧困問題。進入 21 世紀以來，中國脫貧速度不斷下降，其中貧困群體脫貧

1 毛澤東：毛澤東選集：第 1 卷 [M]. 北京：人民出版社，1991。

內生動力不足已成為精準扶貧工作中比較突出和普遍的問題。

當前，貧困戶脫貧的內生動力不足主要表現在：一是「不願」，部分貧困戶在接受幫扶過程中產生了惰性心理，把貧困當成一種習慣，主觀上希望貧困的帽子「只戴不摘」，行為上表現出「幹部在幹，貧困戶在看」的現象；二是「不敢」，由於惡劣自然環境的制約和長時間貧困，貧困戶主觀上信心不足，不認為能夠憑藉自己的能力實現脫貧致富的目標；三是「不能」，由於自身能力的欠缺，對於脫貧致富，一些貧困戶顯得心有餘而力不足；四是「不會」[1]，貧困戶通常缺少創收的思維和技能，即使想要創造財富，也往往因為找不到切入點而使行動擱淺。

二、貧困農戶內生動力不足的成因分析

（一）小農意識根深蒂固

長期的封建社會歷史使人民骨子裏有着根深蒂固的小農意識，表現為安土重遷、因循守舊、排斥變革。中國的農村貧困人口主要分佈在中西部地區，這些地方交通不便、環境閉塞，當地群眾缺乏與外界的溝通，因此他們始終保有固有的傳統觀念，而優越的自然環境又可以保證貧困戶基本的生產生活資料，長期的貧困狀態使他們養成了對貧困生活的適應和慣性，造成他們不思進取、脫貧致富動力不足的狀態。

（二）貧困群眾「能力貧困」

諾貝爾經濟學獎得主阿馬蒂亞·森認為貧困應該被定義為能力的缺乏，而非收入的低下，他提出「貧困是窮人獲得收入的能力與機會的喪

1 武曉輝：激發貧困群眾的脫貧內生動力 [N]. 光明日報，2017（4）。

失，而非僅僅是低收入。收入是獲得能力的重要手段，而能力的提高可以使個人獲得更多的收入」。根據森的理論，「收入貧困」只是貧困的外在表現，而造成貧困的真正內因是農戶的「能力貧困」，即由於生存壓力或者環境的限制，貧困戶往往缺乏必需的受教育經歷，導致他們綜合素質不高、缺乏創造財富的一技之長，即使有心脫貧也無力達成目標。

（三）自然環境的制約

除了觀念和能力等農民自身的因素，外在環境的限制往往也會抑制貧困戶脫貧致富的內生動力。貧困農戶廣泛分佈的中西部地區大多海拔較高、地形崎嶇、土地貧瘠，不適合發展高回報率的大規模耕種和工業產業，人們主要依靠精耕細作和將林業作為主要的家庭收入來源。由於交通不便，與外界聯繫不暢通，市場化程度也受到很大的抑制，農民很大程度上只能自給自足，收穫的農產品和豐富的資源很難變成等值的貨幣單位；而發展一些特色產業，如土特產養殖、旅遊業開發，不僅缺少初始投入資本，而且短期內無法看到實效，這一系列的客觀條件限制都會對農民參與到扶貧開發中的積極性產生負面影響。

三、提升農民內生動力的路徑選擇

（一）轉變農民的思想觀念

轉變貧困戶的觀念，拔除其根深蒂固的貧困心理，激發群眾脫貧致富的願望是關鍵。首先政府要加強宣傳和促進輿論引導，給予積極正面的激勵，讓群眾從內心真正意識到自己是扶貧工作的主體，只有主體積極參與，才能從根本上戰勝貧困；其次，要利用社會主義先進文化鼓舞士氣，讓貧困群眾樹立起不畏艱難、擺脫貧困的堅定信念；最後，要發揮榜樣的力量，對脫貧先進個人進行表彰並大力宣傳，將正能量傳播開來，激勵廣大群眾積極投入扶貧開發的工作中去。

（二）要大力發展教育，提升貧困戶的脫貧能力

習近平指出，「扶貧先扶志，扶貧必扶智，扶貧先治愚，教育扶貧是幫助擺脫精神貧困的治本之策，是防止貧困代際傳遞的固本之道，是實施精準扶貧的基礎性工作」，各級黨委和政府要堅持把教育放在優先發展的戰略位置。

研究表明，中國農民受教育水平與家庭人均收入之間存在正相關關係。教育對認知能力和自我發展能力的提高有着直接的傳導作用。教育通過提升貧困戶的能力，不僅能夠幫助貧困群眾擺脫貧困，阻斷貧困代際傳遞，還能給予貧困戶持續發展的能力，減少他們對自然環境的依賴性和經濟條件的脆弱性，防止發生脫貧後又重返貧困的現象。

大力發展教育，要堅持文化教育與職業教育並重的方針。發展文化教育就要為貧困人群構建完善的基礎教育體系，普及學前教育、義務教育，發展高中特色教育，降低高等教育門檻，加大扶貧招生力度，為貧困學子提供更多的優質教育資源，爭取實現「一人脫貧，一家脫貧」的目標，從根源上阻斷貧困的代際傳遞；發展職業教育有着「授人以漁」的重要意義，通過財政支持鼓勵貧困地區增加職業教育院校數量，擴大院校規模，加大招生力度，增強學生技能培訓，讓貧困戶成為擁有一技之長的勞動者，全面提高貧困群眾素質，變「輸血」為「造血」。

（三）要改善貧困地區落後的自然條件和交通條件

市場和政府應該主動積極地幫助貧困地區探索出適合地方發展的特色經濟和支柱產業，在有限的條件之內最大限度地發揮地區的優勢，拓寬農民的致富之路；對於居住條件特別惡劣的貧困人口，政府應該加強社會保

障，劃撥財政資金幫助相關人員遷移住所，確保「兜底扶貧」；對於交通條件落後的地區，應把扶貧重點首先放在修路搭橋上來，只有交通條件得到了改善，地方經濟才能真正獲得發展的基礎。

開展精準扶貧工作，根本上要發揮貧困戶在扶貧開發中的主體作用，激發群眾脫貧的內生動力，幫助貧困群體樹立脫貧的信心和決心，提升貧困戶的認知能力和自我發展能力，實現可持續性脫貧。

第五節　總結

十八大以來，黨和國家高度重視扶貧工作，不斷完善扶貧治理工作機制，形成了經濟扶貧、法制扶貧、道德扶貧、內生動力扶貧的全方位多領域扶貧機制，促進了扶貧工作在全國範圍內如火如荼地全面展開；隨着扶貧工作的深入推進，中共十九大又提出「讓貧困人口和貧困地區同全國一道進入全面小康社會是我們黨莊嚴承諾。要動員全黨全社會力量，堅持精準扶貧、精準脫貧」，「重點攻克深度貧困地區脫貧任務，確保到 2020 年中國現行標準下農村貧困人口實現脫貧，貧困縣全部摘帽，解決區域性整體貧困，做到脫真貧，真脫貧」。在一系列方針政策的指導下，中國的扶貧工作取得了舉世矚目的成就，但是由於中國貧困問題存在複雜性和固有局限性，農村貧困問題的緩解依然是全面建成小康社會的關鍵和難點[1]，扶貧機制仍需要得到進一步完善。

第一，要充分發揮市場主體的扶貧作用，因地制宜，促進扶貧地區的產業發展。一方面，市場化主體經過了市場的篩選，真正以市場規律為導向，能夠敏感地把握市場動向，洞悉產業發展前景，為地方產業發展提供市場前沿的精準幫扶；另一方面，依託市場中企業的扶貧工作，能夠獲得

1　楊亮承：扶貧治理的實踐邏輯——場域視角下扶貧資源的傳遞與分配 [D]. 北京：中國農業大學，2016。

充足的資金、技術、營銷渠道和銷售市場支持，「一條龍」的服務是政府主體難以提供的，市場主體的參與更能保證貧困地區產業持續良性發展。

第二，要繼續大力推進扶貧法制建設，約束扶貧權力的濫用，嚴懲扶貧工作中出現的腐敗問題。通過出台法律和解釋性文件以及政策性法規使扶貧工作更加規範透明，也讓扶貧腐敗治理工作更加有據可查；同時，也要加大普法宣傳力度，讓民眾知法、學法、守法、用法，學會用法律維護自己的權利，監督政府的行為。

第三，要加強教育扶貧，激發脫貧的內生動力。教育扶貧是實現全面脫貧的重要抓手和基本前提。相較於物質扶貧「解一時之難」而言，教育扶貧可增強貧困人口的自主脫貧能力，使知識文化與就業技能持久發力。[1]國家的教育資源應該向貧困對象傾斜，增加貧困人口的受教育機會，促使貧困人口轉換思想、努力學習技能，阻斷貧困的代際傳遞，實現真正的全面持續脫貧。

---

1 李靜：加強教育扶貧，提升自主發展能力[J]. 人民論壇，2018（16）：112-113。

第六章　中國扶貧政策體系

第一節　研究問題

一、問題提出

自 1978 年改革開放政策實施以來，中國的扶貧工作取得了巨大的成就。根據現行農村貧困標準（2010 年標準，按照 2010 年價格每人每年 2300 元衡量），中國農村貧困人口由 1978 年的 7.7 億人下降為 2017 年的 3046 萬人，貧困發生率由 97.5% 下降至 3.1%。[1] 1978 年到 2017 年，中國農村貧困人口減少 7.4 億人，年均減貧人口規模接近 1900 萬人；農村貧困發生率下降 94.4 個百分點，年均下降 2.4 個百分點（圖 6-1）。[2]

在扶貧工作取得巨大成功的同時，中國也積累起了一系列寶貴的扶貧經驗，發展並完善了立足於本國國情之上的五大扶貧政策體系，即分散式、系統化、精準化、深度和可持續扶貧政策體系。

---

* 感謝宋婉玲為本章做出的工作。

1 中國國家統計局：國際地位顯著提高　國際影響力明顯增強 —— 改革開放 40 年經濟社會發展成就系列報告之十九 [EB/OL]. http://www.stats.gov.cn/ztjc/ztfx/ggkf40n/201809/t20180917_1623312.html.

2 中國國家統計局：扶貧開發成就舉世矚目　脫貧攻堅取得決定性進展 —— 改革開放 40 年經濟社會發展成就系列報告之五 [EB/OL]. http://www.stats.gov.cn/ztjc/ztfx/ggkf40n/201809/t20180903_1620407.html.

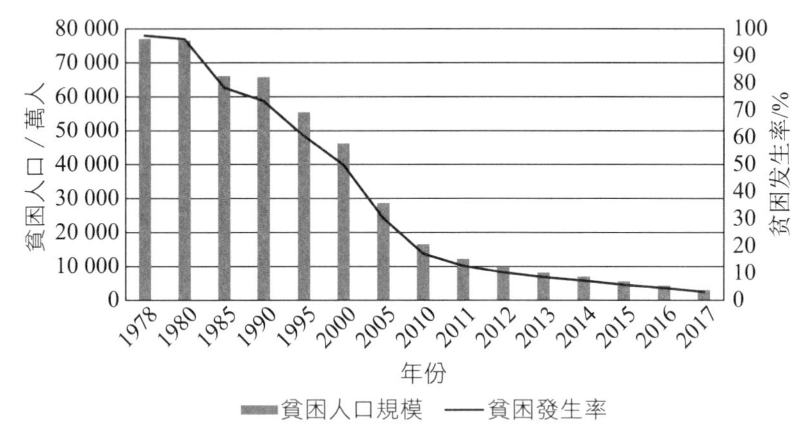

圖 6-1 1978—2017 年中國農村貧困狀況變化[1]

本章首先對中國扶貧政策體系領域現有研究成果進行綜述，指出研究的重要價值和存在的不足；其次從理論角度分析五大扶貧政策體系，包括政策體系的構成、特點和作用等；最後從實踐角度說明五大政策體系的應用和價值，包括不同政策體系在特定年代特定地區的深入開展及具體的數據和案例等。

二、研究現狀

目前，國內學界對於中國扶貧政策體系的直接研究成果較少，理論研究的數量與研究問題的重要性之間不相匹配。受扶貧的實踐性和政策的多元化等因素的影響，學者的研究焦點往往集中於某一單一的政策體系，一方面探究政策體系的具體內容，另一方面則強調其對扶貧攻堅特別是特定領域和地區扶貧工作的重要意義。

1 中國國家統計局：扶貧開發成就舉世矚目　脫貧攻堅取得決定性進展 —— 改革開放 40 年經濟社會發展成就系列報告之五［EB/OL］. http://www.stats.gov.cn/ztjc/ztfx/ggkf40n/201809/t20180903_1620407.html.

（一）以特定政策體系的具體內容為焦點的研究

以特定政策體系的具體內容為焦點的研究可分為三類。

第一類，根據政府報告或相關文件直接說明某一政策體系的基本內容。馬麗文、劉紅濤（2016）基於《中國精準扶貧發展報告》指出，目前中國已經構建了較為完善的精準扶貧戰略和政策體系。根據報告內容，精準化扶貧政策體系主要包括兩個方面：一是產業扶貧、轉移就業扶貧、異地搬遷扶貧、教育扶貧、救濟式扶貧、生態扶貧等方面的精準政策，二是基於已有經驗對貧困治理機制的完善措施。

第二類，根據具體問題針對性分析政策體系的基本框架和措施。游俊、冷志明、丁建軍等（2017）分析了針對中國連片特困區綜合貧困問題，採取系統化扶貧政策體系的必要性和基本框架。他們認為，從「人地關係地域系統」出發，連片特困區面臨的綜合貧困涉及人、業、地三個層面，因此需要針對性地根據這三個層面進行扶貧框架的設計和評價體系的制定，在總結當前扶貧經驗的基礎上統籌推進系統化扶貧，實現連片特困區的協同發展與全面減貧。

雷明（2018）指出，在貧困人口絕對數量下降的新歷史時期，深度扶貧是脫貧攻堅的關鍵，需要認識和形式的共同深入。深度扶貧的扶貧對象為深度貧困，即一方面表現為「稟賦性貧困」問題嚴峻，另一方面表現為物質貧困和精神貧困突出。基於貧困對象及其特點的不同，深度扶貧需要不斷完善扶貧機制設計，從而做到解決困難、提升能力、優化資源，實現精準和可持續脫貧。因此，在認識上，深度扶貧需不斷深入對「精」「准」「可持續」「反貧困」「軟實力扶貧」「思想扶貧」等概念的理解和認識；在方式上，深度扶貧需要由區域內在化深入為區域聯動式，由單一式政策深入為綜合式政策，由供給保障式深入為供給消費保障式，由就扶貧論扶貧式深入為區域可持續發展式，由行動扶貧深入為制度扶貧等。

在另一篇文章中，雷明（2018）強調，深度扶貧的首要任務是完善社會保障體系、建立健全公共服務體系。就根本上而言，激發扶貧對象即深度貧困群眾自身的脫貧動力是實現深度扶貧的關鍵。因此，一方面需要構建有效和全程的參與機制，避免貧困對象以貧困為榮；另一方面需要明確政府底線，建立貧困對象的高層次目標。

丁軍、陳標平（2010）通過分析脫貧人口反貧的原因，指出了可持續扶貧的重要意義和基本內容。根據改革開放至2018年的脫貧與反貧困人口數據，中國農村返貧現象嚴峻。究其原因，在於扶貧主體素質、供體扶持和載體循環缺乏持續性，因而導致外部經濟、社會環境和生態環節等方面出現嚴重問題。針對上述問題，需要建立健全主體、供體和載體相互促進和協調的可持續扶貧模式，包括提升扶貧主體素質，完善扶貧資金管理，加強基礎設施和社會保障體系建設，保護貧困地區的自然資源和生態環境等。

第三類，根據特定扶貧模式分析政策體系下的某一具體政策。張琦、馮丹萌（2018）分析了可持續扶貧政策體系中綠色減貧的發展背景、理論創新和實踐創新。經濟發展與生態環境的突出矛盾、貧困與生態惡化的緊密聯繫和國際社會對綠色發展的關注是綠色減貧模式提出、發展的重要背景。理論上，2005年的「兩山理論」、產業綠色化扶貧理論和綠色產業化扶貧理論以及綠色減貧評價機制等的創新，為綠色減貧提供了理論指導；實踐上，綠色減貧的主要方式包括生態補償扶貧、新型能源扶貧、綠色農業扶貧、旅遊扶貧等；特徵上，綠色減貧的鮮明特點包括減貧內容的多維度、減貧機制的可持續和減貧方式的多元化。

（二）以政策體系對脫貧攻堅的意義為焦點的研究

以政策體系對脫貧攻堅的意義為焦點的研究可分為兩類。

第一類，指出某一政策體系在經濟社會發展過程中的重要作用。趙戰（2018）強調了精準化扶貧政策體系的完善對建成全面小康社會的重要意義。他首先通過回顧官方的政策文件，介紹了中國關於精準扶貧的頂層設計，在此基礎上說明了精準扶貧政策體系在不同領域和層面的完善，包括社會力量動員、老區建設、科技扶貧、教育脫貧等，同時指出了體系建設層面政策落實和管理方面工作的加強。

第二類，通過現存問題說明運用相關政策體系的必要性。林培（2017）指出了系統化思維在推動脫貧攻堅進程、構建持續脫貧長效機制方面的重要意義和作用。基於蘇北扶貧情況的調研，他強調，扶貧工作中出現的重走訪慰問、輕脫貧規劃，重產業扶貧、輕健康扶貧，以及形式主義突出三大問題，嚴重影響了脫貧攻堅的效果。因此，在脫貧攻堅的關鍵期，需要充分運用系統化思維，避免短視思維和應景思維。

郝如玉（2006）強調了系統化扶貧在教育扶貧方面的重要性。她首先利用國內外研究數據說明了受教育程度對於貧富差距的顯著影響，在此基礎上指出了發展教育對於解決中國貧困問題的重要性。在教育經費有限的情況下，建立系統化教育扶貧體系，全面落實義務教育、高度重視職業教育、規範完善高等教育、推動支持社會力量辦學，是解決貧困問題、縮小貧富差距的重要政策。

（三）具體案例

具體的案例研究進一步分析了特定時期、特定地區所採取的特定政策體系，說明了實踐意義上不同政策體系特點、適用範圍和內容的不同。

鍾秋萍（2017）以省級貧困地區市河源市作為具體案例，探討了分散貧困人口的精準化扶貧問題。相對集中貧困人口而言，分散貧困人口是指在省定相對貧困村外的貧困戶。針對此類人口，儘管目前已有了產業幫扶、就業服務、社會保障、醫療保障等多方面的政策扶持，但由於扶貧經費和幫扶單位的缺乏、幫扶幹部能力的低下以及村委會和貧困戶認識的落後等，河源市針對分散貧困人口的扶貧攻堅工作仍面臨較大困境。基於此，應該加強基層黨建工作，發揮黨員先鋒模範帶頭作用，促進集體經濟發展；加大村幹部和黨員隊伍培訓力度，運用經濟理論提升帶領貧困戶脫貧致富的能力；選派優秀扶貧幹部，積極出謀劃策、推進扶貧項目建設；大力發展農民合作社，減少貧困的代際傳播和周邊傳播。

崇室（2015）通過畢節市扶貧開發的變化說明了粗放式、分散式扶貧到精準式、整體式扶貧的轉變，並具體分析了精準化扶貧的主要內容。精準化扶貧包括對象、思路、措施和力量精準。其中，對象精準要求通過房屋、糧食、勞動力和受教育程度等識別貧困對象；思路精準要求針對產業、技能、住房、社會保障等方面加強扶貧針對性和實效性；措施精準要求改善基本發展條件，強化重點產業支持，保障資金投入，推動集中連片推進；力量精準要求加強集團幫扶，建設扶貧隊伍，深化駐村工作，引領社會參與。

傅帥雄（2018）探究了深度貧困地區扶貧開發的問題，並以涼山彝族自治州為例，在分析這一地區現有條件的情況下說明了深度扶貧和精準化扶貧的具體內容。目前，深度貧困地區面臨生態環境脆弱、自然條件惡劣、資金和人才缺乏、基礎公共設施與社會保障不足等問題。對於貧困人口最多、貧困面積最廣和貧困程度最深的地區之一涼山彝族自治州而言，上述問題顯得尤為突出。結合這一地區的歷史條件、區位環境、自然資源和民族文化，需要加強基礎設施建設，加快易地扶貧搬遷，引導思維模式轉變，推動產業扶貧政策，增加教育資源投入，創造職業培訓機會和就業崗位。

王繼東（2015）以馬邊彝族自治縣的「四位一體」扶貧模式作為可持續扶貧的新機制，說明了多方參與的可持續政策體系的主要內容。回顧馬邊彝族自治縣的扶貧攻堅歷史，早期的電力扶貧改善了貧困戶的生活，同時為地區經濟發展提供了基本要素保障；在此基礎上，產業扶貧和教育扶貧推動了救助式扶貧到開發式扶貧的轉變；最終，文化扶貧的引進構建起了馬邊彝族自治縣「四位一體」的可持續扶貧機制。

綜上所述，目前國內學界對於中國扶貧政策體系的研究，特別是宏觀意義上五大政策體系理論和現實意義的研究仍需進一步充實。中國是目前世界最受矚目的發展中國家之一，同時，中國貧困問題的解決也是當今世界消除貧困的重要內容。中國扶貧政策體系對於整個世界而言具有極大的借鑒意義。鑒於已有的研究成果及其存在的不足，本章一方面將從理論視角分析中國扶貧政策體系的構建；另一方面將從實踐視角，結合數據和案例，說明政策體系的具體運用。

第二節　中國扶貧政策體系

從改革開放以來特別是20世紀80年代至今，針對不同時期、不同地點的不同貧困問題，在脫貧攻堅的總目標下，在高舉中國特色社會主義偉大旗幟，在堅持鄧小平理論、「三個代表」重要思想、科學發展觀、習近平新時代中國特色社會主義思想的背景下，中國形成了政府主導下的獨具特色的扶貧政策體系。具體來說，中國的扶貧政策體系可分為五個部分：分散式扶貧政策體系、系統化扶貧政策體系、精準化扶貧政策體系、深度扶貧政策體系和可持續扶貧政策體系。這五大政策體系既體現了對於改革開放以來的扶貧政策與戰略的繼承性，又體現了實踐基礎上針對不同問題和特點的創新性。下文將從理論和實踐兩個層面說明五大扶貧政策體系的基本結構、不同特點、作用和具體運用。

一、分散式扶貧政策體系

分散式扶貧政策體系是針對分散貧困人口而制定的針對性政策體系。分散貧困人口，就定義而言，即指在省定相對貧困村外的貧困戶。此類人口雖然相對數量較少，但由於分佈的分散性，針對他們的脫貧攻堅工作往往更加具有挑戰性。以山東省東營市為例，數據顯示，東營市貧困發生率僅為 0.59%，因此絕對貧困人口數量較少；然而，在絕對貧困人口中，78% 分佈在非省定扶貧工作重點村，其中絕對貧困人口在三人以下的村有 373 個。[1] 分散式的分佈不僅提高了扶貧攻堅工作的難度，也提升了進行相關扶貧工作的成本，因而也增加了對分散式扶貧政策體系的需要程度。

（一）體系構成

目前，分散式扶貧政策體系主要由產業幫扶為主的經濟政策、就業服務和醫療保障為主的社會政策，以及扶貧幹部定點幫扶的政治政策等構成。其中，政治政策居於主導地位，經濟與社會政策提供基本和必要保障。

在經濟政策上，產業幫扶特別是光伏扶貧是目前分散式扶貧的重要方式之一。在符合條件的地區，通過在分散貧困戶屋頂或院落空地進行 3 千瓦至 5 千瓦的戶用光伏發電建設，或在村集體土地建設 100 千瓦至 300 千瓦的村級小型光伏電站，一方面為貧困人口提供了基本收入；另一方面也保障了地區和貧困戶的基本用電需求，真正實現了產業扶貧。山西繁峙縣北河會村建設了 20 戶分散式光伏電站，每戶貧困人口均可獲得年均 3000 元的收入。[2] 從財政安排來看，與中央扶貧資金的集中投入不同，地方政府根據地方特殊情況，對非貧困縣中分散式分佈的貧困村與貧困人口進行資金扶持，進一步提升了資金的利用效率。

在社會政策上，政府針對分散人口的就業、醫療等問題分別給予了不同程度的支持。從就業服務來看，政府既根據貧困人口的意願提供了針對性的技能培訓，又根據企業用工的需求推動了轉移就業，還幫助希望創業

1 國務院扶貧開發辦公室領導小組：山東：「兩建一推六保障」打響脫貧攻堅戰 [EB/OL]. 2017-5-27. http://www.cpad.gov.cn/art/2017/5/27/art_5_63643.html.

2 國務院扶貧開發領導小組辦公室：山西：「一點一點給村裏爭取項目」[EB/OL]. 2017-12-25. http://www.cpad.gov.cn/art/2017/12/25/art_5_75641.html.

的家庭戶進行基本的培訓和資源提供。從醫療保障來看，一方面完善了大病保險政策，防止了貧困人口因病返貧；另一方面加強了貧困殘疾人的康復扶貧，並通過康復服務、政府補貼、特殊崗位等方式逐步推進農村貧困重度殘疾人家庭無障礙改造。此外，針對分散人口中極少數生存條件和發展條件均處於劣勢的貧困戶，政府以開發式移民和危房改造等方式改善其基本生活條件。

在政治政策上，基層政府和扶貧幹部在針對分散人口的扶貧中扮演着重要角色。基層政府作為扶貧工作的領導者，制定和完善關於集體經濟發展和特定貧困人口幫扶的基本政策；扶貧幹部作為扶貧工作的實踐者，在不斷加強自身能力的同時，通過對貧困戶的培訓提升其脫貧致富能力。

（二）體系特點

針對分散式扶貧政策體系的形成過程與面臨的主要問題，這一政策體系所具有的突出特點包括針對性強、區域性廣、階段性色彩強烈等。

第一，如前文所述，這一政策體系主要針對目前中國非貧困村範圍內的分散貧困人口，因而具有較強針對性；第二，由於此類絕對貧困人口並不集中於少部分貧困縣、村，反而廣泛分佈於中國已實現脫貧的縣、村，因而體現出人口少、範圍廣的特點；第三，分散式扶貧政策體系的完善和分散式貧困人口問題的突出，是伴隨着中國扶貧脫堅工作取得巨大成就後反而進一步凸顯的，在大部分貧困人口實現脫貧後，極少數人的貧困問題反而越發嚴重，因而這一政策體系亦呈現出了階段性色彩強烈的特點。

（三）體系作用

從體系作用來看，分散式扶貧政策體系從意識和能力兩個方面幫助絕對貧困人口實現了脫貧。一方面，就意識而言，部分分散貧困人口缺乏脫貧致富意願，強調依靠政府給予，而政治政策中扶貧幹部的定點幫扶使其觀念上的脫貧意識得以提升；另一方面，就能力而言，社會政策中的就業培訓提升了貧困人口的脫貧致富能力，醫療保障政策減少了因病致貧與因病返貧的可能性。此外，通過光伏產業等產業政策的發展，貧困戶的個人收入和集體經濟均得到了發展和保障，貧困的代際傳播問題和周邊傳播問題亦得以遏制。簡言之，分散式扶貧政策體系通過對分散貧困人口的針對性政策，有效地發展了社會生產力，同時提高了貧困人口自我積累與自我發展的能力。

（四）案例說明：重慶市巫溪縣分散式扶貧政策體系應用

案例：重慶：光伏扶貧讓貧困戶「坐地生財」

巫溪縣位於重慶市東北部，地形以山地為主，立體地貌明顯，氣候屬亞熱帶暖濕季風氣候區，四季分明，年平均日照時間約 1500 小時。截至 2014 年，巫溪縣共有 150 個貧困村、2.5 萬貧困戶和 8.6 萬貧困人口，貧困發生率為 21.2%。

根據國家規定，光伏扶貧的基本條件是海拔 3000 米以下、年日照時間 1200 小時以上，巫溪縣完全符合這一標準。2015 年，巫溪縣開始進行「戶用光伏」和「集體光伏」結合的光伏扶貧。截至 2017 年 3 月，巫溪縣共建設了 1300 戶家庭式電站和 125 座集體電站。其中，分散式戶用光伏發電站一天可發電 10 度左右，按照每度電 1 元左右的價格，每戶每年可增收 3000 元，發電站可持續運行約 25 年，每戶累計可增收 7 萬元。

2015 年，重慶市首個「光伏扶貧示範村」設在巫溪縣勝利鄉洪仙村，巫溪縣建檔貧困戶譚學才家通過市區兩級扶貧辦 1.6 萬元補助和自籌 8000 元成了村裏第一個安裝戶用光伏發電站的家庭。他和老伴因為身體弱且有病在身，家裏生活主要靠兒子一個人支撐，一座由 12 塊太陽能電池板組成的 3 千瓦小型家庭式光伏電站可以幫助他們一天創收 10 多元錢。譚學才說：「這就是個清閒活兒，每天就算什麼都不做，也有收入。」村裏另一個安裝家庭光伏電站的貧困戶姜元付也說：「平日裏根本不用怎麼去維護，只要有太陽就有收入。」巫溪縣勝利鄉塹場村貧困戶周道松早年因為外出打工遭遇機器事故喪失了勞動能力，同時面臨巨大經濟壓力，分散式光伏電站的建設讓他可以在家裏「坐地生財」，只需要對太陽能電池板進行日常清掃和除塵即可每年淨賺 3000 元，極大減輕了貧困所帶來的壓力。勝利鄉黨委書記任娟總結說：「光伏扶貧是個新東西，它可以將太陽能這種天賜的資源變為收益，為村民的脫貧增收出力。特別是對於那些無勞力、無技術、無資金的貧困戶而言，它是一條很好的脫貧路子。」

2016 年底，譚學才家通過分散式光伏發電已增收超過 5000 元，實現了成功脫貧。自光伏扶貧項目實施以來，巫溪縣已經建成 1300 座分散式光伏發電站和 125 座集體發電站，實現了每戶、每個集體發電站年收入分別增加約 3000 元和 4 萬元。截至 2016 年底，巫溪縣貧困村數量由 150 個減少至 32 個，貧困戶數量由 2.5 萬減少至 0.4 萬，貧困人口數量由 8.6 萬減少至 1.1 萬。

資料來源：重慶日報，2015 年 5 月 14 日；重慶巫溪，2017 年 3 月 13 日（04）

根據這一案例可知，針對巫溪縣的貧困特點，特別是分散貧困人口的分佈，這一地區採用了分散式扶貧政策體系，特別是以分散式光伏扶貧為主的經濟政策和對應的政治與社會政策。從結果來看，巫溪縣分散式扶貧政策體系的應用充分結合地區特點和貧困特點，通過扶貧幹部積極推動下的光伏脫貧，貧困戶脫貧意識與能力不斷提高，貧困人口數量亦實現了大幅減少。

產業幫扶為主的經濟政策是分散式扶貧政策體系的重要內容之一。對於與巫溪縣自然地理條件類似且貧困人口較為分散的地區而言，以光伏扶貧為主的經濟政策和基層扶貧幹部幫扶的分散式扶貧政策體系為解決地區貧困問題提供了重要參考。

二、系統化扶貧政策體系

系統化扶貧政策體系是指針對具體區域所實施的一系列綜合的、協調的扶貧政策。與分散性扶貧政策體系不同，這一政策體系針對某一區域的整體的貧困。貧困的成因不再聚焦於貧困戶個人，更多的則是基於地區的資源條件等綜合特點所導致的集中貧困。舉例而言，《中國農村扶貧開發綱要（2011—2020 年）》中所提及的 14 個集中連片特困區（六盤山區、秦巴山區、武陵山區、烏蒙山區、滇桂黔石漠化區、滇西邊境山區、大興安嶺南麓山區、燕山——太行山區、呂梁山區、大別山區、羅霄山區等區域的連片特困地區和已明確實施特殊政策的西藏、四省藏區、新疆南疆三地州）均是實施系統化扶貧政策體系的重要地區。整體性的貧困往往需要運用整體性的對策和綜合性的手段加以解決。因此，針對整體性問題的出現，脫貧攻堅工作中的系統化思維和系統化政策體系顯得尤為必要。

（一）體系構成

在體系結構上，系統化扶貧政策體系的構成強調政治、經濟、文化、社會等政策多領域、多層次的不同程度的配合。各種政策在這一體系中均佔據重要地位，作為體系的基石推進了整體的系統化。

從政治政策來看，系統化扶貧強調整村推進的扶貧政策。對於政府而言，在脫貧攻堅的關鍵時刻，需要充分運用系統化思維，避免短視思維和應景思維。因此，在建設社會主義新農村的同時，政府需要根據實際情況，制定符合需要的整村推進規劃，以充分統籌資源，實現集體發展的整體脫貧。在具體實施過程中，可根據貧困村的集中程度進行整鄉推進等規劃，以實現資源效益的最大化。

從經濟政策來看，基礎設施建設的完善和產業的開發是系統化扶貧的重中之重。在基礎設施的建設上，土地、河流、交通、水利、電力、網絡等缺一不可。目前，中國貧困地區基礎設施條件明顯改善。截至 2017 年年末，中國貧困地區通電的自然村接近全覆蓋，通電話、通有線電視信號、通寬帶的自然村比重分別為 98.5%、86.5% 和 71.0%（圖 6-2）。[1] 土地政治和河流治理保障了農業發展的基本需求；交通扶貧、水利扶貧、電力扶貧和網絡扶貧作為脫貧攻堅的重要內容之一，亦發揮了資源、運輸、能源、信息、旅遊等方面的綜合作用。在產業開發上，一方面根據市場需求和資源優勢建設地區規模化支柱產業，實現統一規劃下地區的專業化生產；另一方面增強產業鏈長度，通過建立一體化、一條龍的扶貧經濟實體，推動群眾共同脫貧致富。

從社會政策來看，政府需要加強公共衛生事業建設和綜合保障制度。公共衛生領域，政府通過健全基層醫療衛生服務體系和加大疾病防控力度，提高了醫療救助保障水平，降低了貧困人口的因病致貧和因病返貧

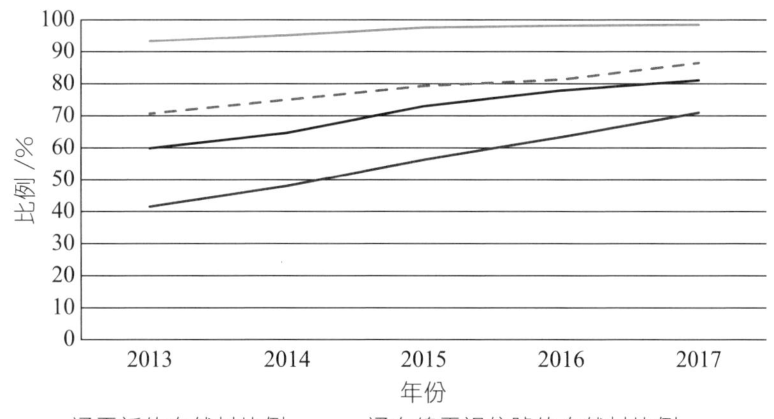

圖 6-2　2013—2017 年貧困地區基礎設施條件 [1]

1　中國國家統計局：扶貧開發成就舉世矚目　脫貧攻堅取得決定性進展 —— 改革開放 40 年經濟社會發展成就系列報告之五［EB/OL]. http://www.stats.gov.cn/ztjc/ztfx/ggkf40n/201809/t20180903_1620407.html.

率。綜合保障制度上，除醫療衛生保障，政府建立了以社會保險、社會救助、社會福利制度為主體，以社會幫扶、社工助力為輔助的綜合保障體系。通過這一制度，即使無法依靠產業脫貧的因病致貧人口依然可以獲得兜底保障。

從文化政策來看，系統化扶貧政策體系要求發展系統化的教育文化事業。一方面，加強學前教育、落實義務教育、重視職業教育和高等教育、關心特殊教育，並積極落實國家獎助學金政策，減免貧困家庭學費，以教育減少貧困的代際傳播；另一方面，加強基層文化建設，保障貧困地區文化信息資源共享。

（二）體系特點

系統化扶貧政策體系的特點突出表現為範圍集中、綜合性強、制度完善和持續性長。

首先，由於這一政策體系主要針對連片特困區等絕對貧困人口集中的地區，因而其具體政策往往針對某一地區，具有範圍上的集中性；其次，由於地區貧困問題的複雜性和多樣性，針對貧困治理的政治體系需要針對不同的問題對症下藥，因而在政策內容上呈現出強綜合性；再次，正是由於綜合性治理的需要，這一體系下的貧困治理有較高的制度化程度和法治化程度，完善的制度提升了相關政策的有效性；最後，由於系統化扶貧政策體系涉及支柱產業的培育，和交通、水利、電力、網絡等各方面基礎設施的建設和完善，因而相關政策在執行過程中往往呈現出較長的持續性色彩，也使得地方的扶貧工作體現出連續性。

（三）體系作用

系統化扶貧政策體系通過促進地區的整體性發展，實現了貧困人口的脫貧，以較為完善的產業、機制和設施建設推動了絕對貧困人口的減少，同時一定程度上保證了脫貧的持續性。在系統化扶貧政策體系的指導下，地方政府以整村推進等方式實現了地區經濟、社會的協調發展和全面進步，在此基礎上促進了地區的共同脫貧，同時也避免了貧困的代際傳播和周邊傳播。此外，完善的社會政策和文化政策也為貧困人口提供了基本保障，一方面提高了人口素質，另一方面減少了因病致貧、因病返貧等情況的發生。

（四）案例說明：四川省廣元市系統化扶貧政策體系運用

案例：精準扶貧政策體系　讓廣元成功走出了一條特色扶貧之路

自 2013 年起，四川省廣元市通過對部分區縣的精準扶貧試點工作形成了全新的扶貧模式和系統工程，以系統化扶貧政策體系實現了「看真貧、扶真貧、真扶貧」。2015 年，廣元市貧困村數量相較 2010 年下降了 277 個、貧困人口減少了 40.06 萬人，貧困發生率下降至 10.08%。

1. **精確識別「扶持誰」**

在工作方法上，廣元市總結出了「五步兩公示一公告」的方法，「五步」涵蓋針對農戶、村民、村、鄉鎮、縣等各個級別的不同要求，「兩公示」包括村、鄉的公示，「一公告」指最終審定公告。具體而言，即農戶自願申請、民主評議確定、村級初審公示、鄉鎮審核公示、縣級審定公告。在識別貧困戶後，各個區縣需要對貧困人口名單進行分類統計，實現村社有冊、鄉鎮建簿、縣區存檔，並以鄉鎮為單位分類編號、歸檔管理。廣元市精準扶貧對象家門口的明白卡，涵蓋了貧困戶的貧困狀況、幫扶內容以及對口的幫扶單位和幹部等。同時，利州區嚴格按照「五步兩公示一公告」，確定了貧困戶 5838 戶 20 520 人。

2. **精細規劃「扶什麼」**

旺蒼縣普濟鎮的洪江村和三溪村是廣元市運用系統化思維進行脫貧攻

堅規劃的重點。從資源條件看，洪江村和三溪村資源環境惡劣、基礎設施條件落後、產業發展程度低，因此屬於少見的特困村。結合系統化扶貧政策體系，廣元市決定對這兩個村採用長短期相結合的、省市縣三級聯動的方法實現脫貧攻堅。在具體的系統化政策實施上，廣元市實施了易地扶貧搬遷，涵蓋 375 戶 1087 名貧困人口；同時在洪江村和三溪村分別建設了飲水安全集中供水工程和節水型項目；實現安置 21 戶五保戶到普濟鎮敬老院；開展了總覆蓋超過 300 人次的 7 次貧困農戶技能培訓。

3. 精準扶貧「怎麼扶」

為了做到真扶貧、扶真貧，廣元採取了「六個到戶」措施，即政策宣傳到戶、項目落實到戶、資金補助到戶、幹部幫扶到戶、技術培訓到戶和檢查驗收到戶。舉例而言，資金補助到戶指根據貧困戶發展計劃落實補助資金，如為幫助貧困戶實現產業發展和增收，利州區給予了每個貧困戶 3000 元補助資金；幹部幫扶到戶強調黨員幹部提升自身能力、對幫扶戶脫貧解困負全責，如開展劍閣縣「萬名黨員幹部結對幫扶萬戶貧困戶大行動」等。

資料來源：人民網：四川頻道，2014 年 7 月 25 日

就廣元市的系統化扶貧政策體系而言，其主要包括三個部分，即貧困戶的精準識別、脫貧規劃的系統制定、脫貧政策的系統落實。首先，針對貧困戶的識別，廣元市制定了明確的標準和具體的操作方式。在確定扶貧標準的基礎上，一方面需要實現貧困戶信息的明確，另一方面需要按照要求精準識別。其次，針對脫貧規劃的具體內容，廣元市運用系統化思維進行了制定，具體表現為根據地區實際情況對需要整體扶貧的村組進行了精細的規劃。最後，針對扶貧政策的系統落實，廣元市採用了「六個到戶」的措施，實現了脫貧持續性的保障。

對於與廣元市類似的貧困人口相對集中的地區而言，聚焦貧困人口，整合資源和資金以運用系統化扶貧政策體系是實現脫貧的重要方式之一。

同時，為保障脫貧攻堅工作順利實施，地區政府需要在系統規劃的基礎上，通過較為完善的政治、經濟、社會等方面系統性的政策提升脫貧攻堅的有效性，同時以系統化的工作保證脫貧攻堅的持續性。

三、精準化扶貧政策體系

精準化扶貧政策體系是在精準扶貧基礎上建立起來的一整套密切相關的政策和政策措施。精準扶貧，即針對不同貧困區域環境、不同貧困農戶狀況，運用科學有效的程序對扶貧對象實施精確識別、精確幫扶、精確管理的治貧方式。由於精準扶貧的概念提出較晚，因此精準化扶貧政策體系的形成也相對較晚。儘管如此，這一政策體系仍在中國目前的扶貧政策體系中佔據重要地位。中共十八大以來，精準扶貧、精準脫貧成效顯著，按每人每年 2300 元（2010 年不變價）的農村貧困標準計算，2016 年農村貧困人口為 4335 萬人，比 2012 年減少 5564 萬人；貧困發生率下降到 4.5%，比 2012 年下降 5.7 個百分點。[1] 目前，這一政策體系的發展和建設亦已趨於完整和成熟。

（一）體系構成

精準化扶貧政策體系由兩部分構成，一是針對精準扶貧的經濟、文化、社會、生態等方面的精準政策，二是與精準扶貧相配套的保障機制和貧困治理體制機制相關的政策措施。[2]

經濟方面的精準政策涵蓋了產業扶貧、轉移就業扶貧、異地搬遷扶

---

1 中國國家統計局：新理念引領新常態　新實踐譜寫新篇章——黨的十八大以來我國經濟社會發展成就輝煌 [EB/OL]. http://www.stats.gov.cn/tjsj/zxfb/201710/t20171010_1540653.html.

2 馬麗文、劉紅濤：我國已構建較完善的精準扶貧戰略與政策體系 [J]. 中國扶貧，2016（20）：12。

貧和資產收益扶貧等內容。以產業扶貧為例，在具體的政策執行過程中，要求根據地方或貧困戶個人的特殊特點，發展具有針對性和比較優勢的產業。文化方面的精準政策強調教育扶貧的重要性，需要根據特定需求提高貧困人口的文化素質或進行職業技能培訓。社會方面的精準政策主要指救濟式扶貧，在短期內緩解貧困人口的生活困難，目前更多運用於因病或因殘無法再實現脫貧的人口，以社會保障制度保障其基本生活需求。生態方面的精準政策即生態扶貧，強調扶貧開發與生態保護並舉，通過加強貧困人口對生態保護、生態工程建設等工作的參與來實現脫貧。

配套的政策措施一定程度上可理解為政治政策為精準化扶貧政策體系提供的基礎性條件。在精準扶貧配套機制上，一方面需要保證扶貧信息的精準性，即通過加強建檔立卡工作，強化相關信息的精準與共享，真正提高精準識別質量；另一方面需要為精準扶貧工作提供力量支撐，包括金融政策、財政投入、土地政策以及人才和高科技政策等，在物質和精神上為精準扶貧的展開提供保障。在貧困治理體制機制上，貧困退出機制的健全和國家脫貧攻堅情況的普查是精準化扶貧的必備配套措施。因此，需要不斷完善扶貧工作考核評估指標和貧困縣驗收指標，同時針對特定地區和特定人口制定符合實際的貧困縣退出檢查。在此基礎上，保障扶貧攻堅政策的穩定性和有效性。

（二）體系特點

精準化扶貧政策體系的主要特點為精準性強、適用範圍廣、政策協調性高。

其中，精準性強即「對症下藥」，具體包括對象精準、思路精準、措施精準和力量精準。精準化扶貧政策體系以特定的指標和精準的信息識別貧困對象，同時在思路上通過經濟、文化、社會、生態等多方面的精準政策實現脱貧，在措施上以產業、就業、金融、教育等措施針對性推動區域經濟發展和個人收入提高，在力量上加強精準扶貧的基本政治與經濟保障。適用範圍廣指這一體系作為精準扶貧方式發展而來的政策體系，既可以應對區域性集中貧困，又可以應對分散式貧困，從根本上來説是根據不同地方、不同人口的特點採取因地制宜的脱貧政策。政策協調性高強調的是不同政策的共同配合，以及完善的政策措施對政策實施的支持和保障。此外，在政策的具體實施過程中，中央與地方強調因地制宜，而職能部門聚焦對症下藥，二者的有機結合亦使得戰略體系的協調性和科學性特點進一步加強。

（三）體系作用

精準化扶貧政策體系通過配套政策和政策措施的結合，有力地實現了貧困人口的精確識別、精確幫扶、精確管理。由於對「對症下藥」的強調，這一政策體系在實施過程中格外注意對於地區特點和貧困對象特點的識別、了解和把握，因此可以通過體系下的多種政策因地制宜推動地區經濟發展和脱貧致富。此外，由於其適用範圍廣和協調性高，目前這一政策體系已成為中國脱貧攻堅道路上使用最為廣泛的政策體系。同時，這一政策體系對其他政策體系有着重要的借鑒意義，亦常常與其他政策體系配合使用。

（四）案例説明：電商扶貧——精準扶貧政策體系的新運用

案例：「互聯網＋」開闢精準扶貧新道路

從 2015 年起，貴州省投入了 1 億元財政專項扶貧資金用於支持 10 個貧困縣區發展電商，岑鞏縣便是其中之一。為進一步推動精準扶貧的開展，岑肇縣積極建設電商服務站和鄉村服務站。截至 2017 年 5 月，該縣已建設覆蓋 1.5 萬貧困人口的 50 個村級電商服務站點，通過網絡渠道銷售的農特產品，銷售額達到了 1000 萬元。

由於地形阻礙、交通不便和信息閉塞，甘肅省隴南市成了省內貧困程度最深的地區之一，2015 年的貧困發生率仍然超過 20%。另外，由於自然資源的豐富性，隴南市特色農產品豐富，包括油橄欖、核桃、食用菌等。針對這一問題，隴南市積極推動電商和相關加工、包裝等產業的發展。截至 2017 年，該市電商扶貧試點貧困村網店數量超過了 800 家，成功實現了超過 15 萬貧困人口的脫貧致富。

資料來源：新華社，2017 年 5 月 16 日

湖南：電商成為精準扶貧「利器」

湖南省以電商扶貧作為精準化扶貧政策體系的重要落腳點。2016 年以來，湖南省積極制定有關電商扶貧的工作意見與工作規劃，提出以全省 51 個貧困縣為重點區域，以全省 8000 個貧困村為重點對象，打造具有市場競爭力的農產品和農村電商體系。

在資金上，湖南省 2017 年針對 51 個貧困縣投入 4900 萬元進行電商扶貧，同時投入 2000 萬元專項扶貧資金用於貧困村村級電商服務站與電商扶貧示範網（微）店建設。在人才上，湖南省於 2017 年上半年共舉辦超過 600 個電商培訓班，培訓 1.5 萬人次。在品牌上，湖南省高度重視「一縣一品」全國知名網銷品牌建設，聯合快樂購、京東、蘇寧雲商等組建了湖南電商「一縣一品」產業扶貧電商聯盟。目前，湖南省的知名網銷品牌包括桑植五道水大鯢、古丈懸崖蜂蜜、中方高山枇杷、江華瑤山雪梨等。在活動上，湖南省首創線上與線下相結合的「電商扶貧特產專區」系列展銷活動，一方面

在通程萬惠、家潤多、友阿、湖南蘇寧、步步高等的電商扶貧特產實體專區推出優質農特產品，另一方面在「電商扶貧特產專區」線上頻道展示貧困地區特產、旅遊資源等，推介貧困地區優質產品與資源。

資料來源：湖南日報，2017 年 7 月 28 日

上述案例說明了精準扶貧政策體系下新的扶貧方式即電商扶貧的運用及其有效性。案例顯示，貴州省、甘肅省、湖南省等地均出台相關措施，積極利用電商扶貧的方式，同時根據地方資源和產業特色扶持相關產業發展，推動貧困戶脫貧致富。在這一過程中，各貧困地區一方面結合自身資源優勢推動特色農產品銷售；另一方面通過打造電商平台提高產品銷售量，推動了地區經濟的發展。此外，湖南省的案例顯示，在運用精準扶貧政策體系時，需要充分考慮資金、人才、品牌、活動等多種因素的精準配合，以實現扶貧效果的最大化。

從精準扶貧政策體系視角來看，電商扶貧與精準扶貧政策體系的結合堪稱精準扶貧的新運用。以上地區的成功為雲南省、四川省、湖南省、寧夏回族自治區和江西省等地的脫貧攻堅工作提供了重要啟示。對於中西部地區而言，「互聯網＋」為這一地區相關產業提供了廣泛的平台，有利於扶貧資源的整合和扶貧工作的精準化。在未來的脫貧攻堅工作中，充分運用精準扶貧政策體系，結合區域特色，因地制宜地實現脫貧致富將是中西部地區的重要工作方向。

四、深度扶貧政策體系

深度扶貧政策體系是針對深度貧困地區的脫貧問題所建立的一系列扶貧模式與政策組合。目前，深度貧困地區主要指三區三州地區，即西藏、四省藏區、南疆三地州和四川涼山州、雲南怒江州、甘肅臨夏州等地區。由於基礎條件的薄弱和致貧原因的複雜，這些地區經濟發展嚴重滯後，在

貧困問題上則突出表現為貧困發生率高、貧困程度深和脫貧難度大。中共十九大報告指出，「重點攻克深度貧困地區脫貧任務，確保到 2020 年中國現行標準下農村貧困人口實現脫貧。」[1] 目前中國共有 334 個深度貧困縣和 3 萬個深度貧困村。截至 2017 年年底，在深度貧困地區，貧困發生率超過 18% 的縣還有 110 個，貧困發生率超過 20% 的村還有 1.6 萬多個；經各省認定的 334 個深度貧困縣，貧困發生率為 11%，比全國貧困發生率高出 7.9%。[2] 開展深度扶貧的需要使得關於扶貧的認識得到了進一步深入，同時也促進了深度扶貧政策體系的完善。

（一）體系構成

就體系構成而言，深度扶貧政策體系主要包括兩方面內容：一是強調醫療保障和公共基礎設施建設的社會政策，二是符合深度貧困地區需求的、創新性的扶貧方式。

從社會政策來看，醫療衛生保障和公共基礎設施特別是公共服務體系是針對深度貧困地區貧困特點的重要內容。由於環境的惡劣和致貧原因的複雜，深度貧困地區貧困人口突出表現為因病、因殘致貧人口多，文化素質低，勞動技能缺乏等特徵。因此，完善的社會保障體系是這一地區實現「兩不愁，三保障」的必然政策要求。

從扶貧方式來看，深度扶貧政策體系意味着扶貧方式的進一步「深入」，這種「深入」體現為五個方面：第一，強調區域聯動式扶貧，即加強對東西協助和橫向轉移支付等扶貧方式的關注；第二，強調綜合式扶

1 習近平：決勝全面建成小康社會 奪取新時代中國特色社會主義偉大勝利 —— 在中國共產黨第十九次全國代表大會上的報告 . http://politics.people.com.cn/n1/2017/1028/c1001-29613514.html.

2 鳳凰網財經：全國共確定 334 個深度貧困縣 貧困發生率達 11%. 2018-03-07. https://finance.ifeng.com/a/20180307/16015630_0.shtml.

貧，即在政治、經濟、文化、社會和生態文明「五位一體」的基礎上，推進產業扶貧、就業扶貧、資產扶貧、兜底扶貧、文化扶貧、精神扶貧、互聯網扶貧、生態扶貧等多元的綜合式扶貧；第三，強調供給消費保障式扶貧，即以農村的觀光、購物、體驗等消費式扶貧提高扶貧的針對性與實效性；第四，強調區域可持續發展式扶貧，即將扶貧政策、鄉村振興戰略和區域可持續發展戰略有機結合，增強扶貧政策與非扶貧政策的統籌協調性；第五，強調制度扶貧，即通過建立扶貧、扶智、扶志、扶制的長效機制，打造扶貧常態化、規範化的扶貧生態，加強扶貧的整體性、全局性和長期可持續性。[1]

（二）體系特點

深度扶貧政策體系的特點主要表現為適用範圍相對集中、內容綜合性強和政策深入程度高。

在範圍上，這一政策體系針對的對象主要為深度貧困，因而適用範圍主要集中於以三川三州為主的深度貧困地區。在內容上，區域聯動扶貧、綜合式扶貧等扶貧方式增強了體系的綜合性色彩。同時，在政策選擇上，既注重扶貧的有效性，又注重發展的持續性，因而體現了綜合的政治色彩。在深入程度上，深度扶貧政策體系突出表現在認識深入的基礎上，對於扶貧的不同領域、不同層次和不同重點的進一步深入，包括：第一，在重點上，針對精準扶貧「精」與「準」深入；第二，在層面上，由「精」與「準」向「可持續」深入；第三，在問題上，由「反貧」向「反貧困」深入；第四，在實力建設上，由硬實力扶貧向軟實力扶貧深入；第五，在物質與思想的關係上，由物質扶貧向精神扶貧深入。[1]

1　雷明：深度扶貧：打贏脫貧攻堅戰之關鍵 [J]. 中國社會科學報，2018（9）。

（三）體系作用

在體系作用上，深度扶貧政策體系作為實現可持續脫貧的重要政策體系，一方面可以解決深度貧困地區群眾所面臨的特殊困難，另一方面可以改善深度貧困地區的資源配置和發展條件，從而有效避免脫貧後的再度返貧現象。針對深度貧困地區的特殊問題如疾病、毒品等，這一體系以綜合性、制度性的政策深入解決；針對地區惡劣的資源狀況，這一體系以五位一體為出發點，解決地區交通、水利、互聯網、環境等方面存在的問題，在促進地區發展的同時保護生態環境，既解決了現實困難，又提升了發展能力。因此，深度扶貧政策體系為可持續發展的實現發揮了重要作用。

（四）案例說明：廣西河池市東蘭縣深度扶貧政策體系運用

案例：深度貧困縣的扶貧攻堅之道

河池市東蘭縣為我國的深度貧困縣，是著名的革命老區，位於廣西西北部，紅水河的上游，屬於雲貴高原的南部邊緣。東蘭縣總面積為 2415 平方公里，轄區內共有 14 個鄉鎮和 3613 個自然屯，總人口達 30.79 萬人。截至 2015 年年底，東蘭縣貧困村數量為 73 個，貧困戶達到 1.72 萬戶、貧困人口為 6.64 萬人。經過一年深度扶貧政策體系的運用，截至 2016 年年底，東蘭縣貧困村數量減少了 11 個，貧困人口數量減少了 1.88 萬人。

在政治政策上，充分發揮基層黨委領導作用和基層黨員幹部示範引領作用。東蘭縣盛禾富硒果蔬種植專業合作社黨支部定期邀請片區的黨建工作站，進行工作指導並開展黨員互評、社員評議黨員等活動，激發了黨員幹事的活力。同時，通過合作社與片區行政村、廣西特色作物研究院黨支部的三方共建實現了黨支部的不斷壯大。在具體工作上，落到「四個落戶」，即扶貧產業規劃到戶、扶貧政策送到戶、結對幫扶準確到戶和產業利益連接到戶。從政治政策運用方面而言，東蘭縣成功實現了黨委加強領導、黨支部凝聚合力、基層黨員深度幫扶。

1.「十大扶貧工程」

東蘭縣積極開展「十大扶貧工程」，總計投入5.91億元，實現了4633戶18 844個貧困人口脫貧和11個貧困村脫貧摘帽。具體包括：產業扶貧、生態旅遊扶貧、易地搬遷扶貧、智慧扶貧、轉移就業扶貧、生態補償扶貧、醫療救助扶貧、社保兜底扶貧、基礎設施建設扶貧、小額信貸扶貧等工程。具體而言，在生態旅遊方面，2015年東蘭縣接待遊客共計111.9萬人次，旅遊項目覆蓋貧困人口達16 610人，佔全縣貧困人口的25%。在異地搬遷方面，2016年東蘭縣共投資3.65億元實施了13處易地搬遷扶貧工程，完成了1155戶5012人的搬遷，其中建檔立卡貧困戶為1047戶4538人。在智慧扶貧方面，針對建檔立卡的貧困戶學生，東蘭縣共落實資助資金5833.58萬元，資助學生達到了11.51萬人次。

2.「三推進」

在特色產業上，按照「核桃抓管護、油茶抓擴種、板栗抓低改、水果抓示範、養殖抓基地」的工作思路，大力發展富硒米、東蘭烏雞等「十大百萬」扶貧產業。在基礎設施建設上，東蘭縣建立了縣、鄉、村三級基礎設施項目庫，統籌推進村屯道路建設項目、農村飲水安全鞏固提升工程項目等，解決了11個脫貧村無公路、1440個貧困戶住房困難、4.58萬人飲水不安全和1.01萬人電能質量不穩定問題。在民生工程建設上，東蘭縣積極落實教育保障、醫療保障和住房保障，推動了「扶貧先扶智」的實現，減少了群眾「因病致貧、因病返貧」的問題。

3.「六精準」

首先，按照地方經濟發展和中央財政轉移支付水平科學規劃，明確了脫貧路線圖、時間表。其次，根據標準，通過摸底精準劃分貧困戶和脫貧戶，使保障扶貧資源真正用到貧困戶身上。再次，細化扶貧工程的重點與難點，保障脫貧攻堅任務的精準和如期完成；在此基礎上，充分發揮黨員及基層幹部的作用，及時解決貧困戶難題；通過選配優秀扶貧幹部推進扶貧工作，充分發揮黨組織和基層黨支部的帶動作用。最後，根據建檔立卡貧困戶的實際情況，因地制宜、因人制宜施行精準化扶貧政策。

資料來源：東方網，2018 年 3 月 26 日

根據以上案例可知，東蘭縣在深度扶貧政策體系的應用方面主要包括「十大扶貧工程」的推進、「五個特色品牌」的創新開發，「三推進」「六精準」的實現等，做深、做透了小縣大產業、小縣大生態、小縣大品牌的一系列文章。

深度扶貧政策體系強調綜合式扶貧，在上述案例中具體表現為：在產業政策上，東蘭縣強調特色產業幫扶到戶，將產業發展作為脫貧攻堅的動力和關鍵。一方面運用良好的氣候條件加強多種特色作物的種植和特色養殖業的發展，另一方面加強了農投企業的帶動和農業大戶的示範帶動。在生態旅遊扶貧政策上，東蘭縣強調生態旅遊的建設發展和「五個特色品牌」的創立。通過立足地區特色，這一地區做強打響了紅色老區、綠色生態、金色銅鼓、銀色長壽、黑色物產「五色品牌」特色。在易地搬遷扶貧政策上，東蘭縣強調改善貧困人口居住條件。由於脆弱的生態環境條件和貧困戶分佈條件，這一地區難以依靠常規扶貧脫貧途徑實現脫貧，因此以縣城和中心城鎮周邊安置兩種方式解決整村搬遷和分散住戶搬遷。新城基礎設施完善、產業發展集聚效應高，實現了引導貧困群眾就近進城務工、經商和創業。在智慧扶貧政策上，東蘭縣強調教育的改善和貧困戶技能的提升。一方面以教育扶智為抓手，深入貫徹落實「7+1」教育精準扶貧政策體系；另一方面以技能培訓作為東蘭縣提高貧困戶勞動技能和就業能力的重要途徑。

東蘭縣深度扶貧政策體系運用的啟示主要包括三個方面：第一，以補

短板為突破口，做好基礎建設。由於深度貧困地區多處於自然條件惡劣、地理位置偏遠、交通閉塞的山區，配套基礎設施建設和完善基本公共服務是推進各項扶貧工程的基礎和保障。第二，創新方式手段，利用科技平台提高脱貧效率。深度貧困地區以特色產業發展作為脱貧致富的主要手段。為進一步推動特色優勢產業發展，深度貧困地區一方面可以構建信息服務平台，幫助農戶了解農業動態、市場狀態等；另一方面可以搭建移動電商平台，通過打通農產品電子商務流通渠道，擴大信息傳遞和地方名牌的打造。第三，重視人才作用，實現「內部提升」和「外部引進」的雙管齊下。基於這一要求，深度貧困地區應積極完善鄉村文化基礎，通過多種途徑提升當地群眾的文化水平和發展能力；同時加大政策優惠和傾斜力度吸引外來人才，充分發揮人才資源在脱貧攻堅工作中的重要作用。

五、可持續扶貧政策體系

可持續扶貧政策體系強調扶貧效果的可持續性。作為科學發展觀的基本要求之一，可持續發展是指既滿足當代人的需求，又不損害後代人滿足需要的能力的發展。將這一理論運用至扶貧領域即發展成了可持續扶貧政策體系，強調扶貧開發必須與資源保護、生態建設相結合，實現資源、人口和環境的良性循環，提高貧困地區可持續發展的能力。由於可持續扶貧是脱貧攻堅工作的最高要求，可持續扶貧政策體系亦與其他四個政策體系有着密不可分的關係，是其他政策體系中與扶貧持續性有關的政策的歸納、總結、昇華和完善。

（一）體系構成

與可持續發展要求相適應，可持續扶貧政策體系涵蓋了政治、經濟、社會、文化和生態方面的相關政策，同時強調以國際交流和項目引進為主的對外政策在中國現階段扶貧事業中的重要作用。

政治政策主要指科學規劃的相關政策，政策強調中央和地方政府生態環境建設規劃的合理性，通過統一開放和綜合治理促進貧困地區經濟、社會、生態的可持續發展。此外，在資源利用方面，政府加強對資源利用標準的制定和嚴格控制，保障資源利用的可持續性。經濟政策主要強調扶貧資金的管理和基礎設施的建設，即完善包括資金籌措和資金管理的財政機制以保障扶貧資金功效，同時通過農田、水利、交通、電力、網絡等基礎設施的建設提升貧困地區自我造血功能。社會政策涵蓋綜合保障政策和就業促進政策兩方面，包括醫療衛生保障和就業補貼扶持等，同時強調社會力量的加入。文化政策強調貧困人口主體素質的提高，具體措施包括宣傳教育、文化信息共享等基本政策。生態政策在可持續發展政策體系中佔據重要地位，主要內容包括生態扶貧機制、能源和生態環境建設規劃等。

與其他政策體系不同，對外政策是可持續扶貧政策體系的重要構成之一，要求通過國際交流合作，一方面吸收國際社會經驗、理論與實踐，創新扶貧機制與模式；另一方面加強扶貧領域項目的共同合作，結合國內外力量推動扶貧攻堅發展。

（二）體系特點

可持續扶貧政策體系具有適用範圍廣、持續性強、均衡性高等基本特點。

首先，這一政策體系聚焦可持續扶貧，符合可持續發展的基本要求和中國經濟發展的基本目標，因而適用範圍基本涵蓋中國所有貧困地區與貧困人口，體現出極強的適用性。其次，在政策制定過程中，由於政策目標的長遠性，政策內容亦突出體現持續性色彩，包括地區社會、經濟、生態的綜合發展和貧困人口素質的持續提高，即強調了貧困主體的可持續、載體的可持續和供體的可持續。最後，在政策實施過程中，不同政策相互協調、相互補充和相互促進，致力於五位一體的共同發展，體現出較強的均衡性和綜合性。

（三）體系作用

可持續扶貧政策體系的作用包括兩個方面：一是實現貧困人口的持續脫貧，二是保障貧困地區的持續發展。

從貧困人口來看，這一政策體系推動了人口素質的提升和脫貧意識的加強。根據「扶貧先扶智，治貧先治愚」的基本原則，通過教育和培訓、文化宣傳等方式提高了貧困人口的素質，以「扶智」的方式促進勞動力水平的提高和就業。同時，加強對脫貧光榮導向的宣傳，培養貧困人口自力更生的意識，以「扶志」的方式提升貧困地區勞動力自我發展的能力和意識。在此基礎上，實現扶貧主體的可持續性。

從貧困地區來看，這一政策體系促進了生態環境的開發、利用和保護。在根據地區生態特點因地制宜開發，利用相關能源與資源以促進經濟發展的同時，強調生態修復和生態保護，實現了脫貧攻堅與生態改善的雙贏。

（四）案例說明：四川省馬邊彝族自治縣可持續扶貧政策體系應用

案例：馬邊扶貧的「三把鑰匙」——國網四川電力綜合扶貧探索

四川省馬邊彝族自治縣位於樂山市、宜賓市和涼山州的接合部，面積2283平方公里，轄區內共有20個鄉鎮、9個社區和114個村，總人口為21.3萬人，其中農業人口佔90.02%。由於地理和歷史因素，這一地區經濟發展落後。目前，馬邊彝族自治縣屬於國家扶貧開發重點工作縣、大小涼山綜合扶貧開發縣、烏蒙山片區區域扶貧開發縣，中央紀委和省紀委、省投資促進局、省電力公司定點幫扶縣，四川省擴權強縣試點縣。

國網四川省電力公司在馬邊地區脫貧致富中發揮了重要作用。自2008年起，馬邊地區通過實現理順電網管理機制、推進電網基礎建設、實施電網升級改造和提升電力服務水平改善了當地的生產、生活條件和經濟發展條件。2018年12月，總投資為85萬元的春林村農網改造工程開工；2009年年底，220千伏的天宮廟輸變電工程如期竣工；2011年年初，煙峰110千伏輸變電工程開工。在堅強電網的支撐下，馬邊2014年全年實現地區生產總值29.87億元，比上年增長9%。

在產業扶貧上，國網四川省電力公司聚焦種植業和養殖業，通過「公司＋基地＋專業合作社＋農戶」的模式發展特色產業。以高石頭村為例，該村通過發展蛋雞養殖推進產業扶貧，養殖戶每年收入可達到2.36萬元。目前，高石頭村已有8戶村民養殖蛋雞，6戶村民養殖生態豬，42戶村民加入核桃綜合產業開發合作社。在教育扶貧上，三溪鄉「國網愛心希望小學」建設、高石頭村小學改造工程保障了當地基礎教育水平，同時電工技能培訓班也提升了當地居民的職業技能。

資料來源：四川日報，2015年7月28日

以上案例顯示，馬邊地區依靠「電力、產業、教育、文化」四位一體的扶貧內容和「強基礎，續動力，斬窮根」三位一體的扶貧模式，逐步完善了以提升可持續發展能力為目標的扶貧機制，體現了可持續扶貧政策體系的良好運用。一方面，電力基礎設施的建設為馬邊地區扶貧工作奠定了基礎要素；另一方面，產業扶貧和教育扶貧並舉為馬邊地區「造血式」扶貧提供了保障。

四位一體的扶貧內容和三位一體的扶貧模式為馬邊地區構建了多方參與的可持續扶貧。馬邊彝族自治縣可持續扶貧政策體系運用的啟示是：對於貧困地區而言，可持續扶貧是貧困地區脫貧攻堅過程中的重要追求。

為實現這一政策目標，需要充分結合當地特色，強調社會扶貧，將經濟社會發展全局與當地群眾長遠發展相結合，將治窮與治愚相結合，從產業扶貧、勞務開發、智力幫扶等多方面促進貧困戶的增收致富。

第三節　總結

回顧改革開放以來中國扶貧攻堅工作取得的巨大成就和積累的寶貴經驗，可以看到，立足本國國情，結合不同貧困地區的特點，中國在不斷推進脫貧攻堅工作的過程中，逐步形成了分散式扶貧政策體系、系統化扶貧政策體系、精準化扶貧政策體系、深度扶貧政策體系和可持續扶貧政策體系。

針對目前國內學界在中國扶貧政策體系研究上存在的理論研究數量較少、直接研究成果較少，及聚焦單一政策體系的內容、案例或意義的現狀的問題，本章從宏觀上對中國五大扶貧政策體系進行了介紹。具體到主要內容來說，包括分散式、系統化、精準化、深度和可持續扶貧政策體系的構成、特點、作用和具體案例說明。

在體系構成上，各個政策體系均強調政治、經濟、社會、文化等政策的配合。同時，不同政策體系中，具體政策的內容和重要性亦不相同。此外，與保障機制和貧困治理體制機制相關的國內外政策措施等亦是政策體系的重要內容；在體系特點上，不同的政策體系在應用範圍、時效特徵、持續時間、政策性質等方面均有其獨特性；在體系作用上，實現貧困人口的脫貧是五大政策體系的基本作用和基本目標。就具體作用而言，分散式扶貧政策體系有利於提升分散式貧困人口的脫貧能力，減少貧困的代際傳播；系統化扶貧政策體系有利於促進貧困地區協同發展；精準化扶貧政策體系有利於實現貧困人口的精確識別、精確幫扶、精確管理；深度扶貧政策體系以五位一體為出發點，強調解決深度貧困地區現實困難的同時，提升地區發展能力；可持續扶貧政策體系在促進地區可持續發展過程中發揮着不可替代的作用。

在案例說明方面，本章選取了重慶、四川、湖南、廣西、甘肅等地區的具體案例，結合光伏扶貧、電商扶貧、電力綜合扶貧等扶貧方式和不同地區的特定扶貧政策，分析了五大扶貧政策體系的內容和具體運用形式，同時也為其他地區政策體系的運用提供了借鑒和啟示。

對於中國未來的脫貧攻堅工作而言，既要重視地區特性，因地制宜採用適合地區貧困特點的政策體系，如針對分散貧困人口的分散式扶貧政策體系、針對深度貧困地區的深度扶貧政策體系等，從而最大限度發揮特定扶貧政策體系的效用；又要強調地區的協調性，綜合運用系統化扶貧政策體系、精準化扶貧政策體系與可持續扶貧政策體系等，實現脫貧的持續性與地區的可持續發展。

第七章　中國扶貧組織保障

第一節　組織保障的含義

一、組織及組織理論

關於組織的定義很多，且隨着人類社會的發展，人們對組織的認識也在不斷豐富和深化。目前，廣義來說，組織是指由諸多要素按照一定方式相互聯繫起來的系統；從狹義上看，組織則包含着社會管理含義，指人們為了實現一定的目標，互相協作結合而成的社會集體或團體，如黨團組織、工會組織、企業等，它是人類社會的基礎。[1]

早期的古典組織理論形成於20世紀20年代，主要側重於靜態組織的研究，以泰勒的科學管理理論、法約爾的一般管理理論、韋伯的官僚制理論為代表，組織環境尚未成為其關注點。隨着行為主義的興起，以及工業社會發展帶來的社會教育水平及人口素質的提高，組織規模和社會環境的不斷變化，人們開始將目光擴散到組織的外部，系統論和控制論也給組織理論提供了新思路。20世紀30年代之後，現代組織要素理論開始出現並逐步成為主流，其關注組織的開放性和動態性，強調組織對外部環境的適應和組織內部結構的協調。社會學派和系統學派是其中兩大流派。巴納德是社會學派的代表，認為組織是有意識地協調兩個或以上人的活動或力量的體系，社會各級組織都是一個協作的系統，也都是社會大協作系統的組

* 感謝馬婕為本章做出的工作。

1 許激：效率管理：現代管理理論的統一[M]. 北京：經濟管理出版社，2004。

成部分。系統學派以卡斯特和羅森茨韋克為代表，認為組織是由各子系統有機聯繫組成的系統，組織要素即組成組織系統的五個子系統，分別是目標與價值子系統、技術子系統、社會心理子系統、組織結構子系統和管理子系統，組織的任務之一就是在組織內各子系統、組織和外部環境間尋求最大的一致。[1]

組織要素是組織的最基本單位，是組織系統的不同部分，其相互影響，共同決定了組織的成員、結構、目的和特點。總體來說，組織主要由五項基本要素組成，即組織外部環境、組織內部環境、組織目的、管理主體和管理客體，這些基本要素相互聯繫、相互作用，共同構成了一個具備開放性、系統性、目的性、協作性和整體性的組織。[2]

二、組織保障及中國扶貧體系

組織保障，即通過一定的組織形式，為某項工作的開展提供支撐和保障。就中國扶貧工作而言，組織的外部環境主要包括世界、全國、地區等層級的社會經濟發展情況，內部環境包括政府架構、各參與者的職能分工狀態及相關政策。組織目的是能讓更多人脫離貧困狀態，管理主體主要為各級政府和相關機構，管理客體主要為貧困地區及人口。

1949 年中華人民共和國成立後，特別是自改革開放政策實行以來，中國政府在全國範圍內實施了以解決貧困人口溫飽問題為主要目標的有計劃、有組織的大規模扶貧開發，安排專項資金，制定專門的優惠政策，對傳統救濟式扶貧進行徹底改革，確定了開發式扶貧方針。1986 年 6 月，為

---

1 弗萊蒙特．E. 卡斯特等：組織與管理：系統方法與權變方法 [M]. 4 版 . 北京：中國社會科學出版社，2000。
W. Richard Scott 等：組織理論：理性自然和開放系統 [M]. 4 版 . 北京：華夏出版社，2002。引自：陳淑偉：開放系統組織研究的歷史與理論 [M]. 濟南：山東科學技術出版社，2007：146-149。

2 許激：效率管理：現代管理理論的統一 [M]. 北京：經濟管理出版社，2004。

了更好地開展扶貧工作，國務院貧困地區經濟開發領導小組（1993年更名為國務院扶貧開發領導小組）正式成立，每年召開全國扶貧開發工作會議，專門負責組織、領導、協調、監督、檢查貧困地區的扶貧開發工作，這標誌着中國扶貧工作組織系統正式確立。各省、自治區、直轄市和地（市）、縣級政府也成立了相應的組織機構，在統一部署下負責本地的扶貧開發工作[1,2]，各級扶貧辦負責日常事務。中國扶貧機構的整體架構如圖7-1所示。

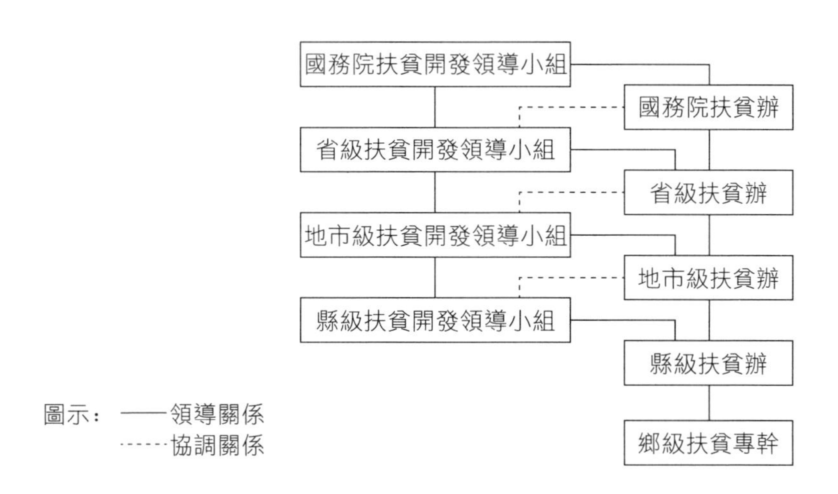

圖7-1　中國扶貧機構的整體架構

資料來源：國務院扶貧開發領導小組辦公室網站—機構概況頁

除此之外，貧困農村地區的基層組織也是中國扶貧工作組織保障的重要組成方面。基層群眾自治制度是中國社會主義民主政治制度體系的基本內容之一，在這一制度下，城鄉居民群眾以相關法律法規政策為依據，在

1　王朝明：中國農村30年開發式扶貧：政策實踐與理論反思[J]. 貴州財經學院學報，2008（6）：78-84。

2　國務院新聞辦公室：中國的農村扶貧開發，2001年10月，見國務院新聞辦網站. http://www.gov.cn/zhengce/2005-05/26/content_2615719.htm，2018-6-29。

城鄉基層黨組織領導下，在居住地範圍內，依託基層群眾自治組織，直接行使民主選舉、民主決策、民主管理和民主監督等權利，實行自我管理、自我服務、自我教育、自我監督。社區及村級組織建設的加強，極大地提高了人們在扶貧工作中的自我組織程度和參與熱情，對扶貧工作的進展起到很大的促進作用。[1] 在中央、地方及基層政府之外，軍隊和武警部隊、專業性機構（如大學、研究機構等）、企業和其他商業團體、各類社會組織（如各類慈善協會、工會、志願者等）、共青團、婦聯、科協、僑聯等群眾組織，以及海外華人華僑等其他群體也開始逐步參與扶貧工作，相互協調合作，發揮着不可忽視的作用。

2011 年底，中共中央、國務院印發了《中國農村扶貧開發綱要（2011—2020 年）》，作為新時期中國扶貧工作的主要綱領性文件，提出要在政策體系上「完善有利於貧困地區、扶貧對象的扶貧戰略和政策體系，發揮專項扶貧、行業扶貧和社會扶貧的綜合效益，實現開發扶貧與社會保障的有機結合」，並在中央和地方兩級財政方面逐步增加扶貧開發投入，同時加大對貧困地區的投資傾斜。在組織領導方面，「強化扶貧開發責任。堅持中央統籌、省負總責、縣抓落實的管理體制，建立片為重點、工作到村、扶貧到戶的工作機制，實行黨政一把手負總責的扶貧開發工作責任制」，進一步強化各級扶貧機構及職能，貧困程度深的鄉鎮要有專門幹部負責扶貧開發工作；同時，要強化各級扶貧開發領導小組的綜合協調職能，使其能更好地研究制定政策措施，為扶貧工作提供更多指導，以更好地協調落實各項工作，並每年向國務院扶貧開發領導小組進行工作報告。在基層方面，「充分發揮貧困地區基層黨組織的戰鬥堡壘作用，把扶貧開發與基層組織建設有機結合起來」，通過相關優惠政策鼓勵、選派優秀人才到貧困村工作，「幫助建班子、帶隊伍、抓發展」，選好村級領導班

1 國務院新聞辦公室：中國的農村扶貧開發，2001 年 10 月，見國務院新聞辦網站 . http://www.gov.cn/zhengce/2005-05/26/content_2615719.htm，2018-6-29。

子，強村富民，強基固本。[1]

2017 年 10 月 18 日，習近平在中共十九大報告中指出，為了打贏脫貧攻堅戰，我們要「動員全黨全國全社會力量，堅持精準扶貧、精準脫貧，堅持中央統籌、省負總責、市縣抓落實的工作機制，強化黨政一把手負總責的責任制，堅持大扶貧格局，注重扶貧同扶志、扶智相結合，深入實施東西部扶貧協作，重點攻克深度貧困地區脫貧任務」。[2]

第二節　中國扶貧組織保障形式

中國扶貧工作的組織保障形式主要分為四種，即行政垂直式、部門橫向式、交叉融合式、社會組織式。不過，這四種形式並非完全對立的關係，相反，在同一地區的不同階段或是不同的案例之中，這幾種組織保障形式往往交互出現，甚至相互融合，體現着所在地區和時代的特點。

一、四種組織保障形式概述

（一）行政垂直式

行政垂直式是一種直線型的組織結構形式，在這種結構下，職權從高層（中央政府）向下傳遞，經過若干層次後達到組織底層（地方政府相關機構）。垂直管理事關中央與地方政府在行政權力方面的劃分，它的加強也意味着中央政府（或相對高層級政府）對權力的集中行使，目的在於「通過對某些領域的行政事務的縱向直接控制，擺脫地方保護和干預，維護法

1 中共中央、國務院：中國農村扶貧開發綱要（2011—2020 年），新華社 2011-12-01. http://www.gov.cn/jrzg/2011-12/01/content_2008462.htm.

2 習近平：決勝全面建成小康社會　奪取新時代中國特色社會主義偉大勝利——在中國共產黨第十九次全國代表大會上的報告，新華網，2017-10-27. http://www.xinhuanet.com/19cpcnc/2017-10/27/c_1121867529.htm.

制統一和政令暢通，加強行政執法的權威性、統一性」[1]，避免政出多頭可能導致的利益衝突；同時，垂直管理也有利於人力資源、資金、設備等資源的配置，並確保各項目、環節間的協調，發揮中國「集中力量辦大事」的優勢。從秦代到現在的兩千多年來，中國一直都是一個實行中央集權制度的「大一統」國家，政府（尤其是中央政府）的權威較強，行政垂直式這一組織保障形式在中國有着較長時間的歷史，也有着廣泛的群眾基礎。經濟分權與垂直的政治管理體制緊密結合的中國式分權治理模式是中國政府治理結構的核心特徵[2]。

在中國的扶貧工作中，政府處於中心地位，實行分級負責、以省為主的行政領導扶貧工作責任制。如上文所述，中國自 1986 年開始實施全國範圍內的扶貧開發工作系統（國務院扶貧開發領導小組 —— 省級扶貧開發領導小組 —— 地市級扶貧開發領導小組 —— 縣級扶貧開發領導小組，及其領導的各級扶貧辦 / 扶貧專幹），實行從中央到地方的垂直管理，這是行政垂直式組織保障的核心體現之一。為了讓扶貧項目更貼近實際需求，近年來，基層政府的作用越發加強 —— 在國務院扶貧辦印發的《關於完善縣級脫貧攻堅項目庫建設的指導意見》中，提出要建立完善與貧困縣涉農資金統籌整合使用和資金項目審批權限下放相適應的項目管理制度，編制和建立脫貧攻堅項目庫（項目庫納入全國扶貧開發信息系統管理），由縣級政府承擔項目庫建設主體責任，實行村申報、鄉審核、縣審定，並根據項目進展和實際效果及時更新，市級扶貧辦進行督促和跟蹤指導，開展必要的能力建設。[3]

1 金亮新：我國政府垂直管理制度探討 [J]. 理論與改革，2008（1）：137-140。

2 錢振偉：覆蓋城鄉居民社會保障管理體制研究：基於對部分市（州）縣實踐的調查 [M]. 北京：經濟科學出版社，2011：69。

3 國開辦 [2018]11 號，關於完善扶貧資金項目公告公示制度的指導意見，2018-04-25. www.cpad.gov.cn/art/2018/4/25/art_343_921.html.

（二）部門橫向式

在中國，政府依據不同的業務、職能，將政府機構劃分為若干部門，每個部門各自管理不同性質的業務內容。但是，諸如扶貧開發、環境保護等複雜、艱巨的任務，並無法靠單一的政府部門、組織或機構有效解決，而需要在「局中人」的協調下，通過政府部門間、政府間甚至政府與社會機構之間的橫向合作才有可能得到有效治理。部門間合作本質上是一種互動過程，是部門之間的正式協調活動。這裏所說的（政府）部門（橫向）合作，不僅包含中央政府各部門間的合作，也包括地方政府內部同級部門間或不同地方政府的相同部門之間的合作。部門橫向合作並非易事，其面臨着各種各樣的難題，歸結起來主要有三類：一是對某些工作，各部門搶着管，以擴大自身職權；二是多頭監管體制引發的某些真空地帶——能徹底解決問題的各項權限分散在多個不同的部門，每個部門在試圖解決問題時都存在難以管理的困境；這也引發了第三類問題，即各部門互相推諉扯皮，以「不歸我管」為藉口不承擔相關職責。[1] 此外，即使存在協調機構，在實際工作中也需要面對臨時性協調機構過多，及運作不規範（甚至影響正常部門行使職能）、跨部門協調配合機制不健全等挑戰。這還僅僅是同政府內各部門橫向合作時面臨的問題，涉及不同地方政府之間的合作時，更是障礙重重：經過長時間的地方分權改革，目前地方政府已成為相對獨立的利益主體，各地方政府均以追求本地區利益最大化為主要目標，導致了地方保護主義的問題；此外，兩個地方政府之間的橫向合作，也可能會導致它們形成對第三方地方政府的排斥，通過「加強對無合作關係的地方政府的貿易壁壘以及制定帶有歧視性的地方區域規劃等」，形成「團體」地方保護主義，影響區域和全國範圍的整體發展[2]。近年來各地的「高鐵爭

1 劉新萍：政府橫向部門間合作的邏輯研究 [D]. 上海：復旦大學，2013：2-4。

2 龍朝雙、王小增：準公共經濟組織角色下我國地方政府橫向合作關係探析 [J]. 湖北社會科學，2005（10）：28-30。

奪戰」和愈演愈烈的「企業爭奪戰」「人才爭奪戰」都是很好的例子。

扶貧是一項綜合性工作，與很多部門有着密切聯繫：在資金安排、使用和監管方面，需要保持與財政部 / 廳 / 局的聯繫；在產業扶貧方面，不同的產業往往涉及不同的部門，如特色種養中與農業部門的聯繫、鄉村旅遊中與旅遊部門的聯繫等；在基本生活保障方面，社保部門、住建部門、交通部門、教育部門等也是重要的合作夥伴……隨着扶貧工作中創新性和創造性的加強，扶貧涉及的部門可能還會增多。為了實現各部門有效合作，國務院設置了國務院扶貧開發領導小組作為其議事協調機構之一（單設辦事機構），賦予其相對較高的權威。各級扶貧開發領導小組在很大程度上可以扮演有權威性的「局中人」角色，作為倡導者、支撐者和協調者，推動各部門在扶貧開發方面更好地合作。尤其是其成員往往來自多個部門，或具有不同部門的工作經驗：以國務院扶貧開發工作領導小組為例，目前領導小組由國務院副總理胡春華任組長，成員包括「國務院辦公廳、中央軍委政治工作部、中央農辦、發展改革委、民政部、財政部、農業部、人民銀行、中央組織部、中央宣傳部、中央統戰部、中央直屬機關工委、中央國家機關工委、外交部、教育部、科技部、工業和信息化部、國家民委、人力資源和社會保障部、國土資源部、環境保護部、住房城鄉建設部、交通運輸部、水利部、商務部、文化部、衛生計生委、國資委、新聞出版廣電總局、統計局、林業局、旅遊局、國研室、銀監會、證監會、保監會、能源局、中國鐵路總公司、農業銀行、供銷合作總社、全國總工會、共青團中央、全國婦聯、中國殘聯、全國工商聯等有關部門的負責同志」[1]；在省級及以下，領導小組成員數量往往只有三五名，小組主任由省、市或各級相應黨委、政府主要領導等高級別領導擔任，小組成員普遍具備豐富的政府工作經驗，這一組織一直延續到縣一級——以貴州省黔

1 國務院扶貧開發領導小組辦公室網站——機構職能頁 . http://www.cpad.gov.cn/col/col282/index.html，2018-07-12。

南布依族苗族自治州長順縣為例，該縣就成立了「以縣長為組長、分管副縣長和縣四家班子聯繫扶貧的領導為副組長、縣相關部門和有關鄉鎮負責人為成員的扶貧開發工作領導小組」[1]。

（三）交叉融合式

目前，交叉融合多見於高校學科人才培養體系之中，指在高校打破傳統思維、改變創新理念模式的基礎上，通過突破學科壁壘、開設跨學科課程、組建跨學科平台等方式促進學科交叉交融，培養具有較高綜合素質、能夠分析研究解決複雜問題的綜合性人才的培養方式。在其他領域，雖然沒有人才教育體系中提得頻繁，但交叉融合的思路早已深入其中。其與部門橫向式的原因類似，即如今很多問題都是綜合性、跨學科的，單靠某一科的專業知識並無法徹底解決，甚至會加劇這些問題。要真正解決這些問題，不僅需要推動各獨立部門之間的橫向合作，還需要我們將各個獨立的問題聯繫起來，從多個角度探索複雜問題的產生原因、發展過程及可能的解決方式。建立交叉融合式的組織保障模式，目的之一就在於用綜合、多角度的視角去看待目前國家和社會發展中存在的障礙和問題，促進多學科資源的緊密結合，推動創新創造性想法及模式的產生和實踐，以更好地解決一些「頑固」的綜合性問題。

在扶貧工作中，《「十三五」脫貧攻堅規劃》要遵循的關鍵原則之一，就是「堅持統籌推進改革創新，將脫貧攻堅與經濟社會發展各領域工作相銜接，與新型工業化、信息化、城鎮化、農業現代化相統籌」，將扶貧與國家眾多重點工作進行交叉融合。如在城鎮化方面提出「推動脫貧攻堅與新型城鎮化發展相融合」，依託貧困地區的優勢（如特色農產品、農事景觀、人文景觀、風俗文化、氣候及地理環境等資源），打造「一批休閒旅遊、商貿物流、現代製造、教育科技、傳統文化、美麗宜居小鎮」，並在

1 張琦、王建民：產業扶貧模式與少數民族社區發展[M]. 北京：民族出版社，2013：107-109。

這一過程中「結合中小城市、小城鎮發展進程，加快戶籍制度改革，有序推動農業轉移人口市民化，統籌規劃貧困地區城鄉基礎設施網絡」，在水電路氣等基礎設施、公共服務等各方面推行城鄉統一佈局和建設，逐步實現制度併軌、標準統一。這一思路也體現在其各個扶貧開發模式之中，如在產業扶貧中提出要「促進產業融合發展，深度挖掘農業多種功能，培育壯大新產業、新業態，推進農業與旅遊、文化、健康養老等產業深度融合，加快形成農村一二三產業融合發展的現代產業體系」。僅在農業發展一塊，也提出要將農業種/養殖、農產品加工、農產品物流（流通及物流冷鏈基礎設施）、農業品牌戰略等結合起來，以推動貧困農村地區的發展。[1] 在這一過程中，扶貧開發領導小組就承擔着類似於高校學科交叉融合中心的角色，將三大產業、財政、金融、就業、社會保障、衞生、教育、城鎮化、環保等眾多元素交叉融入其中，以更積極的態度調動多個學科的相關資源，在針對貧困地區實行開發式扶貧（給予專項資金，出台優惠措施，以基礎設施建設和特色產業培育等方式，增加其自我持續發展的「造血能力」）和救濟式扶貧的同時，注重國家和社會的可持續發展，並隨着社會各方聯繫的日益緊密而發揮越來越重要的作用。

（四）社會組織式

社會組織，廣義來說，包括除了黨政機關、企事業單位外的社會中介性組織，狹義來說，指在各級民政部門登記的社會團體、民辦非企業和基金會等[2]。相關研究顯示，從註冊性質上看，扶貧相關的社會組織大致可分為六類，佔比如圖 7-2 所示；從關注群體上看，兒童、殘障人士、老人和

1 國務院：「十三五」脫貧攻堅規劃，2016-12，見 http://www.cpad.gov.cn/art/2016/12/4/art_343_261.html，2018-07-18。

2 白楊：民族地區扶貧政府與社會組織合作關係研究 [D]. 呼和浩特：內蒙古大學，2011：6-7。

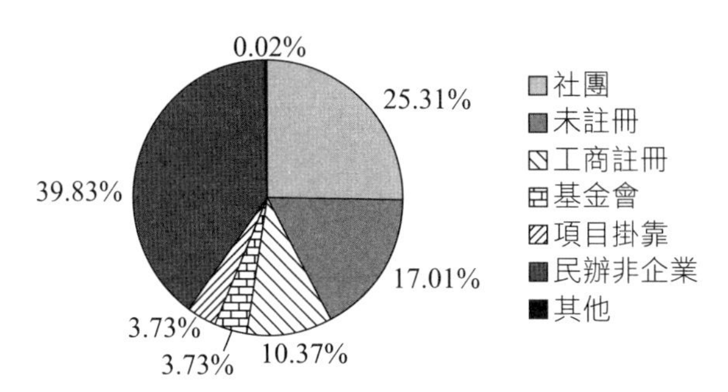

圖 7-2　各註冊性質扶貧相關社會組織的佔比情況

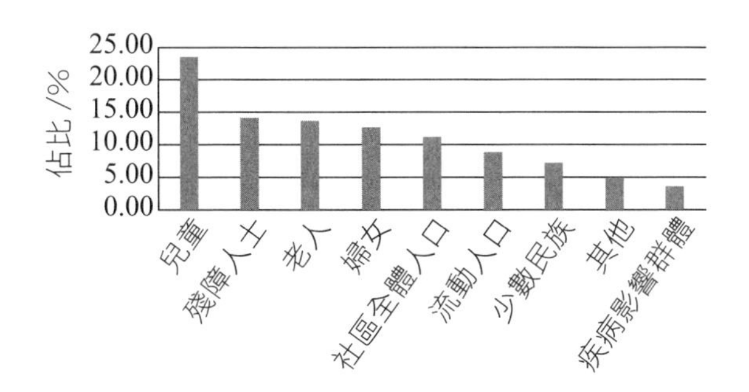

圖 7-3　以各群體為重點服務對象的社會組織的佔比情況

婦女是其重點關注對象，如圖 7-3 所示。[1]

對很多複雜的綜合性問題，僅僅依靠政府及相關部門單一主體的力量，很多時候並不足以解決——這不僅體現在可以調動的資源方面，也體現在政府這一主體的工作思路和工作模式的局限性上；市場和社會這兩大主體的適當參與，可以在很多方面彌補政府在某些工作中的不足，從而推動問題的解決；當然，這二者本身也有自己的問題，因此政府、市場、社會三大主體應該進行合作，以滿足任何一個單一主體都無法滿足的全體公民對公共物品的需求。政府失靈理論、福利多元主義、參與式發展理論都是社會組織式保障（尤其是針對某些公共事業）的理論基礎。政府失靈理論認為，雖然政府是市場失靈的最佳彌補者，但在這一過程中也會有政府

1　李愛玲：中國社會組織扶貧現狀、類型及趨勢，2015-08-26，http://www.chinadevelopmentbrief.org.cn/news-17932.html，2018-08-12。

失靈情況出現（如因政府「趨中性」即傾向於滿足中間部分人的需求，導致部分人的需求無法得到實質滿足；政府效率、職責邊界及科層制造成的交易成本）；社會組織是對兩者雙失靈的彌補，可以作為公共物品的提供者之一，彌補政府無法滿足的公民需求。福利多元主義認為一個社會的福利應該由多個主體提供，而不應由政府壟斷，強調政府權力分散化與福利市場化 / 民營化；社會組織可以有效彌補政府福利供應的不足，將社會力量納入社會福利供應方，在減輕政府財政負擔的同時，降低人民對政府福利的依賴。參與式發展是在賦權，將參與權和決策權進行再分配以增加社區和弱勢群體（如婦女和窮人）的發聲和影響，而非由傳統掌握公共權力的政府部門一手壟斷。[1]

在中國的扶貧工作中，組織和動員社會力量投入扶貧開發工作一直被作為是一項重要的扶貧舉措，通過組織動員企業參加對口扶貧，鼓勵東部相對發達地區支持中西部貧困地區，動員社會資源以各種公益形式參加扶貧——如「希望工程」「幸福工程」「康復扶貧工程」「博愛工程」等活動，使貧困地區得到了更多支持以改善自己的社會經濟發展條件。據估計，「八七扶貧攻堅計劃」和「十五計劃」（2001—2005）期間，社會扶貧動員的資金總額達 1137 億元，佔總扶貧投資的 28%[2]。2006 年 2 月，六家非政府組織通過中國扶貧基金會被委託組織的招標形式參加了江西試點的村級扶貧規劃工作，利用國務院和江西省扶貧辦提供的 1100 萬元財政扶貧資金，在江西 22 個重點貧困村實施村級扶貧規劃項目，這是社會組織首次系統、直接參與國家扶貧開發規劃的標誌；2017 年 1 月 9 日，國務院扶貧開發領導小組辦公室又宣佈，通過競標形式將寧夏扶貧與環境改造中心等五家非政府組織納入參與政府扶貧項目的非政府組織範圍。此外，中國的

1 趙佳佳：當代中國社會組織扶貧研究 [D]. 長春：吉林大學，2017：51-57。

2 王朝明：中國農村 30 年開發式扶貧：政策實踐與理論反思 [J]. 貴州財經大學學報，2008（6）：78-84。

國際合作伙伴也對社會組織參與扶貧工作給予大量支持，如亞洲開發銀行提供了 100 萬美元、新加坡金鷹國際集團提供近 8 萬美元（通過中國扶貧基金會），以支持非政府組織參與村級扶貧規劃試點項目的設計和示範推廣工作。[1] 在貧困地區極大需求無法得到滿足的背景下，中央及地方各級政府極力倡導社會組織參與扶貧。從 1994 年的《八七扶貧攻堅計劃》明確提出「充分發揮中國扶貧基金會和其他各類民間扶貧團體的作用」以來，國務院頒佈的多項文件都強調了這一問題，如 2014 年的《關於創新機制紮實推進農村扶貧開發工作的意見》強調的「鼓勵引導各類企業、社會組織和個人以多種方式參與扶貧開發……每五年以國務院扶貧開發領導小組名義進行一次社會扶貧表彰」，並在同年又印發了《關於進一步動員社會各方面力量參與扶貧開發的意見》，指出政府部門應加強對社會扶貧組織的信息及業務支持，鼓勵其參與扶貧資源動員、配置和使用，降低其註冊門檻，幫助其加強自身能力建設和管理水平，打造社會扶貧公益品牌……截至 2016 年，共有 26 個政策、法律文件提及社會組織參與扶貧，如表 7-1 所示。[2]

社會組織本身的經濟實力和慈善文化也不斷加強，參加扶貧工作的社會組織類型、數量及其參與方式也有了較大發展，同時借鑒國際先進經驗進行適應本國環境的模式創新。當代中國社會組織扶貧的活動領域主要包括基礎設施建設（如中國扶貧基金會的「貧困農戶自立工程」與中國婦女發展基金會的「母親水窖」項目）、教育扶貧（如「希望工程」「春蕾計劃」「愛心包裹項目」「築巢行動」）、健康扶貧（如「母親健康快車」「中國西部婦幼計劃」「希望醫院」「中國民促會防殘康復試點項目」等）、產業扶貧（如中國國際民間組織合作促進會爭取的國際民間組織的扶貧項目，在

1　韓潔：中國首次選擇 11 家非政府組織參與政府農村扶貧，新華社北京 2017-01-19 電，http://www.gov.cn/jrzg/2007-01/19/content_501731.htm，2018-7-20。

2　趙佳佳：當代中國社會組織扶貧研究 [D]. 長春：吉林大學，2017：70-75。

表 7-1 涉及社會組織扶貧的重要政策和法律一覽表（不含救災與災後重建）

序號	年份	文　　件
1	1989	社會團體登記管理條例
2	1994	國家八七扶貧攻堅計劃
3	1998	社會團體登記管理條例
4	1998	民辦非企業單位登記管理暫行條例
5	2001	中國農村扶貧開發綱要（2001—2010 年）
6	2004	基金會管理條例
7	2004	關於進一步加強扶助貧困殘疾人工作意見的通知
8	2004	關於進一步加強紅十字工作的意見
9	2011	中國農村扶貧開發綱要（2011—2020 年）
10	2012	農村殘疾人扶貧開發綱要（2011—2020 年）
11	2014	關於創新機制紮實推進農村扶貧開發工作的意見
12	2014	發達省（市）對口支援四川雲南甘肅省藏區經濟社會發展工作方案
13	2014	關於進一步動員社會各方面力量參與扶貧開發的意見
14	2014	國務院關於進一步促進慈善事業健康發展的指導意見
15	2014	國家貧困地區兒童發展規劃（2014—2020 年）
16	2015	國務院關於加快推進殘疾人小康進程的意見
17	2015	關於進一步完善醫療救助制度全面開展重特大疾病醫療救助工作的意見
18	2016	中共中央關於制定國民經濟和社會發展第十三個五年規劃的建議
19	2016	中共中央關於打贏脱貧攻堅戰的決定
20	2016	關於加大脱貧攻堅力度支持革命老區開發建設的指導意見
21	2016	中華人民共和國慈善法
22	2016	國務院關於加強農村留守兒童關愛保護工作的意見
23	2016	國務院關於進一步健全特困人員救助供養制度的意見
24	2016	國務院關於加強困境兒童保障工作的意見
25	2016	「十三五」加快殘疾人小康進程規劃綱要
26	2016	「十三五」脱貧攻堅規劃

資料來源：趙佳佳：當代中國社會組織扶貧研究，第 75 頁

1987—1997年幫助山東蒙陰縣爭取到無償援助項目34個，總投資2690.38萬元；中國光彩事業促進會聯合發起的「萬企幫萬村」精準扶貧行動和「雙百雙促」行動等）、金融扶貧（如中國扶貧基金會下屬的中和農信為以貧困婦女為主的貧困農戶提供小額貸款，並為其提供金融知識普及教育和理財諮詢，以及所需的農業技術培訓和信息技術培訓等）、救災扶貧（物資捐款、行動救援、災後重建）這六大領域，通過籌款工具模式、項目運行模式、組織資助模式和政府購買模式參與扶貧工作，取得了很多成績。但由於中國扶貧工作依然處於政府主導局面，社會組織參與扶貧工作的相關立法依然相對滯後、管理體制僵化、體制相對鬆散，且社會組織數量眾多、良莠不齊，其獨立性不足、公信力缺失、資源動員能力有限、扶貧專業水平欠缺等內部制約，也一定程度上限制了其發揮建設性的作用。

二、案例分析

案例：小金縣社區發展案例

小金縣位於四川省西北部，阿壩藏族羌族自治州南端，是嘉絨藏族主要聚居區。小金縣是非常典型的「老少邊窮地區」，自然條件惡劣，有豐富的自然資源，但因區位、交通、氣候等因素制約而並未得到充分開發利用，經濟基礎不足，技術、管理水平較低，信息相對閉塞，加之自然災害影響（如汶川地震），貧困問題非常突出。小金縣在1989年被確定為省定貧困縣，2002年被列為國家扶貧開發工作重點縣，2008年被國務院確定為「5・12」汶川特大地震重災縣，2012年被確定為國家新一輪扶貧開發工作重點縣。小金縣現有貧困村88個，貧困戶2952戶，貧困人口10 578名。[1]

小金縣政府並不滿足於作為一個邊遠貧困縣，依賴國家資金和社會捐

1　中國阿壩州門戶網站：朱學昌介紹小金縣貧困現狀，2016-12-06，http://www.abazhou.gov.cn/hdjl/zxft/syft/lvsegongye_33011/ftzy/201612/t20161206_1222406.html，2018-07-20。

助存活的現狀，而是在縣級扶貧開發工作領導小組和縣級扶貧辦的指導下，開展了一系列扶貧、脫貧活動。在產業佈局方面，小金縣全面推進特色農業、旅遊業等產業的發展，目前已基本形成以四姑娘山鎮旅遊、達維鎮玫瑰、雙柏鄉核桃、沃日鎮蘋果、美沃鄉甜櫻桃、新橋鄉犛牛標準化養殖等產業為主體，其他產業齊頭並進的產業發展格局；此外，小金縣政府注重引入新領域、新技術，着力於「國家級電子商務進農村綜合示範項目」建設，大力培育農產品電商交易平台，通過「電商＋合作社＋農戶」或「電商＋農戶」模式，建設電子產業園，充分發揮第三方交易平台優勢，為當地農產品企業、專合組織和貧困戶提供便捷高效的銷售渠道（電商直銷也提升了小金縣特色農產品的知名度和溢價率，如小金蘋果通過電商銷售的溢價率就達到87%），依託電商產業和「觸電企業」輻射帶動貧困人口從業。

同時，小金縣政府從多方面入手處理貧困問題。在健康扶貧方面，落實貧困人口「十免四補助」政策，探索建立1+1+1（一名縣醫院和中藏醫院醫生＋一個鄉鎮 / 村醫生團隊＋一個家庭）模式，實現貧困人口家庭醫生簽約服務全覆蓋，並由縣財政設立「醫療救助基金」和「健康阿媽基金」，向需要救助的人群發放救助基金；在基礎設施方面，注重水利設施建設（如村飲水安全工程，和以小農水、蓄水窖、高效節水設施為經脈，池、渠配套＋蓄、引、節、灌結合的灌溉體系，建立項目需求台賬，落實專人抓項目）和道路建設（實施鄉村道路「聯網提升」工程，2014 年以來累計投入資金近20 億元進行數十公里鄉道和近 500 公里村道的改造，以及 600 餘公里組道、920 公里農村道路安保、608 公里聯戶路的新建，同時改造新建了危橋、生產便橋 40 座；目前，全縣通鄉油路通達率、數據庫內村道硬化率、縣鄉村道路安保設施覆蓋率均達 100%[1]）等各方面基礎設施水平的提升。在教育扶貧方面，注重辦學條件改善（2012 年以來建成教育基礎設施項目 25 個，教

1 小金縣政府信息公開工作辦公室，2018-4-19，http://www.xiaojin.gov.cn/xjyw/zwdt/201804/t20180419_1351233.html，2018-7-20。

學條件不斷完善，並通過縣域義務教育均衡高質量發展，通過國家督導評估）、師資素質的提升（如依託新津縣對口幫扶，抓好「校本研修」「十抓一促」和「一培四展」工作）和惠民政策落實（如全面落實兩免一補、營養改善、教育助學等教育惠民政策，並有效利用社會各界的教育扶貧資金對需要的學生進行幫助）。此外，小金縣政府也積極提升社會保障網絡，完善城鄉低保動態管理機制（定期清理城鄉低保戶數據，並規範低保金社會化管理發放工作，應保盡保）、殘疾人幫扶機制（扶持城鄉殘疾人靈活就業，對殘疾兒童的康復治療費用進行支持，實行重度殘疾人護理制度等），完善城鄉困難群眾臨時救助制度（出台《小金縣城鄉特殊困難群眾救助資金管理辦法》，以擴大救助範圍、標準並提升管理規範程度），推廣多元助力養老（建設社會福利中心和照料中心協助五保老人供養，發放老年智能手機給失能 / 獨居空巢老人以推動「互聯網 + 養老」，探索「聯戶養老」模式以安置相關貧困群眾，以公益性崗位進行老人照顧工作）⋯⋯此外，由於其貧困問題的長期性和艱巨性，小金縣也有一些對口支援地區，如在汶川地震後，小金縣成為江西省的對口援助地區，江西省在 2008 年內就向小金縣捐助了價值超過 2 億元的救災物資，並在小金縣啟動了 37 個恢復重建項目，總投資超過 10 億元；在重建之外，江西省還根據小金縣的特色優勢，並發揮自己的技術、人才優勢，在旅遊、農產品生產加工和產業配套方面加強合作，恢復了長征兩河口會址、招商開發了夾金山長征文化體驗區等文化旅遊資源，協同開發花崗岩、大理石等礦產資源，合作建設農畜產品（如油菜籽榨油）、林木業等加工項目，也極大地改善了小金縣的硬件設施；此外，倡導江西省企業開展小金縣勞工招募活動，並在工資、社會保障方面做出一定要求，以達到異地轉移就業對小金縣人民生活的改善效果[1]。小金縣也是成都市下轄的新津縣的

1 彭學明：把小金縣當做江西第一百個縣來建設，載《當代江西》2008 年第 8 期，第 18-19 頁，獲取於 http://xueshu.baidu.com/s?wd=paperuri%3A%289c4731af45895317683d9bbf3d48f32a%29&filter=sc_long_sign&tn=SE_xueshusource_2kduw22v&sc_vurl=http%3A%2F%2Fwww.doc88.com%2Fp-9082850930236.html&ie=utf-8&sc_us=3078607023386559376，2018-7-20。

對口幫扶縣，在《新津縣對口幫扶小金縣專項2018年度實施方案》中，新津縣政府表示將從教育保障、產業發展（助力小金縣「金犛牛、金旅遊、金玫瑰、金蘋果」四金產業發展）、就業幫扶（轉移就業及技能培訓）、幹部人才幫扶（新選派28名幹部到小金縣開展對口幫扶）、社會力量幫扶、基礎設施幫扶（4個地質災害點的治理）及其他項目七大方面展開，致力於使小金縣在該年度內完成脫貧摘帽32個貧困村、552戶貧困戶、1909名貧困人口脫貧攻堅目標任務[1]；小金縣還是浙江省紹興市對口幫扶單位和交通運輸部定點扶貧地。此外，小金縣還積極與省內幫扶單位聯繫開展合作，如邀請幫扶單位四川核工業技師學院的上屬公司中國核工業二三建設有限公司、東方核電工程公司來到小金縣開展「一幫一」技能培訓促就業工作和「一幫一」就業扶貧專場招聘會，數十名求職者與公司達成就業意向，並將在廣元市四川核工業技師學院培訓兩個月後到公司就業上崗[2]。小金縣扶貧辦在貫徹上級扶貧部門決定的前提下，積極主動地與對口幫扶地區及單位聯繫合作，以獲取發展亟須的資金、技術、人才等各項資源和先進的發展理念及模式，同時積極與本地財政、社保、教育、衞生、水利、交通、農業、商務等部門通力合作，推動了扶貧事業的整體發展。

小金縣扶貧辦的思路遠不止於此，其還積極探索並不斷創新各種扶貧方式，將社會組織等主體的力量納入本地區的扶貧開發工作之中。2009年，在實施整村推進項目中，小金縣政府提出將產業扶貧資金重點用於建立社區互助基金。在社區基金項目的實施過程中，農戶／社區內部自我決策、自主管理、自主運作。但小金縣政府對社區基金這一相對新鮮事物在理念、技術、模式等方面存在一定的理解和經驗、能力不足的限制，因此，政府邀請了成

1 冉倩婷：對口幫扶小金縣，新津今年將助力其「四金」產業發展，四川在線消息2018-01-16，獲取於 https://baijiahao.baidu.com/s?id=1589753906552583081&wfr=spider&for=pc，2018-07-20。

2 小金縣人民政府網站：小金縣專業技能培訓＋定向崗位就業　助力精準脫貧，2018-05-18，獲取於 http://www.xiaojin.gov.cn/xjyw/zwdt/201805/t20180518_1355075.html，2018-07-20。

都蜀光社區發展能力建設中心這一非政府組織加入進來，委託其在社區互助基金項目推行過程中提供技術支持和能力建設服務，通過專業機構的幫助以協助、克服項目初期縣內面臨的人力資源匱乏、專業能力不足等問題[1]；在產業發展方面，小金縣也邀請台灣農技、民宿專家和企業運營、品牌打造、旅遊產業的專家到本縣開展了多次農旅產業融合提升指導培訓，以提升產業發展水平。慈善組織及其援助活動也是小金縣扶貧開發工作的重要力量，全國紅軍小學建設工程理事會等機構援建的紅軍小學、中華慈善總會與寶潔公司開展的燭光工程助教活動，以及「百企幫百村」「棟樑工程」「助愛關愛行動」「博愛送萬家」「人大代表在行動」「我為脫貧攻堅做件事」等活動的大力開展，都為小金縣帶來了一定規模的社會善款及捐助物資。在中央、省市扶貧開發領導小組的支持、指導和協調下，小金縣扶貧辦積極開展政府部門間的橫向合作，並將多學科、多方面的因素融合到扶貧事業之中，動員企業和社會組織力量加入，極大促進了扶貧開發事業的進展。統計數據顯示，小金縣地區生產總值在近年取得了極大增長，如圖 7-4 所示[2]。

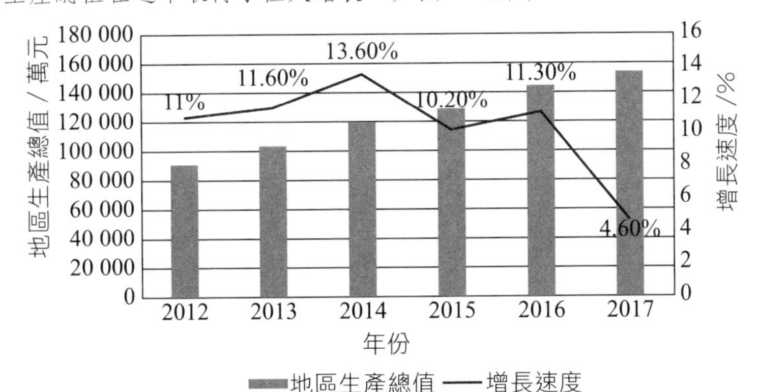

圖 7-4 2012—2017 年小金縣地區生產總值及增速

資料來源：小金縣人民政府扶貧專頁，http://www.xiaojin.gov.cn/xjyw/jzfpzc/

1 唐新、韓偉：非政府組織參與政府扶貧：過程、成效及問題——以小金縣社區發展基金為例 [J]. 四川師範大學學報（社會科學版），2013：69-73。

2 小金縣 2017 年國民經濟和社會發展統計公報，2018-07-25，http://www.xiaojin.gov.cn/xjyw/gsgg/201807/t20180725_1362959.html，2018-08-12。

小金縣的扶貧工作給我們三點啟示：一是拓寬扶貧思路，積極推動部門橫向合作，如與本地財政、社保、教育、衞生、水利、交通、農業、商務等部門合作，在健康、基礎設施、弱勢群體幫扶（如殘疾人、特困戶）等方面積極推進工作；積極主動與對口幫扶地區及單位聯繫合作，以獲取發展亟須的資金、技術、人才等各項資源支持。在產業佈局方面，對各部門工作進行交叉融合，全面推進特色農業、旅遊業等產業的發展，同時關注新領域、新技術，大力培育農產品電商交易平台，利用電商平台的營銷、輻射功效，帶動貧困人口脫貧。二是根據行政垂直式優勢，積極貫徹落實上級扶貧部門決定，着力於「國家級電子商務進農村綜合示範項目」等國家重點項目，吸引資金和政策支持，尋求發展。三是利用社會組織，積極引入民間組織、企業等，發揮其智力、技術、資金、組織安排方面的優勢，協調共進。

案例：建始縣扶貧開發案例

建始縣位於鄂西南山區北部，隸屬恩施土家族苗族自治州。建始縣資源豐富，是全國 141 個重點產煤縣之一，其無煙煤儲量佔湖北省總儲量的 32%，但同時，建始縣卻又是湖北 26 個國家扶貧工作重點縣之一。

建始縣的扶貧開發工作由建始縣扶貧開發領導小組和扶貧開發辦公室指導，其工作職責主要包括九項：一是貫徹落實湖北省相關決定和條例，擬訂全縣扶貧開發、老區建設中長期規劃及相關政策和具體措施，組織實施和監督檢查；二是指導、協調和推動解決扶貧開發與老區建設工作中的重大問題；三是根據國家、省州扶貧資金使用規定，與有關部門一起對財政扶貧資金、老區建設資金使用及項目進行考察、論證、篩選、審定、跟蹤檢查、督辦落實和項目評估，建立扶貧開發項目庫；四是負責組織整村推進、產業扶貧、「雨露計劃」、扶貧搬遷、老區建設等重點工作的實施和檢查驗收；五是組織動員全社會開展扶貧濟困活動，指導各黨政機關組織開展定點扶貧；六是負責農村貧困勞動力轉移技能、農業實用技術培訓的「雨露計劃」，參與實施貧困地區人才扶貧計劃；七是負責全縣貧困狀況監測和統計分析，組織貧困人口建檔立卡工作，確保扶貧開發政策與農村低保等其他制度的銜接；八是承擔縣扶貧開發領導小組、縣扶持革命老區建設委員會的日常工作；九是為龍頭企業提供服務[1]。扶貧領導小組的資金主要來自中央，財政扶貧專項資金在其中佔到極大比例；與之相比，省級扶貧項目資金額則相對較少，如圖 7-5 所示。[2]

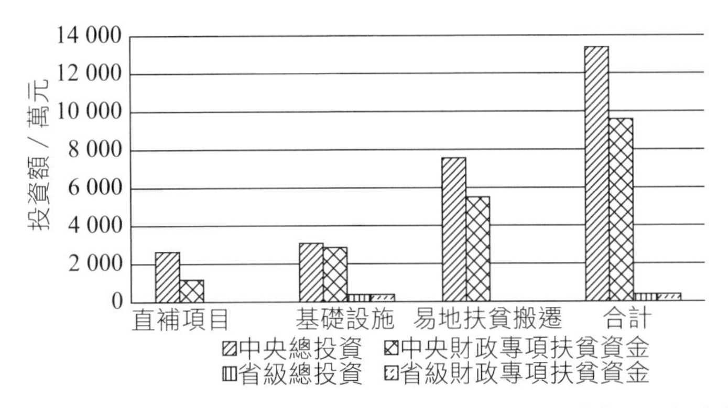

圖 7-5　建始縣 2018 年中央／省級財政專項扶貧資金備案項目投資額

在扶貧工作中，建始縣同樣注重產業扶貧，着力落實幫扶責任全覆蓋、產業發展全覆蓋、新型農業經營主體帶動全覆蓋、農業技術服務全覆蓋四大方面工作。在這一過程中，各級幹部在中央和省市黨委和政府的號召下，在縣扶貧辦、縣委縣政府的統籌安排下，紛紛進村開展駐村幫扶（29 個工作隊常年駐村幫扶，61 個「第一書記」到村任職，7112 名幹部與貧困戶對接結「窮親」）；縣鄉農技人員圍繞貧困村主導產業深入田間地頭調研，並在此

1　建始縣扶貧開發辦公室百度百科詞條，見 https://baike.baidu.com/item/%E5%BB%BA%E5%A7%8B%E5%8E%BF%E6%89%B6%E8%B4%AB%E5%BC%80%E5%8F%91%E5%8A%9E%E5%85%AC%E5%AE%A4/2606260，獲取於 2018-7-20。

2　建始縣 2018 年中央及省財政項目扶貧資金項目公示，2018-07-30，http://s.weizili.com/uploadfile/2018/0730/20180730050038765.pdf，2018-8-12。

基礎上組織貧困群眾開展實用技術培訓，解決技術難題（2016年，全縣共組織各類農業實用技術培訓500多場次，培訓超過2萬人次）；企業也投入其中，騰龍電子、宏峰鞋業、騰飛沙石料等企業，在高坪鎮青里壩村招商引資政策及宣傳下進村建廠，業州鎮當陽村也創造條件扶持返鄉農民工創業，建起當陽工藝廠，吸納貧困戶進入廠內任職做工；農業各經營主體也在依託各村資源優勢前提下，實行一村一品產業佈局，構成「121+X」產業發展模式，與政府合作推動扶貧開發事業的進展。2016年全縣92個重點貧困村培育出了150家農民專業合作社，成立了92個金融精準扶貧工作站，有36家企業與45個貧困村建立幫扶聯繫，有31個重點貧困村與農業企業實現了產業對接，全縣近180家新型農業經營主體與貧困戶建立了利益聯結，「包乾」9000餘貧困戶脫貧，如鑫地源公司大奧的「公司＋專業合作社＋基層供銷社＋家庭農場＋基地（農戶）＋產業扶貧」的複合型經營體系等。[1]

同時，扶貧辦還與其他政府部門進行合作，推動各方面扶貧工作進展。如在教育扶貧方面，扶貧辦與縣教育局、人社局、文體局、財政局等相關單位共商教育脫貧工作，在縣精準扶貧指揮部文件的指導下明確教育脫貧的目標和任務，對各階段教育扶貧工作提出具體要求，並着力落實各階段資助政策（如農村義務教育階段寄宿貧困生生活補助、義務教育階段非寄宿生建檔立卡、貧困學生生活補助、營養改善計劃、大學生新生泛海項目等），大力改善辦學條件，開展學校標準化建設，提升農村學校教師素質；同時，建始縣也注重職業培訓，融合本地農業局、勞動局、扶貧辦、職校各項資源，以及華中農業大學、中南財大等結對幫扶單位的高等教育資源，以推動教育扶貧事業的整體發展。在健康扶貧方面，為貫徹落實中共中央、國務院脫貧攻堅戰略決策部署和《湖北省深度貧困地區脫貧攻堅工作實施意見》，建始縣也出台了《建始縣健康扶貧資金結算辦法》，確保健康扶貧對象在符合醫保

1 建始扶貧網：產業扶貧　催生脫貧攻堅，2017-11-01，http://s.weizili.com/index.php?m=content&c=index&a=show&catid=16&id=89，[2018-07-20]。

政策的前提下能報銷絕大部分住院醫療費用，建立完善人社、財政、衛計、民政、保險等多部門互聯互通的健康扶貧信息共享系統和業務協作機制，在全縣定點醫療機構設立了健康扶貧綜合服務窗口，在縣域內醫保定點醫療機構住院就醫時實施先診療，出院時在健康扶貧結算窗口「一站式」結算。[1]

同時，為了更好地動員全社會力量參與建始縣的扶貧開發工作，2013 年 10 月，建始縣扶貧開發協會應運而生，它是湖北省首次成立的縣級扶貧開發協會，具有宣傳引導會員參與扶貧、開展調研以掌握扶貧動態並向政府建言獻策等職能，標誌着建始縣扶貧工作由政府單一扶貧邁向社會參與扶貧的「三位一體」(專項扶貧、行業扶貧、社會扶貧）工作新格局。[2] 建始縣扶貧開發協會着重於基礎設施建設、教育扶貧、產業扶貧和慈善事業：在基礎設施建設扶貧中，協會引入新加坡連援組織為本縣三個貧困村捐資以實現人畜安全飲水解困工程，並通過「扶貧搬遷援助計劃」「慈善安居房援建活動」等，協助貧困戶住房及安置問題的解決；在教育扶貧方面，協會建立教育扶貧基金，並開展「扶貧助學、放飛夢想」「溫暖工程」「光明工程」等項目，為教育事業募集資金與各類資源，以更好地資助貧困家庭學子，幫助學校改善教學條件和基礎；在產業扶貧方面，協會積極支持本縣特色優勢產業項目，為這些項目提供技術和資金支持，根據因企制宜、因村制宜的原則，推廣「公司＋專業合作社＋基地＋農戶」的產業發展模式，在互幫互促中實現互利雙贏 —— 獼猴桃、甜柿、景陽雞等多個特色產業的建立，都離不開協會的努力。扶貧開發協會的努力，以及其精準化的瞄準機制和多渠道的籌款機制，的確在一些方面取得了一定成效，如對貧困人口自我發展能力提升和貧困地區產業可持續發展的推動，並營造了社會共同關注和參與扶貧事業的良好氛圍。

---

1 建始扶貧網：「健康扶貧資金結算辦法」為貧困戶就醫兜底，2018-1-12，http://s.weizili.com/index.php?m=content&c=index&a=show&catid=16&id=170，2018-7-20。

2 何平：建始縣扶貧開發協會成立 [EB/OL]. 湖北省扶貧辦新聞，2013-10-21，[2018-07-20]. http://www.hbfp.gov.cn/zwdt/dfkx/11449.htm.

不過，社會組織參與扶貧工作的法律機制尚不完善，與政府的關係並不對等（往往成為政府的「附屬品」，被政府「領導」而非「指導」或「平等」關係），協會本身由於歷史較短，發展也不夠成熟，以及因此帶來的社會認同度不足等問題，都在一定程度上限制了其影響力。對此並不能在一朝一夕解決，需要在工作中一步步去發現問題、明確問題，並探索可能的解決方法。同時，儘管建始縣扶貧開發協會仍是一個「官方性質」較重的社會組織，但作為湖北省首次成立的縣級扶貧開發協會（湖北省其他市縣並沒有這樣的社會組織與社會扶貧載體/平台），它具有的里程碑式意義依然值得我們擊掌而讚。

資料來源：建始扶貧網，http://s.xfzckj.com

建始縣的扶貧工作經驗告訴我們，應充分利用行政垂直式的優勢，貫徹落實國家、省市在扶貧工作方面的決定和安排，如建始縣扶貧開發領導小組和扶貧開發辦公室根據上級指導與資金支持，制定其九項工作職責，促進全縣工作開展。同時，應積極利用部門橫向式和交叉融合式優勢，與其他政府部門、幫扶部門進行合作，推動各方面扶貧工作進展，如教育、職業培訓、醫療、產業發展等。此外，利用社會組織式納入非營利組織和企業的活力和專業性，藉助第三方專業機構的力量推動扶貧事業進一步發展，如設立建始縣扶貧開發協會，引入新加坡連援組織等專業機構等。

第三節　總結及建議

自中華人民共和國成立以來，打贏脫貧攻堅戰就是中國政府的重點工作之一。1986 年國務院貧困地區經濟開發領導小組成立以來，中國扶貧工作組織系統得以正式確立，各省、自治區、直轄市和地（市）、縣級政府成立相應的組織機構，並由各級扶貧辦負責日常事務。

目前，中國扶貧工作的組織保障形式主要有四類，即行政垂直式、部門橫向式、交叉融合式、社會組織式。正如上文所述，這四種組織保障形式除具有各自的優點之外，也都面臨着各種問題。在扶貧工作中，行政垂直式即實行從中央到地方的垂直管理，政府處於中心地位。這一形式有利於消除地方保護和干預、維護法制統一和政令暢通，並更有力地調配各項資源，集中力量辦大事；但同時卻極有可能因各級官僚傳導機制導致工作效率低、反應速度慢，甚至扼制地方政府、社會組織的工作積極性和創新性。部門橫向式是扶貧開發這類複雜、艱巨任務的必然要求，指通過政府部門間、政府間甚至政府與社會機構之間的橫向合作（主要是各級、各地、各職能政府部門間），解決扶貧工作涉及的各方面問題。這一形式有助於發揮各部門的長處，以解決相關方面問題；但也面臨着不少難題，如各部門「搶職權」「都不管」，推諉扯皮，以及臨時性協調機構過多及運作不規範、協調機構機制不健全等問題，涉及各地方政府間的合作時，則還有地方保護主義或團體地方保護主義的問題，影響區域和全國範圍內的整體發展。交叉融合式即綜合、多視角地看待問題，促進多學科資源的緊密結合，推動創新創造性想法及模式的產生和實踐，以更好地解決一些綜合性、跨學科的問題；但在實踐過程中，將扶貧與經濟社會發展各領域工作如產業化、城鎮化、環保、信息化等元素交叉融入其中，要求極高的規劃、治理和協調水平，有時則超出了地方政府的能力。此外，多元素交叉融合也可能導致問題的複雜化，或由別的工作佔去原本屬於扶貧開發工作的相關資金等其他資源。社會組織式有利於組織和動員社會力量投入扶貧開發工作，隨着中國社會組織自身經濟實力的增加、慈善文化的不斷加強，其類型、數量及參與方式有了較大發展，並借鑒國際先進經驗進行適應本國環境的模式創新，可以有效解決由於政府資金能力 / 精力不足、某方面專業知識缺失等方面限制，貧困地區極大需求無法得到滿足的問題；但是，中國扶貧工作依然是政府主導，社會組織參與扶貧的立法相對滯後、管理體制僵化、體制相對鬆散，多主體共同參與的扶貧機制尚未完全成立，且社會組織數量眾多、良莠不齊，也面臨人力資源匱乏、獨立性不足、公信力缺失、資源動員能力有限、扶貧專業水平欠缺、註冊難度大等內部制約。

面對這些問題，在保持警覺的同時，我們不應過分消極，而應以積極的心態探索解決問題的方案。在結合上述分析的基礎上，本章提出三條建議。

（1）綜合利用四大扶貧組織保障形式，而不拘泥於一種，與時俱進，積極創新。

上文雖然分別介紹了扶貧組織保障的四種形式（行政垂直式、部門橫向式、交叉融合式、社會組織式），但在實際扶貧工作中，這四種形式並不是獨立、隔斷的，相反，它們往往交互出現甚至相互融合。因此，在具體工作中，我們應保持開放的心態，選擇合適的組織保障形式，並根據現實需要加以創新，揚長避短。

（2）政府要着力創造社會組織扶貧的支持性環境，搭建跨區域、多部門、多主體相互合作的支持性平台。

雖然社會扶貧屢次出現在政府扶貧工作相關文件之中——截至 2016 年，共有 24 項政策、法律文件提及社會組織參與扶貧，如 2014 年的《關於創新機制紮實推進農村扶貧開發工作的意見》和《關於進一步動員社會各方面力量參與扶貧開發的意見》，但我們仍可以發現，在現有政策框架內，社會組織只被看作一種補充，政府依舊是扶貧主導力量，社會組織在扶貧工作中的重要性和貢獻常常被輕視。因此，政府應堅持鼓勵社會力量參與扶貧工作的方針，進一步認識到社會組織的重要性及巨大的潛力，着力創造社會組織扶貧的支持性環境，推動多主體參與扶貧。在這一基礎上，綜合各主體的優劣勢，搭建跨區域、多部門、多主體相互合作的支持性平台，促進經驗及資源共享（尤其是人力資源），從而提升各主體的各項工作能力。

（3）從長遠角度出發，改變急功近利的心態，逐步建立、完善扶貧工作考核機制，並及時根據考核結果進行調整，增加扶貧工作的可持續性。

目前，很多政府官員依舊將扶貧作為其政績的來源，而非提升當地社會生活水平及可持續性發展的事業，因此，其在扶貧工作中往往急功近利，追求短期指標的提升，卻忽視了這種做法的不可持續性。如盲目引進各類經濟作物及工業工廠，卻忽視了市場變化、本地自有優勢及生態環境保護，從而導致產品滯銷、農民疲於奔命或生態環境惡化問題。扶貧是一項長期的事業，我們要注重短期的效果，但不能過於急功近利，而應在綜合各方意見尤其是專業性意見的前提下，深入多維扶貧的不同層面，制定扶貧工作考核機制並根據時代發展進行更新，及時根據短期、中期、長期考核結果進行工作重心及方式的調整，增加中長期項目資助，增加扶貧工作的可持續性。

第八章　中國扶貧工作機制

經過歲月的沉澱和時間的檢驗，中國的扶貧機制在具體的扶貧實踐中不斷得到完善和發展。從嘗試到成熟，中國扶貧工作機制在不同的歷史階段有着獨特的地位和作用，不僅僅是歷史的回憶，更是機制創新的借鑒，因此對於中國扶貧工作機制的脈絡進行梳理是非常有意義的。

本章分為五個小節，分別介紹了自上而下與自下而上、菜單式與訂單式、學後幹與幹中學、政府主導與市場主導、供給側與需求側五個方面的工作機制，並橫向剖析了每對對等機制，比較它們在不同歷史時期發揮的作用和總結的經驗，結合具體的案例描述和分析，梳理中國在扶貧歷程中政策的關注重點和延伸方向。

第一節　自上而下、自下而上

扶貧政策的優化設計一直是政府層面和學術界積極探索與致力解決的問題，在生產力發展、社會環境變革的同時，也促進扶貧模式不斷適應社會環境並不斷地進行調整，從以政府為主導的區域性開發模式（「自上而下」機制）向以自我規劃為主的基層社區扶貧模式（「自下而上」機制）轉變（J.Labonne，R.S.Chase，2011），扶貧模式也逐步從早期的直接「輸血式」扶貧向刺激區域內生性發展的「造血式」扶貧過渡。

在扶貧機制的框架下討論「自上而下」和「自下而上」，更多的討論是關於方向性的表達問題，是政策在設計和執行過程中的基本思路問題。

---

* 感謝桑琦為本章做出的工作。

這兩種思路既可以用在政策的設計階段，也可以落腳在政策的執行階段，甚至可以落腳在執行過程中的某個具體環節，如精準扶貧中扶貧對象及其需求的識別。

一、政策執行具體環節——識別機制

精準扶貧作為實現小康社會的重要戰略舉措，是社會各個階層共同推動扶貧政策的重點，也是各級政府制定扶貧政策過程中的要點。而貧困對象的識別機制作為精準扶貧政策的起點，更是有着重要的戰略意義。在中國的扶貧體制中，扶貧對象的識別和界定主要分為以政府為主導的縱向識別機制和以群眾為主體的橫向識別機制。

以政府為主導的自上而下的扶貧對象識別機制採用自上而下的模式選擇，意味着政府在扶貧資源調配中佔據主導地位，由政府出面，充分發揮宏觀調控的作用，政府在政策制定、項目制定、執行調整等方面有着絕對的領導力，使得資源通過有效路徑到達貧困群體的手中，體現了政府的統一領導力，這也是中國長期以來在扶貧對象識別機制中主要使用的識別方式。這種自上而下的識別機制，通過統計部門的規模測算，以及政府的相關部門根據地方的經濟發展水平、人口結構、地理環境、文化環境和社會福利保障水平來劃定貧困人口，從省級到基層，自上而下逐級分解貧困指標。

由此可以看出，自上而下的貧困識別機制一定程度上保證了決策的科學性，為政策設計的有效性提供了保障。儘管如此，「自上而下」工作機制往往也存在着諸如政府調控失靈等原因而帶來的資源調配錯位、扶貧精準度和效率降低等問題（閻坤、于樹一，2008）。這種設計的缺陷在於：一是自上而下的識別工作的專業性和技術性要求較高，而在以村為單位的村委會的基層幹部可能沒有經過專業的培訓，導致此方面的工作難以勝任，或者評估的效果欠佳，會影響扶貧下一個階段工作的有序進行。二是自上而下的指標分配過程中，由於環境因素的干擾，信息的層級傳遞會出現信息失真的可能。信息不對稱，導致上層的政策設計和基層的實際情況不相匹配，進一步影響在實際意義上符合標準的對象納入扶貧對象中的精準程度。由此會導致貧困對象名額分配問題：如果出現了名額分配過量，則容易產生潛在的扶貧對象通過非正式的渠道獲取扶貧資源，納入扶貧體系的現象；如果出現名額分配不足，則容易引起部分潛在對象的不滿，挑戰基層治理的穩定性。三是中國貧困人口的規模較大，自上而下識別機制對於指標的設計，需要進行大規模的調研和抽樣測量，需要耗費大量的人力、物力，成本較高，周期較長，缺乏靈活性和機動性。

自下而上的模式選擇，通過農戶自願申請、民主評議等自下而上的識別機制，能提高貧困識別的群眾參與度和監督效果，較好地保障貧困識別的真實性。這種機制更加強調貧困主體的參與性和積極性，將貧困人口納入扶貧項目的選擇和設計，以及具體的扶貧項目實施過程中，並根據實際需求情況進行及時的調整和改進，有效地提升了扶貧項目運行的靈活性和精準性。

同樣，這種模式也存在一些問題，如 A.Park 和 S.Wang 認為，「自下而上」的模式雖然在效率提升和內生性發展方面有很大的優勢，但也存在諸如基層情況複雜、協調成本較高，可能會被社會中的非貧困階層截取中間利益等不足。首先，農村地區基層情況較為複雜，由農戶自願申請、民主評議，在提高群眾參與度和保證公正性方面有着獨有的優勢，同時，潛在對象對於納入標準的理解程度不同，需求各異並期望表達和得到滿足，這個過程中，需要基層幹部在潛在納入對象中協調關係，並將需求表達與上級溝通協調，作為溝通者在上級和基層之間傳遞信息、開展對話，因此協調所需的時間、人力成本較高。其次，受經濟結構和地理環境等諸多因素的影響，農村地區的差序格局更加鮮明，人情社會在這裏淋漓盡現，這也體現在自下而上的貧困對象識別中的民主評議環節。在此種情況下，民主就變成小部分人的民主，有些人就可以憑藉依附於強大的家族關係或其他的社會關係網絡，進入扶貧對象的識別體系。再次，也需要考慮到人作為執行主體的行為和動機的多樣性。政策是條框分明的，但人的行為卻是靈活的，經過理性選擇，人們通常會選擇最大限度地實現自己的利益，而部分沒有堅定立場的基層幹部可能會在靈活的、自主性較高的自下而上的識別機制中尋覓灰色地帶，從而出現不負責任的行為。

這兩種扶貧對象識別機制各有優勢和缺陷，目前我們積極探討的是兩種方向機制的融合、相互促進和補充。中國目前政策制定和學術研究的方向越來越重視兩者的有機結合，並積極建立基於地方特色的動態的貧困對象識別機制。在習近平精準扶貧思想指導下，中國正在逐步形成和完善自上而下（指標規模控制、分級負責、逐級分解）與自下而上（村民民主評議）相結合的精準識別機制，對國際減貧瞄準方法的完善具有積極的意義。[1]

例如，賈俊雪、秦聰、劉勇政（2017）的研究重視兩者的有機結合，利用「傾向得分匹配雙差分法」，在一個相對統一的分析框架下，探究這兩種扶貧模式對扶貧項目的效果影響差異，通過實驗構造了融合「自上而下」和「自下而上」兩種機制的整合模式。他們的研究指出，農村發展扶貧項目通過融合這兩種扶貧機制，能夠提高扶貧的精準度和效率，帶來有效的政策調整。

安徽省黃山市徽州區扶貧辦形成了符合當地實際情況的對象識別機制，為積極建構精準扶貧對象識別的動態機制提供了很好的範式，具體見以下案例。

1 黃承偉：深刻領會習近平精準扶貧思想　堅決打贏脫貧攻堅戰 . 人民網，2017-08-23. http://dangjian.people.com.cn/n1/2017/0823/c412885-29489835.html.

案例：徽州區精準扶貧對象識別

1. 關於徽州區貧困村情況說明

徽州區貧困村建檔立卡工作已於 2014 年底完成，共計 12 個行政村建檔立卡為貧困村。其中羅田村、坑上村、東山村、容溪村已於 2016 年出列，石崗村、竦塘村、石川村、張村村、篁村村、山口村、呈陽村、新田村於 2017 年出列。

2. 貧困戶識別程序

（1）農戶申請。

（2）村民代表大會民主評議。

（3）村委會和駐村工作隊核實。

（4）村委會進行第一次公示。

（5）鄉鎮人民政府審核。

（6）鄉鎮人民政府進行第二次公示。

（7）區扶貧辦複審，並協調有關部門進行比對。

（8）經扶貧開發領導小組同意進行公告。

3. 貧困戶識別標準

貧困標準為人均 2300 元（2010 年不變價，參見表 8-1），隨着消費價格指數等相關因素的變化，國家確定 2017 年為年人均純收入 3300 元，並綜合

表 8-1　徽州區貧困戶及貧困村識別標準

貧 困 戶	貧 困 村
家庭年人均純收低於 2300 元（2010 年不變價）	「高—低—無」——總控
2014 年 2736 元	行政村貧困發生率高於全縣平均水平
2015 年 2855 元	2013 年全村農民人均純收低於全縣平均水平
2016 年 2952 元（安徽 2016 年標準為 3100 元）	行政村無集體經濟收入
2017 年 3300 元	行政村總數的 30% 以內

考慮「兩不愁、三保障」(不愁吃，不愁穿、住房、教育、醫療有保障)。

4. 貧困戶識別流程簡圖

識別程序為「兩評議兩公示一比對一公告」，開展到村到戶的貧困狀況調查和建檔立卡工作，包括農戶申請、群眾評議、入戶調查、公示公告、抽查檢驗、信息錄入等內容。

具體流程為：根據國家公佈的扶貧標準，村民先填申請表，首先由村民小組召開戶主會進行比選，再由村「兩委」召開村、組幹部和村民代表會議進行比選，並張榜公示；根據公示意見，再次召開村民代表會議進行比選，並再次公示；並通過縣級數據比對（返回核實），對疑似對象返回鄉鎮、村級重新核實。如無異議，則確定為貧困戶（圖 8-1）。

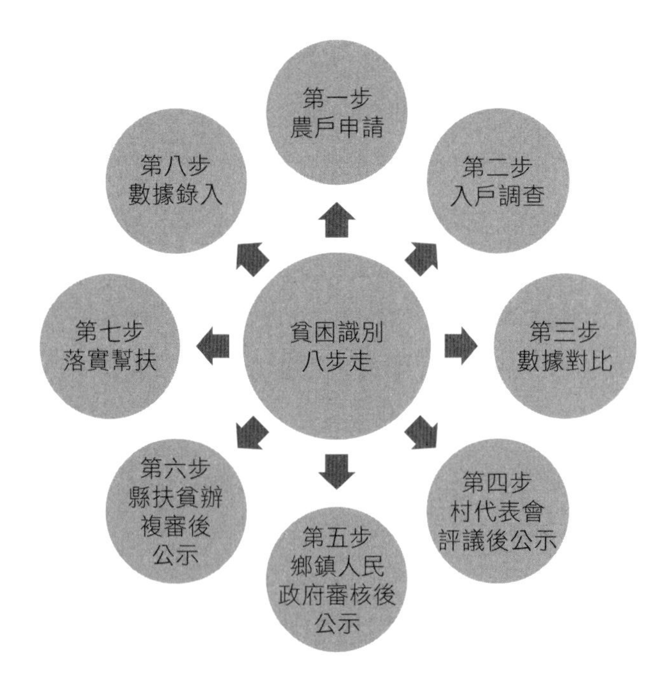

圖 8-1 貧困戶識別流程簡圖

資料來源：徽州區扶貧辦，2018-06-29. http://gksd.ahhz.gov.cn/PilotTopics/show/1080313.html

在以上案例中，徽州區將自上而下和自下而上兩種機制進行融合，把上層標準和基層民意相結合，既保證了識別政策的科學性和執行力，也提高了貧困識別的群眾參與度和監督效果。儘管在自下而上的多層級信息傳遞過程中可能會出現信息有效性的降低，但是不同層級的調查審批的設計卻是十分必要的，如果沒有逐級審批的設計，對接基層的上級部門，不熟悉的工作環境，反而會減低工作效率。儘管在具體的執行中會出現一些不可控制的因素，但徽州區精準扶貧對象識別的流程設計仍不失為一種積極的探索和嘗試。

二、扶貧執行整體模式

相對於政策設計和制定來說，政策執行是政策制定到運行的末期階段，同時也是連接政策目標和效果的中間橋樑，是通過實際行動將政策目標付諸實踐的過程，對於扶貧的整體績效來說是極為關鍵的環節。普瑞斯曼與維爾達夫斯基（Pressman，Wildavsky）是自上而下執行模式的典型代表者，在其 1973 年出版的《執行》一書中，對政策執行的定義進行了敘述：實現、成就、完成、製造、完工。漢姆和希爾（Ham，Hill）對自上而下的執行模式提出了批評，其出發點在於政策執行者不可能是甘願任人驅使的機器，他們有自己的想法，想法的存在有可能影響政策目標的實現。因此，出現了由下而上的模式。之後，兩種執行模式的弊端不斷被提及，於是出現了二者整合演進的趨勢，賽恩（Thain）以及斯春格與威廉姆森（Stringer，Williamson）等的相關研究都顯示出演進觀點的適宜性。[1]

（一）自上而下模式與理性模式

從中國的扶貧歷程來看，20 世紀 80 年代之前基本沿用的都是自上而

1　向德平、高飛：政策執行模式對於扶貧績效的影響——以 1980 年代以來中國扶貧模式的變化為例 [J]. 華中師範大學學報，2013，52（6）：12-17。

下的扶貧模式，它是在科層制框架下，建立起上下級之間的信息傳遞關係，是決策與服從的關係。自上而下的模式也稱為「理性模式」，主要強調的是上層對於決策的設計是基於國家層面的科學調查和分析。理性模式將政策的制定和執行分開，各自獨立開展工作，前者是決定政策要實現的目標，後者是通過執行政策來實現制定的目標。儘管理性模式是依靠國家強大的經濟和政治力量，能最大限度地整合和集中扶貧資源，為政策的執行提供完整的物質資料和制度設計，保證扶貧績效，但扶貧資源以及資源的使用權和控制權的過度集中限制了市場機制的進入，很難保證資源得到最優的配置，很有可能在政府調配失靈時資源得不到合理的配置。所以理性模式的缺陷越來越受到關注，無論是政策層面還是學術層面，都在積極尋找解決路徑。

（二）自下而上模式——後理性模式

從中國扶貧發展的歷程來看，進入 20 世紀 90 年代以後，中國的扶貧模式逐漸向激發貧困人群的內生性發展能力和提升可行性能力方向轉型。可行性能力，不僅指人們能夠滿足基本的需求，而且有能力來選擇自己的生活方式[1]。因此在這個階段，除了上層設計的直接外部支持，扶貧更加注重幫扶對象的內在能力的提升，在參與整個扶貧計劃的執行過程中，幫扶對象能夠將外部支持經過自己的實踐和認知的加工，轉化成為自己內在能力的提升，這也是參與式扶貧的要義。這種自下而上的扶貧模式能夠激發幫扶對象的創造性和積極性，尊重他們作為主人公的主體性地位，讓他們參與到扶貧項目的選擇、執行和監督的環節上來。這種模式的組織形式與自上而下執行政策所強調的理性模式相反，因而有人稱為後理性模式[2]。

---

1 哈特利・迪安：社會政策學十講 [M]. 上海：上海人民出版社，2009。

2 向德平、高飛：政策執行模式對於扶貧績效的影響——以 1980 年代以來中國扶貧模式的變化為例 [J]. 華中師範大學學報，52（6）：12-17。

自下而上的模式與自上而下的模式不同，在這種模式之下，扶貧項目設計的上層決策者不再是完全脫離下層的政策執行，而是在總體框架不變的情況下給出了一個靈活區間。政策的執行者在逐級逐層接收到任務的時候，在遵循決策的基本原則基礎上，能夠根據地方的實際情況來增減或者重新構建一個更加適應當地社會環境的執行體系，充分運用自由空間並發揮基層和幫助對象的創造性，共同來完成扶貧項目的預期目標。

自下而上的政策執行模式為具體的制定者提供了一個相對自由的空間，同時，這個相對自由的空間也會成為藏污納垢的場所。由於自下而上的政策執行者與幫扶對象的關係緊密，並且具有雙重身份，如果其在政策執行者社會角色和人情社會的人緣角色之間不能及時切換，將某種角色進行不恰當的帶入，則對於扶貧政策的幫扶主體來說是不公允的，對於整體的扶貧項目效益來說是很危險的。

（三）整合型模式——合作式扶貧

經過不同模式的探討和整合，政策制定者在不斷的摸索和嘗試中，結合多樣化的致貧因素的分析，明確了因地制宜、多元協同主體、多方位舉措的方式介入貧困治理。因此進入新世紀，中國的扶貧政策的執行傾向於兩種模式的整合，即「自下而上」和「自上而下」在不同的側重點上有所結合，既能滿足政策執行過程中的靈活運用，最大限度地滿足貧困主體的個性化幫扶需要，同時也能保障政策在落地時的規範性，有利於高效地整合和鏈接資源，提高扶貧的精準程度和質效。

扶貧政策執行模式形成結合兩者的整合模式，經歷了從以政府為行動主體的「開發式扶貧」到以提升扶貧對象內生性發展的「參與式扶貧」，再到兼顧效率與個性化需求滿足的「合作式扶貧」，這段治理歷程隨着時間不斷變化和發展。

三、小結

每種模式都經歷着變革與發展，隨着時間的推移，最終被時代造就，被時代選擇。為了避免自上而下政策執行的科層制以及自下而上政策執行模式的高成本等弊端，中國在當下的扶貧實踐中越來越重視這兩種模式的整合，逐漸發展成為合作式扶貧模式，強調其他社會組織和社會力量的加入，並取得了很好的成效。

值得關注的是，經過上述一系列的治理實踐，尤其是在整合性的扶貧政策執行實踐中，政府在上層設計階段以及具體操作層面，逐漸從貧困主體需求的普適性滿足逐漸向因地制宜的個性化需求滿足的方向轉變，並且更加關注扶貧力量的多方參與，積極鼓勵市場和社會組織等力量的共同參與。

當然，自上而下與自下而上以及整合型的模式都不是絕對區別的，不同的模式都有其自身效用發揮最大的適用條件，都有其獨特的優勢和無法避免的缺陷，並且在一定的條件下是可以互相連接的，並非完全獨立的。無論是還在發展的「自上而下」「自下而上」的執行模式，還是更為靈活的整合模式，它們可能在具體的治理實踐中是同時出現、交匯貫通，共同發揮機制作用的。在這裏我們討論的是時間主體的問題，也就是在某些時段其中的某一種模式佔據主導地位，發揮更為關鍵的作用。

第二節　菜單式與訂單式

在大力推進產業扶貧的背景下，菜單式與訂單式扶貧的模式選擇是眾多學者關注的要點，從目前的研究現狀來看，相關的研究主要集中在兩種模式的優勢和不足研究與適用性研究兩個方面。

1. 優勢和不足分析方面

「菜單式」扶貧模式就是政府制定菜單，由貧困戶點菜、幫扶部門提供配菜、政府埋單的扶貧方式（許雪亞，2017）。許雪亞通過內蒙古自治區興安盟產業扶貧的案例研究，分析了「菜單式」扶貧在提高貧困人口參與度上顯有成效，激勵貧困戶從「要我脫貧」轉變為「我要脫貧」，而且實現了項目安排、資金使用、扶貧措施和扶貧成效的精準。

劉建斌、常建國（2016）則進一步闡釋「菜單式」扶貧，要害在於精準。在精確定位之外，進行扶貧資源的精準管理、扶貧責任人精準管理，嚴格落實責任制，不脫貧不脫鈎。只有根據貧困群體的實際需求和資源供給方的實際情況對存在的問題進行具體分析，才能制定出有意義的「幫扶大餐」。

劉鵬程（2017）通過對達茂旗進行實地走訪發現，訂單式扶貧模式更加適用於有勞動能力的貧閒戶，而扶貧的難點往往集中在老弱病殘的貧困戶，這就可能會造成扶貧資源與貧困人口能力無法銜接和有效利用的問題。

2. 適用性分析方面

許鋒華、盤彥鏇（2017）在文章中提出，考慮到連片特困地區的特殊性、人才需求的急迫性以及職業教育的「地域性」，需要建構一種以反貧困為目標的職業教育定向人才培養模式，也就是連片特困地區的職業學校為促進區域經濟社會發展和實現脫貧致富的需要，而專門為本區域和條件艱苦的行業企業有針對性地培養和輸送人才的模式。

一、訂單式扶貧

（一）概念

訂單式扶貧，是指以政府為行動主體，連接市場與貧困對象，彌補以市場為主體的調控而帶來的信息不對稱等缺陷，使扶貧產業和市場需求無縫對接的一種產銷模式。訂單式扶貧重點解決的是市場上部分供需不平衡的問題，同時也能夠直接有效地解決貧困人口的就業問題。

（二）優勢

1. 產業與需求無縫對接

訂單式扶貧是一個雙向的資源鏈接過程，政府會集中一些市場上的產業需求，而相對應的也會匹配扶貧對象的能力和特徵，政府在「下訂單」時需要考量用人單位的用人要求，同時也需要考量貧困戶的就業能力和意願，儘可能地在兩者之間達到平衡。這樣一來就降低了市場主體的招聘成本，也為貧困戶的就業之路清除了障礙，通過達到這種平衡，節約信息傳遞的成本，從而實現扶貧產業與需求的無縫對接。

2. 靈活就業

在訂單式產業扶貧的模式下，尤其是在扶貧產業對接技術性相對較強的需求時，政府的相關用人機構可以根據用人單位所下訂單組織貧困戶進行崗前培訓，根據貧困戶的實際情況為他們提供更加個性化的就業培訓服務。「人社局根據貧困戶所下的訂單，為其尋找相應的創業就業機會」，銅川新區人社局局長任文軍如是說。因此，「訂單式」扶貧模式不但能夠保證用人單位找到更加滿意的員工，更能杜絕貧困戶盲目創業就業，保證貧困戶科學創業、穩定就業。

案例：「訂單式」精準扶貧服務，全面激發內生動力

結合「扶貧先扶志，扶貧必扶智」的扶貧思路，壽增村推行了在激發群眾內身動力進行經濟和精神雙扶貧的前提下發動多方力量，建立「缺啥補啥」和「能幹啥幫他幹啥」的訂單式幫扶增收和扶貧公益基金兜底的扶貧新方式。目前，通過貧困群眾「點單」、政府「制單」、幫扶單位「訂單」的方式，壽增村簽訂川芎雞養殖、技術培訓、文化及土地流轉等各類訂單 9 個，募集企業扶貧公益基金 23000 元，貧困戶由「被動輸血」變「主動造血」，從而

激發了貧困群眾的內生動力。

在壽增村「第一書記」山東的民情日記本上寫着這樣一段話：「累點苦點不要緊，能夠『扶真貧，斷窮根』才是我追求的。老百姓那純樸真摯的笑容，就是我不斷前行的動力。」

資料來源：東北新聞網，2018-03-07

在以上案例中，壽增村建立「缺啥補啥」和「能幹啥幫他幹啥」的訂單式幫扶增收和扶貧公益基金兜底的扶貧新方式，根據農戶的實際需求制定「訂單」，通過貧困群眾「點單」、政府「制單」、幫扶單位「訂單」的方式，充分發揮了地方優勢並激發農戶擺脫貧困的動力。壽增村制定「訂單」，不僅與市場資源無縫連接，由「被動輸血」變「主動造血」，同時也促進了村民的靈活就業，達到了更加精準和高效的幫扶效果。

二、菜單式扶貧

（一）概念

菜單式扶貧，是指由政府根據貧困地區的地理環境、人口結構、經濟結構以及其區域文化等方面，為貧困戶提供一系列的產業選擇模式（制定菜單），由貧困戶根據自身的實際情況進行選擇（點菜），再由幫扶部門提供必要的物資、信息、技術、政策優惠和支持等資源（提供配菜），最後由政府藉助市場力量的介入來實現產能輸出（政府埋單）。因此可以看出，菜單式扶貧最主要的特點是以貧困戶的需求為導向的，而非絕對的市場導向，因此此模式牢牢地把握住了精準扶貧的內涵之一——需求識別的精準，定位精準。除此之外，菜單式扶貧相對於之前大水漫灌式的扶貧模式，能夠更加靈活高效地配置扶貧資源。

（二）特徵

1. 政府的角色定位：服務的提供者

「菜單」的前期製作應該以政府為主導，建立一個完善的、科學的信息選擇的機制來供貧困人口選擇，這種由政府利用強大的智庫團隊作出的模式選擇設計應該是完善的、可持續的，但是政府的定位僅限於服務的提供者，而不是最終的決策者。

2. 貧困群體擁有主動選擇權

政府作為服務的提供者和平台的鏈接者，將項目的選擇權交到幫扶對象的手中，讓他們擁有自主權，對政府提供的項目進行選擇之後，在實踐中進行評估和監督，最後得出經驗，修正決策。在這個循環過程中，不斷趨近項目設計與目標執行的期待值。

3. 良性互動

幫扶對象與政府之間不再是單向傳遞信息的單一模式，從「菜單」製作、「選菜」、「配菜」到最後的「埋單」，基層的政策執行代理人和幫助對象在整個流程中需要進行充分的對話和討論，需要在不斷實踐中修改「菜單」，形成「精品」，最後推廣，形成良性的互動模式。相較於以往的直接式扶貧，菜單式扶貧模式注重改變信息傳遞方向單一性的問題，更加強調「交互式」的溝通和互動概念，由此能夠在執行者與幫扶者之間形成一個相對平等的對話框架，從而賦予貧困群體選擇和改變的權利，而非被動接受，在個性化菜單服務中實現個人能力的提升和知識技能的成長。

（三）優勢

1. 發揮參與者的優勢，提升內生性發展的能力

此種模式可以最大限度地激發貧困戶自主脫貧的內生動力。菜單式扶貧提高了貧困戶的參與度，使之從「要我脫貧」逐漸轉變為「我要脫貧」，從而實現項目安排、資金使用各方面的精準，最終達到扶貧措施的精準和

扶貧成效的提升。

2. 需求導向性，更加精準和高效

菜單式扶貧注重個性化需求的滿足，結合各個最小扶貧單位的社會發展指標並考慮扶貧對象的現實需求，與貧困主體進行有效溝通，從而為治理方案的形成奠定基礎，因而能更加精準地提高扶貧政策執行的效果。

在實際的操作層面，也就是制定「菜單」時，我們的工作人員會走進貧困戶家中，切身感受、反覆溝通、詳細調查，準確地找到各家各戶致貧的根源，而不是例行檢查，需要明確來訪的目標和期望達到的效果，才能以此為依據確定貧困對象的需求，為一戶一方、對症下藥打好基礎。[1]

3. 解決供需脫節的問題

供需脫節是扶貧實踐中面臨的重大難題，在以往的經驗中，由於信息傳遞過程中的失真，有時候國家提供的扶貧資源和政策並不是貧困群體真正需要的，或者不能在預期的時間內起到較為明顯的減貧效果，從而導致政策執行的中斷與扶貧主客體信息喪失。而菜單式的扶貧模式，在一定程度上能夠為解決扶貧治理中供需脫節的問題提供新思路。

在具體的操作層面，上級單位在制定「菜單」時加大力度去基層調研，採集民意，並結合科學技術手段，擬合一個在最大程度上，滿足供需雙方的整合「菜單」和方案，並在供需之間提供交互溝通的橋樑，不斷對「菜單」進行改進，着力改善供需脫節的問題。

（四）路徑優化

綜合不同地方特色的產業扶貧實踐，菜單式扶貧在以下幾個方面需要進行改進。

1. 豐富「菜單」內容

在為貧困群體制定「菜單」的過程中，要充分考慮當地的地理環境和

1 劉建斌、常建國：菜單式扶貧，要害在「精準」[N]. 人民日報，2016-08-25（5）。

人文環境，從優勢視角出發，發掘並放大地區及扶助對象的優勢，然後聚焦優勢，將其作為「菜單」上優先選擇的「菜品」，並從中研發出更多的延伸產品，擴寬銷路，豐富「菜單」的內容和形式，讓貧困群體有更豐富的選擇。

2. 提供獲取「菜單」更加多元、便捷的途徑

在「菜單」獲取的渠道上，應該考慮到「菜單」受眾的文化背景和水平、獲取便捷程度等，以提供更加適宜的獲取渠道。不僅僅是通過政策的公示，還要通過走訪的形式，聽取受眾對於「菜單」的選擇和建議，並且要做到及時調整。在一些網絡環境較好、接受度較高的地區，也可以通過建立公眾號等相關的網絡信息平台進行「菜單」內容的發佈，這種網絡發佈可以有效鏈接市場需求和扶貧客體的能力。

3. 提升良性溝通的能力

「菜單」的製作，需要基層扶貧的工作人員通過評估和實地調研進行初步的設計，但是在執行之前，需要和扶助對象不斷進行溝通，力求實現雙方的滿意，達到良性溝通的效果，而不應該是形式主義的簡單座談。堅持實事求是的原則，堅持把群眾的利益放在第一位，才能使溝通變得更有意義和取得更大效益。

案例：政府量身定製產業「菜單」，貧困戶按需「點菜」增收脫貧

—— 南豐打好組合拳，豐富產業「扶貧餐」

「政府指的這條路，真是適合我啊！」南豐縣桑田鎮根竹村貧困戶付光輝笑呵呵地說。付光輝口中的「路」就是鎮村幹部在了解他家情況後，為他開出的扶貧產業「菜單」—— 養殖湖鴨。養殖一年下來，付光輝至少增收了7000元。「沒想到靠着這不起眼的水塘，生活也可以越過越好。」付光輝感慨道。

在南豐，特色產業改寫了眾多像付光輝這樣的貧困戶的命運。近年來，

該縣將產業扶貧作為打贏脫貧攻堅戰役的主抓手，立足地方資源稟賦、產業特色、貧困戶需求等實際，在產業項目篩選、資金籌措、經營管理等方面繪製好產業扶貧「菜單」，着力使產業「扶貧大餐」既豐富又營養，並出台一系列優惠政策，確保貧困群眾能吃上產業「扶貧餐」。貧困戶根據自身的能力「點菜」「下單」，便可以尋找最有效路徑增加收入脫貧致富。至 2016 年末，全縣共脫貧 6849 人，未脫貧人口從 12 177 人減至 5328 人，貧困發生率從 4.4% 下降至 1.6%。2017 年預計還將脫貧 1690 人。

1. 主導產業＋特色產業，既有「主菜」，又有「配菜」，拓寬貧困戶致富門路

南豐是中國蜜橘之鄉，種植南豐蜜橘 70 萬畝。全縣 3850 戶貧困戶基本種植了南豐蜜橘。為發揮南豐蜜橘在扶貧開發中的主導產業地位，該縣不斷加強技術支撐，每年分批次組織縣農業局、蜜橘產業局以及鄉鎮農技服務站等技術人員深入田間地頭，開展培訓講座、技術指導，免費發放化肥和農藥等，以幫助貧困戶提高蜜橘品質和產量。同時，發揮縣、鄉黨員幹部掛點幫扶作用，在蜜橘採收季節組織廣大黨員幹部幫助困難群眾採摘、銷售蜜橘，保障貧困戶的固定收入來源。此外，根據鎮、村以及貧困戶的具體情況，該縣還因地制宜，積極引導農民和貧困戶發展甲魚、白蓮、煙葉、檳榔芋、茶樹菇、湖鴨、肉鴿等特色農業產業。如今，全縣甲魚養殖面積達 2.1 萬畝，白蓮、檳榔芋種植面積突破 2 萬畝，煙葉種植面積逾 8000 畝，逐步形成了一鄉一業、一村一品的產業扶貧大格局。農業特色產業的做大做強，拓寬了貧困戶的增收渠道，斬斷了貧困群眾的「窮根」。省級貧困村 —— 紫霄鎮西溪村的地理、氣候等條件非常適合煙葉種植，在鎮黨委、鎮政府的引導扶持下，2016 年該村 106 戶貧困戶發展煙葉種植面積 1029 畝，創收 322.4 萬元，戶均增收達 8000 多元。目前，全縣蜜橘產業年產值超 100 億元，甲魚產業年產值超 8 億元，僅這兩大農業產業集群便輻射帶動 20 多萬農民、2000 多戶貧困戶致富奔小康。

2. **個體＋合作社，既有「自助」，也有「套餐」，滿足貧困戶多種經營需求**

南豐縣太和鎮下洋村村民陸胖子是一名建檔立卡貧困戶，妻子患病，每年光醫藥費就要花去2萬多元，家中還有一個尚在讀書的孩子。為增加收入，他發展了多種產業，種了300多棵橘樹，還將1畝水田改種了白蓮，同時，與該鎮42戶貧困戶一道加入甲魚養殖專業合作社。甲魚養殖採取公司化運作模式，在養殖技術和甲魚蛋銷售方面提供全程服務，每戶保底500元收益，另外參與合作社分紅，還可以務工賺錢。「除了分紅，每天做事還有140元錢，收入增加了不少」，陸胖子對目前的收入很滿意。農業產業各具特色，有的需要精耕細作，有的需要規模化生產……針對不同產業，該縣按需分類引導，讓農戶多條腿走路，既給個體「單兵作戰」搭建產業平台，又鼓勵貧困戶通過投工投勞、土地流轉、資金資產等方式入股，參與「公司＋基地＋貧困戶」「合作社＋基地＋貧困戶」「企業＋貧困戶」等多種經營方式，讓產業扶貧不僅激發個體的主觀能動性，也充分發揮專業合作社及農業產業化龍頭企業的集約化、現代化優勢，提高抗禦市場風險的能力。截至2017年8月，該縣共註冊建立1100多個專業合作社，累計對接貧困群眾7500餘人。

3. **產業直補＋貼息貸款，既有「代金券」，也有「掛賬單」，支撐扶貧產業有序發展**

「早聽說檳榔芋效益不錯，沒想到還真好。」南豐縣太源鄉陳家村貧困戶陳女仔介紹說，在縣統戰部掛點幹部李傑的幫扶下，2017年他種了3畝檳榔芋，全部以1.6元每斤的價格預訂出去了，同時還領到了3000元的產業補貼資金，3畝地的年收入上萬元。為解決貧困戶在發展產業中遇到的「本錢」困難，該縣充分釋放政策紅利，在產業扶貧領域開展直補到戶和信貸通模式。對貧困戶新增南豐蜜橘、白蓮等種植項目和甲魚、雞、鴨等養殖項目達到一定規模的，經申報、驗收合格後給予適當的資金補助，每項上限補助為3000元，每戶年度最高補助6000元。2016年以來，南豐縣共發放產業直補金 190 餘萬元。針對一些有勞動能力和職業技能，想創業的貧困戶，該縣出台了「產業扶貧信貸通」實施方案，為貧困戶提供免抵押、免擔保、50% 貼息貸款。2017 年年初，傅坊鄉田坨村的朱定量、甘水根、黃炳嚴等 6 戶建檔立卡貧困戶，通過「信貸通」貸款 18 萬元，合伙建起了 800 平方米茶樹菇種植基地，有菇筒 10 萬筒，基地每月能產菇 2600 斤，除去正常開支，目前基地已經創收 24 萬元，6 戶貧困戶全部實現脫貧。據統計，至 2017 年 9 月初，該縣共發放精準扶貧貸款 1109 萬元，覆蓋貧困戶 654 戶。

資料來源：老區建設，2017 年第 21 期

在上述案例，即南豐縣的扶貧實踐中，政府結合南豐縣的地理特徵、社會經濟發展等相關特徵，在與村民進行良性溝通的基礎上，制定出內容豐富的「菜單」，為貧困群體提供更加多元的產業項目選擇。南豐縣產業扶貧「菜單」是多層級的，不僅有區域主打的「蜜橘產業」，作為「主菜」滿足廣大貧困群體的普遍需求，也有因地制宜、發展副業的「配菜」，從而滿足個性化需求。值得關注的是，在菜單式的扶貧模式下，南豐縣政府還積極鼓勵貧困戶加入合作社，拓寬個人脫貧的有效路徑；通過土地流轉、勞動投入等多種形式與合作社、企業達成互惠的合作，不僅充分發揮了貧困對象的主觀能動性，同時也提升了個體戶在面臨競爭激烈的市場時抵禦風險的能力；政府對貧困產業進行直接補貼、貸款補貼等資金扶持項目，解決了貧困群體沒有「啟動資金」的問題，致力於致貧源頭的問題解決。

南豐縣一系列的菜單式扶貧舉措產生了良好的減貧效果，也為其他地區的產業扶貧菜單制定與選擇提供了適宜的範本和新的思路。

三、小結

「菜單式」扶貧模式為我們提供了「政府制定菜單、由貧困戶點菜、幫扶部門提供配菜、政府埋單」的扶貧方式與思路，在提高貧困人口參與

度上卓有成效，可以激勵貧困戶內生性的自我發展和價值實現，進而提高項目安排、資金使用、扶貧措施的精準。訂單式扶貧重點解決的是市場上部分供需不平衡的問題，並且在解決貧困人口的就業方面有很大的優勢。無論是「菜單式」還是「訂單式」，都要根據貧困群體的實際需求和資源供給方的實際情況，對存在的問題進行系統的、具體的分析，才能制定出有意義的「幫扶菜單」或「幫扶訂單」。

第三節　學後幹與幹中學

在扶貧機制的框架下研究「學後幹」和「幹中學」兩種學習模式，主要探討的是在扶貧政策的制定和執行中，是先進行經驗的積累和相關知識的武裝，再將其運用到具體的扶貧實踐中去，還是在具體的實地調研和相關服務的提供過程中不斷地積累經驗，增加自身的知識總量，並從中獲取一手資料和更加貼近實際的行動指南。

一、學後幹

（一）概念

「學後幹」模式更傾向於學習經驗的事前獲取，也就是先總結和整理出適用的經驗和模型，在行動之前，做到心中有數，才能有目的、有計劃地去做事情，做到有的放矢。

在扶貧實踐中，「學後幹」是扶貧初期主要的行動方式。在扶貧機制沒有得到完善的初期階段，扶貧相關的很多政策都在嘗試運行階段，很多政策的執行也處於開始階段，沒有積累太多的經驗可供參考，因此在行動之前了解相關的技術知識和環境背景是非常必要的，所以「學後幹」是符合實際的學習方式。

（二）特點

一是「學後幹」能夠更加精準地投放精力，節省行動中的多方成本。先獲取相關的知識和經驗，能夠在後續的行動中精準發力，提高辦事效率。

二是「學後幹」可能會忽視行動過程中的變換，無法及時給出靈活機動的應對策略，也難以通過不斷變化的條件和因素形成對策來調整後續的行動，在一定程度上缺乏必要的靈活性和能動性。

（三）展望

隨着扶貧行動大規模的開展，並取得了初步成效，「學後幹」的思維學習模式可能需要加入更多的元素，來隨時調整和應對在扶貧行動中出現的問題和變化。在當下的扶貧實踐中，「學後幹」和「幹中學」需要根據基層扶貧實踐的具體情況來進行「配比」與結合，不斷地嘗試新的學習路徑和模式。

二、幹中學

（一）概念

所謂「幹中學」，就是在實踐中學。它所提倡的就是實踐精神。

「幹中學」的概念最早是由經濟學家阿羅提出的，從人力資源的角度來看，它是指人們通過學習而獲得知識。知識的不斷積累能夠促進技術進步，並且人類的技術進步是知識的產物、學習的結果。學習過程同時又是一個不斷總結經驗的過程，經驗來自行動，來自實踐，最終經驗積累的成果會不斷地體現於技術進步之上。[1]

1　徐月賓、劉鳳芹：中國農村反貧困政策的反思 [J]. 中國社會科學，2007（3）：12-13。

其更加廣泛的經濟學的含義主要是指古典經濟增長模型中的一個概念，是技術內生化增長模型的主要內容。通過「幹中學」與「學中幹」，加速創新與積累的過程，這是新經濟增長模式的一個主要特點。[1]

（二）特點

其一，行動第一。扶貧機制中的「幹中學」不只體現在具體政策執行和落地的環節之中，而是貫穿於扶貧機制從形成到實踐到修正的整個過程，因為無論是前期的調研工作、中期的執行環節還是最後的監督和評估程序，都需要我們從具體的實踐中及時獲取最真實可靠的數據和相關信息。所以行動是第一位的，只有真正開始行動起來才能發現問題、解決問題，而單方面的借鑒經驗和第二手資料而獲得的認知可能是有偏頗的。同時也要注意到，認知和學習的最終目標是在實踐中運用，在工作的過程中尋找差距並獲得解決問題的鑰匙。

其二，開放和反思。「幹中學」並沒有割裂實踐和經驗學習的關係，這種實踐精神不僅要求讓人們將想法付諸行動，也要求人們在行動中有所反思和交流。它鼓勵在行動中形成可以產生碰撞的多元想法，不是沒有目的和反思的「埋頭苦幹」，而是有內核、有靈魂的行動派。在與扶貧有關的實踐活動中，不同的層級、部門需要積極開展溝通，形成開放的思維，並不斷地反思自身的行動是否產生了不良的影響，共同致力於扶貧機制的發展與完善。

其三，他山之石。我們在實踐時也應該積極向身邊優秀的群體和個體學習，在汲取優秀經驗的基礎之上，結合自身的特點和優勢，形成兼具規範性和創新性的行為模式。在扶貧實踐中也是如此，經濟發展和地理環境要素較為相近的地區，可以互相借鑒對方在進行具體政策的制定和執行時總結的相關經驗，並結合本地區的獨特性，邊學邊幹，運用到本區的扶貧

---

1 智庫，百科 . https://wiki.mbalib.com/wiki.

實踐中去。

其四，敢於檢討。經驗和教訓的積累同時也是下一次成功的基石，我們需要意識並重視其價值和指導意義，以排除和規避風險。在扶貧行動中，由於作為政策代理人的執行者有着「現實人」的局限性，會出現一些不符合預期的行動結果，但是，「不符合預期」的行動結果也是一種資源，為下一次的扶貧行動提供了樣本，可以幫助下一次的行動者總結經驗和教訓，提高政策在執行過程中的有效性。

案例：鹽津縣動員部署易地扶貧搬遷摸底調查精準識別工作

12 月 9 日上午，鹽津縣召開全縣深入開展易地扶貧搬遷摸底調查精準識別動員暨培訓會，着力解決「為什麼」「幹什麼」「怎麼辦」等問題。

會議強調，「要堅持先學後幹、有的放矢」，要鎖定「學習貫徹黨的十九大精神」，「易地扶貧搬遷摸底調查」，「督促、推動 10 個全覆蓋，特別是今年出列的村強化動態管理，確保驗收過關」三大目標任務，緊緊圍繞「易地扶貧搬遷背景和意義」「搬遷條件」「安置方式」「安置房建設或購置」「住房補助和獎勵政策」「舊房拆除和土地復墾」「搬遷後續保障」等問題，一點一點地學懂弄通、一條一條地梳理清楚，確保學到位、講到位，把工作做到群眾心坎上，確保摸底調查成功、準確、質量高。緊緊圍繞「幹中學」，把具體工作中的變化及應對方法轉化為經驗，為後續工作的開展做好準備。

資料來源：鹽津縣委宣傳部，2017 年 12 月 9 日

從上面的案例可以看到，雲南省昭通市鹽津縣在易地扶貧搬遷摸底調查精準識別的具體扶貧實踐中，將「學後幹」和「幹中學」這兩種模式有效地結合，而不是將兩者對立起來，既保證了行動時目的的明確性，也保證了在實際情況與政策不匹配情況下的積極靈活的應對和調整，展現了兩種模式結合時發揮的優勢。

三、小結

在實際的政策制定與執行時，「學後幹」和「幹中學」兩種學習模式在不同地區的具體環境中各有側重，也可能在同一個事件發展的不同階段綜合運用兩種學習模式，從而達到最優的效果。在當下的扶貧實踐中，「學後幹」和「幹中學」需要根據基層扶貧實踐的具體情況來進行「配比」與結合，應不斷對這兩種學習方式進行深入的了解和探討，不斷地嘗試新的學習路徑和模式，充分利用和發揮兩者的優勢，保證行動過程中有清晰的目標，同時也能在實現目標時根據具體的實際情況進行靈活調整。

第四節　政府主導與市場主導

一、必要性

（一）政府主導扶貧模式

從世界各國的經驗來看，政府是消除貧困的主體[1]。中國是社會主義國家，黨和政府具有強大的政治優勢和資源動員能力，是中國扶貧取得成功的關鍵[2]。在學術界也有大量的實證研究表明，政府的積極投入確實具有顯著的減貧效果。

政府主導的扶貧模式是中國減少貧困的根本保證。「集中力量辦大事」是政府在扶貧實踐中的優勢。減貧已經被列入國家現代化建設戰略體系中，是中國進行經濟發展以及經濟發展成果共享的重要戰略部署，因此政府的力量是絕對的，政府力量與市場力量的平衡是保持扶貧機制有效運行的重點。政府在扶貧機制中不僅主導上層設計與政策制定、扶貧資源的組織與配置，

1 聯合國計劃開發署：千年發展目標報告（2015 年）。

2 文建龍：改革開放以來中國共產黨的扶貧實踐 [J]. 大慶師範學院學報，2016，36（1）：26-31。

同時也負責具體項目的運行與實施，並在其中扮演着重要角色。

（二）市場機制下的扶貧模式

扶貧機制中的市場機制是在以政府主導的體系中重要的補充機制，是實現扶貧目標的重要槓桿。市場機制的引入，改變了單一的政府救濟的直接式扶貧模式，為扶貧機制的整體運行注入了活力。一是能夠使減貧路徑更加開放和多元，有效地減少了單一的政府主導扶貧機制下貧困群體形成的依賴性，通過相對弱化的市場競爭機制，將市場需求和扶貧產業中貧困群體的可行性能力結合起來，讓符合客觀條件、有勞動能力的扶貧客體意識到自己在市場競爭中是可以生存下去的，自己是有能力養活自己的，從而達到扶志的根本目的。二是強化了在價值交換基礎之下的平等觀念。在市場機制的介入下，有勞動能力的貧困群體不是一味地接受來自政府和社會的接濟，而是通過自身的勞動，在市場機制中通過交換勞動產品來獲取經濟利益，體現了扶貧主體與接受扶貧政策優惠的客體之間的價值平等和觀念上的平等。市場機制從優勢視角看待和發掘貧困群體的潛能，從「授之以魚」逐漸轉變為「授之以漁」。

二、文獻回顧

扶貧機制中政府和市場的關係決定了扶貧項目的性質及適用特徵，因此在精準扶貧的大背景下，兩者的協調關係是保證扶貧政策落到實處、發揮效用的重點。目前學術界的相關研究主要集中在扶貧中政府角色（界定、轉型、路徑）和政府引入市場機制的效用等方面。

在政府角色轉型方面，莫光輝、陳正文（2017）認為政府在扶貧工作中應該向引導者、協調者、多元主體者的角色轉型，強調積極調整權責、更新幹部隊伍的扶貧觀、擴展脫貧攻堅的社會力量、強化政府脫貧績效考核、改革脫貧攻堅監督管理體系、注重脫貧績效的可持續性是脫貧攻堅進程中的政府角色轉型路徑選擇。

在引入市場機制方面，大量文獻表明，扶貧進程中引入市場機制的確會提高扶貧的精準度和效率，但是也存在一些市場力量被誤用、濫用的情況。對此，宮留記（2016）提出了構建政府主導下的市場化扶貧新思路：通過制定「扶貧法」劃分政治和市場的邊界，對市場機制進入扶貧進程進行頂層設計。鄒新豔、徐家良（2018）則進一步表明，市場機制引入發展後期，社會組織作為市場運作的活力因子，公開募捐、項目運作、政府購買服務等社會組織扶貧模式已不能適應當前推進貧困鄉村脫貧攻堅工作的需要，創新社會組織扶貧模式刻不容緩。

三、優勢與不足

（一）以政府為主導的扶貧模式

政府主導開展扶貧工作，具有快速整合大量資源的優勢，能夠保證扶貧政策的執行效率。這種模式雖然在資源整合方面有獨到的優勢，但是項目設計的決策權、資金的分配和使用權形成高度集中的趨勢，很難實現資源的最優配置。

從時間歷程的視角來看，中國的經濟、政治和文化等社會環境在不斷地變化，單一的政府主導在方方面面的實踐中已經不合時宜，並不斷地顯露出問題和缺陷。例如在資金使用的環節上，監督體系尚未健全，缺少第三方的監督與管理；政府主導推動政策執行過程中，由於利益最大化選擇傾向以及制度滋生的灰色地帶，很有可能出現基層政府之間的共謀行為，從而加大行政系統與基層貧困主體的裂痕，不利於扶貧治理的開展和質效提升。

（二）以市場為主導的扶貧模式

市場模式的加入則更適應精準扶貧的要求，有以下幾個方面的優勢：

一是市場機制能夠調動市場積極力量，同時在專業力量、專業組織的集合上更加靈活有效；因此能夠藉助專業的社會組織來提升扶貧產業設計的質與效。二是市場機制的競爭機制能夠誘發處於該模式之下主體的內生性發展動力，這種自生的想法和願望是個人能力和扶貧政策可持續發展的重要推動力。三是在政府之外的環境下，可以設置第三方的制定建議和評估監督等相關組織，加強第三方的監管，能夠保證扶貧政策的執行效果。

但是此模式也存在一些不足，如市場主體的利益關係方面，如果市場方在扶貧產業中得到高於預期或者持平的利益，會形成長期合作；如果市場方沒有達到預期效益的話，很容易出現中途退出或者短期合作，不利於貧困群體積極性的調動，甚至會傷害貧困群體剛剛形成的自我實現價值體系。

四、解決路徑——構建政府主導下市場化扶貧的新模式

（一）政府與社會資本合作模式

政府與社會資本合作又稱 PPP（public-private-partnership），即公私合作模式，指的是在基礎設施、公共工程與公共服務領域由政府與非政府主體合作共贏式的供給機制[1]。詳見下述案例——政企合力。

（二）政府購買服務與評估

政府購買服務是指政府向社會組織購買公共服務，通過公開招標的方式，將服務計劃交託給專業從事該領域活動的社會組織來完成，並根據選定的組織機構的服務完成的質量和效果來支付相應的報酬。

1　宮留記：政府主導下市場化機制的構建與創新模式研究——基於精準扶貧視角 [D]. 開封：河南大學，2016。

案例：政企合力整體脫貧攻堅的典範——恆大精準扶貧模式

《扶貧藍皮書中國扶貧開發報告 2017》以《政企合力整體脫貧攻堅的典範》為題，詳細介紹了恆大幫扶大方的背景、主要做法和階段性進展、政企合作的幫扶機制。報告指出，恆大一改過去的局部式、間接式、單一式社會幫扶為整縣式、參與式、立體式、滴管式社會幫扶，投入人力、物力、財力參與扶貧全過程，並通過市場化手段盤活了農村的存量資源。恆大以企業自身的資源、渠道優勢，引入更多社會力量參與扶貧，特別是引入上下游龍頭企業，化解了產業扶貧中的市場風險和自然風險，幫助貧困戶持續增收、穩定脫貧，從而「創造了高質量的扶貧效率」，是「國內甚至國際上公益領域中的一個創舉」。

藍皮書還指出，在恆大結對幫扶畢節的實踐中，充分發揮黨委、政府的政治優勢和制度優勢，以及企業管理優勢、決策執行效率高的優勢，通過政企聯席會議的方式，確保政府與企業各司其職、優勢互補、高效協作，「在扶貧領域創新性地實現了政府與企業的合作」。

記者了解到，從 2015 年 12 月 1 日開始，恆大結對幫扶貴州省畢節市大方縣，三年無償投入 30 億元，預計通過產業扶貧、搬遷扶貧、教育扶貧和就業扶貧等一攬子綜合措施，到 2018 年底實現大方縣 18 萬貧困人口全部穩定脫貧。截至 2017 年 12 月，大方縣 103 個重點扶貧項目全部竣工，其中 50 個新農村、11 所小學、13 所幼兒園、1 個民族風情小鎮（奢香古鎮）以及完全中學、職業技術學院、慈善醫院、敬老院、兒童福利院相繼投入使用，330 萬平方米的蔬菜、肉牛、中藥材和經果林基地等產業扶貧項目已投入生產，並引進 43 家上下游龍頭企業。各項精準扶貧措施已覆蓋大方縣全部 18 萬貧困人口，幫助大方縣 12.73 萬人實現初步脫貧。恆大集團的具體扶貧措施及成果見表 8-2。

表 8-2　恆大集團「六個一批」幫扶情況

產業扶貧	蔬菜基地 91 個，蔬菜大棚 10 223 個，10.6 萬畝，戶均 2.5 畝，人均增收 4100 元
	肉牛基地 287 個，肉牛 15 209 頭，18 萬支種牛凍精，改良土牛 1.8 萬頭，戶均 3 頭，人均收入 4000 元
	中藥材及經果林基地 30 個，共 11 萬畝，人均收入 5500 元
易地搬遷	50 個恆大新村和 1 個民族風情小鎮——奢香古鎮，安置 3500 戶 14 000 人
教育扶貧	11 所小學、13 所幼兒園、1 所完全中學和 1 所職業技術學院；培訓 340 名老師及管理幹部；獎勵 200 名山區優秀老師，資助 300 名貧困家庭優秀學生
就業扶貧	培訓 16 500 人，吸納就業 13 331 人，就業人員年人均工資 4.2 萬元
創業扶貧	3 億元創業基金，計劃幫助 3 萬人脱貧致富。已扶持創業戶 13 302 戶，發放資金 5290 萬元
保障扶貧	1 所慈善醫院、1 所養老院、1 所兒童福利院已竣工交付；為 14 140 名特困人群每人購買一份固定收益的商業保險；恆大集團員工「一助一」幫扶全縣農村留守兒童、困境兒童和孤兒 4993 人

資料來源：恆大大方扶貧管理公司提供

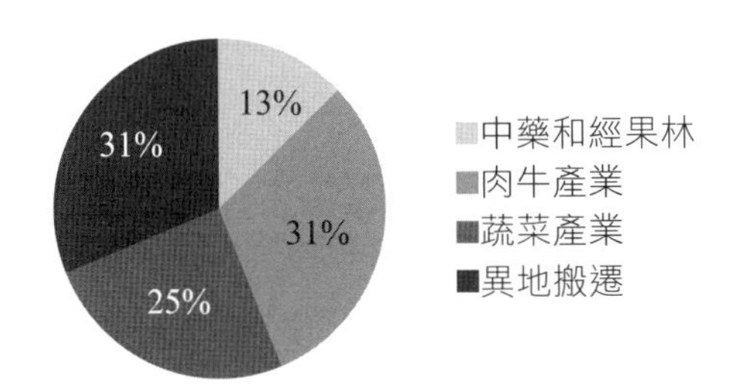

圖 8-2　恆大整體幫扶畢節 80 億元資金計劃投向

從 2017 年 5 月 3 日開始，恆大再無償投入 80 億元，一共投入 110 億元扶貧資金。這追加的 80 億元幫扶資金的投向是：產業扶貧 55 億元，易地搬遷扶貧 25 億元，具體分配計劃見圖 8-2。並進一步承擔畢節市其他 6 縣 3 區的幫扶工作，確保到 2020 年幫扶畢節全市現有 92.43 萬貧困人口全部穩定脱貧。目前，已捐贈到位40億元。

值得一提的是，在28日舉辦的人民日報社「第五屆民生發展論壇」上，恆大精準扶貧貴州畢節成功獲評「2017年度中國民生示範工程」。評審專家表示，恆大扶貧「方案精準、措施精準、用人精準」，成功探索了可複製、可借鑒的「恆大貴州大方扶貧模式」，其「龍頭企業＋合作社＋貧困戶＋基地」產業扶貧模式，實現了「供、產、銷」一體化經營，確保了貧困戶持續增收、穩定脫貧。

資料來源：中國扶貧開發報告2017，中華網，2017年12月28日

從上述案例可以發現，恆大幫扶大方縣在扶貧領域創新性地實現了政府與企業的合作，其扶貧效果遠遠好於目前以政府為主體的扶貧模式，實現了貧困戶、合作企業、大方縣以及恆大自身的多贏，為穩定脫貧和可持續發展作出了科學的機制設計和長遠的制度安排[1]。根據對恆大整縣幫扶的效果、機制以及創新性的分析可知，其構建了可以複製和推廣的恆大模式，這充分體現了政府與市場兩種機制結合的優越性。

五、小結

以政府為主導的扶貧模式具有快速整合大量資源的優勢，能夠保證扶貧政策的執行效率。而市場模式最大的優勢在於能夠靈活和高效地調動與集合專業力量和組織，刺激競爭意識和內生性發展，並接受第三方的監督與管理。如何將兩種模式的優勢結合起來，彌補單一模式的不足，是扶貧實踐中着力解決的問題。政府與社會資本的合作正是對兩種模式優勢融合的嘗試，政企合作開發扶貧，也是我們長期以來積極探索的多元扶貧主體的扶貧思路。在這個過程中，政府與市場力量的和諧共生、宏觀調控與市場配置的互補配合是達到最優扶貧效果的關鍵因素。

1 中國扶貧開發報告2017，扶貧藍皮書。

第五節　供給側與需求側

供給側結構性改革是新經濟形勢下，應對中國經濟發展新常態而作出的重大改革。正如 2015 年 11 月 10 日習近平在中央財經領導小組第十一次會議上所提出的，中國需要在適度擴大總需求的同時，着力加強供給側結構性改革，着力提高供給體系質量和效率，增強經濟持續增長動力。[1]

精準扶貧工作的有效推進，要建立在需求側與供給側改革的基礎上。有效識別貧困人口和貧困區域對扶貧資源的需求，是需求側改革的基本內容；提高扶貧資源供給的質量與效率，是供給側改革的基本方向。

一、文獻回顧

精準扶貧是中國新時期背景下扶貧政策和理論模式的創新與突破，而加快扶貧供給側結構性改革正是中國全面提高扶貧質量的重要舉措，目前國內的相關研究主要有理論、策略分析以及案例研究兩個方向。

理論、策略分析方面，劉彥隨、曹智（2017）在文章中從供需的視角，總結了目前攻堅扶貧的過程中存在的扶貧供給側問題，系統構建了精準扶貧供給側結構體系，並相應提出了改革策略。研究表明，精準扶貧供給側結構改革應基於因貧施策、因地制宜、因時而異、因勢利導的原則，優化供給側資源的調控和配置，力圖解決扶貧開發過程中供需不平衡、不匹配甚至錯位的問題。王思鐵（2018）基於目前中國扶貧存在的扶貧精準度急需提高，過分重視擴大需求的扶貧現狀，提出了要從「投入側」入手，改變扶貧理念，着力增加扶貧有效供給，將錢花在刀刃上，並分析了「供給側」改革對於激發群眾首創精神及內生式脫貧精神的積極影響。張明皓、豆書龍（2017）分析了農業供給側改革與精準扶貧供給側改革的內在邏輯關聯性，致力於構建兩者的銜接機制，也為政府為主體實施制度和政

1　習近平：從生產領域加強優質供給 [N]. 經濟參考報，2016-01-27（3）。

策的「整體性治理」提供優化路徑。

案例研究方面，莫任珍（2018）基於畢節市「一市五金多套餐」扶貧機制的相關調研，在實地調研質效收驗的基礎之上，總結了問需式精準扶貧模式在供需層面可以借鑒的改革策略，為當下精準扶貧政策優化和實施路徑提供了新思路。

綜上，無論是理論分析還是實證研究，都是主要關注「供給側」和「需求側」與「扶」和「貧」的協調統一關係，是精準扶貧縱深方向發展的動力，也在扶貧政策的發展方向上起到導向作用。然而不足的是，在改革策略的效用方面，對於供需是否協調統一，沒有考慮相關的評估機制，在運行的過程中尚未有明顯有效的評判標準。

二、扶貧供給側結構改革

（一）背景

在 2015 年 11 月 10 日召開的中央財經領導小組第十一次會議上，習近平強調：「在適度擴大總需求的同時，着力加強供給側結構性改革，着力提高供給體系質量和效率。」[1] 扶貧的「扶」與「貧」在某種程度上說就是「供給」與「需求」的關係，而在這兩者之間，供給質量的好壞直接影響了需求是否得到滿足以及滿足的程度。

扶貧供給側改革，意在從扶貧的資源提供側改革，通過提高資源配置的有效性和優化投入結構等方案，增強有效的供給，從而實現扶貧的預期目標。

1 白彥鋒、王建保：美國金融危機治理與我國房地產市場供給側改革 [J]. 地方財政研究，2016（7）：24-31。

（二）策略

扶貧資源供給質量和效率的提高，具體可以從以下兩個方面着手。

一是通過公共物品與服務的供給，增加貧困者的初始資源稟賦，提高財富創造和再創造的能力。對於貧困人口來說，基礎教育供給、嬰幼兒營養健康改善、職業技能培訓等是彌補初始資源稟賦稀缺的主要途徑。對於貧困區域來說，應在遵循可持續性的原則下，優化公共基礎設施投資結構，使之與貧困區域的發展環境相匹配，充分發揮其作為「社會先行資本」的功能。[1]

二是推進分配制度改革，促進收入分配的相對公平。政府還富於民和讓利於民、切實提高中低收入勞動者報酬、調節過高收入、擴大中等收入群體等，都有助於最大限度地降低收入分配不公對於減貧的負面影響。最後，以社會福利與基本社會保障制度、公共政策體系為屏障，確保貧困人口能夠維持最低水平的生活標準。

三、扶貧需求側改革

需求的有效識別包括兩個層次的內容。第一層次需求識別的關鍵在於需求表達機制（自下而上的需求表達）與需求調研機制（自上而下的需求調研）的建立。需求表達機制更多的是針對以貧困人口為單位的個體需求方，主要由申請、審查、評議等環節組成。需求調研機制由供給方主導，更多的是針對以貧困區域、群體等為單位的需求方，對產業、自然資源、區位優劣勢、基礎設施現狀等進行分析。第二層次需求識別的關鍵在於保持動態性，即貧困的考核機制與退出機制的建立，便於將新的貧困者納入，同時使脫離貧困狀態的非貧困者退出，進而推進扶貧資源的優化配置。

1　朱松梅、李煒：精準扶貧的經濟學解讀 [N]. 光明日報，2017（4）。

案例：恆大：扶貧供給側改革先行者

人們普遍認為，既屬重要民生工程也屬重要經濟活動的扶貧工作，與供給側改革有着十分密切的關係。所謂扶貧供給側改革，就是指從扶貧投入側入手，通過優化扶貧投入結構、增強有效供給來提高扶貧質量，進而推進精準扶貧、精準脫貧，其核心在於進一步提高扶貧的針對性、實效性。

2015 年年底，恆大計劃三年投入 30 億元結對幫扶畢節大方，從扶貧投入的結構方面，以五大實實在在的綜合措施、一套清晰的三年計劃確保當地穩定脫貧，成為中國扶貧史上精準扶貧、精準脫貧的一次全新探索。

扶貧的「扶」與「貧」，從一定意義上說，就是「供給」與「需求」的關係;貧困老百姓最「需」與最「求」的是扶貧投入側改革最需要優先考慮的。

恆大為了打贏這場硬仗，採取五大實際措施覆蓋貧困老百姓的脫貧需求，並實施「造血」與「輸血」相結合的扶貧模式。傳統扶貧主要依仗「輸血」，當地的產業並沒有得到扶持，無法形成可持續的脫貧效果。同樣地，如果僅僅強調「造血」，前期必要的保障就無法確保，「血」造出來之前可能計劃就被迫夭折，扶貧效果同樣會大打折扣。

因此，恆大此番「造血」與「輸血」並舉，無異於扶貧領域的一次「供給側改革」—— 淘汰過往落後的扶貧方式，幫扶貧困地區有效脫貧，稱其樹立新時期扶貧里程碑並不為過。

27 日首批開工援建的 40 個重點工程項目中，就涵蓋了「造血」與「輸血」並舉的意味，以大幅提升特困群體的社會保障水平。同時鑒於大方縣農牧業資源豐富，卻缺少產業開發門路和技術的情況，恆大「量身定做」產業扶貧措施，計劃投入 12 億元建設 1000 處農牧業產業化基地。這些因地制宜的產業扶貧，成為大方縣貧困人口全面穩定脫貧、社會經濟和人民生活可持續發展的有力推動器。

扶貧要先扶智，恆大為貧困鄉村和困難家庭科學發展、長遠發展謀思路，通過職業技能培訓，對大方貧困群眾進行「再教育」，幫助他們增強專業技能的本領，目前已吸納 3105 名貧困家庭的青壯年勞動力到恆大及其合作企業就業，即將實現一人就業、全家脫貧。未來三年內，恆大將使培訓並吸納就業的總人數達到 3 萬人，實現吸納就業扶貧。

不僅如此，恆大在此次首批援建工程開工前，就已將首批 10 億元扶貧資金捐贈到位，設立擔保總額 10 億元的產業扶貧專項貸款擔保基金，並為全縣 14 140 名特困群眾購買商業保險。春節前夕，還向大方 5.8 萬貧困戶發放共 1160 萬元過節費，精準「造血」與「輸血」並行持續。

當下，脫貧攻堅已經到了啃硬骨頭、攻城拔寨的衝刺階段。恆大在精準施策上出實招、在精準推進上下實功、在精準落地上見實效，將扶貧幫扶的每項政策措施都落到實處，「精準扶貧先行者」這個稱呼當之無愧。

我們有理由相信，恆大以「但願蒼生俱飽暖」的情懷、契合扶貧供給側改革的舉措、踏踏實實為民造福的精準落實，必將在中國扶貧史上留下不可磨滅的一筆。

資料來源：新華網財經，2016 年 3 月 1 日

在政企合力致力於扶貧治理有效路徑的實現方面，恆大作為示範者和領軍者，在這場攻堅戰之中起到重要的先行者作用。在恆大的扶貧計劃中，資源投入側的改革是恆大集中力量進行改革的重點，將貧困群體的需求作為扶貧資源供給側改革優先考慮的首要方面。恆大在對畢節大方縣的扶貧實踐中，充分考慮到當地產業的實際情況，制定了基本覆蓋貧困群體普遍需求的「五大措施」，不再採用傳統單一的「直接式」扶貧，而是採用「直接式」與「間接式」並舉的模式，保證了扶貧資源供給方面結構的優化，使資源能夠得到充分、有效利用。

恆大集團在扶貧供給側改革中，不僅注重扶貧初期原始資源的有效供給，同時也注重提高貧困人群財富再創造的能力，如為貧困群眾提供適宜的勞動技術培訓，為有勞動能力的群眾提供必備的就業技能等相關方面的培訓，提供一些相關的就業知識及信息等。

從上述案例可以看出，加快扶貧供給側改革是當下扶貧實踐越來越重要的側重點，並在不斷的改進與具體操作中取得了一定的成效和積極的反饋，這是我們今後扶貧路上的指路標。

四、小結

總體來說，從需求側扶貧，着眼點在於消費需求，也就是「貧困戶缺什麼政府就補給什麼」，如貧困戶缺房子，政府就提供房子；貧困戶缺糧食，政府就提供糧食。也可以稱為「輸血型」扶貧。在這樣的模式之下，貧困戶很容易產生依賴性，陷入貧困的循環。

與需求側扶貧不同，供給側扶貧是幫助貧困戶發展生產，立足於「造血」。例如政府鏈接資源，幫助貧困農民引入扶貧企業，通過規模經營增加農民的資產性收入；通過投資農村基礎設施，推動農民的資產升值等。

但是，主張扶貧從供給側發力，並非意味着不考慮「需求」，希望達到的效果是「需」與「供」的統一和平衡。例如年老人或者因身體缺陷而喪失勞動能力的人，我們需要從需求側予以補助。但需要注意的是，對那些有勞動能力而放棄勞動機會和退出競爭不勞動的人，政府應該作出基本的甄別和評估，只能為其提供基本生活保障，而非與喪失勞動能力的群體看齊，切不可顧此失彼，造成新的不公平。

第九章　中國扶貧能力建設

能力建設的概念是以對發展援助批判的形式出現的。發展援助認為低收入是導致貧困的主要原因，應以增加收入的方式解決貧困問題，因而主流的扶貧政策多以增加各類救濟、補貼的形式出現，從而導致各種重短期收效、輕長期效果，重經濟扶持、輕能力建設的實踐。在 20 世紀 80 年代後出現的「援助疲倦」，特別是援助效果不盡如人意，成為中國扶貧發展的轉折點。

隨着國外先進扶貧理論的引進和中國扶貧經驗的積累，人們逐漸認識到貧困不僅包含經濟貧困，還包含社會成員想要完成某些功能性活動的「機會」缺失。僅以收入高低看待農村貧困問題，流於表面，極易導致幫扶脫貧後再返貧。而扶貧是要把發展建立在本土資源、所有權和領導力之上，強調弱勢群體與主流社會建立聯繫的重要性，使原來的「援助」模式向「較少依賴」再到「自助」進行轉變。

20 世紀 90 年代以來，中國不斷優化扶貧戰略和政策，及時調整扶貧目標，扶貧工作已卓有成效：中國農村居民的生存和溫飽問題基本得到解決，貧困人口的生產生活環境得以改善，精神文化建設逐步發展，貧困地區基礎設施不斷完善，生態惡化初步遏制。

與此同時，中國扶貧事業的內在發展力也隨着扶貧開發建設得以提升，表現在貧困人口收入提高能力、生活水平改善能力和綜合素質提升能力等各方面能力的提升，而這些能力的提升依賴中國對於貧困地區基礎設施、公共服務、財政體系、金融體系、信息化、市場、人力資源的現代化

* 感謝賴瑋為本章做出的工作。

建設。本章即從這七個方面闡述中國扶貧能力建設。

第一節　基礎設施建設

廣義的基礎設施包括交通、供水供電、商業、綠化、文化教育、衞生事業等市政公用設施和公共服務設施等。[1] 本節僅討論經濟基礎設施，即「永久性的工程構築、設備、設施和它們所提供的為居民所用和用於經濟生產的服務」，主要包括交通運輸、電力設施和供水。[2]

中華人民共和國成立伊始，百廢待興，各行業生產水平低下，物資匱乏，交通運輸受阻，人民生活困苦，社會經濟形勢嚴峻。為了恢復和發展國民經濟，中央強調交通、水利和農業作為恢復工作中的重點。此時，基礎設施建設僅作為經濟建設的附加。再加上很長一段時間，中國主要以援助式扶貧為主，因此人們沒有意識到基礎設施建設在扶貧事業中的重要性。

自改革開放以來，中國總結自身和國際經驗，吸收國際扶貧先進理論，摒棄援助式扶貧，將基礎設施建設作為開發式扶貧的途徑和保障，納入扶貧事業。《國家八七扶貧攻堅計劃（1994—2000 年）》（以下簡稱《扶貧攻堅計劃》）和《中國農村扶貧開發綱要（2001—2010 年）》（以下簡稱《綱要（2001—2010 年）》）兩份文件都提出增加基礎設施建設投入。最新的扶貧指導文件《中國農村扶貧開發綱要（2011—2020 年）》（以下簡稱《綱要（2011—2020 年）》）中更是細化基礎設施建設條目，明確貧困地區扶貧任務中貧困群眾交通、用電和飲水的具體目標。

---

1 https://baike.baidu.com/item/ 基礎設施 /3831695?fr=aladdin.

2 世界銀行：1994 年世界發展報告：為發展提供基礎設施 [R]. 北京：中國財政經濟出版社，1994。

一、交通運輸

自改革開放以來，中國一直注重交通運輸發展，並編制發展規劃，吸引多元投融資，創新體制變革，不斷加快交通基礎設施建設。1978 年，中國鐵路營業里程僅 5 萬多公里，公路通車里程 89 萬公里，民用航空航線長度 14.9 萬公里，內河通航里程 13.6 萬公里。而到了 2016 年，除內河航道里程維持不變外，其他交通運輸線路長度翻了幾番，其中鐵路營業里程達到 12.4 萬公里，公路里程 469.63 萬公里，定期航班航線里程 634.81 萬公里（表 9-1）。[1] 中國交通基礎設施建設高速發展，現城市軌道、高速公路鐵路、航空等交通設施規模已位居世界前列，交通大國的地位名副其實。

表 9-1　中國運輸線路長度變化　　萬公里

年　份	鐵路營業里程	公路里程	內河航道里程	定期航班航線里程
1978	5.17	89.02	13.60	14.89
1994	5.90	111.78	11.02	104.56
2001	7.01	169.80	12.15	155.36
2011	9.32	410.64	12.46	349.06
2016	12.40	469.63	13.10	634.81

資料來源：國家統計局：中國統計年鑒 2017

同時，農村公路的建設也取得了很大成就。截至 2017 年年底，全國農村公路里程 400.92 萬公里，其中縣道 55.07 萬公里、鄉道 115.77 萬公里、村道 230.08 萬公里。全國通公路的鄉（鎮）佔全國鄉（鎮）總數的 99.99%，其中通硬化路面的鄉（鎮）佔全國鄉（鎮）總數的 99.39%；通公路的建制村佔全國建制村總數的 99.98%，其中通硬化路面的建制村佔全國建制村總數的 98.35%。[2]「十二五」期間，全國新增 5000 個建制村通

1　國家統計局：中國統計年鑒 2017。

2　中華人民共和國交通運輸部：2017 年交通運輸行業發展統計公報。

公路，近 900 個鄉鎮和 8 萬個建制村通硬化路，全國新改建農村公路超過 100 萬公里，通車總里程約 395 萬公里，基本實現所有鄉鎮通公路和東中部地區建制村通硬化路、西部地區建制村通硬化路比例約 80% 的目標；全國鄉鎮、建制村通客運班車率超過 99% 和 93.2%。[1]

餘下不通公路的鄉鎮村，幾乎都在中、西部及邊疆等發展滯後地區，公路交通是當地最主要的運輸方式。農村公路是農村經濟發展的大動脈之一，全面建設農村公路迫在眉睫。

根據規劃，到 2020 年，中國將實現貧困地區國家高速公路主線基本貫通，具備條件的縣城通二級及以上公路，集中連片特困地區基本形成「外通內聯、通村暢鄉、班車到村、安全便捷」的交通運輸網絡，交通運輸基本公共服務的主要指標接近全國平均水平[2]，以助力區域經濟發展。

交通運輸基礎設施是貧困地區與外界互通的直接體現，完善的交通基礎設施可以增強貧困地區與外界的物資交換和往來聯絡，便於扶貧政策切實實施。交通基礎設施投資過程中創造大量就業崗位，提供了更多的就業機會，也為農村勞動力外出務工創造了良好條件；交通運輸網絡覆蓋的增加，可以顯著改善交通的可達性，增強區域間的相互聯繫；再者，完善的交通基礎設施可以直接降低運輸成本，增加產品利潤，提高農村生產力。

二、電力

1998 年以來，中國不斷推動農村電力建設，進行了大規模農村電網建設與改造，累計完成投資約 3800 億元，基本改變了農村電力設施落後的狀況。然而，仍有部分地區因為地理環境惡劣，導致電力工程推進困難，仍未通電，截至 2012 年年底，全國還有 273 萬無電人口，主要分佈在新

1 鄒蘊涵：我國農村基礎設施建設現狀及存在的主要問題 [J]. 財經界（學術版），2018(1):3-5。

2 交通運輸部：2017 年第十二次例行新聞發佈會 [EB/OL]. http://www.mot.gov.cn/2017wangshangzhibo/2017twelve.

疆、西藏、四川、青海等省（區）偏遠貧困地區，涉及 40 個地市、240 多個縣、1500 多個鄉鎮、8000 多個行政村。[1]

2013 年，國家能源局制定了《全面解決無電人口用電問題三年行動計劃（2013—2015 年）》（以下簡稱「三年行動計劃」），提出到 2015 年年底通過電網延伸和可再生能源供電工程建設，解決最後 273 萬無電人口用電問題。2015 年 12 月，隨着青海省最後 3.98 萬無電人口通電，國家能源局制定的三年行動計劃得到落實，中國全面解決了無電人口用電問題。[2,3] 當月，國家能源局又印發《國家能源局關於加快貧困地區能源開發建設推進脫貧攻堅的實施意見》，提出貧困地區能源建設的基本方針，以幫助解決貧困人口能源使用問題。

2016 年，國家發展和改革委員會、國家能源局啟動實施第二輪農村電網改造升級工程，加快提高農村電網供電可靠性和供電能力，以滿足農村用電需求，保障農村經濟社會快速發展，為同步進入小康社會創造有利條件。[4]

電力是保障現代社會生產生活的基礎條件，它包含一般勞動所無法替代的功能，不僅豐富了人們的日常工作和生活，而且能在生產活動中有效節省勞動力。因此，合理開發利用能源，提高能源建設水平，對於改善民生和當地經濟發展具有重要作用。

1 國家能源局：全國全面解決無電人口用電問題任務圓滿完成 [EB/OL]. http://www.nea.gov.cn/2015-12/24/c_134948340.htm.

2 中國已全面解決無電人口用電問題 [EB/OL]. http://power.in-en.com/html/power-2250215.shtml.

3 我國農村基礎設施建設現狀及存在的主要問題 [EB/OL]. http://www.sic.gov.cn/News/455/8535.htm.

4 國務院辦公廳轉發國家發展改革委：關於「十三五」期間實施新一輪農村電網改造升級工程意見的通知 [EB/OL]. http://www.gov.cn/zhengce/content/2016-02/22/content_5044629.htm.

三、供水

改革開放以來，國家重視農村供水，針對農村飲水困難問題出台多項政策，並開展農村水利工程項目。1994 年，解決農村人畜飲水困難被納入《扶貧攻堅計劃》。截至 2004 年年底，全國共解決了 2.97 億人的飲水困難問題，按照 1984 年制定的飲水困難標準，基本結束了中國農村飲水困難的歷史。[1] 隨着貧困地區飲水困難基本解決，國家將飲水問題的重點轉向飲水安全，2011 年發佈的《綱要（2011—2020 年）》，提出解決貧困地區人畜飲水安全問題。2012 年至 2016 年，水利扶貧累計解決貧困地區 1.1 億農村人口飲水安全問題，農村自來水普及率和集中式供水覆蓋率分別提高到 70% 和 75%；2016 年啟動實施的農村小水電扶貧工程，直接與當地建檔立卡貧困戶利益掛鈎，已使 2 萬多貧困人口直接受益。[2]《綱要（2011—2020 年）》還提出「到 2020 年，農村飲水安全保障程度和自來水普及率進一步提高」的主要任務。

在貧困地區興建水利工程，為人民生產生活提供安全用水保障，解決了貧困群眾日常飲水問題，可以減輕其勞動強度，提高了受益地區人民群眾生活質量，解放和發展了生產力，使他們可以集中精力進行農業和農副產品生產，從而推動農村地區發展和脫貧致富進程。

基礎設施建設的發展，為貧困地區帶來諸多益處：貧困人口生活成本降低，生活質量提高，生產力發展，就業機會增加。這對於促進貧困地區經濟增長、增加貧困群眾收入，實現良性減貧，提升中國扶貧能力，具有重要意義。

---

1 中華人民共和國水利部：2004 年水利統計公報。

2 五年來貧困地區中央水利投資 2266 億元，新華網，2017 年 10 月 . http://news.xinhuanet.com/politics/2017-10/10/c_129718265.htm.

第二節　公共服務建設

隨着中國扶貧事業的發展，依託豐富的扶貧經驗，扶貧理論不斷完善，國家對扶貧公共服務的重視逐漸增加，從單一改變教育文化衞生落後狀況到強調扶貧事業中科技文化素質、教育衞生事業發展，再到 2017 年下發的《「十三五」推進基本公共服務均等化規劃》中，將教育、就業、社會保險、醫療衞生、社會服務、住房保障、文化體育等方面列為基本公共服務，以基本公共服務清單為核心，開展公共服務項目，推進公共服務均等化。[1] 中國扶貧事業越來越重視基本公共服務的建設。

一、公共教育

20 世紀 80 年代以前，中國公共教育普遍存在教育發展落後、農村受教育率低、文盲數量多的狀況。從 80 年代開始，中國開始重視公共教育，這一階段主要側重於消除文盲方面，隨着 1986 年《中華人民共和國義務教育法》、1988 年《掃除文盲工作條例》和 1995 年《中華人民共和國教育法》的頒佈和實施，國家開始加大基礎教育投入，使中國的文盲率大大降低。1994 年發佈的《扶貧攻堅計劃》要求「基本普及初等教育、積極掃除青壯年文盲」的同時，「開展成人職業技術教育和培訓，使大多數青壯年勞動力掌握一到兩門實用技術」。1996 年，《中華人民共和國職業教育法》開始實施，提出農村職業教育建設。中國義務教育的逐漸普及使得文盲不斷減少。截至 2000 年，中國文盲數量由 1982 年的 22 996 萬人下降至 8699 萬人，文盲率則由 22.8% 降至 9.08%。[2] 2003 年，《國務院關於進一步加強農村教育工作的決定》提出扶持農村幼兒教育。《綱要（2001—2010 年）》和《綱要（2011—2020 年）》也都提出學前教育的發展規劃。

1　中華人民共和國國務院：關於印發「十三五」推進基本公共服務均等化規劃的通知。

2　國家統計局：2000 年第五次人口普查數據。

中國公共教育建設從普及義務教育、掃除文盲逐步發展到推動學前教育和成人教育，同時，引導校企合作和高效對口支援，通過針對性的職業培訓，加強貧困群眾就業保障。

當前，政府以基礎教育扶貧為主，同時結合幼兒教育、職業教育等多種模式。教育從根本上阻斷了貧窮的代際間傳遞，是貧困人口脫貧不返貧的基本保證。

二、文化體育

1993 年 12 月，文化扶貧委員會成立，以建設圖書室、提供圖書視頻資源等方式進行文化扶貧。進入 21 世紀，國家更加重視文化建設，2008 年 12 月，中國扶貧開發協會啟動「文化扶貧工程」，成立宣傳教育委員會，專門負責文化扶貧工作，組織實施包括村落文化建設、公益文化場館建設、文化資源開發、文化扶貧交流與合作等多項文化扶貧項目。[1]

2015 年以來，中國扶貧開發工作進入新的階段，精準扶貧上升為國家戰略，文化建設也按照精準扶貧要求，以期實現跨越式發展。「十三五」時期，國家加大政策傾斜力度，重點部署貧困地區的文化發展，並增加資金投入。各級地方政府也積極配合，增購文體設備，建立基層文化服務中心，構建文化服務體系，以促進貧困地區文化產業發展。

國家體育總局 2006 年在全國範圍內正式啟動農民體育健身工程，推動農村體育組織建設、體育活動站（點）建設，廣泛開展農村體育活動，構建農村體育服務體系。[2] 2009 年國務院下發《全民健身條例》，提出「加大對農村地區和城市社區等基層公共體育設施建設的投入」。2017 年 12 月，農業部、國家體育總局下發《關於進一步加強農民體育工作的指導意見》，「着力推動全民健身持續向農民覆蓋和傾斜，不斷提高農民群眾的身

1 新華每日電訊，2008 年 12 月 23 日。

2 國家體育總局：關於印發《關於實施農民體育健身工程的意見》的通知。

體素質」。

近些年，在全民健身的大背景下，體育建設以扶貧工程的方式，通過引進體育賽事、發展體育產業、援建基礎設施、開展大眾健身等助力脫貧，在貧困地區構建「體育＋」或「＋體育」的發展模式，營造精準扶貧、體育助力的良好局面。體育扶貧工程的總體目標為，到 2020 年，實現貧困地區體育基礎設施和健身公共服務體系基本完善。[1] 通過在貧困地區安排舉辦各類體育賽事和全民健身活動，帶動和擴大各類消費，既強身健體、豐富文化生活，又提高了農民收入，使貧困人口得以脫貧致富。

貧困地區的文化體育建設，有利於貧困群眾增強體質，豐富精神生活，煥新精神面貌，提高科學文化素質，為貧困地區的經濟發展增添活力，是貧困人口脫貧的重要動力和保障，也為中國扶貧事業的推進提升效能。

三、公共衛生與基本醫療服務

20 世紀 90 年代，中國已開始進行醫療衛生建設。1992 年下發的《關於加強農村衛生工作若干意見的通知》和 1994 年的《扶貧攻堅計劃》中都強調進一步完善貧困地區的農村醫療服務。這一階段，中國醫療衛生的工作重心在於改善當地醫療條件和衛生環境，醫療服務建設主要表現在建設農村衛生院（室）及構建貧困地區三級醫療預防保健網。

隨着經濟的發展和人們生活質量的改善，公眾對醫療服務的需求不斷增長。在此背景下，2007 年 10 月，中共十七大報告中明確提出實現「覆蓋城鄉居民的公共衛生服務體系、醫療服務體系、醫療保障體系、藥品供應保障體系」。2009 年頒佈的《中共中央、國務院關於深化醫藥衛生體制改革的意見》明確中國實現「人人享有基本醫療服務」的目標。此後，基本醫療服務的建設很快貫徹到扶貧領域，中國致力於基本醫療保障網構

1　體育總局、國務院扶貧辦聯合印發關於體育扶貧工程的實施意見［EB/OL］. http://www.sohu.com/a/244440253_505662.

建，保障農民不因病致貧、返貧。

2011 年 12 月，國務院下發的《綱要（2011—2020 年）》，明確提出「進一步健全貧困地區基層醫療衛生服務體系，改善醫療與康復服務設施條件」，使貧困群眾享受均等的醫療服務。2016 年 6 月下發的《關於實施健康扶貧工程的指導意見》，提出綜合施策，提高貧困地區醫療水平，完善資源配置，以期保障貧困群眾及時有效治療疾病，貧困地區實現基本醫療服務全覆蓋。

貧困地區的基本醫療衛生服務均等化水平可以通過一系列的具體指標來衡量，主要可分為經費投入、資源條件、居民健康水平三大類，包括每千人擁有的醫療機構數、每千人擁有的病牀數、每千人擁有的衛生技術人員數、嬰兒死亡率、孕產婦死亡率和居民人均壽命共六個具體指標。[1]

隨着改革的深入，中國農村醫療水平不斷提升。中國農村每千人口衛生技術人員數從 1980 年的 1.81 增長到 2016 年的 4.04；每千人口醫療衛生機構牀位數從 2008 年的 2.20 增長到 2016 年的 3.91。[2,3] 然而數據顯示[4]，大多數貧困地區的醫療衛生服務水平仍低於農村總體水平（圖 9-1、圖 9-2），仍需政府大力扶持，提高全國貧困地區醫療機構整體服務能力。

四、社會保障

隨着中國經濟體制改革和農村經濟的發展，農村社會保障體系和制度不斷完善。1992 年，中國正式推行農村社會養老保險制度。2002 年 10 月，《中共中央、國務院關於進一步加強農村衛生工作的決定》明確指出

1 郭漸強、羅能豔：貧困地區推進基本醫療衛生服務均等化面臨的困境與出路 [J]. 行政與法，2018（03）：51-57。

2 國家統計局：中國統計年鑒 2017。

3 中華人民共和國衛生部：2013 中國衛生統計年鑒。

4 謝富香、隋夢雲、朱兆芳等：我國集中連片貧困地區醫療機構資源配置現狀 [J]. 昆明醫科大學學報，2018，39（3）：49-54。

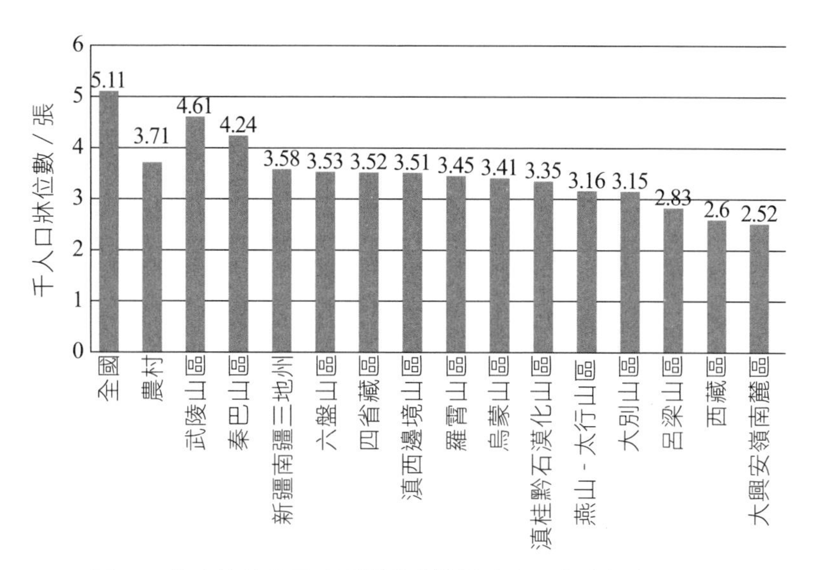

圖 9-1　集中連片貧困地區等醫療機構千人口牀位數（2015 年）

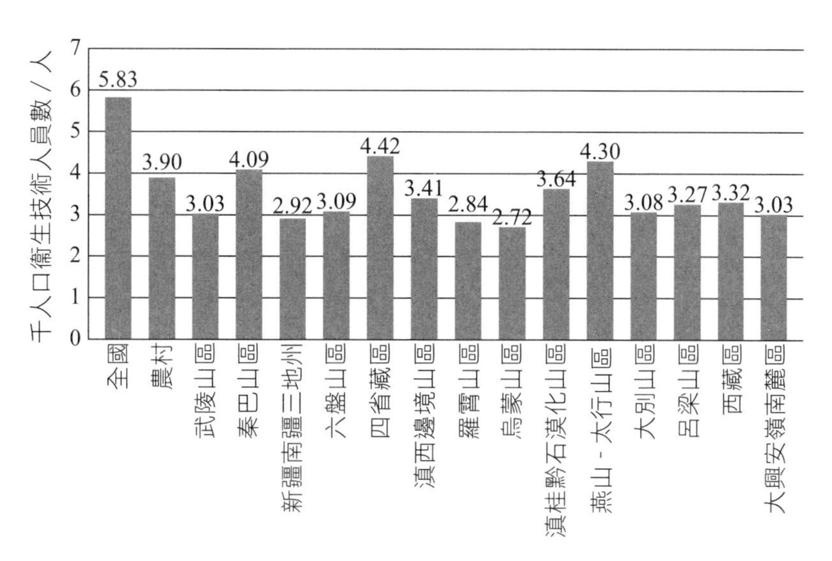

圖 9-2　集中連片貧困地區等醫療機構衛生技術人員配置情況（2015 年）

要「逐步建立以大病統籌為主的新型農村合作醫療制度」，至 2010 年，新農合醫療制度全面推行。20 世紀 90 年代末，農村開始選擇試點實行最低生活保障制度，至 2007 年 7 月全面推進。

通過十幾年的不斷完善，目前，中國農村社會保障項目主要包括農民養老保險、農村合作醫療和農村最低生活保障制度，初步具備了社會保障體系包含的項目類別。[1]

基本公共服務和具有針對性的社會保障服務可以為貧困人口提供基礎保障，提高貧困人口的可行能力，幫助貧困人口擺脫所處困境，提升貧困人口的幸福指數。用於減少貧困家庭支出的公共服務，如教育、醫療、養老等服務保障，和旨在降低致貧返貧風險的社會保險、農業保險等保障體系，滿足了貧困人口的基本需求，有效降低了其日常開銷成本；更可以增強貧困群眾的基礎發展能力和內在動力，進而改善當地社會經濟發展環境，縮小區域間發展差距，為貧困群眾創建良好的發展平台，為未來發展提供機會和可能，改善貧困落後的狀況。

促進基本公共服務均等化是貧困群眾脫貧不返貧的重要保障，也是中國扶貧事業長足發展的保障，更是全面建設小康社會的基礎，對於促進公正公平、增進人民福祉具有重要意義。

第三節　財政體系建設

20 世紀 80 年代，中國的扶貧工作開始規模化進行。1980 年中央專設扶貧資金，1984 年發佈《關於儘快改變貧困地區落後面貌的通知》，劃定了 18 個重點扶持貧困地區，並開展「以工代賑」，農村貧困問題得到大幅度緩解。此後，國家相繼制定並實施一攬子扶貧開發計劃和政策，投入財政資金用於扶貧，同時對其審計制度和使用管理方式進行嚴格規定；實行

1 胡穎：構建和完善中國農村社會保障制度的幾點構想[J]. 活力，2011（6）：131。

財政優惠政策；不斷創新和發展財政扶貧機制。同時，公共財政預算優先安排扶貧支出，加大政策扶持和執行力度。

一、財政資金扶貧

自中國開展扶貧工作以來，各級政府不斷增加財政扶貧投入，從 1980 年設立發展資金當年支出的 5 億元，增加至 2017 年的 1400 億元（其中中央財政安排補助地方專項扶貧資金 860.95 億元）[1]，年均增長 10% 以上，累計投入超過 4000 億元。財政扶貧資金向國家級貧困縣和各省自行確定的扶貧開發重點縣傾斜。目前，中央財政專項扶貧資金主要分為發展資金、少數民族發展資金、以工代賑資金、國有貧困農場扶貧資金、國有貧困林場扶貧資金、「三西」資金六個使用方向，通過財政轉移支付、貸款貼息等方式支持貧困人口發展特色優勢產業、改善貧困人口基本生產生活條件、提高貧困人口就業和生產能力等。[2]

同時，國家相繼出台相關政策和規定，完善扶貧資金管理制度，監管地方「不亂花一分救窮的錢」。在開展扶貧資金常態化監管的同時，推進扶貧資金專項檢查，通過專項扶貧資金績效評價、扶貧開發工作成效考核等各類考核評價結果，切實強化資金監管。

案例：泰安市財政局助推脫貧攻堅

為進一步做好財政扶貧工作，泰安市財政局按照集體議事、會議決定的原則，統籌協調和指導財政支持扶貧開發工作，為財政扶貧工作的順利開展奠定了基礎。

---

1 2017 年中央和地方財政項目扶貧資金規模超過 1400 億元 [EB/OL]. http://www.xinhuanet.com//politics/2017-05/27/c_1121050023.htm.

2 加大財政扶貧投入力度支持打贏脫貧攻堅戰 [EB/OL]. http://theory.people.com.cn/n1/2016/0912/c40531-28708650.html##s6.

泰安市財政部門積極優化支出結構，適當壓減其他專項資金，大幅增加專項扶貧資金。2016年，市級預算安排專項扶貧資金2550萬元，是上年度的5.1倍。加大對上爭取力度，積極對接省財政廳支持打贏脱貧攻堅戰的45條意見，把特色產業發展扶貧基金、小額貸款扶貧擔保基金、公益事業扶貧基金和易地扶貧搬遷地方政府債券等扶貧開發資金作為財政對上爭取的重點工作。1—9月，共爭取上級扶貧資金轉移支付9391萬元。同時，統籌整合行業扶貧資金，泰安市積極配合行業主管部門，對除據實結算的普惠性資金以外的其他涉農資金，按照市委、市政府要求安排不低於20%的比例用於扶貧脱貧。1—9月，共整合到位行業扶貧資金97 283萬元，用於全市精準扶貧工作；參照中央和省級資金範圍，市財政部門報請市政府，確定將農業產業化專項資金等18項財政涉農資金納入市級統籌整合範圍，支持脱貧攻堅。

同時，財政部門建立財政扶貧資金支出進度月報制度，並對縣（市、區）扶貧支出進度進行了專項督導，有效促進了扶貧支出進度。加快扶貧資金分配進度，按照《中華人民共和國預算法》要求，對安排市本級的專項扶貧資金通過部門預算及時批覆下達。切實加快市本級項目實施進度和資金支出進度，指導督促全市各級財政部門根據扶貧實施方案和項目實施進度及時撥付資金，確保資金早到位、項目早見效。新泰市放城鎮郗家峪村利用扶貧資金規劃建設香椿芽保鮮加工廠，吸收有勞動能力的貧困戶從事香椿的種植、加工、銷售，直接帶動51戶貧困戶73人受益，實現穩定脱貧。

泰安市還健全扶貧專項資金和項目管理制度，明確責任分工，細化業務流程。財政局聯合市扶貧辦等相關部門下發《關於做好2016年度財政專項扶貧資金項目實施監管工作的意見》，配合市扶貧辦召開了2016年度財政專項扶貧資金項目實施監管工作會，對2016年度各級財政專項扶貧資金投向、項目實施作出安排。全面推行扶貧資金項目公告公示制，充分發揮社會監督的作用，構建常態化、多元化的監督檢查機制，開展財政惠農資金專項檢查，對財政扶貧資金使用管理中出現的違法違規行為嚴厲查處，保障扶貧資金安全有效使用。

資料來源：大眾日報，2016 年 12 月 6 日

泰安市圍繞財政扶貧資金，採取多項措施，主要從優化扶貧資金結構、創新扶貧資金方式和加強扶貧資金管理三方面展開：首先，積極對接上級政策，爭取更多資金支持本市扶貧開發，並統籌整合中央、省級、市級扶貧資金，集中資源，捆綁使用；其次，創新扶貧資金分配制度方式，提高資金發放效率，增強扶貧效益；最後，加強財政扶貧資金監管，將扶貧資金管理全面納入制度的「籠子」。

財政扶貧資金是中國扶貧工作的有力保障，確保扶貧資金安全有效運行，對於中國扶貧攻堅的長足發展具有重要意義。

二、稅收優惠

中國政府還出台並實施一系列稅收優惠政策，給予農業和涉農產業減、免稅收等優惠，對於實施或承擔貧困地區基礎設施建設的相關企業、貧困地區小微企業和涉農金融機構實行稅收優惠政策和補貼優惠政策，減少或免除涉農金融機構的監管費用，支持貧困地區涉農項目，促進產業發展和基礎設施建設，讓貧困群眾在納稅方面享受低稅率的利好措施，激勵農業生產經營及相關產業建設，推動農村經濟發展。

三、籌措機制創新

中國堅持扶貧體制機制改革和創新，優化財政投入，廣開渠道籌措扶貧資金。從 2006 年開始，中國在貧困村建立互助資金組織，按照「民有、民用、民管、民享、周轉使用、滾動發展」的方式支持村民發展生產，有

效緩解了貧困農戶發展資金短缺。[1] 互助資金組織是中國扶貧資金使用管理機制的創新，這一創新機制延長了財政扶貧資金的使用周期，提升了貧困人口的自我發展能力和產業組織化程度。

近年來，為了解決貧困地區基層權責不匹配、項目安排和資金使用缺乏自主權等問題，中央財政逐步推進貧困縣涉農資金整合試點，探索並完善財政涉農資金的供給機制，通過「加大增量、盤活存量」資金，將一部分涉農資金的審批和配置權限下放到脫貧攻堅一線，並加速資金預算執行，為貧困地區基層整合利用援助資金提供保障。同時加強資金監管，有效推動資金整合試點的順利運行。通過統籌整合使用財政涉農資金，中國形成了「多個渠道引水、一個龍頭放水」的扶貧投入新格局，為貧困縣貫徹落實精準扶貧基本方略，推動脫貧攻堅事業創造有利條件。

扶貧事業需要公共財政的支持。政府是頒佈扶貧政策的主體，在扶貧事業中起着核心作用。財政體系扶貧，從制度和政策上保證了資金供給，對於脫貧能力的提高、地區貧困的解決具有重要意義。

第四節　金融體系建設

一、信貸扶貧

中國金融扶貧體系的建立始於 20 世紀 80 年代，最初僅開展扶貧貼息貸款。1993 年 7 月，中國制定實施《中華人民共和國農業法》，首次系統地規定了農村信貸扶貧、農業保險扶貧的措施與制度[2]。1994 年 3 月，國務院頒佈《扶貧攻堅計劃》，強調發展扶貧貸款、貼息貸款，並給予信貸優

1　國務院扶貧辦、財政部：關於進一步做好貧困村互助資金試點工作的指導意見。

2　譚正航：我國農村金融扶貧法律制度的變遷、檢視與創新 [J]. 理論導刊，2016（6）：20-24。

惠政策；同年，中國農業發展銀行成立，中國農村政策性金融獨立出來，與商業性金融實現有機分離。

隨着扶貧事業的推進，2001 年下發的《綱要（2001—2010 年）》，提出繼續增加扶貧貸款，大力支持助力貧困群眾增加收入的企業項目，並推廣小額信貸，扶貧到戶，支持其發展生產。2006 年，中國銀監會下調了農村金融的准入門檻，允許適度發展村鎮銀行、小額貸款公司等小微金融機構，農村扶貧金融組織得到極大豐富。

二、多種金融組織方式扶貧

2011 年，國務院下發《綱要（2011—2020 年）》，全面開啟中國金融扶貧體系的建設：「繼續完善國家扶貧貼息貸款政策；積極推動貧困地區金融產品和服務方式創新，鼓勵開展小額信用貸款，引導民間借貸規範發展，努力滿足扶貧對象發展生產的資金需求，儘快實現貧困地區金融機構空白鄉鎮的金融服務全覆蓋，多方面拓寬貧困地區融資渠道；積極發展農村保險事業，鼓勵保險機構在貧困地區建立基層服務網點，完善中央財政農業保險保費補貼政策；加強貧困地區農村信用體系建設。」

2014 年「精準扶貧」思想的提出進一步促進了金融體系的完善，扶貧金融調控與監管政策得到強化，金融扶貧的內容也進一步深化，將貧困地區基礎設施建設、產業結構升級、生態建設等作為金融扶貧的重點，信貸、保險、資本市場扶貧等多元化的扶貧形式協同推進。

金融扶貧體系的建立是扶貧開發事業的有機組成部分，政府運用信貸、保險、基金等金融組織方式，向扶貧產業注資，支持貧困人口發展和項目建設，以此帶動其他潛在的生產要素（如土地、勞動力、技術和管理等）加入貧困地區生產發展，激發貧困群眾的脫貧動力，促進貧困地區可持續發展，實現穩定脫貧。

案例：國開行貴州省分行精準支持定點扶貧縣發展

國家開發銀行以「增強國力、改善民生」為使命，一直高度重視服務脫貧攻堅事業，積極支持貴州精準扶貧。2012 年，務川、正安、道真被確定為國家開發銀行定點扶貧縣。國開行貴州省分行按照總行部署，以提高定點扶貧縣自我發展能力為目標，堅持融資融智融商多策並舉，有力助推三縣相繼實現縣級減貧摘帽。

為了激發貧困地區農民脫貧致富的內生動力，利用山區特色優勢實現綠色發展，國開行貴州省分行與省扶貧辦等部門緊密合作，進一步完善「四台一會」工作機制，重點打造正安白茶、道真中藥材、務川羊業三個地域優勢產品。依託「開行小額農貸」，支持特色產業發展到村。目前已累計向務正道三縣發放貸款 4.6 億元，惠及 19 個農業合作社、38 個中小企業，帶動 3 萬農民走上脫貧致富道路。總行還引薦和支持競爭力強、社會效益好的多家企業和具有發展前景的產業到務正道三縣進行項目建設和合作。

扶貧重在扶智。國開行貴州省分行強化對建檔立卡貧困生的貸款支持，通過助學貸款扶真貧，已向務正道三縣累計發放生源地助學貸款 2.14 億元，惠及 17 756 名學生。在務正道三縣啟動的「彩燭工程」公益項目，已組織當地縣鄉小學校長及老師 750 人次參加西部地區培訓公益項目，提升當地基礎教育者水平。

在融資支持務正道三縣經濟社會發展的同時，國開行總分行積極組織資金，已向三縣累計捐贈扶貧資金 2197 萬元，重點支持農村道路、飲水安全、防洪工程和學校建設等項目，社會效益顯著，對改善當地民生發揮了積極作用。

三年多來，國開行貴州省分行累計為務川、正安、道真三縣提供資金 175.75 億元，其中發放表內人民幣貸款 64.83 億元。還向包括三縣在內的 66 個貧困縣派駐由工作經驗豐富業務骨幹擔任的金融扶貧專員，進一步幫助地方做好項目策劃和融資服務工作。

下一步，國開行貴州省分行將繼續加大對務川、正安、道真三個定點扶貧縣的支持力度，按照易地搬遷扶貧搬遷到省、基礎設施建設扶貧到縣、產業扶貧到村、教育扶貧到人的精準扶貧工作思路，推進三縣經濟社會全面發展。同時，將把務正道三縣的探索實踐在全省貧困地區複製推廣，助推貴州脫貧攻堅、同步小康。

資料來源：貴州日報，2016 年 10 月 16 日

國開行貴州分行作為政策性和開發性金融機構，依託國家信用，以市場化方式服務國家扶貧戰略，投放大額資金助力地方發展[1]；充分發揮開發性金融的綜合服務優勢，與各級政府機關密切合作，推動三縣重點項目建設和優勢特色產業發展，逐步形成「大小項目搭配、中長短期資金配合、社會力量參與」的金融扶貧新格局，為貧困地區和貧困人口創造了良性、可持續的脫貧條件和環境；同時，金融機構將服務對象直接對準貧困農戶和涉農產業，積極實施多層次精準扶貧，實現有效減貧。[2]

第五節　信息化建設

一、信息基礎設施建設

中國農村信息化建設始於 20 世紀 70 年代末 80 年代初，利用計算機數據庫服務農業生產。1996 年首次明確提出農村信息化建設。而信息化扶貧的思想萌芽更晚，《扶貧攻堅計劃》和《綱要（2001—2010 年）》中只

1 http://www.cdb.com.cn/xwzx/gdpl/201603/t20160318_2894.html.

2 劉克崮、沈炳熙、劉張君等：中國農村扶貧金融體系建設研究——基於甘黔貴金融扶貧案例 [J]. 財政科學，2016（1）：84-97。

是明確了貧困地區郵政、電話、廣播電視等通信設施建設的規劃。2011 年下發的《綱要（2011—2020 年）》中明確指出要在貧困地區「普及信息服務，優先實施重點縣村村通有線電視、電話、互聯網工程。加快農村郵政網絡建設，推進電信網、廣電網、互聯網三網融合」。這一階段的信息化建設大多為基礎設施建設，旨在加強貧困地區與外界聯繫，並將信息化與涉農產業結合，藉此提高貧困群眾生產力。

二、「互聯網＋」扶貧

互聯網的高速發展促使信息成為促進社會發展的重要力量；隨着「精準扶貧」戰略的提出，人們意識到信息化建設對於扶貧工作發展的重要性。2014 年 4 月下發的《扶貧開發建檔立卡工作方案》（以下簡稱《方案》），是中國首次將扶貧工作與信息化檔案結合，是中國信息化扶貧的初次嘗試。2016 年 8 月下發的《國家信息化發展戰略綱要》，明確指出「以信息化驅動現代化」，利用扶貧大數據，「構建網絡扶貧信息服務體系，加快貧困地區互聯網建設」。

同時，中國將信息化與貧困地區經濟發展相結合，創造出「互聯網 + 扶貧」工作模式。2016 年習近平提出要讓互聯網助力脫貧攻堅，依靠互聯網平台搭建脫貧大市場，推進精準扶貧脫貧的順利實施。隨後下發的《網絡扶貧行動計劃》和《「十三五」脫貧攻堅規劃》中，也都強調要依靠「互聯網 + 扶貧」助推脫貧攻堅。2016 年開通的中國社會扶貧網，依託國家建檔立卡大數據資源，運用互聯網新技術和新模式，構建五大功能平台，為貧困人口和社會愛心人士、愛心企業的連接搭建網絡服務平台。[1] 同年 11 月，《關於促進電商精準扶貧的指導意見》完成對電商

1 新聞辦就「互聯網 +」社會扶貧情況舉行發布會 [EB/OL]. http://www.gov.cn/xinwen/2017-07/05/content_5208131.htm.

扶貧工作的整體規劃，提出「引導和鼓勵第三方電商企業建立電商服務平台，促進貧困地區商品流通，不斷提升貧困人口利用電商創業、就業能力，拓寬貧困地區特色優質農副產品銷售渠道和貧困人口增收脫貧渠道，讓互聯網發展成果惠及更多的貧困地區和貧困人口」。2017 年，中國農村網絡零售額首破萬億元大關，達到 12 448.8 億元人民幣，同比增長 39.1%（圖 9-3）。農村網店達到 985.6 萬家，較 2016 年增加了 169.3 萬家，同比增長 20.7%，帶動就業人數超過 2800 萬人。其中，中國 832 個國家級貧困縣實現網絡零售額 1207.9 億元，同比增長 52.1%，高出農村增速 13 個百分點。[1]

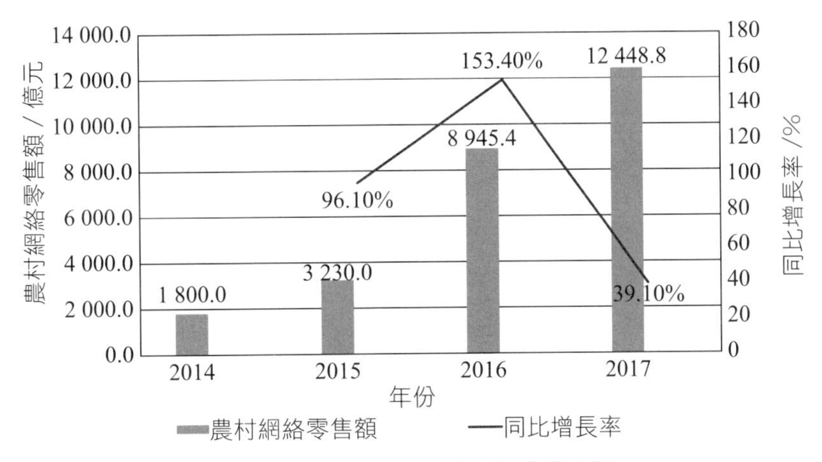

圖 9-3　2014—2017 年農村網絡銷售額

資料來源：中國商務部：中國電子商務報告 2017

對於貧困地區來說，推動信息化建設的益處體現在方方面面：農村信息網絡基礎設施的建設極大地豐富了貧困群眾的精神文化世界，拓寬了農戶與外界溝通的渠道，讓貧困人口了解更多就業信息和創業項目，與外界信息交互的同時轉變觀念，脫貧致富；涉農產業信息化建設則提

1　商務部召開例行新聞發布會［EB/OL］. 2018-01-25. http://www.mofcom.gov.cn/xwfbh/20180125.shtml.

高生產效率，解放生產力，降低農產品成本，提高居民收入，創造就業，帶動經濟增長；扶貧工作信息化建設，政府利用精準扶貧大數據管理，從宏觀上把握中國貧困人口脫貧狀況，有助於中國扶貧事業發展能力的提升。

案例：雲南：信息化建設助力教育精準扶貧

雲南省通過加快「三通兩平台」建設，持續推進教育精準扶貧管理系統和數據建設應用，教育信息化建設為師生們帶來了實實在在的「紅利」。在雲平台實現教師備課、學生預習，「同步互動課堂」跨越地域的限制，讓邊遠貧困地區的孩子可以接受優秀教師上課。

2017 年，雲南省規劃建設雲南教育專網，在 73% 的學校接入互聯網的基礎上，按照「雲網端融合、四全兩有」的應用要求，組織教育專網方案的規劃設計，整合資源及相關標準的制定工作，重點規劃貧困地區邊遠學校和教學點的網絡接入建設。在原來多媒體教學設備覆蓋率 65% 的基礎之上，組織實施「全面改薄」中小學信息化設備項目，完成兩個批次 3.6 億元資金的設備採購任務，推進優質教育資源在農村中小學的班班通。組織實施全國「一師一優課、一課一名師」活動，為 31 萬名中小學教師建設網絡學習空間，加快教師網絡學習空間建設和名師工作室建設，推進網絡教研和教育資源共享。加快實現「寬帶網絡校校通、優質資源班班通、網絡學習空間人人通」的「三通」建設。

截至 2018 年 1 月，雲南省通過加快部署教育精準扶貧系統，實現學前學籍、中小學學籍、中職學籍數據和學生資助信息數據（學前、義教、普高部分）入庫，並與建檔立卡扶貧大數據進行了數據清洗和比對工作，為教育精準扶貧全過程跟蹤、管理提供數據支撐服務。將高等教育學生數據納入扶貧數據清洗範圍，擴大教育精準扶貧數據清洗和分析範圍；將各教育階段學生考試、招生、報名、錄取信息納入教育扶貧數據庫體系，形成完備的教育精準扶貧數據鏈條，真正做到精準識別、精準施策，為教育管理提供精準數據支撐。

資料來源：雲南日報，2018 年 1 月 4 日

「治貧先治愚，扶貧先扶智」，教育扶貧是改變貧困地區落後狀況的根本手段之一，雲南省將信息化建設引入教育扶貧中，強強聯手，拓寬學習渠道，提高教育質量，建立教育信息統計數據庫，為精準識別提供數據支撐。貧困是以數據為導向和衡量標準的，信息化技術的快速發展使貧困的定位更為準確，藉助互聯網，人們也可以了解更多外部信息，享受更多資源，拓展溝通途徑。發揮信息化建設特別是「互聯網 +」「大數據」在助推脫貧攻堅中的重要作用，對於精準扶貧、精準脫貧工作向前推進大有裨益。[1]

第六節　市場培育

長期以來，中國的扶貧工作以「政府主導型」的扶貧治理為主，主流扶貧政策多以政府牽頭為主，推進農業產業化經營，而較少重視市場的作用。進入 21 世紀，中國貧困問題得到極大緩解，但隨着扶貧工作的深入，中國扶貧又出現了新問題。首先，貧困不僅表現為經濟收入低下和生活狀況艱難，還表現為文化、精神等可持續發展能力低下；其次，中國貧困人口分佈分散，針對貧困人口集中分佈的綜合性政策實施受阻；最後，脫貧後返貧現象高發，2000 年以來，中國農村返貧率通常在 20% 以上，

1　信息化建設助力「精準扶貧」[EB/OL]. http://www.qhnews.com/newscenter/system/2016/08/06/012081904.shtml.

有些年份甚至達到 60% 以上，其中 2009 年貧困人口中就有 62% 為返貧人口[1]。這些現象表明中國貧困人口內在脫貧動力不足，參與性不強，很難抵禦風險。中國扶貧事業自上而下的固化模式，亟待改革創新。

一、市場機制引入

近年來，在中國社會主義市場經濟體制逐步完善、政府職能轉型的背景下，人們充分認識到市場在國民經濟發展中的重要作用。確立市場主體、培育市場體系、完善市場機制的理念也被引入扶貧工作。2011 年《綱要（2011—2020 年）》中提出產業扶貧，利用當地生態資源，調整產業結構，推動農業、林業和旅遊業的發展。

二、產業扶持

隨着「精準扶貧」戰略的提出，中國更加重視扶貧工作的精準性和可持續性，而市場的分散決策機制符合精準扶貧的內在要求。2016 年國務院下發《「十三五」脫貧攻堅規劃》，將產業發展脫貧作為重點，提出「立足貧困地區資源稟賦，以市場為導向，充分發揮農民合作組織、龍頭企業等市場主體作用，建立健全產業到戶到人的精準扶持機制」。通過發展當地特色產品，建成特色產業，鼓勵貧困戶參與經營，促進收入增加。互聯網的高速發展和中國電子商務的崛起也為產業扶貧助力，「互聯網 +」與貧困地區傳統農林產業及新興的旅遊業、服務業等產業結合，取得了前所未有的成效。

脫貧的根本在於產業，只有在貧困地區形成可持續發展的產業才能解決貧困問題，並且要把貧困戶加入這個產業鏈裏面，加入市場主體中，

1 返貧，比貧困更可怕[EB/OL]. http://www.thepaper.cn/newsDetail_forward_1575602.

按照市場規律，推動貧困戶和企業或大戶聯合。政府則引入市場機制和更多市場力量參與扶貧，制定利好政策，完善市場經濟制度，為企業和民間力量提供更多的資源，培育利於企業發展的市場環境。讓企業以市場為主體，根據市場需求，推動當地特色產品產業的發展，為當地經濟持續發展提供原動力。

案例：阿里巴巴集團的扶貧佈局

2018 年上半年，國家級貧困縣在阿里巴巴平台網絡銷售額超過 260 億元。其中，53 個貧困縣網絡銷售額超過 1 億元。

阿里集團的公益佈局有兩條主線：一是「新零售」，通過新零售將公益與商業深度融合；二是「造魚塘」，不僅扶貧，還要改善社會生態。

「新零售」依靠市場，利用大數據為貧困地區做產業規劃，根據市場需要有條件地發展特色產業，同時，打破公益與商業的邊界，一方面依靠市場扶貧，幫貧困戶賣東西；另一方面把扶貧當作開拓市場的一種方式，製造新的增長點。

目前，阿里在淘寶平台開設專門的「興農扶貧」頻道，2018 年 1 月以來，「興農扶貧」頻道覆蓋 8 個省 141 個縣，包含 51 個貧困縣，接入商品 701 款。以元陽紅米為例，自 2017 年起，農村淘寶聯合元陽縣政府一起推出「1+1000」電商精準扶貧計劃，旨在通過提升紅米的品牌價值，帶動當地農戶脫貧。隨後，通過引入電商、物流、供應鏈管理等合作伙伴，以及依託淘鄉甜直供直銷新鏈路，元陽紅米在大潤發、盒馬、三江超市、銀泰、天貓超市等實現多渠道銷售。目前，「元陽紅米官方旗艦店」全渠道月均銷售突破百萬元，截至 2018 年 6 月，共帶動銷售 1000 多萬元。

阿里巴巴集團還創造了一套表達其公益理念的話語體系：扶貧是「授人以魚」，脫貧是「授人以漁」，致富是「給大家造魚塘」。這套理論源自知名學者資中筠。早在 2006 年，資中筠就在《財富的歸宿》一書中介紹了美國現代公益的做法：從「授人以魚」到「授人以漁」到「改變漁業生態」。後來，業界普遍將之稱為公益的 1.0—3.0 版本。也就是說，1.0 版本是「授人以魚」，你太困難了我給你捐點錢，解你燃眉之急；2.0 版本是「授人以漁」，我教你個技能，讓你可以自己養活自己；3.0 版本是「改變漁業生態」，你找不到工作，我幫你創造就業環境。

阿里集團「造魚塘」就是要挖掘產業縱深，建立產業合作機制，建立商品質量標準，建立品牌，建立擴大化、多元化的市場渠道，創造當地經濟元素和支柱產業，立體化地使整個脫貧長治久安。電商脫貧戰略實施半年以來，阿里在全國範圍內首批打造 10 個電商脫貧樣板縣，包括雲南元陽、新疆巴楚等。阿里計劃利用其電商平台的優勢，通過「訂單農業」的模式，破解農業產業扶貧中常見的「銷路困境」。

資料來源：搜狐網：阿里扶貧模式浮出水面：「市場的機會就是脫貧的機會」，2018 年 7 月 17 日

阿里集團將扶貧與業務發展相結合，「新零售」與「造魚塘」齊頭並進。建立特色品牌，向貧困人口輸出管理工藝、管理流程，提高農產品品質管控標準，創新銷售形式與銷售途徑，實現貧困地區優質農產品線上線下渠道同步聯動，同時依託平台力量，將商戶、消費者納入阿里經濟體，帶動公眾力量共同參與脫貧攻堅。

阿里巴巴的產業扶貧是公司與貧困地區深度合作，以市場為導向，帶領貧困戶生產適應市場的暢銷產品，企業利益和貧困戶利益是被牢牢捆綁在一起的，二者互惠共利。在這一過程中，貧困人口通過企業直接對接市場需求，並依託企業經銷打造品牌，提升產品知名度和競爭力，增強了產業抵禦風險能力，脫貧自然就有了長效性。

第七節　人力資源培育

一、脫貧主體培育

中國農村人力資源數量龐大，但普遍受教育程度偏低，文化程度以小學和初中為主，文盲和半文盲的比重很大，同時，在接受過教育的勞動力中，接受過職業教育、掌握專業技能的人很少，其對行業發展方向的認識更是模糊。《扶貧攻堅計劃》和《綱要（2001—2010年）》中，都提出提高農民素質，普及初等教育，做好掃盲工作，加強成人教育和職業教育，重視農民科技文化素質培訓。

雖然中國很早就提出農村教育的重要性，但長期以來並未做到教育與扶貧的直接聯繫，人力資源開發機制不健全、教育培訓投入不足。

2011年發佈的《綱要（2011—2020年）》中，強調通過勞動預備制培訓、實用技術培訓和補貼促進就業。自「精準扶貧」提出以來，農村人力資源建設得到發展。2016年下發的《「十三五」脫貧攻堅規劃》中，列專章細化轉移就業脫貧，部署六項「就業扶貧」專項行動。此後，一系列關於就業扶貧工作的規劃政策相繼出台，就業扶貧工作得到細化，加速農村人力資源轉化為實際生產力。在現有人力資源前提下，通過培訓、引導、幫扶，增強農村人口的綜合素質，提高人力資源質量，構建開發新機制。

二、扶貧隊伍建設

在扶貧主體人力資源建設的同時，參與扶貧工作人員的人力資源建設也得到重視，《綱要（2011—2020年）》中明確指出培訓貧困地區幹部和人才，加強扶貧隊伍建設；《「十三五」脫貧攻堅規劃》中提出「進一步發揮社會工作專業人才和志願者的扶貧作用」，實施一系列行動計劃，鼓勵專業人才服務於貧困地區；同時要求充實加強各級扶貧開發工作力量，通過掛職鍛煉、駐村幫扶、教育培訓、人才支持計劃等激勵政策，並堅持嚴格管理，提升基層扶貧攻堅力量，提高幹部素質能力，建設素質高、能力強、作風硬的扶貧團隊。

人力資源建設作為扶貧可持續發展能力建設的重要組成部分，對國家扶貧事業的成功起着決定性作用。以人力資源建設扶貧從而提升農民自我發展能力，是實現「精準扶貧」戰略目標的關鍵。不斷創新農村人力資源開發機制，加大教育投入，提高農村教育水平，引導和培訓貧困人口就業，同時鼓勵優秀人才和社會力量參與農村人力資源開發，提升農民文化知識及技術水平，尤其是涉農產業急需的科技知識，增強農民就業、創業能力，把人口劣勢轉化為資源優勢，形成教育、培訓和發展的良性互動機制，是加快貧困人口脫貧步伐、改善「脫貧—返貧」惡性循環的有效途徑，對於中國整體扶貧能力的提升大有裨益。

案例：陝西省平利縣開展技能培訓助力脫貧攻堅

長期以來，受國家重點生態功能區限制開發的影響，以及水源地保護和交通瓶頸的制約，作為秦巴山區連片扶貧重點縣和生態保護縣，陝西省平利縣工業發展基礎薄弱，縣域經濟總量小，農民增收脫貧路子窄。如何實現搬遷群眾穩定就業增收、貧困群眾脫貧致富，成為平利縣必須要解決的問題。

近年來，平利縣從強化技能培訓入手，從消除貧困勞動力精神貧困着力，從「要我脫貧」轉化成「我要脫貧」「我能脫貧」，使貧困勞動力積極投身到轉移就業、發展產業、創辦家業的致富大潮之中。

思想是解決所有問題的先導，平利縣把貧困勞動力的思想引導教育放在培訓工作首位，解決精神貧困問題，摒除貧困勞動力「等、靠、要」思想。平利縣人社局開展培訓課程，堅持技能扶貧與精神扶貧緊密結合，實行「志、智」雙扶，每期培訓開設 3 天教育引導課，從思想上引導貧困勞動力改變。

廣佛鎮秋河村的貧困戶潘世維，2017 年 10 月參加了平利縣舉辦的電商創業培訓班。培訓過程中，培訓老師把「幸福是奮鬥出來的」作為培訓班班訓，來鼓勵每名培訓學員。潘世維的學習動力被激發了，培訓之後，他成功開辦電商店鋪，主營鮮竹筍、乾竹筍、臘肉、野生蜂蜜等特產。2018 年 4 月，他將店鋪從線上擴展到線下，現在月銷售總額兩萬元以上，成為該縣脫貧致富的一個典型。

為確保每個貧困戶中至少一人掌握一項就業技能，每戶至少有一人實現穩定就業，平利縣從 2017 年開始加大貧困勞動力就業技能培訓力度，當年實現脫貧村在家貧困勞動力就業技能培訓全覆蓋。2018 年，該縣培訓未脫貧貧困勞動力 2032 人。

平利縣積極探索就業技能培訓精準「八個一」模式，即每個貧困村都有一個幫扶部門（黨支部）、一站（創培驛站）、一人（創業致富帶頭人）、一室（鄉土人才工作室）、一團（技術指導團）、一地（村實訓基地）、一社（就業單位：社區工廠或合作社）、一證（技能培訓合格證），確保戶戶有技能，家家能脫貧。不少貧困戶在培訓後找到了適合自己創業就業、發展產業的脫貧路子，開始積極生活、積極就業。

八仙鎮松樹廟村貧困戶楊飛就是其中的典型。楊飛先天右手殘疾，在平利縣「八個一」模式的精準幫扶下，他掌握了電商銷售技能，開起自己的微店和淘寶店鋪。目前，他的生意做得很是紅火，月銷售額已逾萬元，他因此成為殘疾人致富的一個代表。

近兩年來，平利縣還結合市場就業技能需求和產業發展實際，依託合作社、產業基地、示範園區等社區工廠，根據產業發展需求，培訓實用技術，專業有縫紉、電子裝接、毛絨玩具、手工藝品、園林修剪等。在培訓過程中，培訓師將理論與實操相結合，帶領學生進入合作社、產業基地、示範園區現場演練。

資料來源：中國勞動保障報，2018 年 9 月 27 日

從強化技能培訓到「志、智」雙扶，從消除精神貧困到激發內生動力，平利縣在人力資源建設上實現了由表及裏、由促生到內生的深刻轉化，實現了「搬得出、穩得住、有業就、能致富」的目標，激發了農村人力資源的內生動力，提高了農村貧困地區自我建設和可持續發展能力[1]，走出了一條符合平利縣發展實際的技能培訓助力脫貧攻堅新模式。

第八節　總結

中國扶貧事業取得今天的輝煌成就，與扶貧能力的提升密切相關。改革開放以來，中國扶貧理論的逐步發展和扶貧經驗的長期積累，使黨和國家領導人認識到不斷推動扶貧能力的建設是扶貧攻堅的工作基礎和內在要求。中國施行的扶貧方針政策，也針對性地覆蓋基礎設施、公共服務、財政、金融、信息化、市場、人力資源等各方面的發展建設。中共十八大以來，習近平總書記高度重視扶貧開發，提出一系列扶貧新思想[2]，更加注重脫貧實效和持久性。

扶貧能力建設，包括幫扶對象自身脫貧能力、扶貧實施者工作能力和扶貧工作長足發展能力，仍是新時期扶貧開發的核心要求，對於提高貧困人口素質、推動地區可持續發展、增強脫貧內生動力、保障扶貧事業持續發展具有重要意義。

---

1 秦浩：精準扶貧莫忽視農村人力資源開發 [N]. 中國縣域經濟報，2017-09-14（3）。

2 要加強助推脫貧攻堅的能力建設 [EB/OL]. http://www.sohu.com/a/ 120036708_181108.

第十章　中國扶貧實現路徑

第一節　輸血救濟

一、輸血救濟的概念

輸血救濟扶貧是指直接針對低收入和低生活水平的貧困者，向其提供基本的生活補助，滿足其最低限度的生活需要，扶貧對象具體包括失去勞動能力的、遭受意外苦難的人和社會弱者，給予的補助包括基本的營養、衛生、教育和生活保障。輸血是一種比喻，指代的是直接由財政撥發的各類扶貧款，用以幫助貧困戶的生活，主要目的是解決貧困戶溫飽問題的煩惱，保障與維持社會弱者的最低生活所需。輸血救濟扶貧作為消除貧困各種方式中的重要部分，對在短期內改變貧困者的物質生活狀況有着不可取代的作用。

輸血救濟扶貧的主體是政府，遵循最簡單的實現路徑，缺少什麼資源就給予什麼幫助，通過衣物、糧食、藥品等物質來補貼貧困戶的基本生活。這是一種政府一元化主體的扶貧模式，扶貧的主體是政府，是通過中央政府的轉移支付實現的，在性質上屬於一種道義性與公益性的行為，貧困戶和貧困地區得到政府的財政補貼，在改善基本生活的同時可以利用資源發展經濟。這充分體現了社會主義制度的優越性，有利於緩解貧困人口的生存危機，以及保持社會的穩定。

* 感謝賴瑋為本章做出的工作。

二、輸血救濟的實現路徑

如圖 10-1 所示，輸血救濟式扶貧有三個實現路徑：一是由中央政府轉移支付給地方政府及有關部門，各部門直接運用財政資金購買貧困者所需生活生產資料，包括生活所需衣物，生產所需育種、肥料等，提供給貧困農戶家庭；二是授權中國農業銀行向貧困農戶提供低利率的小額信用貸款，政府利用財政資金予以貼息；三是政府出台相關優惠政策支持救濟式扶貧，該政策主要體現在財政資金的支農補貼，如向貧困農戶提供農業生產補助、農業政策諮詢等。[1]

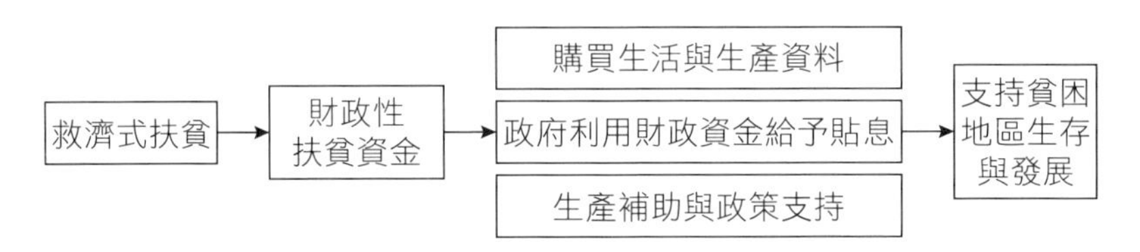

圖 10-1　輸血救濟式扶貧財政資金投入示意圖

第二節　以工代賑

一、以工代賑的概念

以工代賑屬於救濟方式的一種，主要包含兩層含義：一是接受救濟地區的貧困戶需要參加特定工程建設活動付出一定勞動；二是通過做工換得維持生計的物質資源或者金錢。從短期來看，此種救濟可以使貧困地區的人民直接受益，通過勞動得到現實利益，滿足自己的溫飽問題和最基本的生活需要，解決當前最為迫切的生存問題；從長期來看，有利於貧困地區

1　龔曉寬：中國農村扶貧模式創新研究 [D]. 成都：四川大學，2016。

未來的長遠發展，授人以魚不如授人以漁，通過在貧困地區建設基礎設施與大型工程，召集當地群眾參與勞動建設，可以使貧困戶獲得一定技能並改善當地的經濟發展條件。

以工代賑與其他救濟方式相比，有其存在的特殊性：一是投入基礎設施與大型工程的資金是由國家無償撥付的，但是貧困戶並不能直接受益，而是需要用自己的勞動去換取相應的報酬，要求救濟對象必須參加相應的工程建設；二是相較於過去的外部直接輸入資源的方式，以工代賑使貧困地區在國家的幫助下，主要依靠自身的力量，自力更生地進行經濟開發，屬於一種扶貧工作的改革。以工代賑工程有利於改善農村的基礎設施條件。以工代賑項目有利於工程建成後的運行管理，有利於鞏固脫貧成果，有利於去產能，是推動新農村建設和全面建設小康社會的根本需要。

二、以工代賑的實現路徑

1. 編制以工代賑計劃

以工代賑計劃是實施以工代賑的基本依據，是根據國家與地方五年規劃同步編制實施的。規劃主要包括項目的背景、要求、目標、資金籌措、建設任務以及保障措施等，納入了國民經濟發展規劃，是由各級發展改革部門編寫而成，分為中央財政預算計劃和投資計劃兩類。

2. 建立項目庫並實施項目管理

地方發展改革部門應當依據以工代賑建設規劃建立項目庫，做好項目儲備。以工代賑工程按照基本建設程序實行項目管理。

3. 以工代賑專項資金管理

中央預算內資金按《財政專項扶貧資金管理辦法》（財農〔2011〕412號）的規定管理，項目管理費要嚴格按照有關規定專款專用。

4. 設置專門組織進行項目管理

一是應當健全以工代賑管理機構，提高幹部隊伍業務水平和工作能力；

二是應當建立健全以工代賑約束機制，使工作人員按章辦事，廉潔自律；三是應當建立健全以工代賑激勵機制，表彰獎勵有突出貢獻的單位和個人。

5. 健全監督檢查工作機制與建立監管平台

一是國家發改委建立健全監督檢查工作機制建設監管平台，接受舉報並開展稽查；二是地方發改委建立健全以工代賑計劃執行和項目建設監測機制，以及以工代賑檢查制度；三是以工代賑項目應當實行公告公示制度，主動接受社會監督、群眾監督和輿論監督。

三、以貴州省為例

案例：貴州省以工代賑成功案例

貴州實行扶貧有很多優勢條件，首先，從大背景來看，在國家對中西部地區加大扶貧力度，實施以工代賑扶貧政策下，還有黨對扶貧工作的大力支持，而且貴州省省委與黨政領導對本省的扶貧工作高度重視，加大了對落後地區的開發建設，刺激了全省人民群眾投身扶貧工作參與建設工作的熱情與積極性；其次，改革開放後國家整體的經濟情況有了很大的改善，有了加大扶貧力度實施扶貧工作的條件，社會主義市場經濟體制逐步確立給貴州省的發展帶來了巨大的契機；再次，貴州本身有着良好的資源儲備，為扶貧工作的開展創造了有利條件，貴州省所具有的已探明礦產資源、森林資源、水力資源與林特產品等，為以工代賑提供了可行的路線措施，可以在已有資源的基礎上打造貴州省的支柱產業；最後，貴州已有了扶貧工作的基礎，自 1984 年開展以工代賑扶貧工作以來，貴州省政府把扶貧工作列入重點工作內容，通過各種扶貧方式初步解決了農民溫飽問題，並逐步開展了開發工作，其中山區開發是重點工作範圍，前期扶貧工作取得的重大成績和積累的工作經驗為以工代賑扶貧的開展奠定了一定基礎。因此，可以說貴州的扶貧工作有着有利的發展基礎、有利的發展機遇和有利的資源條件。

資料來源：高珊珊：貴州省貧困地區以工代賑促進農民增收問題研究[D]. 重慶：西南農業大學，2004

表 10-1 展示出貴州 1997 年至 2001 年的農民人均純收入狀況，可以看出貴州農民的收入不僅絕對值偏低，而且增長非常緩慢，這說明貴州需要實施以工代賑來提高農民的收入。下面是貴州實施以工代賑的具體措施：

表 10-1　1997—2001 年貴州農民人均純收入增長情況

項目＼年份	1997	1998	1999	2000	2001
純收入額 / 元	1 298.54	1 334.46	1 363.07	1 374.16	1 411.73
比上年增長 /%	1.71	2.77	2.14	0.81	2.73

資料來源：貴州省統計局：貴州統計年鑒 [J]. 北京：中國統計出版社，2002

首先，編制出統一規劃，然後按照編制的規劃分步驟實施。規劃主要分為三級，一級規劃負責總攬整個省份的以工代賑工作，集中力量編制扶貧開發的科學決策，宏觀指導全省的決策；二級規劃統攬各個地方的開發工作，主要包括縣級、市級、林區與小流域區；三級規劃對於設計的規劃需要作出科學選擇，以及謹慎安排以工代賑項目，將其編入年度的以工代賑計劃，按照輕重緩急分步實施。

其次，要根據當地特殊的地理歷史條件，在因地制宜的前提下，有重點地進行開發，還需要加大以工代賑的投入力度。以工代賑的重點項目主要包括農田建設、經濟林建設、飲水工程建設，以及通信和交通等基礎設施建設，將小片區與小流域地區作為基本單元，要進行綜合治理並配套投入，有機結合單項工程建設與小片區的綜合開發，以工代賑的主要扶貧對象要轉向片區綜合開發治理。在「開發與治理並重」的原則指導下，通過以工代賑的投入與建設為當地培育長期的經濟增長點，使當地不僅成功穩定脫貧，還可以得到開發治理與長期持續發展。

再次，對國家投入的資金，要做到統籌安排，將資金集中到一起發揮作用。貧困地區的山區、林區、飲水以及交通通信等模塊都需要扶助，所以以工代賑的重點方向也是開展這些方面的基礎設施建設。國家投入的以工代賑財政資金要與省內其他各個渠道的資金匯聚在一起，進行統籌安排，才能發揮出更大的功效。在資金的使用過程中，要加強對各個項目的資金審核與監督，發揮好地方政府的主體性作用，安排好各部門的工作，最大化地利用好扶貧資金。

最後，在當地以工代賑工程項目的選擇上，需要綜合考慮長期項目和短期項目的安排，根據當地的實際發展情況與現實的發展條件，合理安排長期項目與短期項目的比重和開發時間的長短。短期項目投資少但見效快，適合在以工代賑初期發揮經濟效益顯著的優勢，短期的開發建設項目可以在前期解決貧困戶的溫飽問題，並為長期項目創造發展條件；長期項目投資大且見效慢，但是能在長時間內改善當地的生存發展條件，提升當地的投資環境，具有非常好的社會與生態效益。基礎先行建設項目和開發性項目合理結合，可以最大化地發揮以工代賑政策的作用。

以工代賑是國家為加快貧困地區解決脫貧問題而採取的一項特殊舉措，是一項重要的扶貧政策。貴州省從 1984 年年底開始到 1995 年止（期間國家投資中斷了兩年）共實施了七個批次的以工代賑：第一批糧、棉、布以工代賑；第二批中低檔工業品以工代賑；第三批工業品以工代賑；第四批糧食以工代賑；第五批江河治理和恢復水毀工程以工代賑；第六批、第七批以工代賑。從 1996 年開始，以現金投入方式代替了物資賑濟方式，涉及的建設內容從最初的縣鄉公路、人畜飲水工程逐步拓寬到包括交通、水電、基本農田建設、農村電話、綠色工程、商業網點恢復和片區綜合開發等方面。從 1993 年到 2003 年年底，國家累計投入貴州省以工代賑資金 18.77 億元，省、地、縣配套資金 9.84 億元。全省合計投資 28.61 億元，通過以工代賑計劃的實施，在貴州省貧困地區建設了一大批改善群眾基本生產條件和生活條件的項目，加強和改善了貴州省農村基礎設施，對貴州省農村貧困地區的經濟發展和群眾脫貧致富起到了巨大的推動作用。[1]

表 10-2　貴州省十年以工代賑投資效益情況表

項目名稱	投資合計 / 萬元	效益
全省合計	286 055.4	——
一、交通建設	73 562	修建縣鄉公路 8919 公里，其中鄉村公路 1601 公里，新建橋樑 701 座 22 574 米
二、基本農田建設	65 907	完成坡改梯及中低產田土改造 303 萬畝
三、水利建設	90 747.4	——
1. 農田水利	51 758	新增灌溉面積 53 萬畝，恢復及改善灌溉面積 52 萬畝
2. 人畜飲水	26 511	解決 220 萬人和 130 萬頭牲畜飲水問題
3. 農村電力	12 478.4	建設小水電裝機 10.13 千瓦，架設各類輸電線路 2100 公里
四、片區綜合開發	21 358	山水林田路，片區綜合開發面積 2400 平方公里，使 21 萬人解決溫飽問題
五、水毀商業網點恢復	6 121	修復基層水毀網點 434 個，面積 25.6 萬平方米
六、綠色工程	21 574	建成藥、桑、茶和經果林 54 萬畝，發展養殖業 88 971 個單位，養魚 1626 畝
七、農村通信	6 816	完成 178 個鄉鎮政府電話建設

1　貴州省以工代賑十年成果彙編：黔南年鑒編輯部，2003：13-73。

第三節　以縣為中心

一、以縣為中心的概念

貧困縣，或者稱為國定貧困縣，是一種中國特有的制度名稱，是國家在扶貧工作中為幫助貧困地區脫貧設定的標準，對於滿足標準的縣級行政區，給予一定的財政扶持並採取合理措施幫助其脫離貧困。它並非字面意義的最貧困的縣，而是可以享受國家財政政策的，屬於國務院扶貧辦認可名單上的縣級行政區。在美國俄亥俄州扶貧模式啟發下，中國開始確立以縣為中心的扶貧方式，把縣作為扶貧的基本單元，通過投入資源並開展建設工程來提高貧困縣的收入水平，改善貧困縣群眾的生活狀況，將重點貧困縣作為重點對象具有區域性的特徵。自 1986 年開始，中國逐步推行以縣為基本單位的扶貧開發模式，以農民人均收入作為評估標準，在集中連片貧困區選取了 273 個貧困縣，實施區域開發扶貧戰略，通過提供各類財政扶貧資金，集中投入並分批實施，在貧困縣開展了基礎設施建設，發展

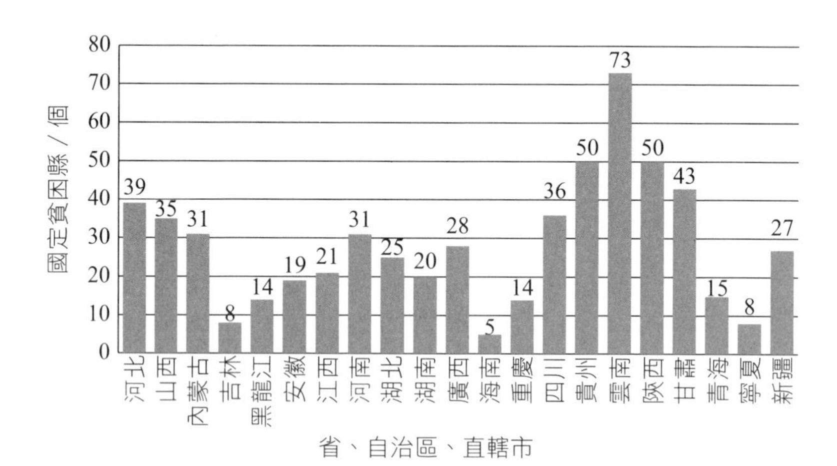

圖 10-2　中國 2016 年確定的 592 個國家扶貧工作重點縣的分佈情況

資料來源：國務院扶貧開發辦公室：中國扶貧開發年鑒（2016）[M]. 北京：中國財政經濟出版社，2017

了社會公益事業，有效改善了當地群眾的生活水平。[1]

圖 10-2 所示為中國 2016 年確定的 592 個國家扶貧工作重點縣的分佈情況。

二、以縣為中心的實現路徑

（一）根據致貧原因對貧困縣進行分類

根據致貧原因可將貧困縣分為四大類：一是發展條件缺乏型，此類貧困縣主要致貧點在於當地缺乏可持續發展的條件，農民自身的發展條件也有限，維持生計非常艱難，受制於低水平發展條件，但也並未到達需要異地搬遷安置的地步，所以，針對此類農戶，應當採取教育培訓、工程建設與財政支持的綜合手段，以改善當地貧乏的發展條件；二是生計途徑缺乏型，此類貧困縣相較上一種具備了一定的發展條件，基礎設施建設不存在問題，物質資本也不貧乏，地理自然環境脆弱性也很低，主要是貧困戶缺乏謀生途徑，因此需要進行資金援助以及進行職業培訓和教育培訓，使農民能夠掌握更適應當地環境的有效謀生方式，在維持基本生計的前提下改善自己的生存條件；三是金融資本缺乏型，此類貧困縣的發展主要受限於當地的低收入水平，沒有原始的資本積累，無法得到生產和發展，一般自然地理條件良好，有一定的基礎設施，具備相應的發展條件，因此對於這類貧困縣，最主要的措施就是給予它們一定的金融貸款和財政援助，滿足其生產發展的資金需求；四是人力資本缺乏型，此類貧困縣的最大難點在於當地缺乏改善條件的人口，主要勞動力數量偏低且流入外地的情況嚴重，因此需要在當地以工代賑建設基礎設施並且發展產業以留住流失的勞動力，而且可以引進其他人力資本過剩區的人口來參與建設，對其進行教

1 國務院扶貧開發辦公室：中國扶貧開發年鑒（2016）[M]. 北京：中國財政經濟出版社，2017。

育培訓以適應當地發展的需求。[1]

（二）具體脫貧措施

1. 加強基礎設施建設

貧困縣脫貧的關鍵就在於改善當地的基礎設施狀況，消除阻礙經濟發展的障礙物。首先是農村生活性基礎設施的建設，包括道路、通信、電力、水利等基礎生活保障設施，針對各個貧困縣不同的重點需要，分輕重緩急安排基礎設施建設；其次是貧困縣生產性基礎設施的建設，主要是農田基礎設施建設與農田水利設施建設，針對貧困縣農田水利落後的情況，要加大農業區的節水設施改造與水利工程的建設，大力開展河堤治理工程建設，以及修復老化失修、因災損毀的設施，並且要投入一定力量改造中低產田，努力建設高標準農田；再次需要加強貧困區的生態設施建設，在建設其他生產與生活性設施的同時，不能忽視對貧困區生態環境的保護，以免因小失大，要平衡發展與保護的關係問題，農村自然保護區建設、天然林資源保護、濕地建設等都必須放在重點工作中；最後還需要重視貧困縣社會發展基礎設施的建設、農村的義務教育制度的完善，以及農村醫療衛生事業的建設。

2. 做到扶貧先扶智，促進貧困縣教育事業的發展

貧困縣無法脫貧的一個重要阻礙，在於貧困縣的人均教育水平過低，無法支撐起當地的經濟發展要求，所以我們需要做到把提升農村勞動力的文化水平放在重要位置，推動貧困縣的教育事業發展。首先必須要做到的是完善義務教育制度的落實狀況，使貧困縣的每個孩子都能保證完成義務教育，並需要將義務教育年限從 9 年改革至 12 年，使貧困縣的教育層次

1 劉豔華、徐勇：中國農村多維貧困地理識別及類型劃分 [J]. 地理學報，2015，70（6）：993-1007。

提高到高中；其次要加強對貧困縣學生的教育補助，減少出現因家庭條件被動失學的狀況，保證貧困縣適齡學生都能完成義務教育，成為貧困縣發展的人才儲備；最後，政府要加大對於貧困縣的教育投入，改善當地的教育基礎設施，優化教育資源的配置狀況，從基礎設施方面保障貧困縣學生的受教育權利。

3. 發展貧困縣特色產業，實現產業脫貧

產業脫貧是貧困縣脫貧的重要途徑，通過發掘自己的產業優勢，培植新的經濟增長力量，發揮自己特有的競爭優勢，是一種依靠自身力量的可持續發展之路，因此我們需要高度重視產業脫貧之路，為貧困縣創造更多的發展機會和更好的發展條件。首先需要因地制宜，發掘自身的資源優勢所在，農特產品、森林資源、礦產資源等都是值得發展的產業，應找到自身相較於其他地域的比較優勢，並將優勢放大為發展產業，發展具有地方性特色的扶貧產業，為脫貧奠基，為致富鋪路；其次需要引導貧困縣適應市場機制，既要生產出市場需要的產品，將產業市場化，能夠適應市場的變化，也要利用好市場機制為自己招商引資，擴大自己的產業發展鏈條；最後政府要為貧困縣的產業發展提供政策性保障，為貧困縣提供技術發展與產業運營指導，幫助貧困縣引進發展資金與先進技術。

4. 引進先進人才與社會力量完成脫貧

一是完善人才引進機制，拓展引進人才的渠道，提供各種優惠政策去引入先進人才，同時還需要為留住人才改善當地的環境，以滿足脫貧對人才的需求。二是引進社會力量參與扶貧。扶貧工作雖由政府主導，但是如有社會力量作為補充，就可以取得更好的扶貧效果。因此應鼓勵企業參與扶貧，去貧困地區創業，使其利用自身的資金、技術、人才與管理的優勢，補足貧困縣發展的短板。政府需要給企業提供一定的優惠政策，改善貧困縣當地的招商環境，吸引更多的企業進行投資，進行開發式的扶貧。除了企業，還可以動員個人和社會組織的力量，使整個社會廣泛參與到扶貧工作中，形成一種社會合力的效果，完成貧困縣脫貧的艱巨任務，幫助農民脫貧致富。

5. 利用金融脫貧的模式，為脫貧創造條件

首先需要完善金融扶貧的機制，改善農村的金融環境，支持與鼓勵金融機構向貧困區提供信貸產品，加大對農村的信貸投入，優先滿足農村的信貸需求，創建農村信用評估體系，將貧困戶納入信用體系中，通過信用體系衡量是否貸款，同時加強對於貧困戶的知識宣傳，使之了解信用違約風險；其次需要完善金融扶貧配套組織體系，金融機構需要適當增加面向貧困區的服務網點，完善農村金融的配套服務；最後需要針對貧困區發展特點，提供特殊的金融產品與金融服務，以便更好地滿足當地的發展需要。

三、以安徽省潛山縣為例

案例：特色產業舞龍頭，對症扶貧闊步走

潛山縣位於大別山東南麓，屬國家扶貧開發工作重點縣。由於該縣山區面積較大，地形地貌複雜，自然條件惡劣，基礎薄弱，農民收入增長緩慢，貧困人口數量較大。2004 年全縣人均收入 668 元以下的絕對貧困人口 3.75 萬人，人均收入 668—924 元的低收入人口 6.38 萬人，並且有相當一部分人口在溫飽線上掙扎。而且貧困人口居住分散，扶貧開發成本高。該縣人均收入 924 元以下的貧困人口還有 10.13 萬人，且多分佈在自然條件極為惡劣的深山區和自然災害頻發區，居住分散，缺乏基本的生產生活條件，短時間內還很難擺脫貧困，改善這部分人口的生產生活條件，解決其溫飽問題需要付出的扶貧開發成本較大。

近年來，潛山縣根據不斷變化的新形勢和扶貧開發面臨的新情況，在國家扶貧開發方針政策的指引下，創新扶貧開發方式，探索實施符合貧困地區實際的「六大產業對症扶貧模式」，即根據當地不同的資源稟賦，採取不同的扶貧措施；根據不同地勢的土質地貌，實行不同的產業扶貧，扶貧項目和資金向真

正需要扶持的貧困戶重點傾斜。這種扶貧模式的特點在於突出以人為本的扶貧理念，重視貧困人口的脫貧問題，使不同環境、不同特點的貧困戶合理地享受到政府和社會給予的扶貧資源，從而使脫貧致富步伐更堅實、更協調。[1]

潛山縣能夠擺脫貧困得到發展，與其發展自己的特色產業是分不開的，其中主要包括五大部分：一是因地制宜，立足資源稟賦和產業特色，打造特色經濟板塊。二是扶貧項目跟着特色產業走，該縣 2009 年成立了茶葉、瓜蔞、油茶、食用菌、畜禽、蠶桑六大特色產業指揮部，強化具體措施，安排千萬元資金，扶持產業基地規模發展、龍頭企業培育和農產品品牌建設。三是為確保扶貧工作取得成效，該縣建立了政府主導、部門聯動、定期考核、民主監管為一體的長效機制，推動扶貧開發健康有序發展。四是抓基地建設，注重規模化和標準化，在基地建設中充分發揮大戶帶動作用，走「公司或專業合作社 + 基地 + 農戶」之路，實施連片開發、規模化發展。截至 2014 年，全縣已有 50 畝以上規模化基地 4 處，5 畝以上生產大戶 20 餘家。五是抓龍頭企業發展，注重品牌建設。全縣六大產業已有龍頭企業 40 家，其中省級龍頭企業 5 家、市級 15 家。產業扶貧是幫助貧困戶脫貧的突破口，是確保貧困戶脫貧的重要途徑，也是確保貧困戶脫貧不返貧的最有效方法，能有效整合土地資源，搞規模經濟。它打破了長期以來扶貧政策對農戶的「平均化」扶持，既讓不同程度的貧困對象合理享受到國家給予的扶貧資源，破解了「扶貧到戶」難題，又發揮了當地資源優勢，實現了低碳扶貧和可持續扶貧的結合，創新了扶貧政策對貧困對象的「瞄準」機制，有效避免了「脫靶」現象，體現了科學發展觀的本質要求，是新時期扶貧開發工作的生動實踐。

1 徐建平：特色產業舞龍頭，對症扶貧闊步走 [M]. 潛山縣扶貧辦編，2014（4）。

第四節　整村推進

一、整村推進的概念

總體而言，整村推進包括四層含義：第一，在參與式規劃的基礎上，在整個村莊推廣。規劃是前提和基礎，因此，扶貧工作首先需要根據具體情況，分析貧困成因，制定村級扶貧計劃；第二，集中資金，分階段解決貧困村的貧困問題，由於貧困村有很多問題導致貧困，因此有必要在一到兩年內優先考慮重點村的大規模支持，改變過去分散使用扶貧資金的做法；第三，全面發展，不僅要發展自然資源，還要倡導勞動力培訓和人力資源開發，不僅要建設基礎設施，還要建設支柱產業，比過去個別扶貧項目的實施更具綜合效益；第四，可持續發展，整村推廣的實施，儘可能促進了貧困人口的參與，建立了貧困村和貧困人口的自發組織，可以提升其自我發展能力，希望在項目實施後形成可持續發展機制。

二、整村推進的實現路徑

（一）整村推進規劃的制定與實施基本要求

首先，制定和實施規劃的整個過程，完全是民主的過程。實施民主決策，計劃的內容、實施管理的程序和方法，以及與計劃相關的制度組織都是公開的。參與規劃和實施管理的每個單位，都應充分理解制定和實施計劃的整個過程和環節。其次，通過培訓、交流與檢查等科學方式，提高執行管理人員和項目主管的工作能力和管理水平，通過各種管理制度、管理方法規範和制度化各項工作，努力確保規劃的科學性，而且需要考慮到當地的經濟、社會和文化特點，符合當地的發展需要。再次，扶貧部門、業務主管部門、技術支持部門和廣大農民應參與各方面的管理，貧困村群眾和基層幹部既是規劃者，也是規劃的直接受益者，應賦予他們充分發表意見，選擇扶貧項目和實施計劃的權利。最後，整村推進扶貧開發計劃是通過村莊全面扶貧開發，實現各項目的扶貧目標，每個子項目都圍繞實現總體目標實施，是整個扶貧計劃的組成部分，項目的選擇不僅應關注經濟效益，還應關注社會效益，不僅要改變貧困地區的基礎設施建設，還要提高貧困人口的自我發展能力。在實施規劃和實現規劃目標後，需要建立一個長期機制，以便在規劃和實施管理過程中推動貧困村莊的持續發展。要探索建立長期穩定的管理組織，建立有利於可持續發展的健全管理體系。

（二）整村推進規劃的制定與實施步驟

一是收集與整理貧困村基本資料。採用實地考察、關鍵人物訪談等參與式方法，來獲取目標村莊的基本資料。這些基本資料是規劃的基本素材，可以在一定程度上反映貧困村的基本狀況，應主要了解目標村莊的經濟發展程度、社會發展狀況、自然地理狀況、人口與資源等發展情況，以及教育情況、衞生發展程度、村級組織等內容。

二是對農戶進行基本分類。不同的貧困程度，標誌着各個村民自身所具備的初始條件不同，因此也有着不同的發展需求。農戶共有救濟戶、特困戶、貧困戶和一般戶四種類型，按照收入水平和取得收入的能力來進行劃分，徵求村民代表的意見，綜合出每個類別的共有特徵，由規劃人員向大家解釋分類意義。在上述四類的基礎上，又由村民代表對本組農戶進行分類，將各組的分類匯總成全村的分類。

三是分析貧困問題。系統分析貧困農戶所面臨的貧困問題，規劃人員與貧困農民代表對貧困的問題和原因進行探討，羅列出導致貧困的各種問題，對造成貧困問題的各種原因進行分類，然後將問題的因果關係進行歸納，從而形成解決問題的分析計劃。

四是形成扶貧開發項目。在找出貧困的原因後，需要討論如何解決問題，解決問題成為扶貧開發的項目內容。通過對扶貧問題的分析，可以整理出直接導致貧困的第一層因素，形成村級扶貧開發的主要領域，後續應該通過總結致貧原因中的底層成因，形成村級扶貧計劃的項目內容，繼續總結各個領域的內容，形成村級扶貧規劃的項目內容。

五是發展項目的可行性分析。在總結扶貧開發地區的領域和項目後，有必要在當地技術人員的幫助下，進一步篩選和分析農民提出的方案。利用優缺點法的分析工具，根據村莊資源、技術、資金和實施能力的實際情況，分析扶貧開發的具體方案。最後從經濟、社會、技術和生態等方面審視該項目的可行性，經濟可行性意味着參與活動的成本應在農民和國家能夠承受的範圍內，以及能產生更大的經濟效益；社會可行性意味着項目利益方面的分配會兩極分化，能得到社會各階層的普遍支持；技術可行性是指從事項目的技術要求屬於農民素質和縣鄉技術人員的能力範圍；生態可行性指不涉及資源和環境的破壞，以及對下游村莊的負面影響。[1]

六是確定項目的支持方面。村委會參加研討會，討論這些項目發展需要得到什麼方面的支持，包括財政、技術和政策支持。由於這個過程涉及未來村級扶貧開發工作的具體規劃，需要廣泛徵求各類農民的意見，並獲得縣鄉扶貧部門和技術人員的參與，使計劃更能符合實際需要。

七是項目實施設計。對於許多基礎設施項目需要進行設計，設計過程應以參與方式進行，具體方法是舉辦技術研討會，邀請專業的技術人員，了解農民的需求及他們所具有的技能和掌握的技術，並了解項目建設所涉及的具體細節。

1 楊軍：「整村推進」扶貧模式的問題與對策研究 [J]. 重慶工商大學學報（西部論壇），2006（6）：15-20。

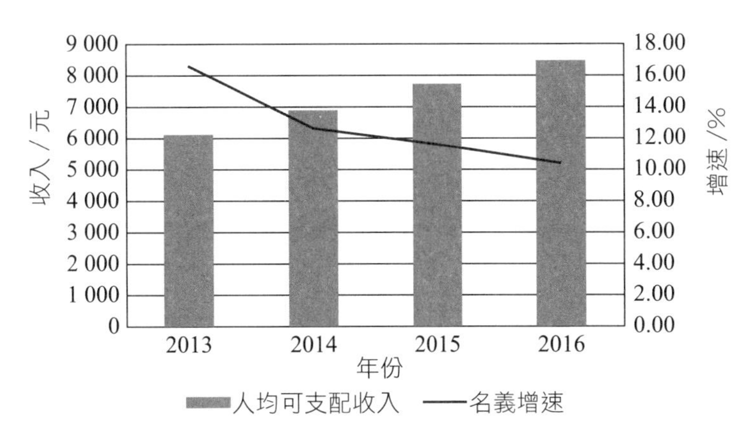

圖 10-3　2013—2016 年貧困地區農村居民收入增長情況

資料來源：徐鑫、馬倩：中共十八大以來全國農村減貧情況（全國篇）. 中國農村貧困監測報告，中國統計出版社，2017，10-21，統計年鑑

（三）整村推進成效

2016 年，貧困地區農村居民人均可支配收入 8452 元，名義水平是 2012 年的 1.6 倍；扣除價格因素，實際水平是 2012 年的 1.5 倍。貧困地區農村居民人均收入連續保持兩位數增長，2013—2016 年人均可支配收入名義增速分別是 16.6%、12.7%、11.7% 和 10.4%（圖 10-3），年均名義增長 12.8%，扣除價格因素，年均實際增長 10.7%。

三、以寬城滿族自治縣北杖子村為例

案例：以扶貧開發整村推進為平台建設新農村——寬城滿族自治縣北杖子村

寬城滿族自治縣化皮鄉北杖子村距縣城 15 公里，全村共 13 個自然村，22 個村民組，531 戶，1918 口人。全村總面積 22 738.8 畝，其中耕地面積 862 畝，人均耕地不足 0.5 畝。由於受歷史、交通、地理、自然等多種因素的制約，基礎設施條件差，經濟發展落後，2004 年農民人均純收入僅 728

元。為扭轉貧困落後面貌，村兩委班子抓住被確定為河北省第二批整村推進扶貧開發工作重點村這一機遇，藉助幫扶部門的外力支持，促進扶貧開發工作整體推進，2005 年共爭取各類扶持資金 123 多萬元，其中財政扶貧資金 9 萬元，社會扶貧資金 1 萬元，各職能部門投資 104 萬元，群眾自籌資金 9 萬元，實施了以增加群眾收入為核心，以基礎設施建設、社會公益事業發展、改善貧困群眾生產生活條件為重點的工程項目 7 個，在扶貧開發整村推進工作中邁出了新的一步。

經過一年的扶貧工作，全村各項事業有了長足發展，幹群關係密切，帶領群眾致富能力進一步提高，扶貧項目實施公平、公正、公開，黨員群眾參與扶貧工作的積極性、主動性增強，通過幹部包組、黨員包戶、群眾上項目以及跑項目脫貧致富的積極性濃厚。農村各方面事業得到同步發展，人民群眾生產生活條件明顯改善，電視、電話入戶率達到 80% 以上，多數村民飲上自來水，村容、村貌和群眾就醫條件改善，校園環境改善並實現了遠程教育；群眾業餘活動、休閒有場所，人民精神面貌明顯改變，貧困人口素質得到提高，形成崇尚科學、崇尚文明的社會主義新風尚；群眾的法制觀念增強，能夠用法律武器保護自己，緩解了矛盾升級，減少了刑事案件的發生，為整村推進創造了良好環境條件。總之，整村推進作為新時期扶貧開發的主要措施，為該村落實科學發展觀創造了有利條件，為建成社會主義新農村提供了良好平台。[1]

寬城滿族自治縣北杖子村在實行參與式整村推進的過程中，主要通過三個途徑來完成脫貧項目：一是突出重點，合理規劃，確保整村推進工作順利開展。村兩委班子立足本村實際，把整村推進和新農村建設相對接，科學合理地規劃。圍繞增加農民收入，對全村 531 戶共 1918 口人進行分類排隊，把貧困人口建檔立卡，突出水、電、路等基礎性、公共性、公益性的項目，

1 國務院扶貧開發領導小組辦公室編：扶貧開發整村推進百例精選（上冊）[M]. 北京：中國財政經濟出版社，2007：3-6。

集中力量改善貧困人口的生產生活條件；以發展規模養殖和林果業為重點開發項目，推動種植產業，提高貧困人口經濟收入；二是以產業扶貧為切入點，推動農民收入增長，通過改土興水、通電通路、改造生產設施等措施，夯實貧困人口的脫貧工作基礎。2005 年到位各項扶貧資金 123 多萬元，實施基礎設施項目 5 個；投資 20 多萬元，落實移動機站建設公益性項目 1 個；投資 4 萬元，實施扶貧開發細胞工程項目，落實周轉棚項目戶 20 戶；三是協調社會力量，確保項目實施。該村與縣扶貧辦和駐村幫扶單位縣國稅局建立了定期聯繫制度，做到每個項目實施前做好規劃、論證，實施中請有關部門指導，實施後申請相關部門檢查驗收，不但加快項目實施的進度，提高項目施工的質量，而且加強了部門間的聯繫，促進社會各部門和有關人士對北杖子扶貧開發整村推進工作的重視和支持。[1]

第五節　片區扶貧

一、片區扶貧的概念

在《中國農村扶貧開發綱要（2011—2020 年）》中提出「連片特困區」概念，並將「集中連片特困區」作為新階段扶貧攻堅的主戰場。具體劃分是按照「集中連片、突出重點、全國統籌、區劃完整」的原則，以 2007—2009 年三年的人均縣域國內生產總值、縣域農民人均純收入、人均縣域財政一般預算收入等與貧困程度高度相關的指標為基本依據，同時兼顧革命老區、邊疆地區、民族地區具體情況，從而劃分出 11 個集中連片特困地區，再加上已明確實施特殊扶持政策的西藏、四省藏區、新疆南疆三地州，總共 14 個片區、680 個縣，作為新階段扶貧攻堅的主戰場。[2]

1　國務院扶貧開發領導小組辦公室編：扶貧開發整村推進百例精選（上冊）[M]. 北京：中國財政經濟出版社，2007：3-6。

2　沈茂英：「連片特困區」扶貧問題研究綜述與研究重點展望 [J]. 四川林勘設計，2015(1):1-7。

二、片區扶貧的實現路徑

中國集中連片特困地區呈現「小集中，大分散」的分佈特點，且數量較多。全國共劃分 11 個集中連片特困地區，加上已明確實施特殊扶持政策的西藏、四省藏區、新疆南疆三地州，共 14 個片區。[1]

由於各個片區分散在全國各處，自然地理條件和歷史發展狀況相差很大，風土人情也各有不同，因此無法適應同一套發展模式，而是應當根據當地的實際情況，因地制宜，找到最適合自身的一條發展道路，達到扶貧最大化的效果。在多年實踐中，各地也逐漸找到了能夠推動自身發展的道路，形成符合自身實際狀況的發展模式，極大程度緩解了片區內的貧困程度，如產業扶貧模式、旅遊扶貧模式、生態扶貧模式等（表 10-3），這些具有典型性和代表性的扶貧模式也形成了獨特的片區扶貧路徑，總結出來就是因地制宜，使用符合自身實際情況的發展模式。

表 10-3　貧困片區分佈與扶貧路徑比較

分　　區	省、自治區、直轄市	扶 貧 路 徑
六盤山區	陝西、甘肅、青海、寧夏	旅遊扶貧、水利扶貧
秦巴山區	河南、湖北、重慶、四川、陝西、甘肅	產業扶貧、旅遊扶貧、易地搬遷扶貧
武陵山區	湖北、湖南、重慶、貴州	旅遊扶貧、產業扶貧、金融扶貧
烏蒙山區	四川、貴州、雲南	產業扶貧、金融扶貧
滇桂黔石漠化區	廣西、貴州、雲南	旅遊扶貧、生態扶貧、易地搬遷扶貧
滇西邊境山區	雲南	教育扶貧、生態扶貧、產業扶貧
大興安嶺南麓山區	內蒙古、吉林、黑龍江	產業扶貧、綠色減貧
燕山 - 太行山區	河北、山西、內蒙古	產業扶貧、教育扶貧、生態扶貧
呂梁山區	山西、陝西	生態扶貧、產業扶貧
大別山區	安徽、河南、湖北	產業扶貧、易地搬遷扶貧

1　程聯濤：我國貧困地區區域特徵及扶貧對策 [J]. 貴州社會科學，2014（10）：114-117。

續表

分　　區	省、自治區、直轄市	扶貧路徑
羅霄山區	江西、湖南	生態扶貧、產業扶貧
西藏區	西藏	教育扶貧、旅遊扶貧
四省藏區	雲南、四川、青海、甘肅	易地搬遷扶貧、旅遊扶貧
新疆南疆三地州	新疆	教育扶貧、旅遊扶貧、產業扶貧

資料來源：國務院扶貧辦網站，《國務院扶貧辦公佈全國連片特困地區分縣名單》，2012 年 6 月

（一）旅遊扶貧模式——六盤山區

旅遊扶貧是指在經濟欠發達、旅遊資源豐富的地區，通過發展旅遊業促進當地經濟發展，增加貧困地區的人均收入。六盤山區大部分位於寧夏回族自治區，地理位置偏僻，生態系統脆弱，自然環境惡劣，自然資源匱乏，不僅整個區域貧困問題嚴重，而且具體到個人的貧困問題也非常嚴重，是經濟貧困與文化教育貧困的綜合貧困模式。但是六盤山區擁有豐富的旅遊資源，適合開發當地的地文類、水文類以及氣候生物類景觀資源，大力發展整個區域的旅遊業（表 10-4）。

表 10-4　六盤山旅遊區自然旅遊資源類型與分佈

自然旅遊資源類型	主要景區及分佈
地文類景觀	六盤山白堊紀地層剖面；海原大地震遺跡；西吉火石寨；掃竹林及固原須彌山；丹霞地貌；黃土梁卯溝壑地貌景觀；六盤山、南華山等山地構造景觀等
水文類景觀	清水河、涇河、葫蘆河、祖歷河及其支流，溪水、瀑布、峽谷眾多的堰塞湖（地震湖）、水庫、溫泉（六盤山東山坡）、涇河泉華、荷花苑、老龍潭等
氣候生物類景觀	大漠落日、 山間日出、避暑消夏氣候；多彩雲霧；災害性天氣；山地森林、灌區、草甸；乾草原、荒漠草原、沙質草原等植被景觀；植物園、植物標本室；草原牧群（羊群、駝群、牛群等）；珍稀動物養殖等

資料來源：楊雪燕、金海龍：六盤山旅遊扶貧開發試驗區的開發對策探討 [J]. 乾旱區資源與環境，2004，18（3）：121-124

首先需要籌集足夠的前期發展資金。旅遊業需要大量的前期投入，才能得到以後的發展。六盤山區主要有三個資金渠道：一是來自政府的旅遊開發基金和專項扶貧資金，專用於旅遊扶貧項目的開發、當地的基礎設施建設，以及旅遊景點的開發與保護；二是通過招商引資吸引外部的企業進行投資，利用企業投入的大量資金進行開發，使企業加入旅遊資源的開發過程中；三是吸收當地居民的閒散資金，進行小規模的投資，如旅遊紀念品商店、餐飲服務的經營之類。其次是打造具有特色的旅遊項目，提供優質的旅遊服務，逐步建立起旅遊業鏈條。六盤山區有豐富的旅遊資源，應分類設計旅遊線路，有針對性地面向遊客提供服務，如對自然地理景觀有興趣的可以專門去參觀相關項目，對水文感興趣的可以選擇水文旅遊路線。此外，還必須加強當地的旅遊基礎設施建設，為遊客提供更好的服務。最後，需要讓當地貧困居民參與到旅遊業的建設中，分享旅遊業帶來的巨大收益，從而擺脫貧困。在發展旅遊業的同時，不能忘記開發的目的是使貧困人口脫貧，使當地的經濟得到發展。貧困居民應直接參與到旅遊業的開發中來，獲得就業創業機會，得到穩定的收入來源。政府在進行旅遊項目開發時，應大量僱用當地貧困居民，而且應該加強貧困居民的職業技能培訓，對他們進行旅遊管理知識的普及。

（二）產業扶貧模式——呂梁山區

產業扶貧是以市場為導向，利用當地的優勢自然資源，發展特色產業，引導當地貧困居民脫貧致富的一種扶貧模式。呂梁山區位於中國山西省和陝西省，氣候適宜，自然資源豐富，污染少，產地環境好，農村勞動力充足，適合開展產業扶貧的模式。呂梁山區根據自身的實際情況，開發了九大產業（表 10-5），包括農業、工業和旅遊業三大部分，有效改善了當地的產業結構，推動了經濟的發展和效益的提升，大大提高了當地居民的人均收入，改變了以往的貧困狀態，使全體農民溫飽問題得到了解決，同時有了更多產業收入。

表 10-5　呂梁山區特色產業基地佈局

序號	基地名稱	包括縣區
1	肉羊、白絨山羊產業基地	橫山、子洲
2	綠色蔬菜基地	橫山、米脂、吳堡、綏德、清澗、子洲
3	山地蘋果基地	米脂、綏德、子洲、清澗
4	馬鈴薯、小雜糧產業基地	橫山、米脂、吳堡、綏德、清澗、子洲、佳縣
5	紅棗基地	佳縣、吳堡、清澗、綏德
6	油用牡丹基地	佳縣、綏德、米脂
7	漁業基地	橫山
8	光伏產業基地	橫山、綏德、米脂、佳縣、吳堡、清澗、子洲
9	鄉村旅遊	圍繞王宿里千年棗群生態保護區、東渡紀念館、「木頭峪古民居」等景區，與古鎮、古文化村建設，重點發展農業生態旅遊、紅色旅遊及鄉村旅遊

資料來源：陝西集中連片特困地區特色產業精準扶貧規劃（2016—2020 年），2016 年 12 月

（三）生態扶貧模式——秦巴山區

1. 退耕還林模式

適用於退耕還林扶貧方式的秦巴山區區域主要分為三個部分：一是與耕地價值相比生態價值更為重要的地區，此類地區糧食產量很低而且不穩定，主要位於湖庫、江河源頭附近；二是水土流失嚴重的地區，需要採用退耕還林的模式；三是石漠化的地區，以及鹽鹼化的區域，還有受風沙侵蝕，土地沙化的地區，這些地區都應該集中安排退耕還林。在實施退耕還林時，需要注意兩點：一是需要政府財政的大力支持，需要爭取到國家的政策優惠，通過財政撥款和直接購買的方式幫助當地林業產業的發展，提高退耕還林的經濟效益；二是應該大力發展與林業有關的產業鏈，推動當

地的林業產業發展。退耕還林後當地的耕地減少，為了保證農民的收入提升，應在保護生態環境的條件下發展林業產業經濟，從而優化當地的產業結構，提高貧困戶的收入。從退耕還林的成效來看，不管是經濟方面還是生態方面，秦巴山區都有非常明顯的進步。

2. 生態移民模式

首先從生態移民的必要性來看，秦巴山區特殊的地理位置與自然地理條件決定了其大部分區域不適合定居，該地區海拔高，多山地丘陵，缺少適宜定居的平地，降雨量大，夏季頻發暴雨，植被覆蓋率低，河流多，山體溝壑深，容易發生滑坡、泥石流、山洪等自然災害，嚴重威脅到居民的安全。出於居民安全的角度考慮以及涉及當地的生態保護問題，應當進行生態型移民。因此，在選擇生態移民區域的時候，要充分考慮到當地的自然地理環境因素，將易受自然災害威脅區域的居民進行有計劃的遷移，尤其是滑坡、泥石流多發的山區，河岸兩旁以及湖庫邊易受洪澇侵害的區域，應當作為重點關注的對象，在早期進行易地搬遷移民。在生態移民的過程中，應注意以下問題：一是考慮到生態環境保護的問題，對遷出地應當妥善解決由於遷居造成的生態破壞問題，還應當在居民遷出後對原有的生態問題進行治理，遷入地的生態環境保護也需要引起重視，盡力降低由於遷居引起的生態問題，以可持續發展的思想解決遷入和遷出地的生態環境保護問題；二是在進行生態移民的時候，需要考慮到遷居人民的未來生計問題，在遷入地進行基礎設施建設和產業結構調整，創造更多的就業機會和崗位，實現經濟的發展和人民收入的提高，同時也有利於城鎮化的完成。

3. 生態經濟模式

一是發展生態農業。生態農業是指生產生態農產品的過程中，使用的原料需要符合生態標準，如果使用了附加原料，需要註明使用比例。秦巴山區由於地形原因，耕地較為分散，難以開展大規模的農業，但是河道兩岸土地肥沃，適宜開墾，可以發展生態型的集約型農業，生產高附加值的生態農產品，在開發時除了要保證產品的生態性，根據可持續的發展原則，還必須注意對環境的保護。此外，資源集約型農業可以以家庭為單位開展，當地由於自然地理原因，人口居住較為分散，以家庭為單位可以高效利用當地的農業資源，更有利於發展集約型的生態農業。在發展生態農業的時候，不能完全參考其他地區的發展經驗，而是應該全面考察當地的環境特徵，找到適合自己的路徑，符合自身的經濟環境承受能力。發展生態農業需要達到保護環境和發展經濟的平衡，既要創造經濟收益，幫助當地居民擺脫貧困，又要在發展的過程中注意對環境的保護。

二是發展生態工業。工業產業的發展對於脫貧而言意義重大，可以創造很多就業崗位以及實現經濟增長。秦巴山區由於自然地理條件擁有豐富的礦產資源，但是由於開採時技術不達標，使用的設備不過關，使得對於環境的污染十分嚴重，不利於整個地區的長遠發展，因此，需要在當地大力開展生態工業。生態工業的開展需要注意兩個方面：第一是降低開採對環境的污染破壞程度，需要政府給予財政撥款進行專項環境治理，提高開採的技術水平，引進技術水平高的企業，給予一定的優惠政策，並使用符合生態要求的生產設備，建設保護環境的基礎設施，如污水處理設備、垃圾收容器與填埋場等；第二是構建生態工業產業鏈，形成回收、再利用的產業生產模式，最大化利用資源，降低污染程度，又能提高生態工業產品的附加值，創造更高的經濟效益。

（四）片區扶貧成效

2016 年集中連片特困地區農村居民人均可支配收入 8348 元，扣除價格因素，實際水平達到 2012 年的 1.5 倍，年均實際增長 10.5%。分片區看，從 2013 年到 2018 年，年均實際增速在 11% 以上的有 4 個片區，分別是四省藏區 12.8%、滇西邊境山區 11.8%、南疆三地州 11.6%、烏蒙山區 11.5%；年均實際增速在 10%—11% 的有 7 個片區，分別是六盤山區 10.9%、秦巴山區 10.9%、滇桂黔石漠化區 10.8%、西藏區 10.6%、羅霄山區 10.5%、武陵山區 10.2%、大別山區 10.1%（圖 10-3）。

第六節　精準扶貧

一、精準扶貧的概念

精準扶貧是指針對不同貧困區域環境、不同貧困農戶狀況，運用科學有效程序對扶貧對象實施精確識別、精確幫扶、精確管理的治貧方式。精準扶貧戰略思想的精髓在於「精準」二字，其目的是扶持真正貧困的人，真正扶持到貧困的人。它具有以下三個特徵：一是目標明確。以往的粗放扶貧以行政單元作為扶貧對象，單元內的所有居民無論貧富，都可享受扶貧政策。精準扶貧的扶貧對象則具體明確到村、戶乃至人。二是措施針對性。精準扶貧需要深入調研造成貧困的原因，如地理環境惡劣、自然災害頻發、文化水平低等因素，對不同的貧困個體指定專屬脫貧方案，以提升脫貧效果。三是考核精細化。精準扶貧政策改變了組織對脫貧成效考核的標準，由曾經的對整體水平考核轉變為對貧困個體生活水平的考察，使得脫貧政策能夠真正落實下去，真正提高貧困人口的生活水平。[1]

二、精準扶貧的實現路徑

（一）精準識別扶貧對象

精準扶貧，首先要解決好扶持誰的問題，準確識別幫扶對象。劃定

1　王曉晨：精準扶貧——中國脫貧新思路 [J]. 農村經濟與科技，2018，29（17）：123-125。

14 個集中連片特困區使得區域扶貧成為黨和國家扶貧工作的重點。要瞄準區域整體，將資金和政策短期內施行整體扶貧。「沒有貧困地區農村的小康，就沒有我們全面的小康。扶貧開發，首先是識別貧困主體對象。當前扶貧開發主體主要集中在自然環境惡劣、基礎設施落後、公共服務缺口大的連片集中特困地區；深度貧困縣、貧困村；無業可扶、無力脫貧、文化水平極低、缺乏技能的貧困人口。精準扶貧必先精準識貧，習近平指出，要把貧困人口、貧困程度、致貧原因等搞清楚，因戶施策。」[1]

（二）精準安排扶貧項目

精準扶貧，需要解決好怎麼扶的問題，需要準確安排扶貧項目。一是扶貧項目不搞形式主義；二是扶貧項目的安排不能破壞生態環境；三是加強對貧困地區產業的開發，結合「輸血式」扶貧與「造血式」扶貧。「扶貧開發要緊扣發展，立足資源、市場、人文旅遊等優勢，因地制宜找準路子。」[1] 精準安排基礎設施項目，精準制定產業扶持發展規劃，生態環境優質、旅遊資源豐富的地區發展鄉村特色旅遊，在貧困地區建立扶貧產業示範園，引導和扶持貧困群體發展生態農業產業。

（三）精準落實扶貧措施

精準扶貧，需要思考如何脫貧的問題，準確落實扶貧措施。「我們堅持分類施策，因人因地施策，因貧困原因施策，通過扶持生產和就業發展一批，通過易地搬遷安置一批，通過生態保護脫貧一批，通過教育脫貧一批，通過低保政策兜底一批。施行分批分類的措施，按照貧困戶的具體情況，對症下藥開『良方』才能拔掉『窮根』。」[1] 第一，扶持生產和就業發展一批。「貧困地區完全可以依靠自身的努力、政策、長處、優勢在特定的

1　中共中央文獻研究室：習近平關於社會主義經濟建設論述摘編 [M]. 北京：中央文獻出版社，2017：216。

領域『先飛』，以彌補貧困帶來的劣勢。」第二，易地搬遷安置一批。第三，生態保護脫貧一批。生態環境脆弱需要修復，可以結合生態環境的保護和治理，完成脫貧目標。例如，少數民族藏區、滇桂黔石漠化地區可以通過生態保護脫貧。第四，教育脫貧一批。發展教育阻斷貧困代際傳遞，改善貧困地區教學條件，加強貧困地區教師隊伍的建設，探索建立貧困地區基礎教育、學前教育的公共服務體系。第五，低保政策兜底一批。提高農村低保標準，發揮低保線兜底作用，對受災貧困戶給予幫助，加強低保與養老保險、五保等社會救助制度銜接。

（四）精準派駐扶貧幹部

精準扶貧，需要派遣好扶貧幹部，找到合適的負責人。「農村富不富，關鍵看支部」，習近平強調因村派人要精準，旨在突出扶貧開發工作農村基層的重要性。選派優秀幹部擔任「第一書記」，夯實農村基層，對於改變農村貧困面貌，帶領貧困群眾脫貧致富，尤為重要。習近平指出，「落實扶貧開發工作機制，做到分工明確、責任清晰、任務到人」。[1]

（五）精準衡量脫貧成效

精準扶貧，需要精準衡量脫貧成效，解決「怎麼退」的問題。一是制定脫貧時間表，有序退出，制定相應的退出機制、嚴格的退出程序和退出標準。二是留出緩衝期，鞏固脫貧成績，對剛脫貧的貧困村施行動態管理，進一步培育和鞏固自我發展能力，防止出現返貧情況。三是建立年度脫貧攻堅報告和督查制度，實行嚴格評估，按照摘帽標準進行驗收評估和成效考核，建立第三方評估機制。四是對貧困戶要實現逐戶銷號，脫貧到人，制定退出管理機制。

---

1 中共中央文獻研究室：習近平關於社會主義經濟建設論述摘編 [M]. 北京：中央文獻出版社，2017：216。

三、以湖北省恩施州為例

案例：恩施州精準扶貧成功

恩施州位於湖北省西南部，東連荊楚，南接瀟湘，西臨渝黔，北靠神農架，佔地面積2.4萬平方公里，轄恩施、利川兩市和建始、巴東、宣恩、來鳳、咸豐、鶴峰六縣。恩施州總人口數達403萬，除漢族外，還有28個少數民族在此居住，是湖北省唯一的少數民族自治州。恩施州位於武陵山連片特困地區，貧困人口數量大，貧困程度深，返貧現象嚴重；底子薄，自然環境條件差，氣候難測多變，地形複雜多樣，貧困頑疾紮根，扶貧任務艱巨；差距大，經濟基礎較薄弱，經濟總量佔比小，人均收入水平低，財政收入比重小，產業結構層次低，是湖北省扶貧工作開展的主要戰場，在該州範圍內的八個縣市，都屬於國家扶貧開發的重點區域，全州擁有88個鄉鎮辦事處，2453個行政村，其中有39個重點老區鄉鎮，1888個貧困村。近年來，國家在恩施州投入的財政扶貧資金超過了10億元，再加上全州始終將脫貧攻堅作為首要政治任務和頭等大事來抓，貧困狀況得到了一定程度的改善。在過去的五年中，2013年減貧14.3萬人，2014年減貧15.8萬人，2015年減貧26.4萬人，2016年減貧26.2萬人，農村貧困發生率由31.3%下降到13%，全州還留存貧困人口40多萬。[1]

為認真貫徹落實國家關於打贏扶貧攻堅戰的總體要求，恩施州印發了精準扶貧「五個一批」工作指導意見，並在全州自上而下大力推行扶貧計劃。

一是發展生產脫貧一批，堅持區域化佈局、規模化發展、標準化建設、品牌化經營、貧困戶特惠、差異化補助的發展路徑，大力調整貧困村

1 郭耿軒：武陵山區連片特困地區產業精準扶貧創新案例研究——以湖北恩施土家族苗族自治州為例 [J]. 重慶科技學院學報（社會科學版），2018（5）：42-45。

產業結構，培植壯大特色產業，推進一二三產業融合發展，促進創業就業，實現全州 729 個貧困村和 96 萬有勞動能力的貧困人口精準脫貧、穩定脫貧。[1] 各層級政府積極進行實地調查研究，結合不同地區特點開展「一村一業」「一縣一品」的扶貧定位，明確恩施州各貧困地區主導特色產業，在貧困村建立村級合作社與鄉村金融互惠合作社，並引入對口銜接企業 500 家。

二是易地搬遷脫貧一批，堅持群眾自願、積極穩妥的方針，對居住在「一方水土養不起一方人」地方的建檔立卡貧困人口實施易地搬遷，重點實施全州 7.44 萬戶 23.7 萬建檔立卡貧困人口易地扶貧搬遷，實現搬遷農戶搬得出、穩得住、能發展、可致富，與全州人民同步邁入小康社會。至 2017 年共計搬遷 10 萬人，佔全省計劃指標的 14%，分配房子入住貧困人員共計 2.7 萬戶，有利於實現地區整體脫貧，便於政府統一幫扶，達到精準扶貧預期效果。

三是生態補償脫貧一批，通過落實生態公益林補償政策，實施退耕還林工程，開展生態治理，發展綠色產業，加強生態保護等措施，讓全州涉及生態補償的貧困人員收入明顯增加，生產生活條件明顯改善，與全州人民同步邁入小康社會。鑒於該地區屬於長江中上游生態防護林帶，有着重要的生態環境保護地位，因此恩施專門設立護林員崗位，讓貧困人員轉移成為護林員，並對貧困地區進行生態保護林補償，2017 年度共計實現退耕還林 26 萬畝。

四是教育脫貧一批，通過助學幫扶，實現「三個確保」，到 2019 年，全州教育水平基本達到小康標準：確保義務教育階段學生不因貧困、學困等原因失學；確保留守兒童不因親情缺失、精神貧困等原因厭學；確保考上大學的貧困學生不因學費、生活費等問題上不起學。設置專門的教育財

1 恩施州扶貧辦：關於印發恩施州精準扶貧「五個一批」工作指導意見的通知 [Z]. 2017。

政資金 12 億元，計劃新建中小學校舍項目 1000 個。教育扶貧是精準扶貧的重要步驟，能夠有效切斷貧困代際傳播。

五是社會保障脫貧一批，將全州完全或部分喪失勞動能力的貧困家庭和其他符合低保條件的貧困家庭全部納入農村低保，實行按標施保，保證其實際收入水平逐步達到或超過當年脫貧標準。恩施州實現了對全州 20 萬低保戶和 1.7 萬五保戶的全面覆蓋，並制定了最低生活保障、基本醫療救護、臨時幫扶等實施辦法，提高了社會保障的標準，進一步完善了社會保障體系。社會保障的全方位覆蓋是保障貧困人員的基本生活的需要，也是精準扶貧兜底一批的必然要求。

第七節　深度扶貧

一、深度扶貧的概念

深度貧困地區是指由於環境條件惡劣，以及基礎設施薄弱，造成的地區區域經濟和社會發展緩慢，當地居民對身體健康、居住條件、知識獲取，以及人身安全等方面的基本需求得不到滿足，而且這是一種普遍的生活狀態。實際上，資源短缺和惡劣環境造成的深度貧困往往是多維貧困長期積累和沉澱的結果，這體現在該地區集體福利的長期大規模缺失，以及該地區落後的發展模式和偏小的經濟總量，也與資源和環境壓力大、綜合競爭力弱密切相關。這種表現是整個村莊的大部分地區處於貧困、代際貧困和絕對貧困的複雜貧困狀態，甚至是貧困村、貧困鄉鎮、貧困縣等，以及貧困區比普通地區分散得多，個體的致貧原因更加複雜，擺脫貧困更加困難艱巨。

《中國農村扶貧開發綱要（2011—2020 年）》將六盤山區等 11 個連片特困地區及中央已實施特殊扶持政策的西藏、四省藏區和新疆南疆共 14

個片區確定為深度貧困地區，這些片區不僅是全國扶貧對象最多、貧困發生率最高、扶貧工作難度最大的地區，也是扶貧攻堅的主戰場。具體情況詳見表 10-6。[1]

表 10-6 深度貧困地區的類型與特點

類　　型	分佈區域	貧困表現	貧困發生率
連片深度貧困地區	三區（西藏、四省藏區，南疆四地州），三州（涼山州、怒江州、臨江州）	生存環境惡劣，致貧原因複雜，基礎設施與公共服務缺口大	20% 左右
深度貧困縣	分佈在 14 個省區	縣均貧困人口 3 萬人	23% 左右
建檔立卡貧困村	12.8 萬個	基礎設施和公共服務嚴重滯後，村兩委班子能力普遍不強，村集體經濟弱，無人管事、無人幹事、無錢辦事現象突出	60% 左右

資料來源：習近平：在深度貧困地區脫貧攻堅座談會上的講話 [J]. 求是 . 2017（9）

二、深度扶貧的實現路徑

鑒於貧困地區的深度貧困，自我積累和自我發展能力差，特別是經濟、社會、文化和環境落後的狀況尚未發生根本性的變化，目前，扶貧必須適應貧困類型的趨勢，開展新的路徑選擇。積極構建更加完善的反貧困體系和靈活運用「一攬子」戰略，打破區域發展的瓶頸，堅持「區域發展促進扶貧開發，扶貧開發促進區域發展」的基本思路，堅持反貧困與財富創造和財富再分配機制同步增長的戰略，準確把握貧困背後缺乏權利、機

1 牛勝強：多維視角下深度貧困地區脫貧攻堅困境及戰略路徑選擇 [J]. 理論月刊，2017（12）：146-150，176。

遇和能力背後的制度因素，為深度扶貧方式的變革奠定堅實的基礎區域。[1]

首先，要突破傳統的扶貧開發和區域經濟發展模式。堅持實現長遠利益最大化、綜合效應最大化，通過區域發展促進扶貧發展，促進扶貧開發，促進區域經濟發展，實現貧困地區經濟發展。一是加快建設一批能夠輻射貧困地區的國家高速公路、水利樞紐、信息基礎設施等重大項目，打破區域發展的瓶頸。二是大力發展貧困地區的科技、教育、文化、衞生等社會公用事業，大力提高貧困地區農村基本公共服務能力，充分發揮重大基礎設施建設作用。三是突破資源認識的局限，拓寬資源認識空間，牢固樹立「綠水青山金山銀山」的新資源理念，創新生態扶貧手段，堅持生態環境的保護和恢復。綜合措施是通過建設和恢復良好的生態環境，探索旅遊、文化等資源優勢，最終實現生態經濟效益的同步增長。

其次，堅持多管齊下，靈活運用「一攬子」扶貧戰略，建設特色扶貧與惠農扶貧的扶貧項目，增加產業扶貧與社會扶貧互相支持的多種有機融合方式，構成一種新模式。扶貧不僅是政府的責任，也是社會建設的有機組成部分。在發揮政府主導作用的同時，必須注重促進扶貧模式創新，讓更多的組織和個人可以直接參與扶貧。從現實來看，政府領導在扶貧領域應規範政府的政策制定，設定有效目標，合理分配資源，組織系統評估，將人力資源和項目開發納入專業社會組織，減輕資源不足和政府負擔過重的問題，彌補扶貧過程中人力和財力投入不足的問題。

再次，需要抓住機遇，推進基層組織和社會建設，實現基層扶貧開發能力和社會治理能力的提升。目前，政府正在推動全社會的力量，投入大量的人力、物力、行政資源和機構資源，以爭取消除貧困。加強基層組織和社會建設，實現基層的扶貧能力提升和農村團結與包容性增強，不斷提高共建共享的社會治理能力，不僅可以合理配置和管理社會資源，還可

1　雷明：深度扶貧關鍵在「深」[J]. 人民論壇，2018（7）。

以促進貧困地區脫貧活力和內生動力。加強扶貧組織體系和團隊建設，提高扶貧開發組織的領導水平。一是加強和改進幹部教育培訓工作，突出提高知識水平和理論素養，轉變思想觀念和思維方式，增強工作技能和實踐能力，真正提高各級幹部的素質和能力，促進扶貧工作不斷前進發展。二是加強農村基層組織黨風廉政建設和專業理論知識培訓，不斷提高農村基層黨組織的創造力、凝聚力和戰鬥力。三是完善扶貧監督檢查評估體系建設。扶貧和監督不能全面進行，也不能分散處置，必須確保根據新情況和新任務實施扶貧政策和措施，並確保階段的目標如期進行。評估工作要注重實際，追求長遠影響，通過評估實現發展，通過評估推進改革，切實提高扶貧開發組織的領導水平和扶貧效果。

最後，在重新思考貧困內涵的基礎上，結合經濟、社會與環境的背景來豐富扶貧工作的內涵，考慮通過知識教育和心理培訓來提高貧困人口的知識儲備，使之擁有積極的生活態度，採取有效措施促進其對整體新政策的實施和新生產方法的接受度，使得各扶貧主體之間建立良好心理聯繫和良性心理互動，反過來刺激窮人追求和建立更美好生活的能力。同時，需要高度重視貧困地區的優生優育問題，達到有效切斷貧困的代際傳遞的目的，消除智力和先天性疾病造成的貧困因素。與時俱進，豐富貧困標準的內涵，賦予民生更加豐富的生活意義，科學認定和及時提高農村貧困標準。中國目前的農村貧困標準逐漸暴露出扶貧實踐中的諸多缺陷和不足，科學認定和及時提高農村貧困標準，不僅是保障貧困群體發展權利的基本條件，也是全面建設小康社會的必然要求。消除市場競爭和不平衡發展戰略造成的不平等，是維護社會公正的必然選擇，是國家重新分配社會整體利益，促進公民尊嚴、權利和機會平等的必然要求。因此，及時豐富貧困標準的內涵，科學地識別和有效提高農村貧困標準，不僅能夠推動農村扶貧事業發展，而且可以使更多的弱勢群體公平地享受經濟社會發展成果，促進社會更加公平和諧。

三、以涼山州為例

案例：涼山州深度扶貧

涼山州處於四川西南部，北起大渡河，南至金沙江，東至雲南，西鄰甘孜州。全州面積 6.04 萬平方公里，截至 2016 年總人口 515 萬，其中彝族 300 萬，佔總人口的 52.5%，是我國最大的彝族聚居區，下轄 16 縣 1 市。涼山州地理環境複雜多樣，境內深谷、平原、高山、盆地、丘陵相互交錯，由於海拔高低懸殊，構成了特殊的地形地貌，區域內斷陷盆地、斷裂谷、斷塊山眾多，平均海拔超過 1500 米，造成農業生產基礎薄弱，交通閉塞，生態環境惡劣，地震、泥石流等自然災害多發。1993 年涼山彝族自治州絕對貧困人口達 260 餘萬人，佔農業人口總數的 63.63%，其中彝族等少數民族貧困人口為 134 餘萬人，少數民族貧困人口佔少數民族總人口的 78.8%；全州 17 個縣市中國家貧困縣就有 10 個、省貧困縣 1 個、州貧困縣 1 個，貧困縣所佔比例達 70% 以上，在這 12 個貧困縣中，農村兒童入學率僅 64.8%，農村青壯年半文盲比例高達 70%。隨着國家精準扶貧戰略的實施，涼山彝族自治州在扶貧方面取得了顯著成效。2012 年至 2016 年，涼山彝族自治州農村居民人均可支配收入從 5673 元增加到 10 368 元，年均增長 12.8%，五年累計減貧人口為 51.82 萬，貧困發生率也從 25.6% 下降到 12%。[1] 如表 10-7 所示。

表 10-7　涼山州貧困人口減少狀況 [2]

年　　份	投入資金 / 億元	減貧人數 / 萬人
2012	11.6	11.1
2013	12.92	9.04
2014	16.34	9.7
2015	21.11	10.6
2016	28.43	11.38

1　何榮修：涼山州的貧困與反貧困 [J]. 天府新論，2000（1）：78-82。

2　涼山州統計局：涼山州國民經濟和社會發展統計公報 [R]. 2012—2016。

通過表 10-7 可以發現，涼山州根據當地特殊情況，採取了三個方面的措施開展深度扶貧，對減少當地的貧困人口起了非常大的作用。

一是利用產業扶貧加大扶貧力度，帶動貧困人口增加收入、減少貧困。涼山彝族自治州擁有獨特的旅遊文化、生態農業、水電和礦產資源，這些潛在的優勢資源轉化為實際的經濟資源。涼山彝族自治州實施的精準扶貧戰略，是積極引進外部技術和資金，擴大地方特色農產品規模，支持農產品深加工，增加產品附加值，發展基礎農業。加強農產品現代物流建設，減少農產品運輸損失，降低總成本。政府增加了對當地農產品銷售的支持，融合了政府、科研機構、企業和其他資源。涼山彝族自治州有自己獨特的民族文化，具有較高的旅遊開發價值，如畢摩文化、特色飲食文化和豐富的火炬節文化。在涼山彝族自治州開展精品旅遊項目，進一步擴大知名度，樹立品牌形象，吸引更多遊客，並在此基礎上，逐步推動全球旅遊業發展，帶動更多當地居民賺取收入。

二是開展異地搬遷工作。涼山彝族自治州約 60% 的貧困人口生活在深山區、高山山區、石漠化地區等生態環境惡劣的地區，這屬於沒有基本發展條件的區域，因此，通過扶貧搬遷，改善當地人民的生活條件和發展環境，減少貧困發生率，科學選擇，統一規劃，優先考慮生產生活條件的困難，以及農村居民搬遷意願，實施遷地扶貧和搬遷，幫助解決拆遷戶戶籍、學校教育、醫療等社會保障問題。重新安置人員的後續生產工作也是工作重點，要充分考慮當地彝族的原始知識水平、生產方式和習俗，並根據當地情況為被拆遷人員提供就業和生產援助，包括提供家禽養殖設施、農業技術指導和其他相關的就業技能培訓。

三是正確認識涼山州彝族同胞的傳統習慣，重新設計出符合當地發展狀況的扶貧模式。要考慮居住在山區的彝族由於歷史環境造成的與外界的長期脫節，當他們接觸到新的文明和新的價值觀時，會有一個逐漸接受和消化的過程，不能盲目地批評，重視宣傳教育的重要性，有必要從思維方式和行為規範中更加積極地引導，從思想層面轉變其內在模式，使其形成積極向上的價值觀，並在該地區逐步形成自我提升的風氣。加大教育投入，大力發展漢彝基礎雙語教育，為涼山彝族自治州的可持續發展提供人才保障。如果要徹底改變涼山彝族自治州的貧困落後面貌，消除涼山的貧困代際傳承，教育是解決問題的根本途徑，政府應繼續加大對該地區教育的投入，繼續增加貧困鄉鎮的教師人數，特別是雙語教師的安置。要充分考慮和照顧貧困山區教師的實際生活條件，確保教師工資水平的穩步提升，以及穩定教師的隊伍和提高其素質。同時應對貧困山區的教師職業培訓和兒童入學政策給予支持與傾斜。

第八節　可持續扶貧

一、可持續扶貧的概念

可持續扶貧戰略克服了過去各種扶貧戰略的不足。根據可持續扶貧的內涵[1]，在分析中國可持續扶貧時，應理解為：一是使貧困人口能夠滿足生活需要。二是貧困人口可以獨立改善自身生活條件。三是貧困人口的扶貧不會削弱他人或後代發展所需的外部條件。可持續減貧的目的是，使貧困家庭能夠在自力更生的基礎上，走上良性發展的道路。可持續扶貧不僅需要豐富扶貧目標的知識和文化儲備，還需要扶貧來應對外部環境的各類問題，它是對扶貧理論與實踐的總結，結合過去各種扶貧策略的優勢，克服了自身的不足。

1　雷明：路徑選擇——脫貧的關鍵 [J]. 決策科學，2006（7）：7-8。

二、可持續扶貧的實現路徑

（1）「扶貧先扶智」，提升貧困戶的人力資本價值。

為了從根本上解決扶貧問題，實現可持續扶貧，應當採用教育扶貧的方法，實現貧困主體素質的可持續發展，做到「扶貧先扶智」，提升貧困戶的人力資本價值。一是加大教育經費的投入，對農村貧困地區多投入教育資源。加強教學基礎設施的建設，改善學生的學習環境和教師的教學條件，對教師進行培訓，不斷提高農村教師素質。應加強基礎教育與職業教育的共同發展，為貧困勞動者開展職業教育以及技術培訓，提升其職業技能和專業技能。二是引導貧困地區群眾自我投資，加強人力資本的積累。在貧困地區進行宣傳教育工作，改變貧困戶依賴幫助的思想，培養其競爭意識，樹立教育效益最大化的理念，以及鼓勵貧困農民參與教育活動與職業培訓，並提供就業和創業的優惠措施與資金和技術支持。

（2）貧困地區資源的可持續利用與發展，是抑制返貧和實現減貧的重要保障。

應該繼續在貧困地區建設基礎設施，發展農村貧困地區公共事業，建立和完善教育、醫療和養老等保障體系。一是擴大扶貧資金融資渠道，完善資金管理，確保充分利用扶貧資金，徹底改變過度依賴政府財政撥款的傳統融資方式，建立多渠道籌資機制，實現社會組織和個人參與。二是推動基礎設施建設，促進貧困地區經濟發展。既要開展大規模的農業綜合開發，改善基本農業生產條件，提高農業綜合發展能力，進行產業化經營，又要通過財政撥款和扶貧貸款，動員貧困地區人民參與貧困地區的農田、水利、電力、通信等基礎設施建設。三是建立健全農村貧困地區的教育體系、醫療體系以及養老體系等社會保障制度，全面發展農村公共事業。

（3）可持續發展的扶貧需要實現貧困地區生活環境的保護，保障載體的可持續發展。

堅持全面發展，堅持可持續發展的農業、循環農業與生態農業，加強生態環境保護，打破貧困的惡性循環，脫離區域貧困陷阱。一是確立以人為本的整體發展方向，控制人口增長，提高勞動力素質，緩解資源和生態環境的壓力，使人口變化適應經濟社會的變化和發展，達到自然與社會的和諧發展。二是統一規劃，系統開發和綜合管理。通過實施可持續扶貧模式，在扶貧過程中提高經濟和環境效益，促進貧困地區經濟與社會的協調發展，建設可持續性的貧困區域發展模式。三是保障資源的可持續利用，加強對資源和環境的行政管理，制定資源利用標準。要根據資源承載力和環境容量來規定資源利用的方向、方式和限度，加強自然資源管理，將資源開發利用與保護管理相結合。

第十一章　以縣為中心的扶貧

第一節　成就

2018 年 6 月至 8 月，國務院扶貧辦委託第三方評估機構分兩批開展專項評估檢查。結果顯示，125 個縣符合脫貧摘帽條件。經國務院扶貧開發領導小組審核同意，分別於 8 月初和 9 月底由省級政府批准脫貧摘帽。內地貧困縣脫貧摘帽進入加速期。截至 2018 年前 7 個月，全國有公開報道的正式宣佈脫貧的縣市區至少已有 35 個，超過去年一整年脫貧摘帽貧困縣的總數。而從各地方政府年初提出的目標來看，2018 年有超過 40 個貧困縣擬摘掉「窮帽子」。

追溯至 2017 年，《中國扶貧開發報告 2017》指出，在 2016 年中國共有 28 個貧困縣經過合法的程序，經過申請、內部審核、國家專項評估檢查，由所在省政府正式批准退出貧困縣。這既是 1986 年國家設定貧困縣 31 年來歷史上第一次實現貧困縣數量淨減少，也是實現貧困縣全部摘帽目標的良好起步，為今後幾年貧困縣退出樹立了標杆，做出了示範。在「八七」扶貧攻堅計劃時期，中央政府曾經通過政策調整，讓東部地區的貧困縣不再享受國家扶貧優惠政策，由各省自己負責，實際上屬於政策性的貧困縣調整，但這些貧困縣從國家貧困縣退出後多數由各省接管扶持，且未經過像現在這樣的嚴格合法程序正式宣佈退出。28 個縣市區中，江西省井岡山市、河南省蘭考縣率先於 2017 年 2 月宣佈退出，另外 26 個縣市區，包括河北省望都縣、海興縣、南皮縣，江西省吉安縣，河南省滑縣，重慶市萬州區、黔江區、豐都縣、武隆區、秀山土家族苗族自治縣，四川省南部縣、廣安區，貴州省赤水市，西藏自治區城關區、亞東縣、卡若區、巴宜區、乃東區，青海省河南蒙古族自治縣、同德縣、都蘭縣，新疆維吾爾自治區巴里坤哈薩克自治縣、民豐縣、察布查爾錫伯自治縣、托里縣、青河縣，於 2017 年 11 月初由各省區市政府宣佈退出。[1]

經縣級提出、市級初審、省級核查和公示等程序，再通過第三方評估機構專項評估檢查，2017 年第二批申請退出的 85 個貧困縣符合脫貧摘帽條件，河北省平山縣、貴州省桐梓縣、雲南省羅平縣、西藏自治區林周縣、陝西省延長縣、甘肅省兩當縣、青海省剛察縣、寧夏回族自治區鹽池縣、新疆維吾爾自治區尼克勒縣等 9 省區 85 個貧困縣實現脫貧摘帽。至此，2017 年申請退出的中西部 20 個省區市 125 個貧困縣全部脫貧，累計已有 153 個縣正式脫貧摘帽，現有國定貧困縣數量由 832 個減少為 679 個。[2]

按照國家《關於建立貧困退出機制的意見》及《貧困縣退出專項評估檢查實施辦法（試行）》提出的標準，貧困發生率降至 2% 以下（西部地區 3% 以下）、脫貧人口錯退率低於 2%、貧困人口漏評率低於 2%、群眾認可度高於 90% 的貧困縣可以申請退出。按照此標準，目前除了已經脫貧摘帽的 153 個貧困縣外，按照各地脫貧攻堅規劃及政府工作報告提出的脫貧目標。2020 年底之前，各地國定貧困縣將陸續實現脫貧摘帽。[3]

「粗放扶貧」到「以縣為中心的扶貧」的治理範式演變，不僅表明國家反貧困治理能力的日臻成熟，而且深刻體現出國家對貧困治理的細化與

1 中國社會科學院：中國扶貧開發報告 2017。

2 又有 85 個貧困縣脫貧 [EB/OL]. 人民網 . http://finance.people.com.cn/n1/2018/1017/c1004-30346131.html.

3 康彥華、豆小強、張明春等：「後脫貧時代」國定貧困縣金融扶貧政策延展策略研究 [J]. 福建金融管理幹部學院學報，2018（3）：32-41。

聚焦。回顧以縣為中心的扶貧實踐，農村貧困治理已演化為各級黨委、政府高度重視的政治任務，各貧困縣通過重點突出專項扶貧、着力強化行業扶貧、鞏固完善社會扶貧、建立片區扶貧工作機制等措施進行針對性扶貧開發，「蘭考經驗」「井岡山模式」等脫貧案例驗證了精準扶貧戰略對貧困痼疾的回應力。[1] 同時，在作為脫貧攻堅主戰場的中西部地區，許多貧困縣舉全縣之力備戰脫貧摘帽，對農村貧困治理的重視程度前所未有。[2]

首先，在以縣為中心的脫貧攻堅實踐中，地方政府通過組合和疊加相關的保障，為扶貧對象提供了更充分和全面的關照。多數貧困縣採取了低保兜底的扶貧策略，保障貧困戶的基本生活水平；在健康扶貧、教育扶貧以及扶貧對象住房安全保障方面，政府為扶貧對象提供了全覆蓋、高標準且貧困戶不付費或很少付費的保障。此外，還通過農業保險、貸款保險等服務，為扶貧對象減輕自然風險和市場風險可能產生的損失。

其次，中國實行的精準扶貧，客觀上賦予了扶貧對象全過程參與和自己相關的扶貧活動的權利。從對象認定、致貧原因分析到項目實施、接受幫扶、退出認可等，扶貧對象都能夠發揮一定的作用。此外，由於如期脫貧被作為有關部門的政治任務，扶貧對象作為整體事實上也對國家和地區的扶貧政策調整產生了影響。

最後，在精準扶貧中，通過改善社區基礎設施和公共服務，改善獲得資金、土地（住房）使用的機會等，中國扶貧對象的財產可獲得性及其回報都有所提高。

1 「精準扶貧精準脫貧跟蹤調查研究」課題組：精準產業扶貧是精準脫貧的核心動力[N]. 社會科學報，2018-01-18（2）。

2 王剛、白浩然：脫貧錦標賽：地方貧困治理的一個分析框架[J]. 公共管理學報，2018，15（1）：108-121，158-159。

第二節　經驗

一、核準家底、精準定位

為了提高扶貧資金利用效率，讓貧困戶真正受益，需要進行精準定位，並在精準定位的基礎上因人而異，找到精準的致貧原因，從而精準幫扶。

由於在文化、自然資源、基礎設施和社會服務等方面，居住在一定範圍內的居民有更多共同點，便於進行綜合性的扶貧開發[1]，因此在扶貧工作開展前期，應當每戶入戶考察核實，劃出每人的具體負責工作範圍，一一對應完成任務，以分片包乾形式劃分負責範圍。在各個負責範圍中，通過群眾評議、入戶調查、公告公示、抽查檢驗、信息錄入等，完成建檔立卡工作；同時建立貧困戶的信息網絡系統，動態管理，實現扶貧對象有進有出、扶貧信息真實可靠。入戶核實家底並根據各戶情況制定扶貧策略是精準扶貧最重要的核心問題。

財政扶貧資金的治理涉及財政扶貧資金的投入、管理、分配、撥付和使用等各個方面，財政扶貧資金只有在這幾個方面都做到科學、合理、公平和公正，才能有效地提高其扶貧效率。從資金治理的角度來看，國內大部分研究比較一致的觀點是項目和資金管理問題也是中國政府扶貧過程中的薄弱環節，成為影響扶貧效果的重要因素[2]。因此，在核準家底、信息完備的基礎上，應針對扶貧對象具體情況選擇扶貧方式，做到因地制宜、揚長避短，精準扶貧措施和資源配置。

---

1 汪三貴、PARK A，CHAUDHURI S，& DATT G：中國新時期農村扶貧與村級貧困瞄準 [J]. 管理世界，2007（1）：56-64。

2 李小雲、唐麗霞、張雪梅：我國財政扶貧資金投入機制分析 [J]. 農業經濟問題，2007（10）：77-82，112。

案例：以四川省北川羌族自治縣為例

北川羌族自治縣位於四川盆地西北部，面積2867.83平方公里（國土詳細面積2869.18平方公里），距綿陽市區42公里，距省會成都160公里，是中國唯一一個羌族自治縣。2016年總人口24萬人（其中羌族8.5萬人，佔全縣總人口的36%，佔全國羌族人口近三分之一）。2016年，實現地區生產總值43.89億元。

在脫貧攻堅實踐中，北川縣着力提高項目精準度，完善縣級領導聯繫重點項目機制和重點項目考核辦法，明確任務書、時間表、路線圖和責任人，實行縣級領導定期會商制度，研究解決項目推進存在的困難和問題，梳理、包裝清溪谷漂流等投資500萬元以上的項目113個，加快推進產業發展、村組道路、農田水利等62個在建扶貧項目。

同時，北川縣政府因地制宜、大力增收，整合地方債券轉貸資金、產業發展基金等5000萬元，推廣股權量化、託管經營等創新模式，大力發展林下土雞、花魔芋等特色產業，打造36個鄉村旅遊扶貧重點村，安排專項資金1000萬元為貧困群眾提供1380個公益性崗位，開展貧困人口技能培訓1500人次，勞務輸出1200人。

資料來源：北川羌族自治縣人民政府網站，http://www.beichuan.gov.cn

在北川縣脫貧攻堅的實踐中，強調了「政府主導扶貧、企業幫助扶貧」的扶貧模式。政府大力推行「工作到村、幫扶到戶」的結對幫扶制度，幫扶工作用腦用情，尊重貧困戶意願，聽取貧困戶呼聲，有針對性地制定脫貧計劃；企業積極吸納民營企業參與精準扶貧，在對貧困戶進行物質慰問、精神鼓勵的同時，幫助貧困群眾建立脫貧長效機制，為貧困群眾提供培訓、就業等終身受益的幫助，搭建民營企業參與扶貧開發服務平台，推動社會扶貧資源供給與扶貧需求有效對接，實現社會扶貧與精準扶貧有效結合。政府和企業的聯動大大提高了扶貧的精準性。

同時，北川縣也通過整合項目資金、加快項目實施、強化項目監管等途徑着力破解資金投入分散、項目實施緩慢、針對性不強等問題，從而落實精準定位的要求。

二、促進轉移就業

可以搭建多種轉移就業平台，促進貧困勞動力尤其是農村貧困勞動力最大可能地轉移就業。同時，增強保障力度，應提供就業援助托底安置，按照總量可控的原則，開發多樣性的公益崗位對通過市場無法解決就業問題的人員進行托底安置，並給予經濟補貼，解決貧困勞動力人口的增收問題。轉移就業是扶貧的重要方式之一，努力消除零轉移就業家庭是最終目標，政府部門應當保障每戶至少有一人就業，確保有就業意願的貧困人口可以找到工作。針對接受轉移就業人員的企業，政府也當給予一些政策優惠，積極鼓勵企業吸納貧困人口，促進貧困人口轉移就業和就近就業，並為跨地區就業的轉移就業人員提供交通補貼。

三、積極鼓勵創新創業

在精準就業過程中，方案方法應首要考慮當地優質資源的有效利用，如鄉村特色旅遊、高山種植、農業養殖等創新創業項目，對有能力且有意願創業的貧困人口提供支持，如資金貸款、政策優惠，並為他們提供全方位的指導。

當地政府應當重點探索並建立貧困戶的收益機制，重視造血式扶貧。中國的金融服務尤其是針對貧困農戶的金融服務極端匱乏，長期以來，資金投入不足導致貧困地區發展動力不足，生產水平停滯不前。根據世界銀行的觀點，小額信貸可以成為緩解貧困的一個有效手段，其基本思路是通過為貧困農戶提供有效的資金來源，彌補他們資金投入的不足，使貧困地區和貧困農戶獲得更多的發展機遇[1]。因此，地方政府不僅要採取綜合性扶持措施，更要具備長遠眼光，避免扶貧對象返貧。如重視農村金融機構發展，開放精準有效的資金融通渠道，為農村創業不斷輸血。

同時還要降低創業成本和風險，鼓勵扶貧對象積極加入創新創業，如對創業貧困人口給予創業擔保貸款，對積極吸納貧困人口的企業實行優惠政策，積極落實好公益性崗位，進行交通補貼、社保補貼、崗位補貼等經濟補貼。

四、智志雙扶、精神扶貧

在幫扶過程中，不具備就業意願的貧困人口也應當進行精神幫扶，開展就業動員大會，大力實施職業培訓，結合當地的產業發展規劃，對貧困人員實施分類培訓，不斷提高貧困人員的就業能力和農業實用技術水平。入戶幫扶，積極鼓勵貧困人口就業意願，幫助其轉變就業觀念，樹立正確的就業觀，激發內生動力，調動勞動就業積極性。

案例：以重慶市石柱土家族自治縣為例

石柱土家族自治縣（簡稱石柱縣）位於長江上游地區、重慶東部，長江南岸、三峽庫區腹心。截至 2015 年 10 月 10 日，石柱縣面積 3012 平方公里，轄 3 個街道、16 個鎮、14 個鄉，戶籍總人口 547 871 人，常住人口 39.91 萬人。以土家族為主，另有漢族、苗族、獨龍族等民族，共 29 個民族，是集少數民族自治縣、三峽庫區淹沒縣、國家扶貧工作重點縣於一體的特殊縣份。

石柱縣就業扶貧卓有成效：全縣 62 118 位貧困人口中，貧困勞動力

1　林萬龍、楊叢叢：貧困農戶能有效利用扶貧型小額信貸服務嗎？——對四川省儀隴縣貧困村互助資金試點的案例分析 [J]. 中國農村經濟，2012（2）：35-45。

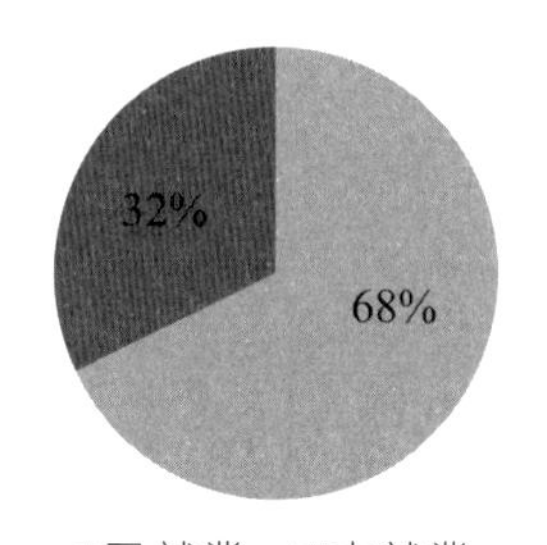

圖 11-1 全縣貧困勞動力就業比重

33 955 人，已就業 22 952 人，佔比 68%；未就業 11 003 人，佔比 32%（圖 11-1）。未就業貧困人口中有就業意願的 1741 人，佔比 15.8%。

從就業技能培訓完成情況來看，全縣符合培訓條件的貧困群眾 42 378 人中，至少參加 1 次技能培訓的有 21 299 人（佔比 50.26%），未參加培訓的貧困人群中 8376 人有培訓意願（佔比 39.74%）。從「零轉移」就業家庭來看，381 戶家庭中有就業意願的 565 名貧困勞動力中，507 人通過就業幫扶實現就業，每戶至少 1 人。

同時，就業技能培訓也因地制宜、因人而異。在全面掌握不同貧困人口家庭背景、受教育程度、年齡的基礎上，結合各地區的不同風土人情及自然風景，制定不同的發展戰略。重慶石柱縣鄉村旅遊類培訓中，以大黃水旅遊區為代表，縣城近郊貧困群眾為主要培訓人員。在農業技能培訓中，高山區域開展烤煙、高山果蔬等特色種植技能培訓，低山區域開展瓜果蔬菜、家禽養殖培訓。在農業培訓方面，石柱縣也有所創新，充分結合培訓群眾的意願與知識背景，突出特色工種，如辣椒標準化生產技術、黃連標準化生產技術。此外，針對無就業意願的貧困勞動力人群開展「精神補鈣」，也稱為「智志雙扶」，通過培訓的貧困勞動力將獲得結業證書。

在全縣涉農財政整合資金中，專設就業扶貧專項資金，四年累計投入 1853.46 萬元，完成 58 439 位農村貧困人員扶志扶智自主培訓。扶貧資金方面，也明確對吸納貧困勞動力的企業，按照一般貧困勞動力 2500 元每人每年、重點貧困人口 3000 元每人每年的標準進行扶持。針對選擇自主創業的貧困人口，石柱縣政府給予 5000 元的一次性補助。

資料來源：重慶市石柱縣人民政府官網，中國石柱網，http://www.zgsz.gov.cn/Class/node_2765.htm

石柱縣以縣為中心的扶貧是對扶貧工作的新嘗試，強調了對扶貧對象的就業幫扶，針對不同的貧困狀態與個體的能力強弱，在精準脫貧過程中揚長避短；實施積極的就業創業政策，積極鼓勵創新創業；推廣職業技能培訓，結合當地的產業發展規劃，對貧困人員實施分類培訓，不斷提高貧困人員的就業能力和農業實用技術水平；對創業貧困人口給予創業擔保貸款，對積極吸納貧困人口的企業實行優惠政策，積極落實好公益性崗位，以及交通補貼、社保補貼、崗位補貼等經濟補貼。

但另一方面，石柱縣的扶貧工作中仍然存在一些挑戰：外地轉移就業困難，雖然政府部門收集了很多外地就業的崗位信息，並出台了相應的優惠政策，但許多貧困人員仍然更傾向於就近就業，外出務工人員更傾向於去發達地區如珠三角或長三角地區就業，很少願意去其他地區；創業缺乏規劃性，急需脫貧的貧困人口盲目創業，缺乏長遠計劃，創業成功率較低；融資困難，由於貧困人口的財產較少，缺乏可抵押貸款的房屋或擔保人，難以實現創業融資，這給有積極就業意願的貧困人口帶來了很大阻礙；未就業人群「眼高手低」，貧困人口在就業市場上由於自身能力欠缺，競爭力較低，但是急於脫貧脫困，會造成「眼高手低」的現象。

五、動態管理社保信息

有關貧困的論述中，傳統貧困被表達為收入貧困。然而，肇始於社會劇烈轉型、經濟中高速增長、貧富分化加深等一連串新常態的結構性積弊，貧困認知視角趨於全景化，囊括收入、生存必需品、衛生健康、教育住房等顯性物象及平等參與、人格尊嚴、社會排斥、發展機會等隱性質象，伴生出一種普適性的貧困類型即「支出型貧困」。收入型貧困讓位於支出型貧困，因此需及時調整現行貧困標準，對於扶貧對象信息也就必須持守一種動態管理的治貧理念。[1]

針對貧困人口的醫療保險和養老保險實施動態管理，建立信息共享機制，定期進行信息交互，確保系統內個人信息的一致。根據扶貧反饋的信息及時更新，實施動態管理，定期督查，有利於提高工作效率，提高針對性。

案例：以雲南省隴川縣為例

隴川縣是德宏州唯一的國家級扶貧開發工作縣，全縣有 4 個貧困鄉鎮、26 個貧困村、46 個貧困村民小組。檢查資料顯示，2016 年隴川縣有建檔立卡貧困戶 5562 戶 21 729 人，貧困發生率為 13.60%；截至 2017 年 6 月，全縣有建檔立卡戶 4404 戶 16 955 人，貧困發生率為 11.17%。

隴川縣委、縣政府將精準扶貧工作視為改善邊境地區各民族群眾生產生活條件、提高各民族群眾生活水平的契機，廣泛動員和組織幹部群眾深入扶貧對象動態調整工作。通過村組開展貧情分析（以村小組為單位）、實地調查、信息數據複核、與縣指揮部舉證分析等工作，並根據抽樣調查結果進行分析和相關數據計算。隴川縣在此次考評中的 6 個單項指標值評估結果分別如下。

（1）錯評率：本次抽樣入戶調查建檔立卡戶 16 戶、返貧戶 16 戶、新納入戶 32 戶，共計 64 戶，錯評 0 戶，錯評率為 0；（2）漏評率：本次抽樣入戶調查一般戶 32 戶，漏評 0 戶，漏評率為 0；（3）錯退率：本次抽樣入戶調查 2014—2016 年脫貧戶 17 戶、剔除戶 17 戶，共計 34 戶，錯退 0 戶，錯退

1 王琳瑛、左停、李蔚等：動態管理：貧困轉型和貧困識別的現實反思與展望 [J]. 江蘇農業科學，2018，46（17）：340-345。

率為 0；（4）兩錯一漏率：測算為 0；（5）重點幫扶戶達標率：本次抽樣入戶調查 2017 年預脫貧戶 33 戶，全部可以本年度實現脫貧，預脫貧達標率為 100%；（6）因村因戶幫扶滿意度：本次入戶調查 163 戶，有效問卷 163 份，調查人口 711 人，群眾對政府扶貧措施和效果滿意度為 100%、對駐村工作隊滿意度 100%、對幫扶責任人滿意度 100%，因村因戶幫扶滿意度 100%。群眾綜合滿意度為 98.17%（表 11-1）。

表 11-1　建檔立卡戶考評指標

<table>
<tr><th>評估指標</th><th colspan="2">錯評率</th><th>漏評率</th><th colspan="2">錯退率</th><th>兩錯一漏率</th><th>重點幫扶戶達標率</th><th colspan="2">因村因戶幫扶滿意度</th></tr>
<tr><td rowspan="3">明細</td><td>建檔立卡戶</td><td>16 戶</td><td>——</td><td rowspan="2">脫貧戶</td><td rowspan="2">17 戶</td><td>——</td><td>——</td><td rowspan="2">入戶調查</td><td rowspan="2">163 戶</td></tr>
<tr><td>返貧戶</td><td>16 戶</td><td>——</td><td>——</td><td>——</td></tr>
<tr><td>新納入戶</td><td>32 戶</td><td>——</td><td>剔除戶</td><td>17 戶</td><td>——</td><td>——</td><td>有效問卷</td><td>163 份</td></tr>
<tr><td>合計</td><td colspan="2">64 戶</td><td>32 戶</td><td colspan="2">34 戶</td><td>——</td><td>33 戶</td><td colspan="2">711 人</td></tr>
<tr><td>評估結果</td><td colspan="2">0</td><td>0</td><td colspan="2">0</td><td>0</td><td>100%</td><td colspan="2">98.17%</td></tr>
</table>

綜合以上 6 項指標值，隴川縣此次貧困對象動態管理工作未發現錯評、漏評和錯退情況，考核結果評定為合格。

資料來源：張麗斌：隴川縣貧困對象動態管理工作質量考評調查報告 [J]. 經貿實踐，2018（11）：295，297

為進一步強化責任落實，提高扶貧開發質量和效益，隴川縣開展了本次動態管理工作調查活動。全縣各級、各部門強化責任擔當，做實做細工作，對建檔立卡貧困人口進行了再識別、再精準；實事求是，嚴格「兩不愁、三保障」這一標準，嚴格程序、壓實責任，切實解決了漏評、錯評和錯退的問題。

然而，在開展本次貧困對象動態管理工作過程中發現存在一些問題：農戶信息檔案管理的「動態性」體現不夠，各級尤其是縣與鄉之間無論是紙質材料還是電子數據，都還存在「上粗下細」的不足，即縣裏的部分有關數據材料較為籠統，不如鄉鎮細緻，鄉鎮掌握的農戶信息和數據不如村委會詳細等；農戶台賬數據「動態性」更新緩慢，實施貧困對象動態管理的根本基礎就是要精確掌握農村常住人口基本情況，做到各戶檔案台賬齊備，並且確保相關數據實時更新；數據信息採集精準度不夠，在開展實地調查、數據信息採集過程中發現，部分貧困家庭在報實際收入與明白卡明細有所出入，導致在計算家庭人均收入時有誤差，甚至影響評定結果；錄入系統工作存在進度與準確度困難。

六、跟蹤服務不可忽視

扶貧應當堅持結果導向，充分發揮政策力量，最大限度地調動市場力量，確保有就業意願的受訓人員經過培訓後可以實現就業，促進穩定就業、增收致富。對此，政府應當大力扶持企業增加崗位，吸納貧困勞動力。重視招聘會的召開，也針對就業困難、勞動力低下的群體提供公益性崗位，進行就業托底安置。為提高脫貧攻堅工作效率，可以成立自查小組和核查小組，並對各小組的工作範圍進行劃分，全覆蓋自查，填寫脫貧工作進展報告表。及時更新各貧困戶經濟狀況，動態劃分貧困戶與臨界戶。

七、在農村推行「三變」改革

推行「三變」改革，通過「資源變資產、資金變股金、農民變股東」的「三變模式」極大地增強農村集體經濟實力，拓寬農民增收致富渠道。讓公司帶動農村、農民、土地的有效發展，變成以鄉下的產業為主，第二產業和第三產業為產業鏈，開展鄉下產業的市場，從而深度調整產業結構，推進產業轉型，因地制宜發展特色農業，轉變傳統的農業結構，適應市場經濟需求。

案例：以貴州省六盤水市為例

六盤水，貴州省下轄市，位於貴州西部烏蒙山區。地處滇、黔兩省結合部，長江、珠江上游分水嶺，南盤江、北盤江流域兩岸。截至 2016 年年末，全市國土面積 9965 平方公里，轄 2 個區、1 個縣級市、1 個縣，常住人口 290.7 萬。六盤水市根據國家易地扶貧的相關政策，結合區域經濟社會發展特點，緊緊圍繞和全國同步建成小康社會的目標，探索開展了農村「三變」改革。

1. 資源變資產：激活資源要素紅利

為了全面盤活村級集體資源、資產和資金，六盤水市黨委政府在堅持「農民土地集體所有性質不改變、耕地紅線不突破、農民權益不受損」的前提下，加強對區域資源的統籌配置、區域發展的統籌領導，採取土地、資金入股的方式，集中投入企業、合作社等，讓農戶成為股東，建立企業與農民的利益協調機制。

鍾山區大河鎮將轄區內兩個村的黨組織和村委會進行整合，組建聯村合作社，與六盤水市的上市公司進行合作。聯村合作社與該公司協商，村集體以荒山 139.6 畝折價 490 萬元入股，每畝每年保底分紅 1300 元；村集體出資 200 萬元、村民籌資 310 萬元，共計 510 萬元，購入公司證券，公司股份以每年不低於 15% 的利潤保底分紅給村集體和村民，僅此項每年可分紅 76.5 萬元。

精準扶貧中，此類「村企聯建」的模式較好形成了村企協作一體化發展新格局，盤活了集體資源，壯大了集體經濟。

2. 資金變股金：分散資金集聚增值

精準扶貧離不開資金的大量投入，資金以少聚多實現增效增收，是開展易地扶貧工作的關鍵。資金變股金，就是把分散的資金整合起來，變成一種可以量化到以村組為單位的集體資金，涉及利益分配的重新調整，既是難點，也是重點。

鍾山區藉助六盤水市農村商業銀行增資擴股的計劃，以鍾山區惠農農業發展有限公司等作為發起人，投入財政結轉扶貧項目資金約 750 萬元，為農村「無業可扶、無力脫貧」的「兩無」貧困人員和城市中的貧困人員購買原始股份 440 萬股。按 15% 的收益計算，鍾山區這 440 萬股每年將產生收益 110 萬元以上，其中農村「兩無」貧困人員每年人均可分紅約 3000 元，城市貧困居民每年人均可分紅約 900 元。這種金融扶貧模式，突破了過去扶貧資金「撒胡椒麵」的使用模式，把貧困戶分散的項目補助款「變」為股金集中入股農村商業銀行，實現了資金向金融資本的轉變，最大限度地實現了資金的保值增值。

3. 農民變股民：意識身份轉變促發展

農民變股民，不僅僅在於身份的變化，更重要的是農民思想意識和思維方式的轉變，突出表現為從耕種土地的小農意識轉變為參與商品經濟的市場競爭意識。

盤州淤泥鄉岩博村以「以債轉股、村民持股，市場運作、保本付息、村企合一、共同富裕」模式，籌集資金 7000 萬餘元成立生態農業公司，企業與村民參股分紅，保本付息。公司興辦了特色養殖、火腿加工廠、休閒山莊等村辦企業，村民以土地、現金入股到公司後既是生產者、勞動者，又是企業所有者、管理者。農民變股民，客觀上轉變了農民長期從事土地耕種的簡單就業結構，引導農民以勞動力入股，增強了農民改革的意識，助推了「三變」改革進程。

資料來源：黄海偌：貴州省易地扶貧搬遷實踐的調查與思考——以六盤水市「三變」改革為例 [J]. 經濟研究導刊，2018（14）：21-22

貴州省六盤水市通過將農村集體資源性資產和經營性資產作價入股，將財政投入農村的生產發展類和扶持類資金，在不改變使用性質和用途的前提下量化為村集體經濟組織或農民的股金，將農民的承包土地經營權、住房財產權以及資金、實物、技術、勞動力等生產要素入股農業產業化龍頭企業、農村合作社等新型農業經營主體，促進農業增效、農民增收、農村繁榮，走出了一條山區農村經濟社會發展的精準扶貧新道路。

由於目前農村實行家庭聯產承包到戶，土地資源、水利資源等被分散到各村各戶，這種模式已經不適應現代農業的發展需求，「三變改革」有利於將這些分散的資源聚集起來，走規模化、組織化和市場化的發展道路。在此基礎上，動員農村移民，在自願前提下，把土地、資金和技術參股到經營主體當中，既參與、又監督，這就是「三變」改革的基本思路。但不可避免的是，「三變」改革在易地扶貧中依然存在隱性風險和問題。

一是虧損風險。農業尚未完全擺脫靠天吃飯的情況，依然面臨自然和市場雙重風險。村集體和農民作為參與市場競爭的生產經營實體，市場風險如影隨形，村集體和農民入股的相關資產權益介入市場的程度越深，資產虧損的風險也必然越大。

二是權益保障風險。農民維護自身合法權益的能力普遍偏低，而且維護權益的途徑和方式也較為簡單，由於專業技能和專業知識的局限，在資產運營中，生產經營的知情權、參與決策權等難以保障。

三是發展特色產業與市場需求的風險。「公司 + 農戶」的模式的確為村民解決了與市場脫節的矛盾，但是在六盤水市各縣（區）的實踐中，「一村一品」的特色產業在山地特色經濟中的規模效益尚未充分體現。

第三節　問題

在經濟增長對扶貧的自動拉動作用減弱的大背景之下，如何通過一系列的干預制度和方法設計，在較短時期內實現貧困人口較大規模的減少，是迄今為止國際反貧困理論和實踐中尚未解決的問題。其主要原因有以下幾點：一是在資本主義市場經濟條件下，貧困的減少，取決於經濟增長的方式和性質，以及窮人利用經濟增長所創造出來的機會的能力；二是一旦市場經濟創造的機會減少或消失，貧困減少只能通過福利制度等再分配制度和政策的作用來實現。然而，通過再分配制度和政策減貧，第一，容易形成受益者的福利依賴；第二，除了消費的作用以外不能產生積極的經濟影響；第三，用於再分配的資金如果規模過大，支持再分配解決貧困的方案則很難被社會接受，因此短期內難以依靠再分配方式解決大規模貧困人口的脫貧。

到 2020 年完成所有 585 個貧困縣退出，貧困縣工作任重而道遠。從國家確定的貧困縣退出標準來看，貧困縣退出實際上要求在扶貧對象識別、扶貧項目和計劃安排、幫扶安排和實施等環節都不能出現超出容忍度的差錯，退出的條件非常嚴格。即使在所有環節都不出現超出容忍度的差錯，想要使扶貧對象中存在不願脫貧思想的人在受訪時不違心作出逆向選擇，也難以管控。除了達到貧困縣退出的貧困發生率水平存在的現實困難以外，完成所有貧困縣退出的程序似乎也是一個不輕鬆的任務。首先，是如何減輕貧困縣扶貧開發領導小組對申請退出的畏難情緒和緊張心理，使貧困縣退出能夠有序穩步推進，而不致將太多的縣留到最後一年退出。據了解，2017 年最初準備申請退出的縣中最終正式申請 2016 年退出的只有 1/3，不少貧困縣擔心一旦申請退出，在評估考核時通不過會被動，因此多選擇保守的策略，將申請退出的時間往後推延。這種謹慎負責任的做法無可厚非，但是太多的貧困縣達到退出條件後仍選擇等待，會出現最後兩年貧困縣紮堆退出的情況，加大退出審核評估的工作難度。

其次，為了提高退出評估審核的成功率，不少貧困縣選擇在提交退出申請前邀請第三方機構，主要是潛在的可能參加國家第三方評估的高校和研究機構，參照國家貧困縣退出的指標、程序和方法先進行一次預評估，以期發現問題，力爭申請一次通過。但是這種做法會導致過度評估，不僅浪費了資源，也容易增加扶貧對象對評估訪談的抵觸情緒，最後損害退出評估的質量。

雖然經過兩年的試驗和摸索，第三方評估已經總結出了一些比較成熟的抽樣、訪談和質量控制的經驗，但是主要由大學生（或研究生）組成的訪談成員面臨時間短、環境不熟甚至語言不通等方方面面的約束，且評估需求在今後幾年井噴式增長，各地隨着對第三方評估方法和程序了解的增加，其應對能力也會增強。

最後，脫貧攻堅過程中應當謹防疲勞綜合徵和假脫貧道德風險。自2013 年底開始啟動精準扶貧、2015 年底正式開始打響脫貧攻堅戰，按計劃到 2020 年底結束，脫貧攻堅行動時間跨度長、工作任務重、社會壓力大，對於各級黨政領導、專業扶貧部門、幫扶部門的廣大工作人員和扶貧對象來說，都是一場持久戰。長期高負荷、高壓下工作，其間部分人就會出現扶貧工作疲勞綜合徵，在精神和身體上產生厭倦、抵觸、逃避進而敷衍的狀態，將影響到脫貧攻堅的質量和任務完成的效率。另外，隨着越來越多的縣級地區進入脫貧考核驗收期，難免會有少數地區會根據觀察和了解到的考核驗收制度和方法中存在的漏洞，找出應對的辦法，敷衍通過考核驗收，導致出現假脫貧。對於脫貧攻堅過程中可能出現的疲勞綜合徵和道德風險，需要未雨綢繆，探索和總結出應對扶貧工作疲勞綜合徵和道德風險的有效政策和方法，以保證實現預期的脫真貧、真脫貧。

第四節　對策

一、穩脫貧，建立增收渠道

貧困縣「摘帽」以後仍然有一定比例的貧困人口，還要繼續扶持，財政支持政策、脫貧攻堅的責任、考核辦法、約束機制、貧困縣領導班子的穩定等政策，原則上保持不變，尤其是工作隊的隊員及幫扶責任人都不可以立馬調換，需要繼續穩定一段時間，使其把職責之內的工作繼續做完。

幫扶政策不僅在貧困縣「摘帽」以後不可以變，而且貧困戶脫貧以後也要繼續支持一段時間，保證能夠做到穩定脫貧，建立起通過自己的勞動穩定增收的一些渠道和辦法。這樣才能不僅脫貧摘帽，更能真正意義上地提高貧困人口的生活水平，真正地為他們謀福祉。

二、加強和改善生態扶貧

深刻領會和認真落實習近平關於脫貧攻堅的重要指示精神，堅決執行中共中央、國務院的決策部署，牢固樹立和踐行綠水青山就是金山銀山的理念，把精準扶貧、精準脫貧作為基本方略，堅持扶貧開發與生態保護並重，採取超常規舉措，通過實施重大生態工程建設、加大生態補償力度、大力發展生態產業、創新生態扶貧方式等，切實加大對貧困地區、貧困人口的支持力度，推動貧困地區扶貧開發與生態保護相協調、脫貧致富與可持續發展相促進，使貧困人口從生態保護與修復中得到更多實惠，實現脫貧攻堅與生態文明建設「雙贏」。

預計到 2020 年，貧困人口通過參與生態保護、生態修復工程建設和發展生態產業，收入水平明顯提升，生產生活條件明顯改善。貧困地區生態環境有效改善，生態產品供給能力增強，生態保護補償水平與經濟社會發展狀況相適應，可持續發展能力進一步提升。對此，提出以下幾點具體建議。

一是完善生態補償政策和標準，增加受影響貧困人群的收入。根據具體扶貧縣的自然環境，因地制宜調整生態補償範圍，適度調高生態公益林、風景名勝區的補償，取消部分耕地面積補償，統籌資金。有關生態補償資金的分配和使用，按照責、權、利相統一的原則，每年由地方負責統籌安排。補償資金用於維護生態環境、發展生態經濟、補償集體經濟組織成員等。生態補償資金的使用方案需報上級批准，或通過會議討論後實施，使用方案和使用結果應當公開公示。

二是確定保護性利用的邊界和形式，提高扶貧對象的受益水平。國際上的通用做法是，對包括生態保護區在內的重要生態功能區和生態脆弱區進行保護性利用。對這些區域在嚴格和合理保護的前提下，適當開展科學考察、觀光旅遊和生態產品的生產與採集，既可以增加區域內居民的收入，也有利於生態系統的研究和保護。該建議的前提是保護該縣的生態環境、合理利用自然地理優勢，是以不影響生態系統的穩定和質量為先決條件的，需要在政策和管理上確定保護性利用的邊界和可能的形式、強度。同時，要採取諸如資產收益扶貧、徵收生態保護費等形式，提高在保護性利用中扶貧對象的受益水平。

三是探索通過以工代賑形式開展生態扶貧。扶貧縣有生態脆弱區的，需要通過加強生態工程建設和生態保護來改善其生態穩定性和生態系統質量。中國在多年的實踐和探索中已找到了多種適合不同環境條件的生態脆弱區生態工程治理和建設的有效辦法，如水土保持、小流域治理、沙漠治理、生態防護林建設等。為了保障當地生態安全和改善環境，扶貧小組需要在生態工程建設方面採取積極、有效的干預行動。尤其是近十年來中國的單位生態工程建設投資不斷增加，但是投資所增加的就業卻在減少，一方面是機械化程度增加，另一方面也展現出中國在生態脆弱區或生態工程建設區仍有未充分就業勞動力的現狀，因此生態工程建設創造就業機會是不可忽視的。在保證生態工程建設質量的前提下，探索通過以工代賑開展生態扶貧的有效實現形式，使生態工程建設惠及受影響區域內的人口，增加生態工程建設投資的就業拉動作用，應該成為中國生態工程建設和保護的一項基本政策。

四是發揮政府和市場合作的作用，加強生態扶貧。生態環境保護和生態治理不可僅僅依靠政府的投入和支持，更需要巨大的資金投入和科學管理，以及不斷的技術創新，否則會限制生態治理的規模、速度和質量。

各地政府在制定縣級精準扶貧政策時需要堅持大力鼓勵和支持市場及社會力量參與生態保護和治理的原則，並完善和細化政府與市場合作開展生態保護與治理的政策，探索包括公私合作模式（PPP）在內的多種政府與市場和社會力量合作開展生態保護與治理的方式，加快地方的生態保護和治理，並使生態保護和治理惠及當地居民，實現生態環境保護、參與企業發展和受影響農戶福祉提高的「多贏」。

三、加大開發式扶貧的力度，提高扶貧政策的幫扶作用

繼續加大產業扶貧、旅遊扶貧等開發式扶貧的力度，增強貧困群眾自身脫貧能力和脫貧願望，防止扶貧造成群眾惰性滋生的情況發生。根據不同縣區的實際情況，扶貧小組應當制定不同的開發式扶貧政策。對農業資源豐富的縣，可以依據地勢制定特色農業發展政策，扶植農村產業發展。對風景美麗的縣，可以開發其旅遊資源，將農業與休閒觀光的旅遊業結合在一起，實施開發式扶貧。

同時，地方政府部門應加強對金融扶貧政策的宣傳，使貧困戶及時知道金融扶貧的相關內容，建設貧困區金融支付體系，提升金融服務功能，鼓勵更多貧困戶參與金融扶貧。拓寬就業渠道，集中就業信息，為貧困戶提供準確、及時的就業信息和崗位培訓，加強勞動力市場建設，完善就業服務體系，幫助農村貧困人口就業，促進農村貧困人口增收。

扶貧小組須及時調查了解當前市場緊缺職業，並與貧困戶的就業意願相結合，開設多種技能培訓班，增加貧困人員的選擇空間，激發農民參加技能培訓的積極性。對已開展技能培訓地區，應當根據實際需要加大培訓力度，增加技能培訓的項目，幫助中青年貧困人口掌握一門技術，提高就業競爭力。深入了解農民的時間安排，結合貧困人口從事農業活動的實際情況，科學制訂培訓計劃，合理安排培訓內容和時間。

四、分類施策，強化扶貧政策的針對性

要持續加大扶貧投入，儘量滿足貧困農戶需求，緩解供需矛盾；要根據農戶自身的條件和所在地區的特點開展對應的扶貧項目，對扶貧項目的選擇應該更加靈活和更具合理性，從而使扶貧資源得到更好的配置；在政策的實施過程中，要根據貧困戶的貧困原因進行有針對性的幫扶。對於有勞動能力的貧困戶可採取技能培訓、安排就業、鼓勵創業等措施提高其自身的收入能力；而對於無勞動能力的貧困戶，採取改善基礎設施、現金幫扶、土地入股等幫扶方式改善他們的生活狀況。對於自然條件較為惡劣的落後地區，應該分批將貧困人口搬遷到自然條件較好的地方，政策制定者要根據貧困戶的家庭特徵和個人特徵，針對不同搬遷類型、年份的移民戶，合理地配置社會資源。同時要重視對中青年貧困人口人力資源的開發，加大對中青年貧困人口的幫扶力度。中青年貧困群體是開發式扶貧的重要參與者，對扶貧政策的滿意度會影響開發式扶貧效果，儘快地提高中青年貧困群體自身的反貧困能力，才能從整體上提升貧困群體的滿意度。

五、科學監督、考核、評估

保證評估的質量與可信性，是科學評估手段的一大挑戰。科學的評估能夠進一步促進扶貧政策落實，促使脫貧攻堅工作方向更加明確，縣域脫貧攻堅工作推動更加有力。

首先，部分地區採用第三方評估，這是評估脫貧的一種高效方式，在脫貧攻堅工作中引入第三方機構來進行評估，是扶貧工作考核體系的一大創新，是檢驗脫貧實效的重要手段，可以更加客觀公正地反映基層脫貧工作實際。第三方評估標準的選擇至關重要，這需依託於第三方機構，標準應當注重實際脫貧成效，簡潔、科學、合理。

其次，對脫貧的考核與評估，必須根據脫貧攻堅的目標和任務，完善

監督與考評的內容。以結果為導向進行脫貧攻堅的監督、考核、評估，是中國目前監督、考評制度設計的基本思路和原則，這也符合國際上主流的監測評估做法。以結果為導向設計監督、考評內容和指標，可以更好地聚焦脫貧攻堅的目標和任務，提高監督、考評的有用性和有效性。從近兩年脫貧攻堅監督、考評的實踐來看，各項考核之間的分工尚不夠明確，部分重要考核內容被輕視，考核內容沒有充分考慮重點、難點區域和領域脫貧攻堅的特點和需要。所以，我們根據上述問題提出以下幾點建議。

第一，進一步明確脫貧攻堅監督、考核和評估之間的職責分工。監督、考核和評估各自承擔不同的職能，需要建立明確的職責分工。目前在有些地區、某些環節不同程度存在脫貧攻堅監督、考核和評估內容重疊和工作交叉的情況，一方面，增加了基層扶貧工作者準備和陪同監督檢查、考核評估的時間和精力，分散了地方扶貧工作的注意力；另一方面，來自不同機構、不同層級的監督檢查和考核過多，過於頻繁，也容易使基層扶貧工作者將工作重心上移來應付檢查、考核，而不是紮紮實實沉下去搞精準扶貧。要進一步明確脫貧攻堅監督、考核和評估的職責分工，減少重複交叉的內容和形式，增強監督、考核和評估的嚴肅性與有效性；努力推進脫貧攻堅中監督、考評數據共享，避免重複調查取據。

第二，要重視貧困地區基本公共服務改善的監督和考核。到 2020 年實現貧困地區基本公共服務主要領域指標接近全國平均水平，是《中國農村扶貧開發綱要（2011—2020 年）》確定的中國扶貧開發總體目標之一，也是《中共中央國務院關於打贏脫貧攻堅戰的決定》和《「十三五」脫貧攻堅規劃》中重申和堅持的脫貧攻堅目標。然而，在最後確定的考核評估制度中，在財政專項資金績效考核、省級黨委和政府扶貧開發成效考核中，都沒有列入基本公共服務均等化的考核內容，僅僅在貧困村退出時作為統籌考慮的指標被列上。雖然全國多數貧困村的基礎設施和公共服務設施已接近全國農村平均水平，但是也要看到還有部分深度貧困地區基礎設施和公共服務還存在不小的缺口，而且這些地區基礎設施和公共服務改善的難度很大，沒有相應的監督和考核去督促，如期實現基本公共服務主要領域指標接近全國平均水平的目標可能會難以完成。

第三，要進一步體現深度貧困地區脫貧攻堅監督、考評的特點和作用。如在總報告中所討論的，深度貧困地區的脫貧攻堅受多方面因素交織影響，如果不同步關注基礎設施和公共服務與扶貧對象「兩不愁、三保障」，不僅基本公共服務主要指標接近全國平均水平的目標難以完成，還會影響貧困發生率這個最主要指標的完成。中共中央辦公廳、國務院辦公廳 2017 年發佈的《關於支持深度貧困地區脫貧攻堅的實施意見》指出，在時間很短的條件下，完成深度貧困地區脫貧攻堅任務，需要加強深度貧困地區脫貧攻堅的監督、考核。除了要在省級黨委、政府扶貧開發成效考核，東西部扶貧協作考核，以及財政扶貧資金績效考核中將深度貧困地區脫貧攻堅的成效單獨列出考核之外，還需要同時關注結果考核和過程考核。

考核評估過程中應當完善考核評估制度，提高考核評估結果的可信度和公正客觀性。中央也一再要求貧困退出結果要經得起歷史和時間的檢驗。而保證考核評估可信的前提是建立並有效實施科學、公正、公開的考核制度、標準和方法。最近幾年，中國陸續建立了脫貧攻堅的考核評估制度，但是對考核評估標準、方法和數據來源的規定還比較籠統而且透明度不夠。應該在總結前幾年考核評估制度實施情況和問題的基礎上，進一步完善脫貧攻堅考核評估的制度、標準、方法，規定數據來源，尤其是要公開相關的考核評估標準、方法和數據獲取規定。

最後，也應當注意完善監督、考評結果應用政策。監督、考評的目的是改進精準扶貧、精準脫貧工作，促進脫貧攻堅目標和任務完成，因此監督、考評結果的應用尤為重要。目前中國脫貧攻堅的考核評估制度中都明確了結果應用的程序和辦法，並且通過通報表揚、資金獎勵和約談等形式得到了一定程度的體現。但是目前中國考核評估結果採取不公開的內部應用的方式，省級黨委、政府扶貧開發成效考核，財政扶貧資金績效考核等都只將結果在內部通報，這種處理方式在較大程度上限制了社會對考核評估結果的知情和監督。以資金獎勵的方式來體現考核結果應用的方法雖然與中國扶貧工作機制吻合，但本身也存在不合理性。這實際上使地方黨委、政府在扶貧上作為的好壞與區域內扶貧對象能分享的資金多寡聯繫起來，使扶貧開發成效考核結果不夠優秀地區的扶貧對象成為扶貧資金減少結果的承受者。尤其是考慮到部分地區脫貧攻堅難度比較小，資金獎勵的結果應用方式在某種程度上會拉大省區市間可從中央得到的資金的差距。相對來說，加重對扶貧開發成效考核結果排名靠後的省級黨委、政府領導的問責，可能比給排名靠前的省份資金獎勵更加有效和合理。

第五節　總結

以縣為中心的扶貧模式體現着中國扶貧政策的逐漸細化和瞄準。以縣為中心扶貧在「貧困縣全部摘帽，解決區域性整體貧困」的工作要求下，分級、分層次的扶貧工作為後來的精準扶貧和精準脫貧政策提供了重要的參考和經驗。

第一，需要對扶貧對象進行入戶核準家底，從而精準定位。在扶貧工作開展前期，應當每戶入戶考察核實，劃出每人具體負責的工作範圍，一一對應完成任務，以分片包乾形式劃分負責範圍。在各個負責範圍中，通過群眾評議、入戶調查、公告公示、抽查檢驗、信息錄入等完成建檔立卡工作；同時建立貧困戶的信息網絡系統，動態管理，實現扶貧對象有進有出、扶貧信息真實可靠。在核準家底、信息完備的基礎上，應針對扶貧對象具體情況選擇扶貧方式，做到因地制宜、揚長避短，精準扶貧措施和資源配置。

第二，促進貧困人口就業，消除導致貧困的因素，實現造血式扶貧、可持續扶貧。首先，通過搭建多種轉移就業平台，促進貧困勞動力尤其是農村貧困勞動力最大可能地轉移就業；同時對轉移就業人口增強保障力度，提供就業援助托底安置，並給予經濟補貼，解決貧困勞動力人口的增收問題。其次，積極鼓勵創新創業，首要考慮當地優質資源的有效利用，如鄉村特色旅遊、高山種植、農業養殖等創新創業項目，對有能力且有意願創業的貧困人口提供支持，如多種資金融通渠道、政策補貼和優惠，並為他們提供全方位的指導。最後，對於不具備就業意願的貧困人口也應當進行精神幫扶，開展就業動員大會，大力實施職業培訓，結合當地的產業發展規劃，對貧困人員實施分類培訓，不斷提高貧困人員的就業能力和農業實用技術水平；同時入戶幫扶，積極鼓勵貧困人口就業，幫助其轉變就業觀念，樹立正確的就業觀，激發內生動力，調動勞動就業積極性。

第三，動態管理貧困人口社保信息，強調跟蹤服務的重要性。針對貧困人口的醫療保險和養老保險實施動態管理，建立信息共享機制，定期進行信息交互，確保系統內個人的信息一致。同時當地政府可以成立自查小組和核查小組，並對各小組的工作範圍進行劃分，全覆蓋自查，填寫記錄脫貧工作進展報告表。及時更新各貧困戶經濟狀況，動態劃分貧困戶與臨界戶。

第四，推行「三變」改革。通過「資源變資產、資金變股金、農民變股東」的「三變模式」，極大地增強農村集體經濟實力，拓寬農民增收致富渠道。讓公司帶動農村、農民、土地的有效發展，變成以鄉下的產業為主，第二產業和第三產業為產業鏈，開展鄉下產業的市場，從而深度調整產業結構，推進產業轉型，因地制宜發展特色農業，轉變傳統的農業結構，以適應市場經濟需求。

然而，在以縣為中心的脫貧攻堅實踐中，仍然存在一定的問題和挑戰，扶貧工作任重而道遠。

首先，部分貧困縣扶貧開發領導小組對申請退出仍然懷有畏難情緒和緊張心理，對貧困縣退出的有序穩步推進不利。不少貧困縣擔心一旦申請退出，在評估考核時如果無法通過會處於被動地位，因此多選擇保守的策略，將申請退出的時間往後推延。這種謹慎負責任的做法無可厚非，但是太多的貧困縣達到退出條件後仍選擇等待，會出現最後兩年貧困縣紮堆退出的情況，加大退出審核評估的工作難度。

其次，為了提高退出評估審核的成功率，不少貧困縣選擇在提交退出申請前邀請第三方機構，主要是可能參加國家第三方評估的高校和研究機構，參照國家貧困縣退出的指標、程序和方法先進行一次預評估，以期發現問題，力爭申請一次通過。這種做法會導致過度評估，不僅浪費了資源，也容易增加扶貧對象對評估訪談的抵觸情緒，最後損害退出評估的質量。

最後，脱貧攻堅過程中仍然存在疲勞綜合徵和假脱貧道德風險。脱貧攻堅行動時間跨度長、工作任務重、社會壓力大，對於各級黨政領導、專業扶貧部門、幫扶部門的廣大工作人員和扶貧對象來說，都是一場持久戰。長期高負荷、高壓下工作，其間部分人就會出現扶貧工作疲勞綜合徵，在精神和身體上產生厭倦、抵觸、逃避進而敷衍的狀態，將影響到脱貧攻堅的質量和任務完成的效率。另外，隨着越來越多的縣級地區進入脱貧考核驗收期，難免會有少數地區根據觀察和了解到的考核驗收制度和方法中存在的漏洞，找出應對的辦法，敷衍通過考核驗收，導致出現假脱貧。

第十二章　整村推進扶貧

第一節　成就

隨着國家扶貧開發工作的開展，新世紀的扶貧工作由 1986 年到 1993 年主導的以項目為中心的大規模區域性扶貧開發，逐步轉向直接瞄準貧困人口的「到村到戶」扶貧模式，進入解決溫飽和鞏固溫飽成果的新階段。新的貧困形勢下，絕對貧困人口的分佈已經由區域性大面積分佈轉向小範圍相對集中於貧困村和偏遠地區，原有的扶貧模式存在瞄準困難、扶貧項目開發建設內容單一、貧困人口參與程度低、返貧率較高等特點。因此，早在《國家八七扶貧攻堅計劃》實施的後期，甘肅等地就探索出了一種能夠融合項目管理和「到村到戶」兩種方式優點的扶貧模式，即「參與式整村推進扶貧」模式。[1]

2001 年，國務院頒佈了《中國農村扶貧開發綱要（2001—2010 年）》，實施整村推進計劃成為這一時期扶貧開發的工作重點之一，與貧困地區勞動力轉移培訓和產業化扶貧共同構成這一階段的農村扶貧開發的基本干預框架。扶貧開發以縣為基本單位，以貧困村為基礎，廣泛動員群眾參與是 21 世紀扶貧模式進入新階段的體現，也是中共十八大以來提出的精準扶貧、精準脫貧工作方針的基礎。[2] 其間，國務院扶貧開發領導小組辦公室在 2008 年發佈文件，提出「三個確保」，進一步促進整村推進扶貧開

---

* 感謝宋丹寧為本章做出的貢獻。

1 楊軍：「整村推進」扶貧模式探析 [J]. 農村經濟，2007（4）：57-59。

2 汪三貴、曾小溪：從區域扶貧開發到精準扶貧 —— 改革開放 40 年中國扶貧政策的演進及脫貧攻堅的難點和對策 [J]. 農業經濟問題，2018（8）：40-50。

發工作在少數民族、內陸邊境和革命老區地區的開展。[1]

整村推進工作成效明顯。根據實際情況，國家對扶貧工作重點縣的範圍進行了調整，在 592 個國定重點貧困縣所轄貧困村以外，還劃定了非國定貧困縣的貧困村。根據實際情況和政策，國家分階段對整村推進扶貧工作進行調整和推進。2002 年全國確定了 15 萬個貧困村，佔行政村總數的 21%，到 2006 年年底，有 5.4 萬個貧困村實施完成了整村推進的扶貧開發計劃（表 12-1），並且推進速度也比 2001—2004 年平均快了 60%，資源整合效率和各部門支持力度也明顯增強，在 2006 年，全國用於整村推進的財政資金投入比例平均達到 50% 以上，比前三年的 30% 提高了近一倍。[2] 到 2010 年年底，全國已經有 12.6 萬個村實施了整村推進，佔總數的 84%；共投入中央和地方財政扶貧資金 789 億元，村均投入財政扶貧資金約 63 萬元。[3]

自 2000 年以來，國家設立了兩條農村貧困標準，一條為絕對貧困標準，另一條為低收入標準。從表 12-2 可以看出，無論是絕對貧困人群還是低收入人群，貧困人口數量都大幅下降。按照 2008 年確立的貧困標準，貧困人口從 2000 年的 9422 萬人減少到 2010 年的 2688 萬人，貧困發生率從 2000 年年底的 10.2% 減少到 2010 年的 2.8%；絕對貧困人口從 2000 年的 3209 萬人降低到 2008 年的 1004 萬人，絕對貧困發生率降低到 1%。絕大多數貧困人口解決了溫飽問題。隨着國家經濟水平的發展，貧困地區的定位不斷縮小，以貧困村為基本瞄準單位使得貧困人口的瞄準範圍不斷變得更為精確。這一時期的扶貧標準在不斷調整下每年穩定上升，從年人均純收入 865 元提高到 1274 元，大幅增加了扶貧政策惠及人口。

1 關於共同促進整村推進扶貧開發工作的意見，國開辦發〔2008〕27 號 [EB/OL]. Gov.cn. 2018/2018 -10 -24. http://www.gov.cn/zwgk/2008-06/05/content_1006369.htm.

2 中國農村貧困監測報告 2007：61-64。

3 國務院扶貧辦等：扶貧開發整村推進「十二五」規劃。

表 12-1　2006 年年底全國貧困村數量統計[1]

地　區	貧困村數量	截至 2006 年年底完成規劃的貧困村數	剩餘貧困村數
總計	146 157	53 981	92 176
河北	7 102	3 138	3 964
山西	10 510	3 439	7 071
內蒙古	5 319	4 320	999
遼寧	2 739	1 787	952
吉林	3 800	1 338	2 462
黑龍江	3 112	1 032	2 080
江蘇	2 036	1 025	1 011
浙江	3 161	1 575	1 586
安徽	5 102	1 946	3 156
福建	2 520	0	2 520
江西	5 000	1 200	3 800
山東	4 579	2 133	2 446
河南	10 430	2 455	7 975
湖北	7 061	1 603	5 458
湖南	7 000	2 260	4 740
廣東	4 088	1 515	2 573
廣西	4 060	1 617	2 443
海南	720	335	385
重慶	5 270	3 270	2 000
四川	10 000	6 623	3 377
貴州	13 973	3 442	10 531
雲南	40 000	10 000	30 000
西藏	2 000	300	1 700
陝西	10 700	3 126	7 574
甘肅	8 790	2 236	6 554
青海	2 453	728	1 725
寧夏	1 026	516	510
新疆	3 606	1 022	2 584

1　2006 年全國納入扶貧規劃的貧困村情況，來源：中國農村貧困監測報告 2007：61-64。

表 12-2 2000—2010 年貧困人口規模及貧困發生率

年 份	按低收入標準衡量			按絕對貧困標準衡量		
	標準／（元/人）	規模／萬人	發生率／%	標準／（元/人）	規模／萬人	發生率／%
2000	865	9 422	10.2	625	3 209	3.5
2001	872	9 029	9.8	630	2 927	3.2
2002	869	8 645	9.2	627	2 820	3.0
2003	882	8 517	9.1	637	2 900	3.1
2004	924	7 587	8.1	668	2 610	2.8
2005	944	6 432	6.8	683	2 365	2.5
2006	958	5 698	6.0	693	2 148	2.3
2007	1 067	4 320	4.6	785	1 479	1.6
2008	1 196	4 007	4.2	895	1 004	1.0
2009	1 196	3 597	3.8			
2010	1 274	2 688	2.8			

資料來源：全國農村住戶抽樣調查，轉引自國家統計局：中國農村貧困監測報告 2011

貧困人口收入快速增加，從 2000 年到 2010 年，農村地區人均純收入增長了 1.6 倍，貧困人口人均純收入增長了 1.8 倍，增長速度高於農村地區平均增長速度，尤其是在 2005—2010 年（見圖 12-1）。

國家扶貧工作重點縣和重點村的產業在國家政策的扶持下得到了較快發展，扶貧工作重點縣地方生產總值增長速率與全國保持同步，人均地方生產總值在十年間翻了約 4 倍，其中第二產業、第三產業佔比不斷擴大，成為帶動地區經濟發展的主要領域，勞動力結構也不斷優化，表明貧困地區分享了國家市場經濟發展的成果。

在具體到村的扶貧項目中，扶貧重點縣貧困村參與到村扶貧項目的比例從 2002 年的 29.5% 增加到 2010 年的 52.2%，到位的扶貧資金從 2002

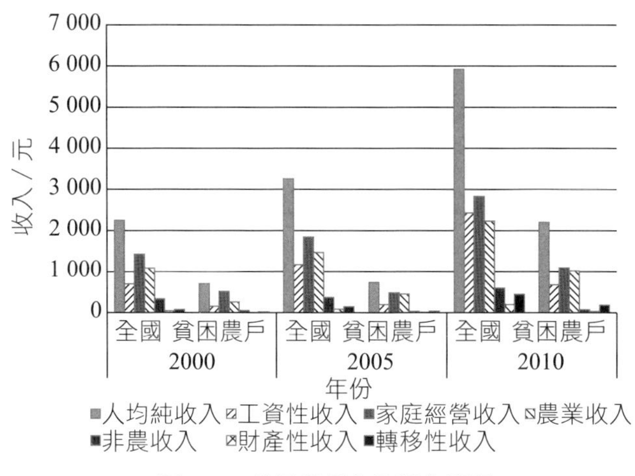

圖 12-1　貧困農戶收入變化情況

年的村均 13 萬元增加到 2010 年的 38.9 萬元，國家對於貧困村的資金扶持力度顯著增加。到 2010 年，平均每個扶貧重點縣得到的扶貧資金為 1 億元，比 2002 年增加 6012 萬元（表 12-3），有 10 個省區的扶貧資金年均遞增速度超過 10%。其中，用於基礎設施的扶貧資金佔全部扶貧資金的 19%，用於改善農民生活條件的資金佔全部資金的 23.7%，扶貧資金分配主要側重於改善民生。

在基礎設施方面，到 2010 年，貧困村所在的通信、電力、公路建設等基礎設施基本實現全面覆蓋，貧困村通電的比重為 99.8%，通公路的比重為 96.9%，通電話的比重為 96.9%，能接收電視節目的比重為 97.7%，均比 2000 年有較大提高。

根據聯合國的相關報告，整村推進扶貧模式在學術上被稱為以社區為單位進行發展的扶貧模式（community-driven development），作為一個重要的減貧策略，在國際範圍內也得到廣泛討論。目前全球已經有 105 個國家採取了這種扶貧模式，用於促進特定貧困社區的社會經濟發展。而中國的整村推進扶貧工作也為國際扶貧理論提供了實地經驗和作出了理論貢獻。

表 12-3 國家扶貧重點縣扶貧投資總額和縣平均資金

指標名稱	2002 年	2010 年	2010 年與 2002 年相比	
			增加量絕對值	年均遞增 /%
一、扶貧資金總額 / 億元	250.2	606.2	356.0	11.7
1. 中央扶貧貼息貸款累計發放額	102.5	116.1	13.6	1.6
2. 中央財政扶貧資金	35.8	119.9	84.1	16.3
3. 以工代賑	39.9	40.4	0.5	0.2
4. 中央專項退耕還林還草工程補助	22.6	52.1	29.5	11.0
5. 中央撥付的低保資金	0.0	91.1	91.1	
6. 省級財政安排的扶貧資金	9.9	25.4	15.5	12.5
7. 利用外資（實際投資額）	17.6	20.1	2.5	1.7
8. 其他資金	22.0	141.0	119.0	26.1
二、平均每個縣得到的扶貧資金 / 萬元	4 227	10 239	6 012	11.7

2010 年後，整村推進扶貧模式仍然是中國政府採取的農村開發扶貧的重點之一。在 2011 年公佈的《中國農村扶貧開發綱要（2011—2020 年）》中指出：「結合社會主義新農村建設，自下而上制定整村推進規劃，分期分批實施。發展特色支柱產業，改善生產生活條件，增加集體經濟收入，提高自我發展能力。以縣為平台，統籌各類涉農資金和社會幫扶資源並集中投入，實施水、電、路、氣、房和環境改善「六到農家」工程，建設公益設施較為完善的農村社區。加強整村推進後續管理，健全新型社區管理和服務體制，鞏固提高扶貧開發成果。貧困村相對集中的地方，可實行整鄉推進、連片開發。」[1]

1 中國農村扶貧開發綱要（2011—2020 年）。

第二節　經驗

整村推進的扶貧模式體現出中國扶貧政策由原有的大範圍的補償型模式轉向因地制宜的發展型模式。與中國的經濟發展水平和減貧工作開展情況相對應，中國的扶貧瞄準方式由早期的地區轉向貧困縣，再到貧困村為主的扶貧資源。整村推進在「中央統籌，省負總責，縣抓落實，工作到村，扶貧到戶」的工作要求下，分級、分層次的扶貧工作為後來的精準扶貧和精準脫貧政策提供了重要的參考和經驗。

一、參與式扶貧，以人為本

整村推進扶貧模式的核心是群眾充分參與，以人為本。政府提供資金和政策優惠，以村為單位，激發貧困農戶的主觀能動性，發揮群眾在扶貧項目的決策、實施和監督全過程中的作用，激發貧困農戶自主脫貧的意願，提高貧困村自我發展的能力，扶貧方式由早期的「輸血」模式轉變為「造血」模式，為貧困地區的可持續發展提供基礎。社會扶貧工作的外在性，即外力主導下的發展行動，應當與扶貧對象的內在性即自我發展的內驅動力共同作用。

參與式整村推進扶貧模式是建立在扶貧對象自我賦權的基礎上，喚回扶貧主體對自身的發展優勢、知識和能力的自信和重建自尊的過程，主要有四個方面：使貧困群體成為扶貧主體；使外源扶貧資源內源化；賦予貧困群體、貧困村發展的機會和權利；賦予貧困村和貧困群體獨立決策、管理資源及收益分配的權利。[1] 根據多維貧困理論，物質條件匱乏的貧困人群往往也陷於「可行能力」的缺失。貧困群體往往處於市場經濟的邊緣地位，多數居住地交通不便，社會文化觀念落後，受個體知識、技能、教育

1 沈茂英：「整村推進」綜合扶貧模式的理論基礎 [J]. 鄭州航空工業管理學院學報，2008（2）：124-128。

程度的限制，缺乏人力資本和社會資本，缺少自主脫貧的能力和意識，僅僅提供設施和資金上的援助並不能夠真正提升貧困群體的福利。[1] 以往的政策扶貧模式往往自上而下，扶貧對象往往是政府扶貧政策的接受者和執行對象，處於一種「失權」的狀態。[2] 政績導向的扶貧項目和扶貧政策的制定者為縣鄉政府，並不能完全從扶貧對象的立場出發，深刻理解貧困人群的真實需求，導致有限的扶貧資金並不能充分發揮其作用，往往止步於可以量化的數據體現，如提供設施，但並不能發揮持續扶貧的理想效益。在某些政策被機械執行的情況下，甚至可能導致扶貧對象和貧困村的發展過分依賴於扶貧政策，導致扶貧行動的效果受到影響。

整村推進以村為扶貧工作的開展平台，為貧困人群參與扶貧工作賦權，使貧困人群在扶貧行動中由原本的客體地位變為主體地位，扶貧行動成為自我發展、自我改善的自主行為。在具體到每個村的扶貧項目的規劃的制定、實行、監督和考察的過程中，貧困農戶通過村民大會或村民代表大會共同商議和探討致貧原因和脫貧策略後，上報縣鄉政府的扶貧相關部門，由專家分析項目的可行性並反饋，上下層級的溝通不是機械的、單向的，而是雙向的、不斷調整以符合切實需求的。[3] 參與式扶貧保證了農戶對項目的了解和認同，減少了項目實行的阻力，調動了貧困人群參與自主扶貧的熱情和積極性，也保證了項目在實行過程中的信息公開和透明，一定程度上對原有的縣鄉政府在扶貧工作中的形式主義行為和部分不規範的操作進行了約束。

作為參與式扶貧，整村推進模式所強調的參與度在減貧過程中為基層貧困人群提供了能力訓練、整合機制、激發機制三種功能：在策劃、推進和

1 丁建軍：多維貧困的理論基礎、測度方法及實踐進展 [J]. 西部論壇，2014，24（1）：61-70。

2 沈茂英：「整村推進」綜合扶貧模式的理論基礎 [J]. 鄭州航空工業管理學院學報，2008（2）：124-128。

3 常豔、左停：中國整村推進扶貧工作的總結及評議 [J]. 甘肅農業，2006（1）：61。

管理扶貧項目的過程中，貧困群體可以主動學習和提高自身的生產能力，是一種可持續的反貧困措施；在參與貧困項目的協調和整合資源的過程中，貧困群體與外源性資源產生交互，對涉及自身利益的政策和項目都有着知情權和控制權，有利於改善貧困社區內和貧困社區與基層政府的關係；貧困群體在參與策劃項目、整合資源的過程中有利於激發其潛在的社會資本。[1]

案例：甘肅省徽縣麻沿鄉麻安村

麻安村位於甘肅省隴南地區徽縣最北端的麻沿鄉西北部，交通不便，信息閉塞。麻安村一共有 152 戶農戶，總人口 671 人，人均耕地 0.24 公頃。麻安村地處高寒陰濕山區，海拔 2100 米，氣候惡劣，農業基礎條件差，經濟社會發展水平落後，是甘肅省典型的貧困村，2001 年人均現金收入 650 元，貧困人口 124 戶共 563 人，佔總人口的 83.9%。2001 年 12 月麻安村被確定為甘肅省參與式整村推進扶貧示範村，開始了為期三年的扶貧開發工作。

整個扶貧項目在扶貧辦工作小組在深入群眾，進行村情調查和訪談、宣傳動員後開始實施。2001 年 12 月 8 日麻安村村委會、黨支部主持召開了村民大會，民主選舉產生村民代表。縣級政府相關部門列席參加。通過海選的方式，以村民小組為單位，通過推薦和自薦等方式提出村民代表候選人，並進行舉手表決。最後選出村民代表 15 人，其中婦女代表 5 人。由村民代表討論分析後提出全村貧困戶名單並提交村民大會，經村民舉手表決共同確定重點扶持的貧困人口。村民代表組織各村民小組分析制約麻安村經濟發展的原因，提出需要發展的項目，村民通過討論一共提出了 14 個建設項目，根據一戶一人、戶均 5 票的原則，讓村民按照自己的意願選擇自己需要發展的項

1　李棉管：貧困村災後重建中的扶貧開發模式——「整村推進」與「單項突破」的村莊比較 [J]. 人文雜誌，2010（2）：158-166。

目，經扶貧辦、村民代表、村委會共同商議確定前8個項目為整村推進的主要項目內容。同時由村民舉手表決選出由村幹部、黨員代表、婦女代表和貧困戶代表組成的11人麻安村項目規劃實施小組，和由56名村民代表組成的5個項目能力建設小組。最後由項目農戶根據自家狀況和願望申報項目，由村實施小組和能力建設小組確定項目農戶及各農戶的項目內容並張榜公佈。

麻安村的項目實施小組和能力建設小組在與規劃人員及相關部門技術人員討論後，編製出《麻安村參與式整村推進扶貧規劃》，對項目目標、項目內容細則、項目實施小組、能力建設小組及農戶的責任、權利和義務進行劃分。在項目的具體實施過程中，麻安村項目實施小組和能力建設小組在縣鄉政府的協助下對職責和分工進行進一步的明確和細化，對各項目的具體建設規劃、資金管理和運行、項目的後期管理和維護都進行了詳細的安排。

村民在參與扶貧項目的各項事務的過程中，思想觀念和認知也得到了新的發展，開始學會主動尋求各種支持和幫助，走出村莊，尋求發展機會。麻安村的打工人數從2002年的50人增加到2005年的130人，村內的養殖產業也學習了外來先進的養殖技術。在生活水平不斷提高，基礎設施明顯改善的情況下，村民的合作意識和村莊的凝聚力也得到了增強。

資料來源：張永麗、王虎中：新農村建設：機制、內容與政策——甘肅省麻安村「參與式整村推進」扶貧模式及其啟示[J]. 中國軟科學，2007（4）：24-31

麻安村的參與式整村扶貧項目不僅僅是扶貧工作的新嘗試，也是基層民主的一次有益實踐，使村級事務的處理開始走向規範化、制度化和程序化。在詳細的程序規劃下，扶貧行動成為基層民主的重要實踐。麻安村的參與式整村扶貧強調了多方代表的積極介入，包括政府工作人員、技術人員的指導作用，也充分發揮了村民們參與自主扶貧項目的積極性，並且通過設立項目實施小組和能力建設小組，既保證了項目的公平性與參與性，也保證了項目的有序進行。在這一過程中，農民與地方政府共同參與發展事務，有利於建立起信任機制和增強地區凝聚力。[1]

二、整合資源，綜合扶貧

整村推進是一種更為綜合的扶貧模式，可以使貧困村在短期內獲得大量資金和資源，將其用於基礎設施和產業開發等建設項目。這種扶貧模式有利於將有限的扶貧資源集中起來，在政府主導下將政府各部門和社會各界的力量聯合起來。整村推進扶貧開發中，隨着扶貧工作的不斷推進，扶貧人員通過不斷探索，創立了多種市場經濟體制下有效的資金管理機制與方法，平衡有限的資金與多樣化的扶貧需求，在整村推進扶貧模式推行的初期經歷了以下幾個探索階段：2002 年至 2003 年，扶貧人員將扶貧資金的無償使用變為有償使用，以調動農戶自我發展的主動性和積極性，合理利用有限的扶貧資源；2003 年至 2005 年，扶貧部門與農村信用社聯合，將財政扶貧資金、農村信用社貸款和世界銀行貸款一起整合使用，使扶貧貸款發放更具程序性和法規性；2004 年至 2005 年，通過建立公益基金等方式提高資金使用效益，為更多農戶參與整村推進提供啟動資金。[2] 這一時期的扶貧工作由於受到資金規模的限制，貧困地區需要在不斷摸索中探索出新的整合資源的方式，如優先解決主要矛盾和關鍵問題，確定重點貧困村，分期分批地集中有限的扶貧資源解決貧困問題，合理安排項目進程。各地以「一次規劃、兩年實施、逐村驗收、分批推進」的工作思路展開整村推進工作。捆綁資源成為整村推進工作的一個重要特色。[3]

整村推進扶貧模式與以往的傳統扶貧模式相比，不再僅僅局限於向貧

1 田萌萌、周丹、羅洋：參與式理念在發展規劃中的應用 —— 以甘肅省徽縣麻沿鄉麻安村「參與式整村推進」扶貧項目為例 [J]. 安徽農學通報（上半月刊），2010，16（11）：3-5，243。

2 任燕順：對整村推進扶貧開發模式的實踐探索與理論思考 —— 以甘肅省為例 [J]. 農業經濟問題，2007（8）：95-98。

3 常豔、左停：中國整村推進扶貧工作的總結及評議 [J]. 甘肅農業，2006（1）：59。

困地區導入物資和資源，既「輸血」，還通過高效率地整合有限的資金投入，調動貧困人口自主發展的積極性，以「造血」為目標。自下而上的激發主動性的扶貧機制，能夠使貧困人群主動地將各部門、社會各界的有限資源聯合起來，尋求幫助，切實解決更為迫切的需要。

相關研究表明，在整村推進進展順利、投資量加大的貧困村，全村農民人均收入在一兩年內可以提高到 50% 以上，基礎設施如通信、道路條件的改善能夠幫助貧困村找到新的發展方式，或促進貧困村的勞務輸出，提高貧困村農戶的家庭收入。[1]

當然，在實際執行的過程中，整村推進工作並不能夠一直獲得充足的資金，這也給扶貧工作造成了一些困難，使扶貧工作成效受到了限制。

三、瞄準扶貧對象，因地制宜

隨着社會經濟的發展，貧困人口的數量和分佈特徵也發生了變化，越來越集中於環境惡劣地區。與前幾階段的扶貧方式相比，整村推進顯著縮小了扶貧範圍，以行政村或自然村作為農村扶貧工作的基本單位，並覆蓋了 592 個國定貧困縣以外的貧困村，認識到了貧困問題在不同地區、不同範圍內的特殊性，解決了部分資源在重點貧困縣內外溢問題和非貧困縣內貧困村無法享受政府扶貧政策的問題。扶貧資源的使用與貧困村的制約發展原因、人力資本條件和資源等因素更緊密地結合起來，充分提高了以村為單位的民主主體的決策能力和凝聚力，引導貧困村村民進行自我審視，使扶貧系統、貧困村基層組織和貧困人群的能力得到了鍛煉，發展了貧困村的社會資本和人力資源，使資金得到更高效的利用。

整村推進扶貧模式的瞄準過程和以村為單位探索發展的嘗試，為後續的精準扶貧和產業化扶貧提供了重要借鑒經驗。整村推進與產業扶貧相結合，既解決了地區貧困問題，又改善了地區發展問題。

---

1 王洪濤：中國西部地區農村反貧困問題研究 [D]. 北京：中央民族大學，2013。

案例：湖北省竹山縣秦古鎮西莊村整村推進扶貧

秦古鎮西莊村總面積9000畝，耕地面積1884畝，其中水田748畝。轄7個村民小組，565戶，2123人。現有貧困人口267戶870人。2010年農民人均純收入2938元。由於村內地理環境特殊，村民思想觀念陳舊，農業生產結構單一，因此被列為「十二五」扶貧開發工作重點村之一。

秦古鎮黨委、政府召開專題會議，成立工作班子，並組織西莊村村幹部、村民代表到外地學習扶貧開發經驗，在進行充分討論後形成開發式扶貧的工作共識，確立了以「土地流轉、集約經營」為基本方式，以「長抓無性系茶葉為主導，短抓套種花生和露地蔬菜為補充」的產業發展思路。在兩年時間內新建無性系茶葉基地500畝，高標準改造升級老茶園500畝，完成茶葉基地配水設施及作業道建設，新建現代露地蔬菜500畝，新修通組水泥路3條4公里，複修整治山塘8口，配套堰渠5000米，河道綜合治理2000米，改造房屋50戶，扶貧搬遷33戶，新建「1+9」新型黨員群眾服務中心辦公樓一棟。初步實現「致富有園，活動有場，住房安全，設施配套，道路相通」的目標。

西莊村的無性系茶葉基地建設項目是綜合地理環境、氣候、水資源、交通等各方面條件，結合農民生產基礎確定的扶貧項目，是以茶葉生產為主導，蔬菜、花生種植為輔的創新生產模式，以打造特色鮮明的優勢產業。整個項目實行區域化佈局、集約化經營，經過公開「競標」將173戶530畝田地整體租賃給7個大戶經營，用大戶能人組織和帶動貧困戶發展茶葉產業。項目實行觀光式設計，高標準建園，並進行規模化種植、標準化管理，努力使其成為支柱產業。鎮政府成立了西莊村無性系茶葉基地建設指揮部，抽調15名幹部組成工作專業班子，將茶葉項目發展納入政府的年度管理目標，並派出專業技術人員到田間地頭對農戶進行科學的種植保養技術的指導，為項目的實施提供技術支持。

截至2011年7月，西莊村累計投入資金3230萬元，完成無性系茶葉基地建設的基礎工作，硬化了4公里院水泥路；完成了2000米河道治理的護腳岸、護坡、堤頂路建設和1800米的渠道複修工程，全村群眾全程參與。

資料來源：湖北省人民政府扶貧開發辦公室，竹山縣秦古鎮西莊村整村推進產業發展紀實，2011，http://www.hbfp.gov.cn/fpkf/cyfp/3016.htm

秦古鎮的無性系茶葉基地建設項目是「十二五」期間的扶貧項目，整村推進扶貧模式與產業扶貧模式相結合的方式發揮了較為明顯的作用。在短時間內，貧困村的基礎設施建設得到較大的改觀，為村莊的集體產業發展項目提供了條件。鎮政府為貧困村提供了政策優惠和工作指導，技術人員為西莊村的茶葉基地項目提供了技術支持。無性系茶葉基地項目的選擇是根據該地區的自然地理環境和產業規劃等因素綜合考慮後決定的，事實證明該產業的成功建設為貧困村村民提供了發展致富的新道路。打破原有單一的產業結構，解放思想、科學規劃、因地制宜是貧困村整村推進發展規劃項目能成功的重要因素。

四、加強瞄準機制

整村推進扶貧模式作為以貧困村為單位的扶貧工作，暴露出了一定的瞄準問題，後續的扶貧工作需要加強瞄準機制，為絕對貧困群體提供更多的傾斜和幫助。需要認識到的事實是，貧困對象的分佈具有複雜性，具體到社區、集體的層面，如貧困縣、貧困村不一定都是目標扶貧對象，扶貧對象的篩選機制需要進一步優化，提出明確的有效的評估指標。根據致貧原因的多樣性和複雜性，從貧困的多個維度來識別和分析出需求最為迫切的群體。

同時，在設計扶貧項目的時候也需要考慮貧困人群人力資本和社會資本、經濟條件的限制，由於他們對資源的獲取和利用能力有限，因此要給予一定的政策支持，降低項目加入門檻和障礙，減少貧困項目的選擇性條件，真正將扶貧資源傾斜給需要扶持的貧困人群。具體措施有：為特殊貧困群體建檔立卡，加強貧困人口識別工作，設立扶貧檔案，針對其實際情況提供有針對性的幫助，不僅限於資金上，還有文化觀念、人力資源、社會資本等方面的。可以通過結對幫扶等措施，幫助貧困人口將扶貧資金用於有效的扶貧項目，提升貧困人口的發展能力，對貧困村內的絕對貧困人口給予額外的支持。

案例：廣西省馬山縣整村推進扶貧

廣西壯族自治區馬山縣位於廣西中部偏西，處於紅水河中段南岸，大明山北麓，境內多山。全縣行政區域總面積 2345 平方公里，其中石山面積為 1330 平方公里，佔總面積的 56.3%。全縣人均耕地面積 0.68 畝。2007 年年末全縣總戶數 10.142 萬戶，總人口 52.41 萬人，其中 57% 的人口居住在石山區，43% 的人口居住在土山區。受自然條件、歷史和文化等因素的影響，馬山縣經濟基礎薄弱，經濟發展落後，貧困人口較多、分佈較廣，是老、少、邊、山、窮縣的典型。有絕對貧困人口 20 360 人，相對貧困人口 37 447 人。1984 年馬山縣被國務院劃定為國家級特困縣，2002 年被國務院定為國家扶貧開發工作重點縣，全縣有 90 個村被自治區確定為貧困村。

馬山縣從 2005 年開始實施整村推進扶貧開發工作，確定了首批 38 個項目村。馬山縣扶貧開發工作以村屯道路建設、沼氣池建設、飲水工程建設為主，推行「扶貧銷號」制，將首批整村推進工作的驗收達標作為考核鄉鎮、縣直各責任單位的一項重要內容，將任務進行分解後逐一分配，落實任務、單位和責任人，明確每個縣班子領導至少聯繫一個整村推進貧困村。並提出部門包村，定點幫扶，全縣 103 個縣直機關單位聯繫幫扶 38 個首批村。在整村推進項目實施過程中，將項目分解落實到包村單位，明確完成時間，對需要解決的項目進行編號備案，設立「扶貧銷號」卡，進行動態管理，掌握項目建設的進度。利用縣財政資金550萬元和包村單位捐資42萬元，全面解決中小學危房問題；利用區、市、縣包村單位捐資捐物幫助完善首批村公所辦公用房；由鄉（鎮）籌集資金38萬元，建設計生室30間760平方米；基層辦負責完善村公所培訓場所23間550平方米，使村公所辦公用房、計生室、衛生室培訓場所全部達到驗收要求；電信部門負責實施的電話通信和廣電局負責的村村通廣播電視項目也基本達到驗收要求；將財政扶貧資金、以工代賑資金、貼息貸款等部門籌措的扶貧資金和群眾自籌資金等優化組合，定向、定位投入38個首批村。該縣在整村推進貧困村項目實施過程中，組成督查組定期或不定期到各鄉（鎮）進行督查，項目實施結束後，由縣扶貧開發領導小組組織人員進行交叉檢查驗收。

通過各級各界的大力幫扶，馬山縣整村推進貧困村扶貧開發取得了顯著成效：38個首批村農民人均純收入從2004年的1520元增加到2006年的1948元，2007年增加到2223元，增長率維持在13%以上，高於全縣農民人均純收入增長水平；整村推進項目村的貧困狀況大幅減少，2006年38個項目實施村中貧困人口發生率下降到17.3%，2007年下降到16.73%。項目推進基礎設施建設：建設人飲工程356處，解決了1.15萬人的飲水難問題；進行農村電網改造，目前首批貧困村農戶用電率已達99%；建設沼氣池2740座，首批村沼氣池入戶達41%；建設通信光纜，截至2007年全縣38個首批村已全部通電話。由於生活條件不斷改善，項目推進村的勞務輸出人數也不斷增加，2006年勞務輸出25 231人，2007年勞務輸出增加到27 049人，勞務輸出收入增加4001.87萬元，同比增長28.92%。[1]

廣西馬山縣的扶貧實踐也遇到了許多問題：在第一批38個貧困村實施的項目中，石山區基礎設施項目建設難度大，部分偏遠山區道路建設路程

1 曾文進、楊建軍：廣西馬山縣實施「農戶參與式」整村推進扶貧項目的現狀及對策分析[J]. 廣西大學學報（哲學社會科學版），2008，30（s2）：261-263。

遠，工程量大，項目進度滯後；存在幹部在推進參與式扶貧工作中發動群眾不足，對群眾的參與度不夠重視的現象，也存在一些村屯群眾參與意識不強、積極性不高的問題。一方面，在實際執行的過程中，政府部門在項目中仍佔主導地位，項目的資金管理不規範，群眾的知情權、監督權、決策權仍然沒有得到充分的保障；另一方面，群眾的自我管理能力較弱，尚未形成有效的基層群眾自治組織來發展和維繫這新興的經濟互助關係。最後，依然存在資金投入不足的現象。

資料來源：馬山縣新農村建設整村推進成效顯著，南寧日報，2007 年 5 月 28 日

馬山縣對整村推進模式扶貧項目給予了充分的重視，在縣鄉層面有着明確的推進計劃和有效的考核指標，對於整村推進的項目執行給予了較大的支持。項目推進過程中，權責明確、項目備案、「扶貧銷號」等動態管理的制度有利於提高扶貧工作的效率和透明度，在實施過程中定期督查、交叉驗收也有利於扶貧項目的完成質量，顯著改善了貧困人群的生活質量。馬山縣的整村推進扶貧項目主要集中在基礎設施建設方面，明顯改善了貧困村的生活環境。但在更深層次的人力資源、社會文化、產業結構層面的扶貧工作還有發展空間。扶貧工作應當因地制宜，研究確定地區的經濟增長點，進行合理的戰略規劃，優化產業格局。同時，應當提供更多的勞動力素質培訓。關於馬山縣整村推進工作中出現的問題，一方面是扶貧項目本身的體制性問題，即扶貧是自上而下推進的行政指令，導致參與式扶貧理念與官本位的傳統思想產生矛盾，地方官員與基層群眾並沒有打破傳統扶貧模式的思維慣性，在整村推進扶貧工作中，這一點需要更多的努力和宣傳；另一方面，參與式扶貧是一種新的扶貧方式，需要民眾花時間進行培養來接受，從而擺脫原有的依賴思想，增強參與意識，提高參與能力，改變原有的行為模式。馬山縣扶貧工作中遇到的一些問題也是整村推進工作遇到的普遍問題，下文將會進一步詳述。

第三節　問題

一、資金投入問題

資金投入不足與貧困村發展的資金需求大是整村推進扶貧模式實行期間的主要矛盾。儘管各地方政府制定了響應政策的扶貧目標，但財政扶貧資金不足成為整村推進工作的主要困難之一。貧困地區的地方財政收入本身十分有限，提供配套資金的能力較弱，而貧困村村集體的經濟基礎也非常薄弱，多數貧困村的主要集體經濟來源為上級政府的轉移支付，僅能用於機構的正常運轉，而不能為扶貧項目提供額外的開發項目、產業扶貧的配套資金，即村集體經濟僅僅是一個「空殼」。

另外，扶貧過程中確定的整村推進的項目往往涉及交通、水利、教育、衛生等多個部門，多個部門的資金協調困難也成為一些地區整村推進項目阻礙重重的原因。

二、瞄準問題

由於在整村推進過程中財政撥款資金的限制，配套捆綁貸款成為常見的扶貧資金來源之一，而工作人員出於資金使用效率和回報的考慮，更容易將資金投入能力較強、發展前景較好的農戶，這就導致了真正的扶貧對象尤其是能力匱乏、人力資本和社會資本不足的貧困人群參與扶貧計劃、享受扶貧政策的資金門檻。相關研究表明，在整村推進扶貧工作中，收益最大的是貧困村內收入水平中等或較高的群體[1]，相較於貧困社區中的弱勢貧困人群來說，他們具有更好的社會資本和人力資本，對扶貧資源的獲取

1 Community-based development and poverty alleviation : an evaluation of China's poor village investment program.

和利用程度更好。而對於處於溫飽線之下的絕對貧困人口而言，有限的扶貧資金及其使用條件使其並不能享受到政策的紅利，得到的生活的改善非常有限，仍然難以跳出原有的貧困陷阱。[1]

此外，政策執行過程中的一些不正當、不規範的操作甚至是腐敗、貪污行為也影響扶貧對象的瞄準問題。整村推進作為參與式扶貧模式，強調基層貧困人口的參與，但在實際工作中，村內扶貧項目往往由村幹部和一些地位較高者決定，具體的項目分配和貧困戶劃分的標準也會由基層工作者根據情況進行調整，部分農村基層工作人員的素質和工作作風問題，以及對待扶貧工作的隨意性也會導致扶貧工作在貧困村推行過程中瞄準貧困戶時，並不能真正地完全將扶貧資源用於有需要的貧困人口。地方政策在執行過程中產生的偏差和謬誤以及項目執行過程中缺乏細緻的、嚴格的管理，決定了瞄準問題 —— 不僅在機制設計方面，還有實施管理和監督方面 —— 仍然是後續扶貧工作中需要考慮的重中之重。

三、貧困村適用類型限制

整村推進作為參與式扶貧模式，關鍵在於群眾的積極參與，群眾的參與度是這種扶貧模式的工作基礎。因此有學者認為參與式扶貧僅適用於流動性較小的社區，可以通過發動當地群眾進行自我發展和自我管理，但以勞務輸出為主要收入來源、外出打工人員較多的地區，參與式扶貧的優勢並不能得到體現。[2]

此外，整村推進扶貧模式以就地開發、改進基礎措施為重點的扶貧措施並不適用於部分地緣性貧困導致的貧困農戶。

---

1 常豔、左停：中國整村推進扶貧工作的總結及評議 [J]. 甘肅農業，2006（1）：59。

2 謝萌、辛瑞萍：關於我國農村參與式扶貧模式的思考 [J]. 河北農業科學，2009，13（1）：107-109。

四、貧困人群的可持續發展問題

整村推進的扶貧模式在實際執行過程中多數集中於建設農村地區公共基礎設施等方面。由於扶貧資金有限，扶貧工作優先將重點放在貧困村整村層面的建設需要和項目需求，這種集中力量辦大事的扶貧方式確實在短時間內給很多貧困村帶來了較大的面貌上的改善，而扶貧工作的成果也易於被量化。例如，道路建設、飲用水設施建設、沼氣池建設、學校建設等。這些項目顯著地改善了貧困村的生活環境，可以在較短的時間內展現出明顯的成效，但並沒有解決貧困人群後續的可持續發展問題。存在基礎條件得到改善後，生產致富的項目，如產業發展等經濟活動需要持續的投入，絕對貧困人口受到經濟條件和人力資源條件限制而無法承擔，基礎設施的建設並沒有為絕對貧困人口脫貧提供與經濟條件較好的人群同等的效益。這種情況在一些需要配套資金的扶貧項目中尤其顯著，項目配套比例越大，對絕對貧困人口的排擠效應越強，反而將真正最需要經濟扶持的貧困人群排斥在外。另外，由於扶貧資金在實際工作過程中規模有限，直接具體到戶的增收扶貧項日資金規模較小，對真正的貧困戶產生的持續有效的增益受到限制。

此外，整村推進扶貧模式給貧困人口帶來的扶貧資金之外的其他資源和幫助非常有限，但貧困人口需要的並不僅僅是資金上的支持。由於貧困戶在實際情況中致貧原因的多樣性和複雜性，整村推進工作層面的扶貧計劃對重度貧困戶的可持續發展的幫助效用並沒有達到預期。貧困戶受到教育水平、素質、文化觀念等因素的限制，一些統一發放的扶貧物資並沒有得到合理的利用。例如，有不少貧困戶在領取扶貧項目發放的牛、羊等在幾日後將其宰殺食用，沒有達到項目原本計劃的扶貧效果。另外，在一些重點貧困村，貧困的原因為一些難以人為改變的因素，如自然環境惡劣、經濟來源單一、勞動力能力低下等。整村推進扶貧模式雖然為扶貧工作提供了有益的思路，但並不能切實有效地根據實際情況改善這些積重難返的致貧因素，往往局限於硬件，即一些在較短時間內可以解決貧困村基礎設施問題的項目，如通水、通電、通路等，一些發展難度大、有風險和不易見效的產業項目和勞動力素質培訓等往往不是工作重點。[1] 整村推進工作由於扶貧資金限制和項目年限要求，僅僅解決了貧困人群的溫飽問題而沒有解決發展問題，因此在一些貧困村中仍然存在着較高的返貧率，貧困群眾的問題並沒有從根本上得到解決。

第四節　對策

一、改進資源整合機制

資金不足和獲取困難是阻礙整村推進扶貧工作進展的主要因素，這使改進資源整合機制、創新扶貧資金使用機制成為解決扶貧工作問題的重點之一。在整村推進扶貧工作的過程中出現的資金短缺問題，部分原因是各個部門之間整合協調不當，各行業部門的資源未能形成合力，使得本身有限的扶貧資金在使用過程中進一步碎片化，未能達到原有的集中力量辦大事的理想效果，成為扶貧工作推進的阻礙。改進資源整合機制，要求各部門之間資源實現整合、集中投入、相互協作、及時跟進，尤其是在教育、醫療衛生、養老保險等方面，減少貧困群體獲取資源的難度和煩瑣程度，以達到貧困村發展的整體性目標。應當改革顯性的扶貧項目與資金管理由多個部門參與的多頭管理體系，針對貧困地區的扶貧項目提供一定的政策傾斜和便利，減少行政成本和人力、物力、財力的分散，提高扶貧資源的使用效率。[2] 另外，需要充分調動和開發扶貧的財政資金以外的來源，如信貸政策等政策性金融支持用於扶貧項目的產業

1 楊軍：「整村推進」扶貧模式的問題與對策研究 [J]. 重慶工商大學學報（西部論壇），2006（6）：15-20。

2 起年：縣級政府在整村推進扶貧開發中的作用淺議 [J]. 經濟問題探索，2007（9）：47-50。

發展。應當深化和完善農村信用社改革，發展農村合作金融，活躍民間金融市場以緩解資金需求壓力。[1]

二、健全扶貧項目管理和驗收評估機制

整村推進扶貧的項目持續時間多為 3—5 年，儘管在制度設計過程中設立貧困村規劃實施小組、能力建設小組等措施能夠儘可能地調動群眾參與和監督，但整村推進扶貧模式本身尚未形成來自外界的專業有效的扶貧項目驗收機制和後續管理機制。關注扶貧項目在貧困地區的後續發展，有利於後續扶貧政策的調整和保證已投入扶貧資源的合理利用。

對已經完成整村推進項目的村應當進行跟蹤調查，總結經驗，尋找薄弱環節，改進後續工作，並為新的扶貧項目提供指導，保證扶貧工作能夠不斷發展；對於進行中的項目，應當建立項目資金管理機制，設立項目，對項目發展進行充分的監督和指導，把群眾參與和政府引導相結合，避免扶貧資金的誤用、亂用現象，實現責權對應，獎罰分明，充分調動貧困戶和地方政府參與扶貧的積極性。[2] 由於扶貧資金有限一直都是扶貧工作開展的制約因素，健全扶貧項目驗收和後續管理機制，有利於使有限的扶貧資金發揮更大的收益，使其成為貧困地區有效的發展動力。根據各個扶貧項目的產業特點和模式，明確扶貧項目的扶持周期，特別是分配到每一戶的使用期限，合理分配扶貧資金的適用對象，定期對資金使用情況和項目發展情況進行有針對性的檢查和指導，到期後收回資金並啟動下一批扶貧項目，就可以使扶貧項目滾動地開展下去，一定程度上解決扶貧工作中資金短缺的問題。

---

1 張永麗、黃祖輝：西部地區新農村建設的機制、內容與政策 —— 來自「參與式整村推進」扶貧模式的啟示 [J]. 甘肅社會科學，2006（6）：223-227。

2 胡新良：中國「整村推進」扶貧開發機制的缺陷與完善 [J]. 糧食科技與經濟，2009，34(4)：29-30。

應當由政府相關行業部門和第三方評估機構對結束的和正在進行中的扶貧項目進行專業的評估和分析，建立工作考核和扶貧效果評價體系，並使其常規化、制度化，不斷完善和發展扶貧模式，增進政府管理的透明度，推廣和應用較為有效的減貧策略。由於政府管理制度存在自閉性，第三方評估對扶貧項目的政府績效考核及其合法性有重要的意義。

三、協調扶貧項目與區域經濟發展

整村推進工作不應當僅僅成為短時間內解決貧困地區農村硬件設施問題的短期扶貧項目，還應該與區域經濟發展相結合，形成長效的發展機制。整村推進的參與式扶貧模式需要利用其動員能力和民主決策帶來的創新優勢，調動貧困地區自主發展的積極性和主動性，不僅僅完成其作為扶貧手段的基本任務，解決貧困人群的溫飽問題，還應當努力解決貧困村的社會經濟綜合發展問題，嘗試從根本上解決貧困地區的區域經濟發展問題。

應當根據貧困地區的致貧原因、地理條件和社會經濟條件進行專業分析和規劃，對不同類型的貧困採取多樣化的扶貧方式，如搬遷扶貧、產業扶貧等。

四、加強貧困對象知識教育和技能培訓

整村推進工作在進行過程中主要針對貧困村物質條件的改善，通過政治賦權的方式調動貧困對象的主動性和積極性，但這種政治賦權的行動如果要和持續的扶貧行為產生持續的聯繫，就需要進行心理賦權。[1] 為貧困對象提供知識教育和技能培訓，鼓勵貧困人群參與到幫助其自身發展的扶貧工作和項目管理過程中，是扶貧工作由外部的單項援助轉向內生的自我發

1　胡新良：中國「整村推進」扶貧開發機制的缺陷與完善 [J]. 糧食科技與經濟，2009，34(4)：29-30。

展的重要過程。應該由政府運用法律、經濟和行政等手段建立農村勞動力培訓的長效機制，注重外出務工人員在輸出地和輸入地的就業培訓，幫助地緣性貧困地區貧困人群找到自身發展道路；在扶貧項目的運營和管理過程中開展有針對性的專業技能培訓和工作分配，並以合理的競爭激勵機制激發貧困人群的參與熱情。使貧困群體在扶貧工作中不斷提高自身素質，促進貧困地區的人力資源和社會資本的發展。

第十三章　片區扶貧

中華人民共和國成立以來，貧困問題一直是困擾中國經濟與社會發展的一大難題，並且備受黨和各級政府的重視。經過 30 多年的扶貧開發，中國的反貧困效果顯著，取得了喜人的成績，貧困人口和貧困發生率均大幅降低，貧困人口的基本生活狀況大大改善，貧困地區的基礎設施建設和基本公共服務日趨完善。此外，中共十九大報告明確提出，要確保到 2020 年實現中國現行標準下農村貧困人口全部脫貧。然而，隨着扶貧開發與精準扶貧戰略的持續推進，貧困地區封閉化與貧困人口集中化問題日漸突出。由於自然環境惡劣、資源匱乏、自然災害頻發、交通阻塞等原因，一些集中連片特困地區的貧困問題依然嚴峻，成為今後脫貧攻堅戰的難點與主戰場。因此，解決好集中連片特困地區的貧困問題，既是區域性整體貧困的關鍵所在，也關乎全面建成小康社會宏偉目標的順利實現，具有重要的理論和現實意義。

第一節　緒論

隨着扶貧攻堅的不斷推進，中國貧困人口的分佈呈現「小集中，大分散」的特徵。同時，在偏遠村落、高山寒冷區域、資源匱乏地帶等貧困人口相對集中的連片特困地區依然存在。集中連片特困地區的扶貧攻堅是片區扶貧思想的最集中體現。因此，明晰集中連片特困地區的概念內涵，簡要回顧其政策發展歷程，並總結集中連片特困地區的特徵和致貧原因，對

* 感謝陳仁興為本章所做出的貢獻。

綜合把握片區扶貧的整體概況，以及發現問題並提出有針對性的對策建議大有裨益。

一、集中連片特困地區的概念內涵

目前，學界和政策制定實施者大多關注集中連片特困地區扶貧模式的典型經驗介紹、問題剖析以及對策建議的提出等方面，而較少關注集中連片特困地區的概念內涵等方面。因此，目前學界對集中連片特困地區的概念內涵的認識尚未達成共識。回顧已有文獻資料可以發現，任保平（2005）較早對集中連片特困地區的概念進行了界定，他認為集中連片特困地區是指由於自然、民族、歷史、政治等特殊因素，導致運用一般經濟增長手段不能帶動、常規扶貧方式難以奏效的集中連片貧困地區。[1] 該概念主要着眼於致貧原因和特殊性兩方面，而尚未關注到集中連片特困地區的區域性特徵。2010 年，在西部大開發工作會議上，首次在官方文件中正式提出「集中連片特困地區」的概念，但並未對其進行明確的界定。汪磊（2016）主要從「集中連片」和「特殊困難」兩個子概念出發，突出了區域性特徵，指出集中連片特困地區是指因受自然、歷史、民族、宗教、政治、社會等多種原因的共同影響，一般經濟增長已難以帶動其發展，常規扶貧方式也難以奏效，扶貧開發難度逐漸加大，地理區位相鄰、貧困程度相近的連片貧困地區和特殊困難地區。[2] 錢力等（2018）認為，集中連片特困地區有兩層含義：一個是地理上的區域概念；另一個是經濟概念，涵蓋經濟發展水平和經濟發育程度兩個子概念[3]。

---

1 任保平：西部貧困地區的生態性貧困及其治理 [J]. 商洛師範專科學校學報，2005（1）：7-11。

2 汪磊：精準扶貧視域下中國集中連片特困地區致貧成因與扶貧對策 [J]. 貴陽市委黨校學報，2016（4）：29-33，47。

3 錢力、李劍芳、倪修鳳：連片特困地區精準扶貧面臨的問題及路徑優化 [J]. 區域經濟評論，2018（4）：107-113。

二、集中連片特困地區扶貧政策的發展歷程

回顧中國的扶貧政策，扶貧單位經歷了一個從縣域扶貧到重點貧困村扶貧，再到片區扶貧等不斷發展演變的過程。「片區扶貧」與「集中連片」的概念最早可追溯至 20 世紀 80 年代，在 1986 年制定的扶貧開發戰略中，確定了以改善基礎設施建設為主要內容的區域性扶貧計劃，並在全國劃分了呂梁山區等 18 個集中連片特困地區。隨着扶貧開發的推進，傳統的區域性貧困出現了新的變化。2011 年召開的中央扶貧開發工作會議頒佈實施了《中國農村扶貧開發綱要（2011—2020 年）》，對集中連片特困地區進行了調整，將武陵山區等 11 個集中連片特困地區和西藏、四省藏區、新疆南疆三地州共 14 個片區、680 個縣作為新一輪區域性扶貧的「主戰場」（表 13-1），並初步建立起集中連片特困地區脫貧攻堅的領導、組織與協調機制。[1] 自 2013 年實行精準扶貧政策以來，中國貧困人口銳減，而與此同時，集中連片特困地區「脫貧難、易返貧」的問題日益突出，成為打贏脫貧攻堅戰的「最後一公里」。因此，2017 年國務院辦公廳頒發的《關於支持深度貧困地區脫貧攻堅的實施意見》中，提出要加大政策傾斜力度，確保深度貧困地區和貧困人口如期脫貧，並同全國人民一道步入全面小康社會。

表 13-1 1986 年和 2011 年集中連片特困地區分佈狀況

集中連片特困地區	1986 年	2011 年
重合地區	呂梁山地區、太行山地區、秦巴山區、武陵山區、烏蒙山區、大別山地區、西藏地區	秦巴山區、武陵山區、烏蒙山區、呂梁山區、燕山 - 太行山區、大別山區、西藏區
未重合地區	努魯兒虎山地區、隴西高原地區、西海固地區、陝甘黃土高原地區、橫斷山區、九萬大山地區、滇東南山區、沂蒙山區、桂西山區、井岡山地區、武夷山地區	六盤山區、滇西邊境山區、滇桂黔石漠化區、大興安嶺南麓山區、羅霄山區、四省藏區、新疆南疆三地州

1 中共中央、國務院印發《中國農村扶貧開發綱要（2011—2020 年）》的通知，國務院公報，2011 年第 35 號 . http://www.gov.cn/gongbao/content/2011/content_2020905.htm.

三、集中連片特困地區的基本特徵

與縣域扶貧、貧困村扶貧不同，集中連片特困地區有其鮮明的特徵。精準把握集中連片特困地區的基本特徵和內部貧困結構是扶貧脫貧的基礎。目前，學界對集中連片特困地區的特徵進行了研究。錢力、李劍芳等（2018）指出，集中連片特困地區集老、邊、少、窮等特點於一身，並且具有貧困面積廣、貧困程度深、貧困發生率高、貧困人口多、致貧原因複雜、脫貧難度大等特徵，因此，成為脫貧攻堅戰的重點與難點。[1] 李東法（2013）認為，從地理位置上來看，集中連片特困地區大多位於革命老區、民族地區、偏遠山區、高山寒冷地帶，具有跨省跨邊界地域大、少數民族聚集、區域邊緣性強、貧困程度深等特點。具體來說，集中連片特困地區自然條件相對惡劣、經濟發展落後、工業化與城鎮化不足，貧困現狀較為特殊。[2] 汪霞和汪磊（2013）對貴州集中連片特困地區的特徵進行了總結：一是生態環境脆弱與生存條件惡劣並存；二是深度貧困分佈與少數民族聚居相互交織；三是地處省際交界地帶且遠離區域中心等。[3] 綜上，中國集中連片特困地區的特徵主要表現在以下幾個方面。

（一）自然生態特徵

一般說來，深度貧困往往發生在生產生活條件相對較差的地區。通過分析 14 個集中連片特困地區的自然條件與自然資源稟賦可以發現，片區內大多自然條件相對較差，生態環境較為脆弱。14 個片區內的地形多以山地、丘陵和高原為主，農業生產條件較差。此外，生態環境較為脆

1 錢力、李劍芳、倪修鳳：連片特困地區精準扶貧面臨的問題及路徑優化 [J]. 區域經濟評論，2018（4）：107-113。

2 李東法：連片特困地區扶貧攻堅問題與對策分析 [J]. 經濟研究參考，2013（56）：68-70。

3 汪霞、汪磊：貴州連片特困地區貧困特徵及扶貧開發對策分析 [J]. 貴州社會科學，2013（12）：92-95。

弱，扶貧開發與生態環境保護面臨兩難困境，資源環境承載力較低。同時，諸如水土流失、冰凍、乾旱、泥石流、滑坡等自然災害的頻發也加大了脫貧的難度。例如，東部地區的大別山區、燕山 - 太行山區等主要以丘陵和山地為主，屬於劣質土壤區，不利於發展農業和工業生產。中部地區的武陵山區、秦巴山區、六盤山區、滇桂黔石漠化區等主要以高原或特殊地質為主，給交通運輸和日常生產生活帶來不利影響。西部地區的四省藏區、新疆南疆三地州和西藏地區多以沙漠和高原山地為主，生態環境較差。因此，中國集中連片特困地區主要集中分佈在自然條件相對較差、地理位置偏遠且封閉、生態環境惡化、基礎設施滯後、基本公共服務不健全的地區。[1]

（二）社會人口特徵

集中連片特困地區的社會人口特徵突出表現為貧困人口相對集中、貧困程度深、脫貧難度大。集中連片特困地區作為目前脫貧攻堅的主戰場，貧困範圍分佈較廣。《2013 年連片特困區藍皮書》的相關數據顯示，國家劃分的 14 個集中連片特困區域的總面積達 140 萬平方千米。[2] 首先，貧困人口相對集中。國家統計局的相關數據顯示，截至 2012 年，全國 14 個集中連片特困地區的農村貧困人口達 5067 萬人，貧困發生率為 24.4%，片區內農村貧困人口佔全國農村貧困人口的比例是 51.2%。[3] 其次，貧困程度深。14 個片區內共有 680 個貧困縣，其中在一項全國綜合排名中，排名最低的 600 個縣中有 521 個在集中連片特困區域內，佔比達到了 86.8%。最後，脫貧難度大。14 個集中連片特困地區的農民人均年收入僅為 2676 元，

1　馮利：我國連片特困區域精準扶貧過程中的問題及對策 [J]. 重慶科技學院學報（社會科學版），2017（4）：38-41。

2《2013 年連片特困區藍皮書》。

3　國家統計局住戶調查辦公室：農村貧困監測資料（2012 年）。

不足全國平均水平的一半，再加上自然條件較差，因此脫貧難度較大，且極易返貧。

（三）空間區域特徵

集中連片特困地區呈現明顯的空間區域分佈，具有跨區域治理的特徵。每個片區往往覆蓋多個行政區域，且多處於省市交界地帶。以烏蒙山片區為例，其涵蓋雲貴川 3 個省份的 38 個縣市區。王寶（2016）等對中國集中連片特困地區的空間區域特徵進行了較為典型的概括，他們經過研究發現：第一，集中連片特困地區主要分佈在中國中西部地區，其數量佔連片特困地區總量的 92.86%；第二，集中連片特困地區往往遠離區域中心城市及城市群，大多位於城市群的「真空地帶」；第三，從地圖分佈來看，其大多位於國界、省界、地貌類型過渡地帶，不利於對連片特困地區實現跨區域協同治理；第四，集中連片特困地區的貧困縣與國家扶貧重點縣存在高度重合，其數量佔全部扶貧重點縣的 74.32%。[1]

四、集中連片特困地區致貧原因分析

關於集中連片特困地區的致貧原因，學界也進行了廣泛而深入的研究。常香荷（2017）以呂梁山區為例，對集中連片貧困地區的精準扶貧政策進行了分析，認為該地區的貧困主要是因為農民文化程度較低，勞動技能缺乏；農業生產條件差，生態環境脆弱；資金投入不足，基礎設施滯後三方面的原因。[2] 蔣軒（2017）基於克魯格曼地理本性論分析集中連片特困地區的致貧原因，發現東部地區主要受第三本性（人力資本與研發水平）影響，中部地區受第二本性（交通與區位）或第一本性（自然稟賦）影響，

1 王寶、高峰、李恆吉：中國集中連片特困區空間特徵及致貧機理 [J]. 開發研究，2016（6）：59-64。

2 常香荷：集中連片特困地區精準扶貧的對策 —— 基於呂梁山集中連片特困地區的分析 [J]. 宏觀經濟管理，2017（7）：73-77。

而西部地區主要是第一本性（自然稟賦）起決定性作用。[1] 鄭長德（2017）基於索洛—斯旺經濟增長模型，對四川集中連片特困地區進行了分析，研究發現，該地區貧困程度較深的原因可歸結為地理第一性驅動的空間貧困陷阱、地理第二性（市場發育程度低和文化因素）驅動的貧困陷阱，以及因極度稀缺驅動的行為貧困陷阱。[2] 劉桂莉、孔檸檬（2017）指出，集中連片特困地區的致貧原因主要表現在：經濟發展基礎薄弱，產業結構單一；地理資本脆弱和地理位置偏遠；社會發展基礎脆弱，自我發展能力不足。[3] 通過閱讀文獻並結合實地調查經驗可以發現，集中連片特困地區的致貧原因主要有以下幾方面。

（一）自然因素

資源稟賦、氣候條件和生態環境等自然因素是導致集中連片特困地區貧困程度深、脫貧難度大的重要客觀原因。首先，集中連片特困地區主要集中在中西部自然條件相對較差的地帶，地形以高原、山地、丘陵等為主，土地資源稀缺，人均耕地面積較少，農業生產條件較差，導致居民收入處於較低水平。通過分析 14 個連片特困區域可以發現，其總體呈現南方缺土、北方缺水的基本態勢，如南方的烏蒙山區、武陵山區和羅霄山區多以山地為主，可耕地面積極度缺乏，而北方燕山 - 太行山區嚴重缺乏水資源，且灌溉難度大。[4] 其次，片區內生態環境的脆弱性為大規模扶貧開發帶來較大挑戰。由於片區內貧困人口環保意識的淡薄，導致本就較為脆弱

1　蔣軒：連片特困地區致貧因子分析 [D]. 上海：華東師範大學，2017。

2　鄭長德：貧困陷阱、發展援助與集中連片特困地區的減貧與發展 [J]. 西南民族大學學報（人文社科版），2017，38（1）：120-127。

3　劉桂莉、孔檸檬：中國連片特困區發展的特殊性及減貧路徑優化——以贛南羅霄山為例 [J]. 改革與戰略，2017，33（3）：104-107。

4　周侃、王傳勝：中國貧困地區時空格局與差別化脫貧政策研究 [J]. 中國科學院院刊，2016，31（1）：101-111。

的生態環境更加惡化，從而形成了「生態脆弱—貧困—開發—生態更加惡化—更加貧困」的惡性循環。最後，特殊的氣候條件與地質構成，導致集中連片特困地區往往是自然災害高發區，如泥石流、旱災、凍災、地震等，對人民生產生活以及反貧困戰略造成不利影響。

（二）區位因素

地理區位因素對於地區發展的重要性毋庸置疑，而地處偏遠山區、交通閉塞等因素是導致集中連片特困地區貧困的一個重要因素。由於地勢陡峭、地質結構複雜以及高山地形，片區內公路鐵路交通以及其他基礎設施建設成本較高，嚴重滯後於全國平均水平。例如，中國集中連片特困地區內的公路網里程總數為 924 253 公里，僅為全國公路網里程總數的 23.06%；片區內農村公路公里數為 836 118 公里，也僅佔全國農村公路里程數的 23.39%；而建制村交通通暢率為 57.5%，遠低於全國平均水平。[1]

由於基礎設施建設滯後，片區發展相對閉塞，難以招商引資，吸引企業入駐，從而導致當地居民就業機會較少，而不得不外出打工。此外，由於交通條件限制，片區內的農業產出多以滿足居民日常生活消費為主，且生產經營多以初級農業勞作為主，缺乏農產品的深加工，從而不利於形成當地特色產業以及產業化發展，經濟增長較為困難。

（三）政策因素

目前，扶貧政策及扶貧方式的不盡合理也是造成集中連片特困地區難以脫貧的重要原因。首先，過去的扶貧政策多以貧困縣、貧困村為扶貧單位，而尚未考慮到貧困的區域性特徵，從而缺少對集中連片特困地區的傾斜性扶貧政策。宏觀區域性視角的缺乏，導致片區內基本公共服務和基

1 中國農村貧困監測報告 2016。

礎設施相對落後，影響了連片特困地區的發展。其次，由於過去粗放式的扶貧政策，使得片區內的貧困對象難以獲得全部的扶貧資源和扶貧資金。同時，區域性的扶貧開發戰略優先將資源分配給具有一定發展潛力和優勢的地區，鼓勵其率先脫貧，從而帶動其他貧困地區的發展。雖然其政策出發點是好的，但是由於集中連片特困地區缺乏基本的發展條件，需要政策予以特別支持，這就造成具有發展潛力的地區與集中連片特困地區的發展差距逐漸拉大，造成「馬太效應」。最後，由於集中連片特困地區存在行政區域上的交叉，而目前的行政管理體制尚未具備跨區域治理的能力，因此，跨越不同省份的片區難以實現扶貧資源的統一調配與協調機制，從而限制了扶貧效益實現最大化。

（四）文化因素

奧斯卡・劉易斯（Oscar Lewis）關於「貧困文化」的論述已充分證明，貧困地區共享着一種貧困亞文化，並共享着一種獨特的生活價值觀，這導致貧困人口與主流社會的生活方式相隔離。由於大多數集中連片特困地區位於偏遠山區，交通閉塞，遠離城市與文化中心，缺乏利用互聯網等現代科技進行生產致富的能力，從而不能充分共享經濟發展的成果。同時，地理區位因素也導致片區貧困人口未能融入現代化的生活方式，在文化上產生了某種程度上的隔閡。因此，片區內的貧困人口往往共享着一種「貧困文化」，思想相對保守，缺乏進取心，而扶貧政策和扶貧方式的不盡合理又加劇了貧困戶「等、靠、要」的思想。這就導致貧困戶內生發展動力不足，參與式扶貧難以奏效。

（五）人力資本因素

健康狀況和教育水平作為人力資本的重要組成部分，是增強貧困人口個人發展能力的重要方式。然而，集中連片特困地區基本醫療衛生服務和基礎教育設施建設嚴重滯後，當地居民健康狀況較差，受教育水平普遍偏低，在一定程度上導致貧困的代際傳遞現象。如表 13-2 所示，雖然片區內有衛生站（室）和擁有合法行醫證醫生 / 衛生員的行政村比重已有大幅提升，但個別片區的比重仍然較低，如西藏區、四省藏區、南疆三地州三地。而片區內有幼兒園或學前班和有小學且就學便利的行政村比重普遍偏低，基礎教育發展嚴重滯後。

表 13-2 中國 2015 年連片特困地區文化教育衛生情況統計 %

片區	有衛生站（室）的行政村比重	擁有合法行醫證醫生 / 衛生員的行政村比重	有幼兒園或學前班的行政村比重	有小學且就學便利的行政村比重
全部片區	95.5	90.8	57.1	66.2
1. 六盤山區	96.1	92.5	51.4	74.4
2. 秦巴山區	96.3	90.0	52.7	55.0
3. 武陵山區	91.5	88.7	45.8	50.7
4. 烏蒙山區	93.7	89.4	58.7	74.5
5. 滇桂黔石漠化區	97.6	87.7	69.7	78.8
6. 滇西邊境山區	98.2	96.4	63.1	78.4
7. 大興安嶺南麓山區	89.5	96.0	38.3	41.4
8. 燕山 - 太行山區	97.6	96.6	62.2	45.2
9. 呂梁山區	92.3	77.1	37.7	39.5
10. 大別山區	99.0	99.2	70.8	77.8
11. 羅霄山區	97.1	94.8	74.4	82.1
12. 西藏區	69.6	73.1	38.3	27.9
13. 四省藏區	78.0	76.5	30.5	35.4
14. 新疆南疆三地州	83.4	68.2	78.5	79.8

資料來源：中國農村貧困監測報告 2016

第二節　中國片區扶貧取得的成就

經過 30 多年的扶貧開發，中國扶貧成效顯著。首先，集中連片特困地區的貧困人口大幅度減少，貧困發生率也逐年降低，居民人均可支配收入和人均消費水平大幅提升，片區內社會經濟發展統計各項指標也呈逐年遞增趨勢。其次，隨着政策支持力度的加大，片區內基礎設施狀況改善明顯，文化教育和衞生事業取得明顯進步，提高了農戶的受教育水平和健康水平。此外，隨着農戶生產生活條件的改善，片區內公共財政收入和支出大幅增加，其耐用消費品擁有量較之前有大幅增長。具體來說，中國片區扶貧取得的成就主要表現在以下幾個方面。

一、社會經濟發展統計各項指標呈逐年遞增趨勢

根據相關數據，截至 2014 年，中國集中連片特困地區共有 5622 個鄉、4557 個鎮，共計 24 243 萬人。近年來，隨着扶貧開發力度的加大，集中連片特困地區經濟發展較為迅速，片區內生產總值從 2011 年的 26 763 億元增長到 2014 年的 38 968 億元，第一產業增加值年均增長 569.5 億元，第二產業增加值年均增長 1244.5 億元，第三產業增加值年均增長 1237 億元。此外，集中連片特困地區公共財政投入和支出均有大幅增長，年均增長量分別為 293.25 億元和 1194 億元。居民儲蓄存款量增幅明顯，由 2011 年的 17 618 億元增長到 2014 年的 29 686 億元。同時，用於支持片區內經濟發展的各項金融機構貸款也呈逐年增長趨勢，由 2011 年的 12 966 億元增長至 2014 年的 24 140 億元（見表 13-3）。

表 13-3 中國歷年連片特困地區經濟社會發展情況統計（2011—2014 年）

指　　標	2011 年	2012 年	2013 年	2014 年
一、連片特困地區基本情況				
鄉個數 / 個	5 991	5 996	5 845	5 622
鎮個數 / 個	4 218	4 279	4 460	4 557
戶籍人口 / 萬人	——	——	——	24 243
二、財政金融資料 / 億元				
地區生產總值	26 763	31 212	35 300	38 968
第一產業增加值	6 757	7 696	8 403	9 035
第二產業增加值	11 099	13 142	14 841	16 077
第三產業增加值	8 908	10 374	12 056	13 856
公共財政收入	1 399	1 782	2 302	2 572
公共財政支出	8 312	10 454	11 769	13 088
居民儲蓄存款餘額	17 618	21 751	25 684	29 686
年末金融機構各項貸款餘額	12 966	16 288	20 446	24 140

資料來源：國家統計局縣（市）社會經濟基本情況統計

二、貧困人口數量和貧困發生率大幅縮減

（一）貧困人口大幅減少

貧困人口的大幅度減少是中國集中連片特困地區扶貧成就的最直接體現。根據表 13-4 的數據可知，集中連片特困地區貧困人口數量已從 2011 年的 6035 萬人減少到 2015 年的 2875 萬人，年均減少 632 萬人。從 14 個片區的減貧人數來看，均有明顯減少，其中，六盤山地區的貧困人口減少率最高，年均減少 72 萬人。

表 13-4 中國歷年連片特困地區農村貧困人口統計（2011—2015 年） 萬人

片　　區	2011 年	2012 年	2013 年	2014 年	2015 年
全部片區	6 035	5 067	4 141	3 518	2 875
1. 六盤山區	642	532	439	349	280
2. 秦巴山區	815	684	559	444	346
3. 武陵山區	793	671	543	475	379
4. 烏蒙山區	765	664	507	442	373
5. 滇黔桂石漠化區	816	685	574	488	398
6. 滇西邊境山區	424	335	274	240	192
7. 大興安嶺南麓山區	129	108	85	74	59
8. 燕山 - 太行山區	223	192	165	150	122
9. 呂梁山區	104	87	76	67	57
10. 大別山區	647	566	477	392	341
11. 羅霄山區	206	175	149	134	102
12. 西藏區	106	85	72	61	48
13. 四省藏區	206	161	117	103	88
14. 新疆南疆三地州	159	122	104	99	90

資料來源：國家統計局農村貧困監測調查

（二）貧困發生率明顯下降

貧困人口的大幅減少帶來集中連片特困地區貧困發生率的明顯下降。根據表 13-5 數據可知，片區內農村貧困發生率從 2011 年的 29% 下降到 2015 年的 13.9%，年均降幅 3.78%。由於自然生產條件以及政策傾斜程度不同等原因，各片區貧困發生率的減少不盡相同。其中，西藏區和四省藏區的減貧率最為明顯，年均減貧率分別為 6.33% 和 6.58%。

表 13-5 中國歷年連片特困地區農村貧困發生率統計（2011—2015 年） %

片　　區	2011 年	2012 年	2013 年	2014 年	2015 年
全部片區	29.0	24.4	20.0	17.1	13.9
1. 六盤山區	35.0	28.9	24.1	19.2	16.2
2. 秦巴山區	27.6	23.1	19.5	16.4	12.3
3. 武陵山區	26.3	22.3	18.0	16.9	12.9
4. 烏蒙山區	38.2	33.0	25.2	21.5	18.5
5. 滇桂黔石漠化區	31.5	26.3	21.9	18.5	15.1
6. 滇西邊境山區	31.6	24.8	20.5	19.1	15.5
7. 大興安嶺南麓山區	24.1	21.1	16.6	14.0	11.1
8. 燕山 - 太行山區	24.3	20.9	17.9	16.8	13.5
9. 呂梁山區	30.5	24.9	21.7	19.5	16.4
10. 大別山區	20.7	18.2	15.2	12.0	10.4
11. 羅霄山區	22.0	18.8	15.6	14.3	10.4
12. 西藏區	43.9	35.2	28.8	23.7	18.6
13. 四省藏區	42.8	38.6	27.6	24.2	16.5
14. 新疆南疆三地州	38.7	33.6	20.0	18.8	15.7

資料來源：國家統計局農村貧困監測調查

三、居民人均可支配收入和人均消費水平均有明顯提升

（一）居民人均可支配收入逐年提高

人均可支配收入的提高是衡量集中連片特困地區減貧成就的重要指標。根據表 13-6 的數據可知，片區內居民人均可支配收入從 2013 年的 5956 元增長到 2015 年的 7525 元，年均增長量為 784.5 元。其中，增幅最明顯的是西藏區，從 2013 年的 6553 元增長至 2015 年的 8244 元，年均增長量為 845.5 元。

表 13-6　中國歷年連片特困地區農村常住居民人均可支配收入統計（2013—2015 年）

元

片　　區	2013 年	2014 年	2015 年
全部片區	5 956	6 724	7 525
1. 六盤山區	4 930	5 616	6 371
2. 秦巴山區	6 219	7 055	7 967
3. 武陵山區	6 084	6 743	7 579
4. 烏蒙山區	5 238	6 114	6 992
5. 滇桂黔石漠化區	5 907	6 640	7 485
6. 滇西邊境山區	5 775	6 471	6 943
7. 大興安嶺南麓山區	6 244	6 801	7 484
8. 燕山 - 太行山區	5 680	6 260	7 164
9. 呂梁山區	5 259	5 589	6 317
10. 大別山區	7 201	8 241	9 029
11. 羅霄山區	5 987	6 776	7 700
12. 西藏區	6 553	7 359	8 244
13. 四省藏區	4 962	5 726	6 457
14. 新疆南疆三地州	5 692	6 403	7 053

資料來源：國家統計局農村貧困監測調查

註：2012 年國家統計局實施了城鄉住戶調查一體化改革，連片特困地區開始使用農村常住居民人均可支配收入

（二）居民消費水平逐年提升

集中連片特困地區居民人均可支配收入的逐年增長帶動了片區內居民消費水平的提升。根據表 13-7 可知，片區內農村常住居民人均消費支出從 2013 年的 5327 元增長到 2015 年的 6573 元。分片區來看，增幅最明顯的依然是西藏區，年均增長量達到了 739 元。

表 13-7 中國歷年連片特困地區農村常住居民人均消費支出統計（2013—2015 年）

元

片　　區	2013 年	2014 年	2015 年
全部片區	5 327	5 898	6 573
1. 六盤山區	4 677	5 362	5 875
2. 秦巴山區	5 739	6 229	7 057
3. 武陵山區	5 701	6 353	6 994
4. 烏蒙山區	4 718	5 298	6 077
5. 滇桂黔石漠化區	5 186	5 788	6 508
6. 滇西邊境山區	4 547	5 131	5 848
7. 大興安嶺南麓山區	5 191	5 958	6 373
8. 燕山 - 太行山區	5 895	6 181	6 538
9. 呂梁山區	5 537	5 315	5 800
10. 大別山區	6 107	6 799	7 631
11. 羅霄山區	5 510	6 140	6 909
12. 西藏區	4 102	4 822	5 580
13. 四省藏區	4 691	5 010	5 437
14. 新疆南疆三地州	4 803	5 033	5 207

註：2012 年國家統計局實施了城鄉住戶調查一體化改革，2013 年起連片特困地區開始使用農村居民人均消費支出。2013—2015 年老口徑人均生活消費支出根據新口徑人均消費支出和增速推算得出

四、基礎設施狀況日臻完善

基礎設施狀況既是改善居民生活水平的重要前提條件，也是影響片區內經濟發展的重要因素。根據表 13-8，截至 2015 年，從通電和通電話的自然村比重來看，除西藏區和四省藏區外，其餘片區的比重均超過 95%。

雖然片區內網絡普及率較之前有了明顯改善，但通寬帶的自然村比重仍然較低，尤其是西藏區，僅佔 8.5%。從交通方面來看，片區內大部分自然村主幹道路面經過硬化處理的比重超過了 70%，受地形因素和地質條件的影響，片區內通客運班車的自然村比重相對較低，全部片區僅為 47.5%，其中西藏區僅為 29.1%。

表 13-8　中國 2015 年連片特困地區基礎設施狀況統計　　%

片　區	通電的自然村比重	通電話的自然村比重	通寬帶的自然村比重	主幹道路面經過硬化處理的自然村比重	通客運班車的自然村比重
全部片區	99.7	97.7	53.2	71.7	47.5
1. 六盤山區	99.6	99.5	52.6	77.2	70.7
2. 秦巴山區	99.6	98.8	55.4	74.1	49.0
3. 武陵山區	100.0	96.5	50.1	71.7	50.1
4. 烏蒙山區	99.2	95.9	31.1	57.0	48.0
5. 滇桂黔石漠化區	99.9	95.2	34.4	67.7	42.7
6. 滇西邊境山區	99.9	100.0	41.3	61.9	39.5
7. 大興安嶺南麓山區	99.3	99.2	82.4	85.4	72.8
8. 燕山 - 太行山區	100.0	99.3	69.8	79.4	65.7
9. 呂梁山區	100.0	96.8	53.4	86.3	64.4
10. 大別山區	100.0	99.5	78.8	80.3	38.1
11. 羅霄山區	99.9	98.3	73.7	78.9	54.6
12. 西藏區	92.1	89.5	8.5	57.7	29.1
13. 四省藏區	90.7	90.9	25.5	61.4	43.5
14. 新疆南疆三地州	99.9	99.9	50.1	88.1	88.9

資料來源：國家統計局農村貧困監測調查

五、文化教育和衛生事業進步明顯

文化教育狀況和衛生事業發展狀況是決定片區內居民受教育水平和健康水平的重要影響因素，也是激發貧困人口脫貧能力、增強脫貧政策可持續性的重要條件。根據表 13-9，由於受到出生率的影響以及人口遷移和流動的影響，片區內普通中學在校學生數和小學在校學生數略有下滑，但總體維持在較高水平。在醫療保健方面，片區內醫療衛生機構牀位數、各種社會福利收養性單位數及其牀位數均有明顯提升。

表 13-9　中國歷年連片特困地區文化教育和醫療保健情況統計（2011—2014 年）

指　　標	2011 年	2012 年	2013 年	2014 年
一、文化教育				
普通中學在校學生數 / 萬人	1 325	1 264	1 189	1 185
小學在校學生數 / 萬人	2 022	2 053	1 796	1 772
二、醫療保健				
醫療衛生機構牀位數 / 萬牀	53	61	69	77
各種社會福利收養性單位數 / 個	7 357	7 402	7 520	8 233
各種社會福利收養性單位牀位數 / 萬牀	44	46	51	58

資料來源：國家統計局縣（市）社會經濟基本情況統計

六、生產生活條件明顯改善，農戶耐用消費品擁有量顯著增加

首先，從農戶生產生活條件來看，2012 年至 2015 年，片區內農戶居住在竹草土坯房和使用炊用柴草的農戶比重逐年下降，使用照明電、管道供水、淨化處理自來水、獨用廁所以及飲水無困難的農戶比重逐年提高。其次，在農戶耐用消費品擁有量方面，百戶汽車、洗衣機、電冰箱、移動電話和計算機的擁有量均呈明顯上升趨勢（表 13-10）。

表 13-10 中國歷年連片特困地區農戶生產生活條件統計（2012—2015 年）%

指　　標	2012 年	2013 年	2014 年	2015 年
一、農戶生產生活條件				
1. 居住竹草土坯房的農戶比重	8.1	7.5	7.0	6.1
2. 使用照明電的農戶比重	98.8	99.3	99.5	99.8
3. 使用管道供水的農戶比重	——	53.6	55.9	61.2
4. 使用經過淨化處理自來水的農戶比重	——	29.3	31.7	34.7
5. 飲水無困難的農戶比重	——	80.0	80.9	84.0
6. 獨用廁所的農戶比重	89.9	92.0	92.5	93.0
7. 使用炊用柴草的農戶比重	62.6	59.6	58.8	55.5
二、農戶耐用消費品擁有情況				
1. 百戶汽車擁有量 / 輛	2.7	5.3	6.2	7.9
2. 百戶洗衣機擁有量 / 台	51.4	65.1	70.1	75.0
3. 百戶電冰箱擁有量 / 台	46.1	52.3	58.5	65.8
4. 百戶移動電話擁有量 / 部	162.8	175.3	196.0	210.5
5. 百戶計算機擁有量 / 台	4.5	7.7	9.8	12.0

資料來源：國家統計局縣（市）社會經濟基本情況統計

第三節　中國片區扶貧的典型經驗

目前，中國脫貧攻堅戰已到了深水區，區域性整體貧困成為脫貧攻堅的「主戰場」，也關係到全面建成小康社會的宏偉目標能否順利實現。然而，由於集中連片特困地區在自然和生態環境、人口、經濟和社會等方面存在獨特的區域性特徵[1]，同時，由於集中連片特困地區生計資本匱乏、

1 沈茂英：四川藏區精準扶貧面臨的多維約束與化解策略 [J]. 農村經濟，2015（6）：62-66。

生態環境脆弱、自然條件較差、基本公共服務供給嚴重不足等原因[1]，集中連片特困地區較一般貧困地區而言脫貧難度更大，為中國區域性減貧戰略帶來較大挑戰。自習近平在湖南湘西州考察時強調「實事求是，因地制宜，分類指導，精準扶貧」的指導方針後，精準扶貧為集中連片特困地區的減貧事業提供了新思路、新方法。同時，學界對精準扶貧也展開了廣泛而深入的研究，例如貧困對象瞄準機制（袁樹卓等，2018）[2]、農村扶貧資源的分配（吳高輝，2018）[3]、精準扶貧的理論解釋和現實挑戰（左停等，2015）[4]、精準扶貧的對策與路徑選擇等（鄧維傑，2014）[5]。

此外，學界關於集中連片特困地區精準扶貧策略也展開了卓有成效的研究，如張琦等基於多維動態評價理論和灰色關聯分析法，建構出一套綜合評價模型，通過對集中連片特困地區扶貧開發成效的現狀和增長兩方面進行評估分析，考察其具體成效。[6] 徐雲松通過對貴州省修文縣的實地調研，全面分析了該縣扶貧開發的現狀，並對該縣金融精準扶貧實踐模式進行了總結，並構建了金融精準扶貧的頂層設計機制和系統性良性循環機制，以促進該縣金融精準扶貧模式的健康發展。[7] 因此，為全面深刻總結片區扶貧的主要做法，

---

1 李英勤：石漠化地區區域發展、扶貧開發與生態建設耦合問題及對策 —— 以貴州人口較少民族地區為例 [J]. 黔南民族師範學院學報，2013，33（4）：45-48。

2 袁樹卓、殷仲義、高宏偉等：精準扶貧中貧困的瞄準偏離研究 —— 基於紮根理論的內蒙古 Z 縣建檔立卡案例 [J]. 公共管理學報 2018，15（4）：1-18。

3 吳高輝：國家治理轉變中的精準扶貧 —— 中國農村扶貧資源分配的解釋框架 [J]. 公共管理學報：2018（15）：1-16。

4 左停、楊雨鑫、鍾玲：精準扶貧：技術靶向、理論解析和現實挑戰 [J]. 貴州社會科學，2015（8）：156-162。

5 鄧維傑：精準扶貧的難點、對策與路徑選擇 [J]. 農村經濟，2014（6）：78-81。

6 張琦、陳偉偉：連片特困地區扶貧開發成效多維動態評價分析研究 —— 基於灰色關聯分析法角度 [J]. 西南民族大學學報（人文社會科學版），20136（2）：104-109。

7 徐雲松：金融精準扶貧問題研究 —— 基於貴州省修文縣的思考與探索 [J]. 區域金融研究，2016（2）：15-24。

下文主要選取比較典型和具有代表性的扶貧模式，對中國集中連片特困地區的扶貧模式和典型經驗進行總結，從而為其他特困地區的扶貧提供借鑒。

一、滇桂黔石漠化片區產業扶貧模式

目前，產業扶貧模式業已成為中國農村反貧困中最直接有效的舉措，它在貧困人口的就業增收中發揮着重要作用。據統計，截至 2015 年年底，中國仍有 5500 多萬貧困人口需要脫貧，其中有 3000 多萬人需要通過產業扶貧的方式實現如期脫貧，由此可見產業扶貧模式的重要性與普遍性。因此，本例在 14 個集中連片特困地區中選取比較有代表性的滇桂黔石漠化片區，簡要介紹其做法和經驗。

第一，滇桂黔石漠化片區貧困概況。在 14 個片區中，滇桂黔石漠化片區相對較為複雜，是貧困地區、民族地區、大石山區、革命老區和邊境地區的結合體，同時也是貧困人口數量最多、跨省交界面積最大、民族自治縣最多、少數民族人口最多的貧困片區，是 14 個連片特困地區脫貧攻堅的「硬骨頭」。滇桂黔石漠化片區包括雲南、廣西和貴州三省共 80 個特困縣，其中以貴州省的特困縣數目最多，共計 40 個，佔比達到 50%。

第二，主要做法和經驗。滇桂黔石漠化片區在脫貧攻堅中積極探索，創新發展出具有特色的產業扶貧模式。首先，片區依託當地特色，以生態畜牧、精品水果、特色蔬菜和優質茶葉四大產業為主導，並輔之以鄉村旅遊，積極推進當地特色產品的產業化，形成產業鏈和規模效應。其次，滇桂黔石漠化片區充分發揮政府、企業或其他社會力量以及貧困戶主體三方的作用，探索出了「政府主導＋企業推動 / 合作社帶動 / 能人帶動＋貧困戶參與」的產業扶貧模式，在充分發揮多主體作用的前提下，實現了貧困人口的就業增收。最後，片區以財政扶貧資金為支持，建立產業扶貧示範基地和農業園區，推動產業扶貧平台建設；創新發展產業扶貧的融資方式，扶持地方龍頭企業和農民專業合作社組織。該片區通過建立產業扶貧發展基金以及貸款風險補償金制度，創新推出有利於地方產業發展的金融產品，如「特惠貸」等，為產業扶貧模式提供持久動力。

資料來源：本部分案例主要參考相關網頁和以下文章。李英勤：滇桂黔石漠化片區產業扶貧的成效、問題與對策研究，黔南民族師範學院學報，2016 年第 6 期；張榆琴等：雲南省石漠化片區反貧困問題探討，中國集體經濟，2012 年第 6 期；許凌志：廣西滇桂黔石漠化連片特困區智力扶貧對策研究，經濟與社會發展，2013 年第 3 期；凌經球：推進滇桂黔石漠化片區扶貧開發的路徑研究 —— 基於新型城鎮化的視角，廣西民族研究，2015 年第 2 期

滇桂黔石漠化片區產業扶貧模式可借鑒的經驗主要包括三點：首先，因地制宜，發展特色山地產業；其次，探索出具有推廣意義的產業扶貧模式；最後，出台產業扶貧相關配套措施，確保產業扶貧順利進行。

二、武陵山片區金融精準扶貧模式 —— 以湖南省張家界為例

目前，各集中連片特困地區在金融扶貧領域進行了探索，並發展出多種金融扶貧模式。例如，秦巴山地區堅持「大金融、差異化、普惠性」的方向，通過擴大貸款投放等措施支持貧困地區「三農」產業和小微企業的發展。綜合集中連片特困地區金融扶貧的實踐來看，以武陵山片區張家界市的金融扶貧模式最為典型。

第一，貧困狀況和金融扶貧條件。首先，從武陵山片區張家界市的貧困狀況來說，截至 2013 年年底，張家界市有貧困村 416 個，貧困人口共計 29.58 萬人，貧困發生率為 20.2%，高出全省 9 個百分點[1]，是目前武陵山片區脫貧攻堅的主要地區。其次，從開展金融扶貧的資源條件和基礎來看，張家界市有良好的金融體系，各類金融機構較多，金融服務網點分佈範圍較廣，這為開展金融扶貧奠定了良好的基礎，節省了建設成本。截至 2013 年底，

1 林鄂平：精準扶貧的「張家界樣本」[J]. 中國扶貧，2015（10）：62。

張家界市內有各類銀行業機構13家，並且擁有221家各類銀行業金融機構的營業網點，形成了較為完善的金融服務網絡。[1]

第二，主要做法與經驗。首先，相較於其他扶貧模式，金融扶貧模式更具複雜性，因此，在全面開展該模式之前，進行試點探索顯得極其重要。在試點階段，張家界市經過前期的考察與評估，選取了國家重點貧困縣桑植縣和慈利縣，以及永定區與武陵源區作為金融精準扶貧模式的試點。通過試行前期制定的金融精準扶貧規劃和體系，在實踐中總結經驗，以求全面推廣。其次，張家界市將片區內的金融服務機構和網絡體系進行梳理，結合現有金融機構和基礎設施，開展拓展性金融扶貧項目。同時，根據當地發展的迫切需求，選擇交通、電力、住房改造、旅遊開發等基礎設施項目為主，通過金融項目予以支持。此外，鑒於金融扶貧產生的信用問題以及監督機制的不完善，張家界市根據貧困對象個人的生產要素以及當前經濟狀況等因素，建構起科學合理的信用評估體系。同時，結合個人信用徵信，並通過民主評議和公示制度等，全面落實對金融扶貧項目的監督和管理體系。最後，張家界市根據貧困人口和當地發展的需求，制定了多樣化的金融扶貧政策，其幫扶領域涵蓋教育、醫療、產業扶貧、旅遊開發、基本公共服務投入等。具體金融扶貧項目主要包括小微企業貸款、產業扶貧項目貸款、家庭農場投資、民俗文化旅遊項目貸款、貧困戶職業教育項目等。雖然在實踐中金融扶貧模式仍存在諸多問題，但是該模式不僅改善了片區的基礎設施建設，而且激發了片區內貧困人口從事生產投資活動的熱情，是將資產社會政策融入中國農村精準扶貧的一種探索和嘗試。

資料來源：本部分案例主要參考了張家界金融扶貧的相關網頁以及相關論文。主要包括，梁慶凱等：探索精準扶貧新路徑——開發性金融支持湖南武陵山片區扶貧開發案例，開發性金融研究，2015年第1期；袁黎：武陵山片區金融扶貧問題研究——以張家界為例，產業與科技論壇，2016年第5期；常豔華：

1　袁黎：武陵山片區金融扶貧問題研究——以張家界為例[J]. 產業與科技論壇，2016，15（5）：94-96。

金融支持武陵山片區扶貧開發的調查與思考——以張家界為例，金融經濟，2013年第10期

湖南省張家界武陵山片區金融精準扶貧模式的主要經驗有三點：首先，選擇「先試點、後推廣」的金融扶貧路徑；其次，打造「現實為經，需求為緯」的精準幫扶體系；最後，因地制宜，多措並舉，制定多元化金融支持體系。

三、大別山片區旅遊精準扶貧模式——以安徽省六安市為例

旅遊精準扶貧模式以天然的自然景觀和豐富的旅遊資源為基礎和前提。目前，在14個片區中開展旅遊精準扶貧的地區較多，如雲南烏蒙山片區和寧夏六盤山片區等，多依託其得天獨厚的自然景觀，因地制宜地開展旅遊扶貧項目。其中，以安徽省大別山區的旅遊精準扶貧模式最具代表性，現簡要總結該模式的主要做法和經驗。

第一，貧困狀況與資源條件。首先，從大別山區六安市的貧困狀況來看，六安市貧困人口呈現分佈範圍較廣、貧困人口分散以及貧困人口佔比高的特點。數據顯示，截至2013年，六安市有農村貧困人口33.24萬戶，共計97.36萬人，佔安徽省貧困人口總數的20.28%，並且佔到全市總人口的13.6%。[1] 此外，其貧困人口多分佈於深山區、水庫區、江淮分水嶺以及蓄洪區等地，分佈相對較為零散，這為六安市的扶貧攻堅帶來較大挑戰。其次，從六安市所具備的旅遊資源條件來看，片區內生態環境和旅遊資源較為豐富，紅色、綠色和古色旅遊資源是其特色。據統計，六安市有8個2A級旅遊景區、23個4A級旅遊景區、2個5A級旅遊景區，這為六安市開展旅遊精準扶貧模式奠定了資源基礎。

第二，主要做法和經驗。首先，根據是否有意願、有能力參與旅遊精準

1 安徽省六安市農村財政研究會課題組、宗克炳、陳傳忠、陳兆清：大別山片區扶貧開發的政策建議[J]. 當代農村財經，2014（12）：38-40。

扶貧項目，六安市將片區內的貧困人口劃分為「有意願—有能力、有意願—無能力、無意願—有能力、無意願—無能力」四種類型，前兩種類型是旅遊扶貧開發的主要對象。而對於「無意願—有能力」者，則主要通過旅遊扶貧收益輻射帶動其發展，並鼓勵其參與到其中；對於「無意願—無能力」者，主要通過社會政策兜底的方式，使其共享旅遊扶貧的發展成果。其次，旅遊扶貧區域的精準統籌和劃分。六安市根據當地的自然資源條件和旅遊開發難度等，將片區內的區域劃分為可以開展旅遊精準扶貧的地區和難以開展旅遊精準扶貧的地區兩類。根據片區內所具備的旅遊資源條件、基礎設施等經濟發展條件、旅遊項目和旅遊企業等情況，將六安市的旅遊精準扶貧劃分為三種模式：一是「政府主導型」。該模式主要以地方政府的行政力量為主導，綜合片區內的各項資源，並將其與國家扶貧政策相結合。二是「市場主導型」。該模式主要依託市場和社會力量，通過招商引資的方式，吸引當地的一些地方企業投資當地旅遊項目，並帶動片區內貧困人口的就業，從而達到就業增收的目的。三是「精準幫扶型」。一方面，在地方政府和部分行業組織的引導下，將景區周邊的貧困人口與旅遊企業等進行資源鏈接，形成旅遊服務行業鏈，帶動貧困人口的脫貧；另一方面，在政府的組織協調下，實現景區與貧困人口的定向幫扶機制，將貧困人口納入景區內進行就業，以實現就業帶動脫貧的目標。

資料來源：本部分案例主要參考了安徽六安旅遊精準扶貧模式的網站介紹以及相關學術論文。主要有銀馬華：區域旅遊扶貧類型與模式研究——以大別山集中連片特困區 36 個縣（市）為例，經濟地理，2018 年第 4 期；楊禕：六安市旅遊精準扶貧模式研究，皖西學院學報，2016 年第 2 期；趙懷瓊：六安市旅遊扶貧的政府驅動模式，襄樊學院學報，2005 年第 5 期

安徽省六安市大別山片區旅遊精準扶貧模式的主要經驗包括：首先，基於是否有意願、有能力參與旅遊精準扶貧項目，實行了貧困對象的精準識別；其次，旅遊扶貧區域的精準統籌和劃分；最後，旅遊精準扶貧模式的精準選擇。

四、秦巴山區易地搬遷精準扶貧模式 —— 以四川省蒼溪縣為例

易地搬遷精準扶貧模式是「五個一批」中難度較大、標準較高、政策性較強的脫貧策略。易地搬遷精準扶貧模式是在「搬得出、留得住、能致富」的原則下，對於生存環境相對惡劣、基礎設施條件較差、缺乏發展潛力的地區，通過制定相應政策和流程，按照規定的時間節點，按批次、有計劃地將其貧困人口搬遷至生產生活條件相對較好、基礎設施完善、具有一定發展潛力的地區，通過享受更好的公共服務、教育和醫療條件，增長發展潛力，以實現穩定脫貧的一種方式[1]。與其他精準扶貧模式相比，易地搬遷模式相對不太普遍，但作為深度貧困地區脫貧的一種重要策略，其存在具有較大的合理性。如前所述，集中連片特困地區多處於自然條件較差、生態環境惡劣、基礎設施不完善、脫貧難度大的地區，因此，在傳統扶貧手段很難奏效的前提下，易地搬遷模式不失為一種有效的策略。綜合片區內各種易地搬遷模式的實踐可知，秦巴山區四川省蒼溪縣的做法較為典型，有較強的借鑒意義。

第一，蒼溪縣概況與資源條件。蒼溪縣位於四川盆地北部，秦巴山脈南麓，地處蒼溪谷，縣域內地貌以低山和深丘為主，擁有較豐富的水資源，但是耕地、礦產資源等相對匱乏，自然災害多發，部分地區脫貧難度大。因此，易地搬遷成為該縣域部分地區脫貧的主要手段。據統計，截至 2017 年年底，蒼溪縣累計承接四川省國農公司易地扶貧搬遷項目資金 51 088.50 萬元，累計使用易地扶貧搬遷項目資金 51 040.15 萬元，資金使用比例已達到 99.91%，位居全省第二。[2] 同時，蒼溪縣大力建設易地扶貧搬遷公共服務

---

1 金梅、申雲：易地扶貧搬遷模式與農戶生計資本變動 —— 基於準實驗的政策評估 [J]. 廣東財經大學學報，2017，32（5）：70-81。

2 資料來源：四川省蒼溪縣人民政府官方網站 . http://www.cncx.gov.cn/xhtml/fileinfo.html?id=20180115113236692.

設施項目。據統計，為建設標準化村級公共服務中心，縣以工代賑共計投資 150.38 萬元用於村級公共服務中心建設，其中觀音村 47.98 萬元，蟠龍村 47.37 萬元，孫家村 55.03 萬元。

第二，主要做法和經驗。首先，搬遷對象和搬遷區域的精準識別。蒼溪縣通過前期的摸底調查，充分了解當地村民的搬遷意願，按照自然條件、基礎設施、脱貧難度、發展潛力等維度，確定了縣域內易地搬遷扶貧的區域；同時，根據貧困戶的意願，充分考慮到當地的傳統習俗和文化等因素，因戶因人施策，採取了集中與分散安置相結合的策略，確保有序、穩定搬遷。其次，部門協同，責任共擔。由於易地搬遷模式是一項系統、複雜的工程，涉及多部門的工作職責，如國土資源部、住建部、民政部以及環保、林業等部門，因此，多部門的協同合作顯得尤為重要。搬遷之前，明確各部門的職責，確保搬遷工作順利進行；搬遷中，注重搬遷政策的靈活性，充分考慮到貧困人口的異質性與特殊需求，切不可採取「一刀切」的策略；搬遷後，重視對搬遷項目的反饋評估，以及時修正與現實情況不相吻合的政策，同時注重了第三方評估。最後，易地搬遷扶貧政策的動態管理。為確保易地搬遷的順利進行，蒼溪縣制定了一系列配套措施，如安置後的就業政策、產業政策、金融政策和社會保障政策等。同時，制定了項目推進、監管和評估機制，責任共擔和問責機制，資源整合機制，問題協調機制等。

資料來源：本部分案例主要參考了秦巴山區易地搬遷扶貧模式的新聞或網頁介紹，同時參考了相關學術論文。主要有張玉強：我國集中連片特困地區精準扶貧模式的比較研究——基於大別山區、武陵山區、秦巴山區的實踐，湖北社會科學，2017 年第 2 期；常豔：西部地區易地扶貧搬遷的土地安置能力分析，經濟問題探索，2008 年第 6 期

四川省蒼溪縣秦巴山區易地搬遷精準扶貧模式的主要經驗包括：首先，搬遷對象和搬遷區域的精準識別；其次，部門協同，責任共擔；最後，易地搬遷扶貧政策的動態管理。

五、啟示

在片區扶貧的過程中，14 個集中連片特困地區結合自身實際，開闢了各具地方特色的扶貧模式，積累了豐富的片區扶貧經驗，總結起來，主要表現在以下幾個方面。

首先，因地制宜，發展特色產業，多措並舉，制定多元支持體系。通過總結各地的典型經驗可以發現，各地均立足於地方特色，發揮地方優勢資源，保障了特色扶貧模式的順利開展。同時，在精準扶貧政策背景下，各片區充分利用政策資源、經濟資源和社會幫扶資源等，充分調動了社會各界力量，共同致力於片區脫貧，形成了政府主導、社會力量共同參與的精準扶貧模式。

其次，採用「先試點、後推廣」的精準扶貧路徑，探索出了具有推廣意義的扶貧模式。由於集中連片特困地區經濟、社會的複雜性，若不經試點就直接大面積推廣扶貧措施，往往導致扶貧模式的「水土不服」，且浪費扶貧資源。因此，片區通過先試點總結經驗的方法，後逐步推廣，並結合本地的特色，因地制宜地進行要素調整。

再次，採用「現實為經，需求為緯」的精準識別和精準幫扶體系。一方面是貧困對象的精準識別。無論是旅遊扶貧還是易地搬遷，首先進行的是扶貧對象和區域的精準識別，確保政策實施的精準度和順利進行。另一方面，除了立足於地方特色資源外，片區內的精準扶貧模式更注重從貧困對象的需求以及貧困地區發展的需求出發，從而使得扶貧措施在最大程度上契合貧困對象和集中連片特困地區發展的需求。

最後，出台精準扶貧相關配套措施，確保特色扶貧的順利進行。傳統的扶貧項目以物質給予和扶貧資金發放為主，雖然在短期內保障了貧困人口的基本生活，改善了其生產生活條件，但是這種「輸血式」的扶貧方式無法增強貧困人口的內生性脫貧能力，一旦失去政策支持則極易返貧。因此，應通過採取小額信貸等金融手段和措施，在貧困地區發展適宜的金融扶貧項目，尤其是為連片特困地區的扶貧提供金融資源的支持，從而為片區內產業扶貧、旅遊扶貧、項目扶貧等扶貧模式提供金融和資金方面的幫助，將資產社會政策的理念融入精準扶貧政策中，以增強貧困人口的內生發展動力和可持續脫貧的能力。

第四節　中國片區扶貧存在的問題

經過 30 多年的扶貧開發，尤其是大力實施精準扶貧政策以來，集中連片特困地區的貧困問題大大緩解，貧困人口和貧困發生率大大降低，片區內基礎設施和基本公共服務供給大大改善，文化教育及衛生事業發展迅速，貧困人口生產生活條件大為改善。但由於集中連片特困地區貧困程度較深以及扶貧方式的不盡合理等原因，集中連片特困地區的扶貧攻堅仍面臨諸多問題。

第一，精準識別機制不完善。首先，貧困對象識別不精準。對貧困人口的精準識別是精準扶貧政策的基礎和前提，其識別精度與深度直接關係到整個扶貧政策實施的效果。然而，由於集中連片特困地區多是老少邊窮地帶，貧困人口分佈相對較為分散，且以「三留守」人員（留守老人、留守婦女和留守兒童）為主，民主評議變得更加困難，再加上由於人口流動性的增強，其收入難以核實，導致難以做到對貧困人口的精準識別。其次，貧困對象需求識別不精準。目前，中國農村扶貧的資源配置採取從上往下的方式，尚未關注到片區內貧困問題的異質性，也沒有關注到集中連片特困地區人口、民族和致貧原因的多樣性，從而使得幫扶措施難以契合貧困人口的真實需求，造成了扶貧資源的浪費。

第二，扶貧措施「投入—產出」比失衡。一方面，由於集中連片特困地區多為生態環境脆弱、自然條件惡劣、自然災害多發的地區，因此，這些地區的貧困程度更深，脫貧難度更大。同時，由於先天條件的脆弱性，貧困人口應對天災人禍的能力更低，因此極易返貧。另一方面，由於地質條件和地形地勢的影響，集中連片特困地區基礎設施相對較差，如交通、通信、水利等，這就意味着該地區的扶貧需要承擔額外的成本。因此，與其他貧困地區相比，集中連片特困地區需要更多的資源投入，才能獲得與其大致相同的扶貧收益。這就對集中連片特困地區的扶貧攻堅提出了嚴峻的挑戰，需要相關部門在扶貧方式、扶貧策略以及扶貧成功鞏固等方面進行大膽創新。

第三，貧困人口內生動力不足，缺乏扶貧參與的積極性。精準扶貧政策要求貧困對象在扶貧全過程的參與，包括貧困對象的認定、幫扶對策的制定以及扶貧效果的評估等方面。然而，在集中連片特困地區的扶貧實踐中，貧困對象的參與率卻長期處於較低水平，其原因主要體現在以下幾個方面。一是集中連片特困地區貧困人口文化水平較低，思想覺悟不高，對其在扶貧過程中的主體性認識不足。二是受區位因素的影響，集中連片特困地區往往遠離城市中心區域，較少受到現代化因素的影響，缺乏積極進取的精神。再加上傳統習俗與生活習慣的因素，貧困人口之間共享着特困地區的一種「貧困文化」。三是扶貧政策與扶貧方式的不合理，加劇了貧困戶「等、靠、要」思想的形成。目前的扶貧方式仍以物質給予為主，而較少立足於貧困戶人口的賦權、可行能力的培育以及防止貧困的代際傳遞等方面，造成貧困人口主動脫貧的意願較低。

第四，現有扶貧模式過度依賴政府扶貧政策的支持，缺乏自生發展能力和可持續性。目前，從集中連片特困地區的精準扶貧模式來看，無論是金融扶貧模式、旅遊扶貧模式、產業扶貧模式還是易地搬遷扶貧模式等，對政府扶貧政策的依賴性較強。因此，我們不得不思考，2020 年以後，中國實現現行標準下貧困人口的全部脫貧後，扶貧政策的支持力度必然會降低，那麼現存的扶貧增收項目是否依然能夠發揮作用？在政府主導的扶貧模式下，社會力量、市場力量和貧困對象的參與相對不足。同時，隨着現代科技的不斷發展，城市與集中連片特困地區的貧富差距將會進一步拉大，而貧困人口的生產能力和技能難以滿足市場化經濟體制下企業的要求，使得貧困對象尚不具備自主脫貧的能力，難以獲得穩定的勞動收入，缺乏可持續性。

第五，產業化發展遲滯，缺乏品牌意識。目前，集中連片特困地區仍然以傳統種植業為主，而輔之以養殖業，生產經營項目較為單一。一方面，片區內耕地資源相對短缺，面臨人多地少的困境，村民主要以出售所種糧食為經濟來源，而缺乏其他增收路徑。另一方面，集中連片特困地區對當地的特色資源開發不足，雖然當地有較好的特色生物資源、旅遊資源等，但受制於經營意識缺乏、特色資源市場尚未有效開發等因素，集中連片特困地區產業化發展遲滯，對於一些特殊資源也缺乏品牌意識。因此，集中連片特困地區尚未充分利用當地的自然資源發展具有當地特色的產業，品牌意識和規模意識淡薄，也就無法吸引年輕勞動力回流，形成貧困的惡性循環。

第六，受制於固化的管理體制，難以實現集中連片特困地區的跨域治理。從 14 個片區的行政區域劃分來看，每個集中連片特困地區往往跨越多個省區，而目前的扶貧政策多以同一省、市、縣域為單位制訂扶貧目標，並且扶貧資源的配置也遵循同樣的原則，這就導致集中連片特困地區難以突破現有的行政藩籬的束縛，從而無法做到與周邊貧困地區的資源共享與互通，難以實現對資源的綜合開發與利用。另外，處於不同片區毗鄰處的貧困人口往往處於被邊緣化的狀態，使得那些遠離行政中心、處於偏遠地帶的貧困人口較少獲得扶貧資源，增加了脫貧難度。此外，受制於目前固化的管理體制，不同行政區域間尚未實現扶貧資源的相互融通，難以實現集中連片特困地區的跨域治理。

第五節　中國片區扶貧的對策建議

目前，集中連片特困地區已成為中國扶貧攻堅的主要陣地。然而，由於自然條件惡劣、資源匱乏、遠離城市中心、基礎設施較差等因素，集中連片特困地區的貧困狀況嚴峻，貧困程度較深，面臨生態環境保護與扶貧開發的雙重困境。同時，扶貧政策和扶貧方式不盡合理，使得集中連片特困地區的扶貧出現了一系列問題，如不能精準識別貧困人口、缺乏內生動力和可持續發展能力、產業化發展遲滯、難以實現跨域治理等。因此，採取有效的措施應對上述問題，改善集中連片特困地區的貧困狀況，是確保到 2020 年中國實現現行貧困標準下全部脫貧的重要手段，也是集中連片特困地區一道步入全面建設小康社會的新時期重要舉措。因此，新時代背景下中國集中連片特困地區的扶貧政策應立足以下幾個方面。

第一，完善精準識別機制，實現貧困人口的精準幫扶。首先，精準識別貧困人口與區域。建立多維區域貧困識別體系，以全面綜合地反映集中連片特困地區的實際情況，包括人口年齡結構、收入和消費結構、空間區域特徵、資源條件等方面，並且，要深入深度貧困地區，了解貧困人口的真實需求，從而為制定有針對性的扶貧政策奠定基礎。其次，精準識別致貧原因。通過實地調查，真正摸清集中連片特困地區致貧的原因，從自然因素、區位因素、政策因素、文化因素等方面，將片區分為資源匱乏型、生態環境脆弱型、勞動力缺乏型、人力資本薄弱型等，從而做到分類施策、精準幫扶。

第二，尊重地區差異性，因地制宜地採取多元化幫扶舉措。集中連片特困地區之間以及片區內部均存在較大的異質性，致貧原因和貧困狀況相對複雜，再加上集中連片特困地區多是少數民族聚居地，傳統習俗和文化因素相對多元，因此，需要真正摸清集中連片特困地區的實際狀況，精準把脈其發展存在的問題，從而因地制宜地選擇精準扶貧模式，如產業扶貧模式、旅遊扶貧模式、金融扶貧模式以及異地搬遷扶貧模式等。同時，在扶貧開發的全過程中建立反饋評估機制，不斷完善扶貧模式。在借鑒其他地區的優秀扶貧經驗時，注重與本地實際相結合，避免「水土不服」導致的扶貧資源浪費。

第三，充分發揮貧困人口的主體性作用，注重激發脫貧的內生動力。貧困人口的參與有助於提升扶貧項目的契合性，使得扶貧政策發揮更具可持續發展能力。首先，應加強扶貧政策的宣傳，讓貧困戶真正獲悉相關扶貧幫扶政策，鑒於集中連片特困地區老少邊窮的特點，需要採取更加精細化的宣傳幫扶舉措，讓貧困戶看到扶貧政策帶來的實際收益，提升貧困對象參與扶貧的積極性。其次，加強集中連片特困地區的基本公共服務供給，提高財政支出在醫療衛生和教育領域的投入比重，切實提高片區內貧困人口的健康水平和教育水平。通過創新開展相關技能培訓，着力培育其人力資本和可行能力，增強自主脫貧和可持續發展的能力，避免重新返貧。

第四，立足於當地特色優勢資源，注重品牌意識和產業化經營。首先，相關專業人員應堅持「宜工則工、宜旅則旅」的原則，協助片區找準當地特色資源，立足優勢產品，加強宣傳工作，形成品牌意識。同時，應注重培育當地龍頭企業，從資金支持、政策優惠、品牌宣傳等方面，集中優勢資源將其做精做強，並發揮其輻射帶動作用，幫助貧困人口就業增收。其次，着力改善集中連片特困地區的基礎設施建設，發揮城市中心區域的輻射帶動作用。改善貧困地區的基礎設施建設，尤其是交通條件的改善，對於集中連片特困地區「引進來」和「走出去」均大有裨益。此外，基礎設施的改善，打通了片區內與外界溝通的渠道，更易吸引投資方和企業入駐。

第五，完善社會保障體系，有效銜接社會救助與扶貧開發兩項制度。目前，社會救助和扶貧開發隸屬於兩類不同的政策體系，兩者在政策目標、覆蓋人群、主管部門、運行機制等方面均存在明顯分割。然而，在社會救助和扶貧開發的政策實踐過程中，兩種體制又存在救助對象的交叉重合。二者的分割運行不利於資源的利用最大化，因此，實現社會救助和扶貧開發的有效銜接，有助於反貧困資源的整合，這就需要從政策的整體設計着手，在對象認定、幫扶措施等方面進行銜接，使得社會救助更加強調貧困人口的基本生活保障，而扶貧開發更加注重貧困地區的基礎設施建設和生產生活條件改善等方面。其次，社會保障體系作為貧困人口基本生存與發展的安全防護網，可以緩解貧困人口因病、災、殘、學等招致的風險。因此，應從覆蓋範圍、給付水平、待遇調整機制等方面，進一步健全集中連片特困地區的社會保障體系，發揮社會保障的兜底作用。

第六，打破行政體制分割，實現集中連片特困地區的跨區域治理。集中連片特困地區由於區塊分割導致扶貧資源的分散化，不利於邊緣片區的扶貧開發。因此，整合不同部門間的資源與利益，實現片區扶貧的跨域治理，是中國片區扶貧的可行路徑。首先，在對各個片區設計扶貧攻堅規劃和發展方略時，應加強不同片區間決策層面的合作交流，並在具體業務經辦層面建立業務網絡聯結，優化片區管理，加強不同片區間區域戰略合作，統籌協調產業規劃、基礎設施、基本公共服務等方面。其次，加強不同片區以及各級地方政府的利益整合，完善跨域治理的經辦流程。同時，構建各個地方政府之間的問題協商機制，解決好集中連片特困地區扶貧攻堅中的利益補償、成本負擔等問題，形成跨省域多邊協商機制。最後，注重不同層級、不同片區間政府之間的信任，通過信息、資源的共享機制，減少片區內建設不足或重複建設的問題，減少跨域治理在具體執行過程中的阻力，通過跨域治理實現集中連片特困地區的區域性整體脫貧。

第六節　總結

自 2015 年以來，隨着精準扶貧的深入開展，集中連片特困地區的脫貧事業成為今後脫貧攻堅戰的難點與主戰場。中國集中連片特困地區主要分佈在自然條件相對較差、地理位置偏遠且封閉、生態環境惡化的中西部地區，具有貧困人口相對集中、貧困程度深、脫貧難度大的特徵。並且，集中連片特困地區往往遠離區域中心城市及城市群，多位於國界、省界、地貌類型過渡地帶，往往與國家扶貧重點縣存在高度重合，上述特徵均為集中連片特困地區的脫貧提出了嚴峻的挑戰。

隨着 14 個集中連片特困地區的確立，以及國家政策扶持力度的加強，集中連片特困地區的脫貧攻堅戰取得了顯著成就，貧困人口數量和貧困發生率大幅縮減，片區內社會經濟發展統計各項指標呈逐年遞增趨勢，居民人均可支配收入和居民消費水平逐年提升，片區內基礎設施狀況日臻完善，文化教育和衞生事業進步明顯，生產生活條件明顯改善，農戶耐用消費品擁有量顯著增加，人力資本大大提升，為集中連片特困地區的脫貧提供了較好條件。

此外，片區內結合自身實際，開闢了各具地方特色的扶貧模式，積累了豐富的片區扶貧經驗。各片區因地制宜，發展特色產業，多措並舉，制定多元支持體系。通過採用「先試點、後推廣」的精準扶貧路徑，探索出具有推廣意義的可借鑒的經驗模式，如滇桂黔石漠化片區產業扶貧模式、武陵山片區湖南省張家界金融精準扶貧模式、大別山片區安徽省六安市旅遊精準扶貧模式、秦巴山區四川省蒼溪縣易地搬遷精準扶貧模式等。同時，基於「現實為經，需求為緯」的精準識別和精準幫扶體系，出台精準扶貧相關配套措施，為集中連片特困地區的脫貧打下了堅實基礎。

然而，集中連片特困地區的扶貧攻堅仍面臨諸多問題急需解決。首先，貧困對象及其需求識別不精準，導致扶貧措施難以真正契合貧困戶的需求，從而使得扶貧措施「投入—產出」比失衡。其次，政府的主導作用在一定程度上對社會力量、市場力量具有擠出效應，現有扶貧模式過度依賴政府扶貧政策的支持，缺乏自生發展能力和可持續性。再次，政府投入的過多，導致貧困人口內生動力不足，缺乏扶貧參與的積極性。最後，受資源環境和生產條件等限制，片區內產業化發展遲滯，缺乏品牌意識。同時，由於片區大多橫跨多個行政區域，因此難以實現集中連片特困地區的跨域治理。

基於以上問題，新時代背景下中國集中連片特困地區的扶貧政策應立足以下幾個方面。第一，完善精準識別機制，實現貧困人口的精準幫扶，這是集中連片特困地區扶貧的基礎和前提。第二，充分尊重地區差異性，因地制宜地採取多元化幫扶舉措。第三，充分發揮貧困人口的主體性作用，注重激發脫貧的內生動力。第四，立足於當地特色優勢資源，注重品牌意識和產業化經營。第五，完善社會保障體系，有效銜接社會救助與扶貧開發兩項制度，克服目前社會救助和扶貧開發相互割裂的狀態。第六，打破行政體制分割，實現集中連片特困地區的跨區域治理。堅持以人民為中心和共享發展理念，創新開展精準扶貧，確保集中連片特困地區在 2020 年如期脫貧，全體人民共享經濟發展成果。

第十四章　精準扶貧

中國改革開放持續開展到今天，已經取得了階段性的偉大成就。扶貧工作作為這一歷史進程中的一項重大舉措，也隨着改革開放進行到不同階段而不斷深入發展、不斷創新。為實現中國2020年全面建成小康社會的戰略目標，中共十八大以來，以習近平為核心的中共中央高度重視脫貧攻堅工作，將精準扶貧放在了更加突出的地位。

有關數據顯示，自2012年中共十八大召開後的短短五年內，脫貧攻堅工作取得重大成效。據統計，貧困縣數目實現初次減少，在2016年總共有28個貧困縣成功摘帽，2017年第一批已有40個縣實現脫貧摘帽，而且第二批85個縣已完成實地專項評估檢查，為解決中國區域性整體貧困邁出了有力的一步。[1] 但是，在輝煌的成就之下，我們不得不承認，伴隨着脫貧攻堅工作而生的新問題也屢見不鮮。比如：出現扶貧表層化和虛榮化——部分貧困縣大舉外債提高表面政績；扶貧工作中貪污腐敗現象滋生，部分幹部目無法紀，挪用扶貧公款；「被扶」對象缺乏主動性，「等扶」狀況百出，依靠國家補助而懶於勞作等。

第一節　緒論

中國國內對精準扶貧的研究始於2013年，並且隨着精準扶貧工作的開展，這一問題漸漸成為熱點。當前，學界對於精準扶貧的研究總體可以

1　精準發力聚焦深度貧困——精準扶貧論壇和慈展會國際公益峰會發言摘登，人民網，2018年9月21日. http://paper.people.com.cn/rmrb/html/2018-09/21/nw.D110000renmrb_20180921_1-10.htm.

分為三大類別。

第一類是對精準扶貧進行理論層面的研究，對精準扶貧理論的形成、內涵及意義進行解讀。如汪三貴、劉未（2016）對精準扶貧的概念進行了界定，同時對「六個精準」進行了較為全面的解釋。[1] 左停（2015）主要從理論層面對精準扶貧戰略進行闡釋，提出：從宏觀角度，「精準」是精準扶貧戰略的核心，無論是理論重心還是實踐重心都要嚴格按照「精準」要求；扶貧項目要與貧困地區相對接，扶貧方法要有創新性和實踐性，要做到幫扶的措施精準；微觀層面上，精準扶貧戰略的重點之一是對貧困人群的精準識別。[2] 莫光輝（2016）等對精準扶貧戰略的提出、形成和發展過程進行了具體闡述。[3]

第二類是從宏觀視角，主要對精準扶貧的開展路徑和工作機制進行研究。主要是從政策層面、大時代背景層面進行研究，比較關注在其實踐過程中的某一個核心問題。比如，丁國峰（2018）從理論、政策角度出發，在中國精準扶貧立法政策和實施困境的基礎上，提出中國精準扶貧立法的完善路徑。[4] 劉解龍（2015）對經濟新常態對精準扶貧的影響闡述了自己的觀點，同時針對經濟新常態背景下精準扶貧的新機遇提出了自己的看法。[5]

第三類是從微觀角度，結合地方精準扶貧的具體實踐案例，對其實踐成果、困境進行研究，或者對精準扶貧過程中的某一個領域進行研究。也有的從技術運用和學科角度出發，對精準扶貧的運行途徑及實踐價值進行闡釋。

沈茂英（2015）調查了四川藏區的實踐現狀，提出了四川藏區的精準

1 汪三貴、劉未：以精準扶貧實現精準脫貧：中國農村反貧困的新思路 [J]. 華南師範大學學報（社會科學版），2016（5）：110-115。

2 左停：精準扶貧戰略的多層面解讀 [J]. 國家治理，2015（36）：16-21。

3 莫光輝、于澤堃：精準扶貧戰略的形成 [J]. 黨政視野，2016（7）：45。

4 丁國峰：中國精準扶貧立法完善的路徑 [J]. 行政論壇，2018，25（5）：61-65。

5 劉解龍：經濟新常態中的精準扶貧理論與機制創新 [J]. 湖南社會科學，2015（4）：156-159。

扶貧受到多維約束，並提出解決對策。[1] 王嘉毅、封清雲等（2016）從教育在精準扶貧中的重要作用出發，主要研究教育領域應如何與精準扶貧政策相互配合、精準發力。[2] 孟志華、李潔（2018）從精準審計視角，針對精準扶貧的落實，提出了把精準審計貫穿於精準識別、精準幫扶、精準管理、精準考核的過程中。他們提出應該以資金流向為抓手，對精準扶貧資金的分配、撥付、管理、使用要及時跟蹤；以跟蹤審計為方法，不但要重視扶貧資金的審計，而且要強化在精準扶貧全過程的跟蹤審計；以審計信息化為助力，面對精準扶貧涉農資金跟蹤審計繁重的任務要求，在審計工作中要鼓勵創新審計的方法，充分利用雲計算、大數據技術實行聯網審計，加強審計的信息化。[3]

前人在精準扶貧領域的探究包含面確實很多，為我們的研究提供了豐富的學術資源，其研究成果雖然值得肯定的，但也有些美中不足。

第一，關聯性較弱。無論是研究精準扶貧存在的實踐困境還是針對實踐困境提出解決對策，學者們主要針對精準扶貧的各個階段提出看法及建議，而忽略了精準扶貧這幾個階段（精準識別、精準幫扶、精準管理、精準考核）之間本身是存在內在聯繫的。雖然分別針對不同階段研究問題顯得更加直接明了且有針對性，但這似乎忽略了各階段間前者與後者甚至多者之間的因果聯繫，有將其幾個過程割裂開來看待之嫌。

第二，缺乏綜合性。有的研究是以綜述的形式對以往精準扶貧領域的研究成果進行匯總，而沒有對精準扶貧的實例進行分析；有的研究僅從微觀的角度針對某一個地區精準扶貧實施的具體案例進行分析，其觀點就這個地區而言具有針對性，但是總跳不出這個狹小的圈子，而沒有再站到一個更高的位置從宏觀的角度提出創新性的看法及觀點，使其研究對於國家

1　沈茂英：四川藏區精準扶貧面臨的多維約束與化解策略 [J]. 農村經濟，2015（6）：62-66。

2　王嘉毅、封清雲、張金：教育與精準扶貧精準脫貧 [J]. 教育研究，2016，37（7）：12-21。

3　孟志華、李潔：精準審計助力精準扶貧政策落實的實現路徑 [J]. 審計月刊，2018（2）：11-13。

精準扶貧戰略的實行缺乏借鑒性。

第二節　精準扶貧戰略的形成及基本內涵

一、精準扶貧的基本概念

伴隨着精準扶貧戰略的產生、形成和發展，許多學者對精準扶貧的基本概念進行了解讀。但對於精準扶貧的精確定義，目前學界並沒有達成統一共識，更多的解釋來源於對領導講話和政府文件的歸納概括。在一系列對精準扶貧的解釋當中，學者王思鐵（2014）指出：「精準扶貧是粗放扶貧的對稱，它是指針對不同貧困區域環境、不同貧困農戶狀況，運用科學有效程序對扶貧對象實施精確識別、精確幫扶、精確管理的治貧方式。」[1] 李鵾（2015）基於此，對精準扶貧的概念進行了進一步豐富，他認為：「所謂精準扶貧，就是在科學有效的標準和程序下，因時、因地對貧困地區、貧困村和貧困戶進行精確識別，按照本地的實際開展聯動幫扶和分類管理，並根據動態的准入和退出機制做出精準考核的過程。」[2]

在前人研究的基礎上，並結合習近平的精準扶貧思想，本書以為，精準扶貧就是在中央統籌、省（自治區、直轄市）負總責、市（地）縣落實的調和機制下，以因地制宜、科學規劃、分類指導、因勢利導的思路為指導，以精準識別、精準幫扶、精準管理與精準考核為主要動態治理過程的富有中國特色的扶貧開發工作機制。精準扶貧不僅在準，更在於精，不僅在精，更在於可持續。[3]

1　王思鐵：精準扶貧：改「漫灌」為「滴灌」[J]. 四川黨的建設（農村版），2014（4）：14-15。

2　李鵾：論精準扶貧的理論意涵、實踐經驗與路徑優化——基於對廣東省和湖北恩施的調查比較[J]. 山西農業大學學報（社會科學版），2015，14（8）：810-816，829。

3　雷明：論習近平扶貧攻堅戰略思想[J]. 南京農業大學學報（社會科學版），2018（1）。

二、精準扶貧戰略的形成過程

習近平多次在考察中國貧困地區時以及在扶貧會議上提出一系列關於精準扶貧的論述，逐漸確立了新時期堅決打贏扶貧攻堅戰的重要工作機制。

2012 年，習近平在河北省阜平縣調研時提出了貧困開發要堅持因地制宜、科學規劃、分類指導、因勢利導的思路。2013 年 11 月，習近平在湖南湘西考察時指出：「發展是甩掉貧困帽子的總辦法，貧困地區要從實際出發，因地制宜，把種什麼、養什麼、從哪裏增收想明白，幫助鄉親們尋找脫貧致富的好路子。」[1] 這是習近平第一次提到精準扶貧，同時，也是精準扶貧重大戰略的思想雛形。此後，習近平在多次視察和會議中圍繞精準扶貧發表了一系列重要講話，逐漸勾勒出精準扶貧的基本框架。2013 年 12 月，在中國部分地區實施精準扶貧工作，將精準扶貧作為中國新時期、新階段的扶貧工作戰略。2014 年 5 月，國務院制定頒佈了《建立精準扶貧工作機制實施方案》，對全面實施精準扶貧作出了全局性的部署，並對某些基礎性的環節也提出相應的要求。2014 年 5 月，國務院制定了《扶貧開發建檔立卡工作方案》，進一步明確了精準識別的操作規範，就貧困戶的識別標準、方法和程序作出了更為詳細的解釋。國家統計局、國務院扶貧辦、中組部於 2015 年聯合出台了《關於加強和改進貧困縣考核工作指導意見》，通過協調多個部門共同參與到科學管理體系的構建，從制度層面上為精準扶貧實現精準治理提供了強有力的支持。隨着精準扶貧在全國範圍內的開展，「四個精準[2]」的基本內涵也進一步細化為「四個切實[3]，六個精準[4]」的具體要求。2015 年 11 月，國家頒佈了《中共中央、國務院關於打贏

1 姜萍萍、謝磊：習近平在湖南考察時強調深化改革開放推進創新驅動實現全年經濟社會發展目標 [N]. 人民日報，2013-11-06（1）。

2 精準識別，精準幫扶，精準管理，精準考核。

3 切實落實領導責任，切實做到加強組織建設，切實強化社會合力，切實加強基礎設施建設。

4 扶貧對象精準，措施到戶精準，項目安排精準，資金使用精準，因村派人（第一書記）精準，脫貧成效精準。

脫貧攻堅戰的決定》。這表明精準扶貧戰略在全國範圍內迎來了新一輪實踐探索高潮，為實現脫貧攻堅工程目標任務奠定了紮實基礎。2016 年 11 月，在國務院頒佈的《「十三五」脫貧攻堅規劃》中，提出精準扶貧要遵循五個基本原則[1]，進一步明確了扶貧工作要把「兩不愁」「三保障」作為脫貧標準，並且確保 2020 年達到在現行標準之下貧困人口能夠全部脫貧的目標。[2]

中共十八大以來，黨和國家對精準扶貧、精準脫貧作出了一系列的戰略決策和制度安排，形成了新時期精準扶貧的完整、全面、系統的戰略體系。

三、精準扶貧的內涵

精準扶貧是自改革開放以來，中國經過摸爬滾打探索出的扶貧工作史上的重要成果，是為實現全國人民攜手並進、實現共同富裕的偉大中國夢所做出的創舉。

（一）精準扶貧的基本內容

1. 精準識別

扶貧首先要識貧。所謂精準識別，就是在統一的標準之下，採用符合規範的程序和科學的方法，識別出那些真正的貧困人口、貧困戶、貧困村，弄清其真實的貧困狀況，分析其致貧原因，了解其脫貧需求，為扶貧工作的瞄準對象提供科學的依據。[3] 習近平在中央扶貧開發工作會議上說：「精準識別貧困人口是精準施策的前提，只有扶貧對象清楚了，才能因戶

1 堅持精準扶貧、精準脫貧；堅持全面落實主體責任；堅持統籌推進改革創新；堅持綠色協調可持續發展；堅持激發群眾內生動力活力。

2 楊秋寶：精準扶貧 脫貧攻堅（公務員讀本）[M]. 北京：中國人事出版社，2017：38。

3 http://paper.dzwww.com/dzrb/content/20140919/Articel23002MT.htm.

施策、因人施策。」[1]要做到「扶真貧」，找準扶貧工作真正的工作對象，找準真正的發力點，這樣才能讓扶貧工作變得有針對性、有效率，避免扶貧資源的浪費，真正發揮其實質性作用。

精準識別，主要是將扶貧對象精確到每人、每戶，了解貧困人口真實的貧困狀況，分析真正導致貧困的原因，真正做到因人因戶施策，並且對不同貧困地區的貧困群眾建檔立卡，對各地的貧困狀況進行靈活化、動態化、發展化的管理。目前中國主要依據國務院扶貧辦於 2014 年 4 月 2 日印發的《扶貧開發建檔立卡工作方案》中「各省將報國務院扶貧辦核定後的貧困人口識別規模逐級分解到行政村。在縣扶貧辦和鄉鎮人民政府指導下，按照分解到村的貧困人口規模，農戶自願申請，各行政村召開村民代表大會進行民主評議，形成初選名單；由村委會和駐村工作隊核實後進行第一次公示，經公示無異議後報鄉鎮人民政府審核；鄉鎮人民政府對各村上報的初選名單進行審核，確定全鄉（鎮）貧困戶名單，在各行政村進行第二次公示，經公示無異議後報縣扶貧辦複審，複審結束後在各行政村公告」。將其作為指導識別的文件。[2]

2. 精準幫扶

在精準識別的基礎上，還要明確「誰來扶」「怎麼扶」的問題，這是扶貧工作開展的重要環節。精準幫扶通過深入分析扶貧目標對象，以提高貧困戶和貧困人口的生產能力，改善其生存、生活條件為目標，針對扶貧戶和貧困人口所存在的實際問題，並根據其需求，特別制訂具體的精準幫扶措施。

對於「誰來扶」的問題，主要是強化脫貧攻堅的責任制，明確扶貧領導責任和部門責任，將責任落實到人。第一，中共中央、國務院制定方

---

1 中共中央文獻研究室：習近平總書記重要講話文章選編 [M]. 北京：中央文獻出版社，2016：284。

2 國務院扶貧辦關於印發《扶貧開發建檔立卡工作方案》的通知 [EB/OL]. http://www.cpad.gov.cn/art/2014/4/11/art_624_14224.html.

針、協調全局，主要進行頂層設計，省（自治區、直轄市）級黨委和政府對轄區負總責[1]，對扶貧工作的目標、項目、資金等方面進行中層組織，市（地、州、盟）黨委和政府要做好上下銜接、推進實施等工作。第二，各部門要依法履職，加強對本部門的組織領導，充分利用部門職能和行業資源做好工作，加大貧困地區的基礎設施建設力度。

對於「怎麼扶」的問題，主要是針對不同貧困地區和貧困人口的不同情況，具體問題具體分析，具體情況具體安排，實施「五個一批」工程。

（1）發展生產脫貧一批。對於貧困人口中那些有勞動能力、有耕地或其他資源，但缺少資金、缺少產業、缺少技能的，要立足於當地資源，因地制宜地發展特色產業，實現就地脫貧。同時，對於有勞動能力，但是難以就地從事生產的貧困人口，要支持其外出就業、創業增加其工資收入，改善其生活條件，提高其生活水平。

（2）易地搬遷脫貧一批。這主要是針對自然條件惡劣、自然災害頻發的地區。這些地區的貧困人口很難依託當地自然資源和條件實現脫貧，這就需要政府來幫助實施易地搬遷。首先，要處理好支撐易地搬遷的資金問題，從多種路徑吸取資金，確保在此過程中資金的保障性功能得以發揮。同時，要儘量為易地搬遷人口提供就業機會，創造就業收入，穩定其收入來源。

（3）生態補償脫貧一批。對於那些生態系統極其重要但需要加以保護修復且生存條件差的貧困地區，要給予更大力度政策性支持。一方面，要秉承「綠色和共享」的扶貧觀念，結合扶貧資金和項目開展綠色生態扶貧，從政府方面引導脫貧與環保相結合；另一方面，要使貧困人口在生態補償中受益，增大對有勞動能力的人就地轉成生態保護人員的倡導力度。

（4）發展教育脫貧一批。在教育經費支持上，國家要繼續向貧困地

1 中共中央文獻研究室：習近平總書記重要講話文章選編［M］. 北京：中央文獻出版社，2016：289。

區、特別是貧困地區較為落後的基礎教育、職業教育方面傾斜，加大對貧困地區的基礎辦學設施和辦學條件的幫扶力度，提高貧困地區辦學水平。同時，在學費減免政策上，要儘量從建檔立卡的貧困家庭學生開始，並且實行大城市優秀學校與貧困地區的學校結成對子，進行教育幫扶，積極籌備建立學前教育公共服務體系，關愛留守兒童和其他弱勢群體。

（5）社會保障兜底一批。這是從社會保障層面，對那些完全喪失勞動力或部分喪失勞動力的貧困人口進行兜底幫扶。主要是進行兩方面的協調，第一，協調扶貧政策和社會最低保障政策，協調「兩標準」[1]——農村扶貧標準和農村地區社會最低保障標準，充分發揮社會最低保障政策的基礎性保障作用，努力使社會最低保障標準低的地區逐步提高到國家扶貧標準；第二，協調扶貧政策與其他社會救助制度，這主要是對於那些因病致貧或因病返貧的貧困人口的幫扶手段，既要解決因病致貧，又要防止因病返貧現象，推動醫療救助制度和醫療保險政策的健全和完善。

3. 精準管理

首先，是對所有貧困戶和貧困人口進行登記，對幫扶措施進行統計，並對達到脫貧標準的建檔立卡家庭進行跟蹤和持續幫扶，以達到穩定脫貧的目標。其次，是對扶貧資金和項目的管理。[2]

（1）對已經建檔立卡的貧困人口和貧困家庭的管理要彈性化。對於被精準識別出來的貧困人口及貧困家庭要及時登記，對於貧困措施及時統計，將已經穩定脫貧的貧困人口和貧困戶及時清除於名單之外，對於暫時脫貧但又由於某種原因重新返貧的貧困人口及貧困家庭要及時補錄，要求做到三個「彈性化」——扶貧政策彈性化，建檔立卡數據彈性化，脫貧管理彈性化。

1　楊秋寶：精準扶貧　脫貧攻堅（公務員讀本）[M]. 北京：中國人事出版社，2017：38。

2　汪三貴、劉未：以精準扶貧實現精準脫貧：中國農村反貧困的新思路 [J]. 華南師範大學學報（社會科學版），2016（5）：110-115。

（2）對扶貧資金和項目的管理。精準扶貧離不開扶貧項目的開發和資金的投入，要在二者的安排和投入中進行精準管理。中國在財政部發佈的《中央財政專項扶貧資金管理辦法》中明確提出，要把扶貧資金管理權責任到縣，減少上級政府的干涉權，加強上級政府對資金的監督，要從政策和運轉程序上提高資金使用的靈活程度。

4. 精準考核

精準考核主要包括兩個方面：第一個是按照脫貧標準對貧困戶的扶持效果進行考核和評估，防止弄虛作假和數字脫貧；第二個是對貧困地區的整體脫貧情況進行考核，保證貧困縣和貧困村的摘帽。

（1）「兩不愁、三保障」即到 2020 年，穩定實現農村貧困人口不愁吃、不愁穿，義務教育、基本醫療和住房安全有保障。依照這個標準，按照科學設定的時間表，對貧困人口、貧困家庭進行嚴格評估和考核，防止出現自欺欺人，貧困戶「被脫貧」的現象。

（2）以貧困縣和貧困村的退出機制要求，開展對貧困村和貧困縣摘帽的考核工作。對貧困縣和貧困村的考核，要嚴格按照脫貧驗收辦法，確保脫貧結果經得起社會、群眾的檢驗。國家 2016 年頒佈的《關於建立貧困退出機制的意見》中，確立了貧困縣和貧困村的退出機制，對於貧困村和貧困縣的退出主要是看貧困發生率，其次看基礎服務設施、集體收入、醫療水平等綜合發展程度。貧困村貧困發生率在 2% 以下（西部地區在 3% 以下），在鄉鎮內公示無異議後，公告退出；貧困縣貧困發生率在 2% 以下（西部地區在 3% 以下）准許退出[1]。

（3）着重突出社會監督在脫貧工作績效考察中的地位，提高當地群眾對脫貧成效的評價參與度，或積極引入第三方評估機制，以提高脫貧工作的可信度。對於那些趕着脫貧大潮耍心機、玩花樣的表象脫貧要給予嚴懲。

---

1 中共中央辦公廳、國務院辦公廳：關於建立貧困退出機制的意見 . 2016. http://www.qov.cn/zheng ce/2016-04/28/content-5068878.html.

（二）精準扶貧的核心要義

「六個精準」是精準扶貧的核心和必然要求。

2015 年 11 月 27 日，習近平在中央扶貧開發會議上的講話中，提到「總結各地實踐和探索，好路子好機制的核心就是精準扶貧、精準脫貧，做到扶持對象精準、項目安排精準、資金使用精準、措施到戶精準、因村派人精準、脫貧成效精準」[1]，我們稱為「六個精準」。「六個精準」是習近平精準扶貧思想的進一步發展與細化，它全面而具體地從扶貧工作的全過程出發，來對精準扶貧的扶持對象識別、判斷與評價的精準化，使得扶貧資金和項目的管理更具科學性和嚴謹性，扶貧人員的配置、責權安排更具明確性，進而對脫貧成效的真實性、有效性考核的精準化等進行細化統籌與設計。

「六個精準」要求如下：

（1）扶貧對象精準。要做到「扶真貧」，依照「遵循標準、逐戶核查、公示公告、分級確認、動態調整」[2] 的原則，找到真正的貧困人口和貧困區域，包括貧困戶、貧困村和貧困縣，並為已經識別出來的貧困人口建檔立卡。

（2）項目安排精準。各類扶貧開發項目的設計、分配要真正做到因地制宜，與扶貧對象以及其致貧原因相符合，並且嚴格按照精準扶貧標準、程序實施項目。

（3）資金使用精準。要做到按照貧困戶需要和項目需要整合和分配不同來源的扶貧資金，減弱資金的外流程度，從各方面嚴抓資金的流向和使用成效，改善資金使用的效率。

（4）措施到戶精準。實事求是，以貧困戶或貧困人口最迫切、最緊急的問題為工作的發力點，要做到扶貧項目和資金等扶貧措施的安排能夠直接落實到被識別出來的貧困人口和貧困戶，做到「真扶貧」，使扶貧措施切實有效。

1　中共中央文獻研究室：習近平總書記重要講話文章選編 [M]. 北京： 中央文獻出版社，2016：288。

2　http://www.cnrencai.com/zongjie/hot/635564.html.

（5）因村派人精準。向貧困村派遣的駐村幹部的素質和能力能夠切合貧困村實際並滿足其需要。

（6）脫貧成效精準。在脫貧攻堅總任務、時間表要求下，無論是貧困戶的退出還是貧困村、貧困縣的摘帽都要符合要求。對於那些在一定時間內不能馬上摘帽的貧困村或貧困縣，要做到「扶上馬，送一程」[1]，降低返貧率，實現穩定脫貧。

第三節　精準扶貧的減貧成就

時至今日，精準扶貧工作的開展已使中國大部分貧困地區擺脫了貧困落後面貌，貧困群眾享受脫貧攻堅的階段性成果。整體上看，中國貧困人口減少幅度較大，對全球減貧的貢獻率超過七成；農村居民收入增長速度較快，生產生活水平明顯提高。從區域上看，中國東部地區和西部地區減貧成效較為顯著，區域性貧困已經得到了極大緩解。從脫貧路徑和維度上看，中國各項扶貧措施力度加大，易地搬遷、生態脫貧、教育脫貧、醫療保障脫貧、社會保障脫貧等多種扶貧措施成效顯著。

一、精準扶貧取得決定性進展

（一）現行貧困標準下，中國農村貧困人口大幅減少

據統計，2013—2017 年中國現行貧困標準之下的貧困人口由 8249 萬人減少至 3046 萬人，累計總共減貧 5203 萬人，中國貧困發生率也由 8.5% 降至 3.1%（表 14-1、表 14-2）。[2]

1　中共中央文獻研究室：習近平總書記重要講話文章選編［M］. 北京：中央文獻出版社，2016：294。

2　http://www.stats.gov.cn/ztjc/ztfx/ggkf40n/201809/t20180903_1620407.html.

表 14-1 按現行農村貧困標準衡量的農村貧困狀況

年份	當年貧困標準 /[元 /(年·人)]	貧困發生率 /%	貧困人口規模 / 萬人
2013	2 736	8.5	8 249
2014	2 800	7.2	7 017
2015	2 855	5.7	5 575
2016	2 952	4.5	4 335
2017	2 952	3.1	3 046

資料來源：國家統計局：2018 年《扶貧開發成就舉世矚 脫貧攻堅取得決定性進展 —— 改革開放 40 年經濟社會發展成就系列報告之五》，農村住戶調查和居民收支與生活狀況調查

表 14-2 2013 年以來的減貧人數

年　　份	2013	2014	2015	2016	2017
減貧人數 / 萬人	1 650	1 232	1 442	1 240	1 289

（二）東部地區率先脫貧，全國貧困發生率全面下降

2017 年，中國東部地區農村貧困地區人口相較於 2012 年年底共減少 1067 萬人。

就農村貧困發生率而言，中部地區較 2012 年下降了 7.1 個百分點，農村貧困人口已由 2012 年年底的 3446 萬人減少到了 1112 萬人，共減少 2334 萬人。西部地區下降了 12.0 個百分點，2017 年，該地區農村貧困人口已減少到 1634 萬人，相較於 2012 年底的 5086 萬人，共減少 3452 萬人（圖 14-1）。

從總體上來看，中國東、中、西部到 2017 年年底共有貧困人口 3046 萬人，較之於 2012 年的 9899 萬人累計減少 6853 萬人口，貧困人口的減少數量令人震驚，減貧成績十分顯著。

（三）各貧困地區農民收入和消費水平持續增長

自開展精準扶貧工作以來，不僅貧困地區農民可支配收入持續較快增

長，而且其消費水平也不斷提高，生活水平明顯提高。

一方面，貧困地區農村居民收入增長迅速，將價格因素包括其內，2017 年，相較於 2012 年，名義水平增長 1.8 倍，五年年均增長 12.4 個百分點；（下面提到的實際水平、實際增長均是扣除價格因素以外的）相較於 2012 年，實際增長 1.6 倍，年均實際增長 10.4 個百分點。

另一方面，貧困地區農村居民消費支出總體增勢迅猛，2017 年，貧困地區農村居民人均消費支出與 2012 年相比年均名義增長 11.2 個百分點，年均實際增長 9.3 個百分點（圖 14-2）。

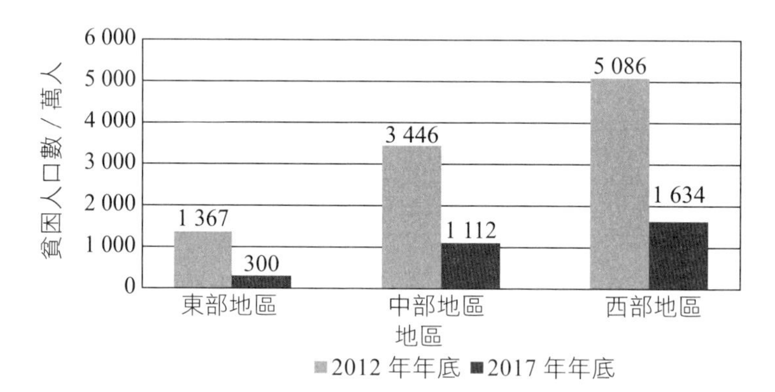

圖 14-1 2012 年年底與 2017 年年底東、中、西部貧困人口數量對比

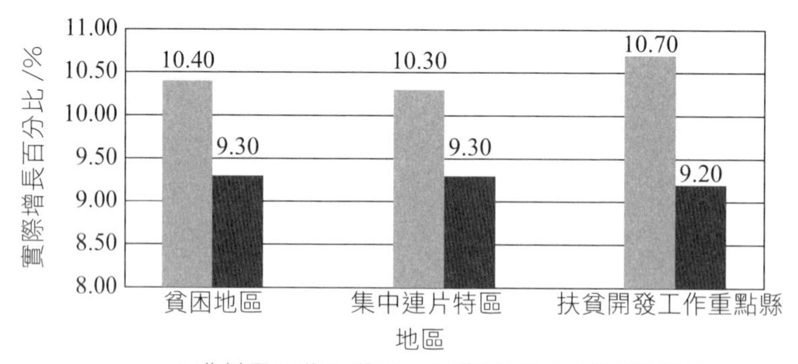

圖 14-2 2017 年較 2012 年貧困地區農村居民人均收入與消費實際增長

（四）貧困地區農村基礎設施建設明顯加強，醫療和教育水平顯著提高

精準扶貧中，政府開展了對貧困地區的「五通」工作——通電話、通有線電視、通寬帶、通主幹道路、通客運班車，使得科教文衛設施配置條件大大改善。

1. 基礎設施條件不斷完善

2013 年以來，貧困地區的基礎設施條件全方位、大範圍得到了改善。對基礎設施，我們主要從貧困地區自然村接通電話、有線電視、寬帶，道路硬化處理以及通客運班車在貧困地區所佔的比重來分析，如表 14-3 所示。

表 14-3 2013—2017 年貧困地區基礎設施條件 %

指標名稱	2013 年	2014 年	2015 年	2016 年	2017 年
通電話的自然村比重	93.3	95.2	97.6	98.2	98.5
通有線電視的自然村比重	70.7	75.0	79.3	81.3	86.5
通寬帶的自然村比重	41.5	48.0	56.3	63.4	71.0
主幹道路面經過硬化處理的自然村比重	59.9	64.7	73.0	77.9	81.1
通客運班車的自然村比重	38.8	42.7	47.8	49.9	51.2

資料來源：國家統計局：2018 年《扶貧開發成就舉世矚目 脫貧攻堅取得決定性進展——改革開放 40 年經濟社會發展成就系列報告之五》，農村住戶調查和居民收支與生活狀況調查

2. 教育文化狀況明顯改善

對於教育狀況，我們主要從貧困地區農村法定年齡學生九年義務教育的完成情況，貧困地區學生上幼兒園、小學便利程度，以及有無文化活動室這幾個方面來分析，如表 14-4 所示。由此可以看出，自 2013 年以來，農村貧困地區九年義務教育的完成程度有所提高，學前教育普及度更廣，對於教育教學設施的投入力度加大，貧困地區教育文化狀況明顯改善。

表 14-4 貧困地區農村教育文化情況 %

指　　標	2017 年	2012 年	2017 年比 2012 年提高（百分點）
16 歲以上成員均未完成初中教育農戶比重	15.2	18.2	-3.0
所在自然村上幼兒園便利的農戶比重	84.7	—	17.1*
所在自然村上小學便利的農戶比重	88.0	—	10.0*
有文化活動室的行政村比重	89.2	74.5	14.7

註：* 表示相較 2013 年有顯著提高

資料來源：國家統計局：2018 年《扶貧開發成就舉世矚目　脫貧攻堅取得決定性進展——改革開放 40 年經濟社會發展成就系列報告之五》，農村住戶調查和居民收支與生活狀況調查

3. 醫療衛生水平顯著提高

貧困地區農村的醫療逐漸專業化、科學化，而不再是依靠從前的「土方子」「土醫生」；畜禽的飼養更加規模化，減少了畜禽病況對人體的危害；垃圾的處理更加集中化，一方面減少了垃圾亂排亂放對環境的污染和對人體的危害，另一方面增強了貧困地區農村的可持續發展能力（見表 14-5）。

表 14-5 2013—2017 年貧困地區農村醫療衛生條件 %

指標名稱	2013 年	2014 年	2015 年	2016 年	2017 年
擁有合法行醫證醫生 / 衛生員的行政村比重	88.9	90.9	91.2	90.4	92.0
所在自然村有衛生站的農戶比重	84.4	86.8	90.3	91.4	92.2
擁有畜禽集中飼養區的行政村比重	23.9	26.7	26.9	28.0	28.4
所在自然村垃圾能集中處理的農戶比重	29.9	35.2	43.2	50.9	61.4

資料來源：國家統計局：2018 年《扶貧開發成就舉世矚目　脫貧攻堅取得決定性進展——改革開放 40 年經濟社會發展成就系列報告之五》，農村住戶調查和居民收支與生活狀況調查

二、多維扶貧措施成效顯著

（一）識別更加精準

從近幾年的數據上來看，識別工作成績突出。2014 年，開展的貧困識別工作對中國貧困人口的大致分佈情況有了了解。2015 年 8 月至 2016 年 6 月，在開展建檔立卡「回頭看」工作中，一共補錄 807 萬漏查貧困人口，剔除識別 929 萬識別不準和識別模糊人口。2017 年 2 月，各地對 2016 年脫貧真實性開展自查自糾，245 萬標註脫貧人口重新回退為貧困人口。[1]

（二）幫扶走出好「路子」

自精準扶貧政策實施以來，以「五個一批」工程為代表的主要幫扶路徑所取得的脫貧成效較為顯著，其中，在教育脫貧和社會兜底脫貧方面尤為突出。

1. 教育脫貧

開展精準扶貧工作以來，中國實現了貧困地區農村義務教育之下學生營養改善計劃全覆蓋，貧困家庭子女免費接受職業教育。貧困地區學生升學率逐年提高，貧困地區農村學生上重點高校的人數上升率增長較為明顯，從 2013 年的 8.5% 上升至 2016 年的 21.3%，上升率達 12.8 個百分點（圖 14-3）。

2. 社會兜底脫貧

在積極推進社會兜底脫貧過程中，靈活統籌農村低保和精準扶貧政策對接，充分發揮低保的基礎保障作用。自 2012 年以來，中國農村低保投入逐年增多，補貼水平大幅度提高，享受低保人數逐年下降（見表 14-6）。

1　http://www.ahnw.gov.cn/nwkx/Content/4ad86e19-04be-4db6-b9a1-8be3542de4c3.

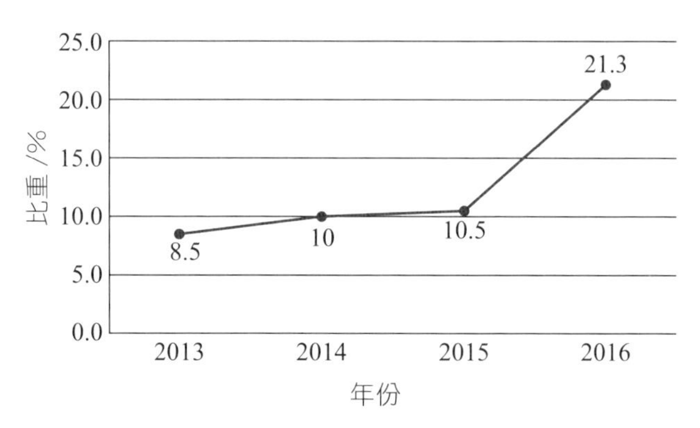

圖 14-3 貧困地區農村學生上重點高校人數比重

資料來源：http://www.rmlt.com.cn/2017/0821/491254.shtml?from=timeline&isappinstalled=0

表 14-6 農村最低生活保障發展情況

年份	農村低保投入 / 億元	享受人數 / 萬人	享受戶數 / 萬戶	平均保障水平 / [元 /（人 · 月）]	補貼水平 / [元 /（人 · 月）]
2012	718	5 344.5	2 814.9	172.3	104
2013	866.9	5 388	2 931.1	202.8	116
2014	870.3	5 207.2	2 943.6	231.4	129
2015	931.5	4 903.6	2 846.2	264.8	147.2

資料來源：2015—2010 年社會服務發展統計公報，2009—2014 年民政事業發展統計公報，中華人民共和國民政部網站，http://www.mca.gov.cn/article/sj/tjgb

從貧困群眾基本生活救助情況來看，全國低保人數持續減少。2017 年全國低保人數為 5261.2 萬人，較之於 2012 年，總人數減少 2226.8 萬人，其中，城市低保人數總共減少 927.5 萬人，農村低保人數總共減少 1299.3 萬人。2017 年，農村特困人數較之於 2012 年的 545.6 萬人總共減少了 78.7 萬人（表 14-7）。

表 14-7 困難群眾基本生活救助情況 萬人

指　　標	2012 年	2013 年	2014 年	2015 年	2016 年	2017 年
城市低保人數	2 143.5	2 064.2	1 877.0	1 701.1	1 480.2	1 216.0
農村低保人數	5 344.5	5 388.0	5 207.2	4 903.6	4 586.5	4 045.2
農村特困人員人數	545.6	537.2	529.1	516.8	496.9	466.9

資料來源：2017 年社會服務發展統計公報，中華人民共和國民政部網站，http://www.mca.gov.cn/article/sj/tjgb

3. 其他路徑

在生產脫貧和易地搬遷脫貧路徑方面，相關數據顯示，2016 年全國 249 萬人「挪窮窩」「換窮業」「拔窮根」，易地搬遷工作及時跟進；據國家相關部門的統計數據顯示，至 2016 年 10 月底，中國易地搬遷的貧困人口本地落實就業崗位已達到 45.18 萬個，產業扶持 126.19 萬人；在生態補償脫貧方面，2016 年林業部門為扶貧對象安排護林員崗位 28 萬個，西藏 50 萬貧困人口實現生態保護就業。[1]

（三）精準管理和考核更加嚴謹

在精準管理和考核工作上，無論是對對象還是方式總體均趨向更加科學化、嚴謹化。中國 2015 年開展涉農資金專項整治，2016 年開展財政專項扶貧資金集中自查，2017 年實現審計與專項檢查對重點貧困縣全覆蓋。在國家開展的整治活動中，2016 年紀檢監察部門處理了 1.95 萬人，檢察院系統處理了 1892 人，審計發現的問題處理了 153 人次，財政部、扶貧辦集中檢查，各地處理了 1231 人。這幾年隨着監管力度的加大，扶貧資金總體管理使用情況逐步好轉。[1]

1 http://www.ahnw.gov.cn/nwkx/Content/4ad86e19-04be-4db6-b9a1-8be3542de4c3.

第四節　精準扶貧的實踐案例

一、案例 1：沿河縣的創新扶貧模式

（一）基本情況

1. **自然狀況**：沿河縣位於黔東北部地區，山地佔 69.9%，丘陵佔 27%，壩地佔 3.1%。岩溶區佔 72.5%，是典型的岩溶山區。全縣國土面積 2468.8 平方公里，適宜發展區面積僅 265.39 平方公里，與全縣國土總面積相比，佔比僅一成。[1]

2. **人口和經濟狀況**：沿河縣共有人口 66.86 萬，其中少數民族比重超過五成，是國家新階段扶貧開發重點縣之一。2015 年年底，貧困發生率為 16.97%，依然有 186 個貧困村，10.445 萬貧困人口，主要分佈在全縣 22 個鄉鎮（街道）和 429 個村。[2]

3. **致貧原因**：其一，自然環境惡劣，全縣超過 70% 的土地是喀斯特地貌，土地貧瘠，可利用土地面積小，水資源缺乏，對當地人民的生產生活條件造成了極大的限制；其二，為貴州省最邊遠的縣之一，遠離市場，交通不便，道路險峻，事故頻發;其三，在歷史上就是貴州省較為落後的地區之一。

（二）創新扶貧模式新舉措

1. 聚合社會力量，改善基礎設施，為貧困群眾提供基礎保障

自 2015 年開始，為響應國家扶貧開發的政策，各大企業和社會組織開展對沿河縣的幫扶。烏江水電開發有限責任公司不僅在此投入資金改善基礎設施，還提供就業崗位，帶動許多貧困群眾走上脫貧致富的路子。除此之

1 孫小濤等：重點生態功能區人口——經濟——生態環境耦合協調發展探討——貴州省沿河縣為例 [J]. 重慶師範大學學報（自然科學版），2017（4）：127-137，141。

2 孫彥龍等：貴州省武陵山片區農村貧困人口狀況分析及脫貧對策——以沿河縣貧困戶為例 [J]. 濮陽職業技術學院學報，2017（7）：76-79。

外，社會其他企業或組織也對沿江村進行扶貧攻堅的幫扶。官舟薄利萊鞋業有限公司、沿河剛強汽貿公司、瑞恩精神病醫院、沿河圓夢旅遊公司等都採取資金或者物力、人力對沿河縣進行扶貧支持。[1]

2. 抓黨建扶貧和對口扶貧工作，促進遍訪服務零距離

實行幹部「四級」聯動機制 [領導幹部聯繫鄉鎮（街道）、股級幹部或一般幹部包村、「第一書記」駐村、村幹部包組]，開展對貧困地區的全面排查行動，按程序實施精準識別工作，精準幫扶到個人。該縣把相關政策、幹部聯繫方式做成容易看懂的小畫冊分發到群眾手中；黨員幹部和村（居）幹部積極進村入戶訪談、進行問卷調查，全面摸清扶貧對象的基本情況並實施精準幫扶；因人制策，幫助有勞動能力的貧困戶制訂科學的脫貧計劃。將喪失勞動能力的群眾納入低保體系；將留守老人、殘疾人、精神病人、刑釋解教人員等特殊群體作為重點救助群體，對其加大工作力度。

3. 產業扶貧、可持續扶貧、現代科技有效結合

根據當地自然資源情況和氣候特點，沿河縣科學規劃了沙子空心李特色產業，集中力量發展產業扶貧。將沙子空心李產業鏈與現代科技相結合，建立以縣、鄉農技推廣機構為重點，專業大戶、科技示範戶為示範引領的技術服務網絡。同時通過大數據的引入，促進網上平台的推廣程度[2]；為了提高產品附加值，實現空心李的精加工，沿河縣與多所科研院校合作，結成幫扶對子，開展空心李深加工技術研究，初步形成了從銷售到成品的產業鏈條。

4. 扶貧項目跟着特色產業走，實施整村推進工程

沿河縣以貧困村整體作為脫貧單位，實施整村推進工程，按照「村」的

1　聚智聚力戰貧困　攜手並肩奔小康，沿河自治縣政協紮實推進脫貧攻堅「百千萬行動」. http://sh.qihoo.com/pc/986352d1a4502bc27?cota=1&refer_scene=so_1&sign=360_e39369d1.

2　http://gz.people.com.cn/n2/2018/0605/c375236-31668727.html.

貧困單元探討扶貧項目，籌劃扶貧資金，探討扶貧路徑。沿河縣先後累計投入1.2億元，大約是近三成的扶貧資金總額，實施了整村推進工程。同樣地，除沙子鎮南莊村外，沿河縣根據其他各貧困村的致貧原因及自然條件，在其他貧困村先後發展精品水果、核桃、茶葉、油茶等特色產業，發揮產業扶貧在扶貧工作中的重要作用。

資料來源：中華工商報，2017年8月1日；人民網，2018年6月5日，小水果成就扶貧大產業——沿河自治縣打造沙子空心李農特產業品牌；大河網，2015年11月6日，沿河自治縣積極推進精準扶貧工作

結合上述案例，我們對精準扶貧工作應該有所反思。

（1）充分發揮基層扶貧開發領導小組的組織功能，發揮基層幹部的帶頭作用。

在精準幫扶的過程中，沿河縣解決好了「誰來扶」的問題，充分發揮了基層幹部在精準扶貧中的帶頭作用。

其一，基層幹部處於精準扶貧陣地一線，與群眾的關係是最密切的，聯繫也是最緊密的。沿河縣基層領導充分發揮紮根群眾的精神，深入群眾之中，與貧困地區人民群眾融為一體。從精準識別貧困戶、留守兒童、殘疾人等弱勢群體到因人制策、一戶一個脫貧方案的精準幫扶過程，再到對貧困戶的管理和考核過程，都發揮了帶頭、指引作用。

其二，基層幹部將責任落實到個人，精準擔責。沿河縣在領導方式上進行了創新，實行「四級聯動制」，使不同層級的幹部都參與到扶貧開發工作之中，每個人都有責擔，一個幹部都跑不脫。通過「四級聯動制」的創新運用，編織起一張精準扶貧大網，不僅將上下級幹部聯動起來，增強扶貧攻堅的前沿力量，同時也通過這張扶貧大網將幹部和貧困群眾聯繫在一起，使幹部有責任、有渠道、有使命地融入群眾，使群眾有信心、有幹勁兒地攜手幹部共同脫貧致富。

其三，基層幹部以踏實肯幹的精神感染貧困群眾，在精準扶貧的過

程中扮演了不可或缺的角色。沿河縣的各級幹部紮紮實實幹工作，踏踏實實引領脫貧。脫貧攻堅容不得一點「虛」張聲勢，領導幹部是否做實質性工作，是否真心實意為人民服務，人民是最切實的感受者，也最具有發言權。從案例中，我們不僅看到的是扶貧成就的數字形式，更看到的是沿河縣幹部帶動群眾的實幹精神，他們全心全意帶領群眾探索脫貧致富的新路子，積極地組織群眾投入到脫貧攻堅的工作中來。

（2）推動扶貧產業聯動，因村制宜，實現三大產業共同發展。

在選擇扶貧路徑的過程中，根據不同貧困村的自然生態條件，充分利用當地的優勢，發展林業、畜牧業、漁業等第一產業。同時，在發展第一產業的時候，找準切入點，延長產業鏈，增加脫貧致富的新路徑，促使群眾增收，促進第二產業的發展。在第一、第二產業的發展中糅合當地特色文化，並在此基礎上推動旅遊業的發展。採用三大產業聯動發展的方式，不僅增加當地就業崗位，提高貧困地區就業率，加大了貧困地區與外部其他地區的經濟文化交流，同時，也使貧困群眾在高效、新型勞動中獲得脫貧致富的幸福感。

（3）高效利用科學技術助力扶貧新模式。

利用當代信息社會的優勢，擴大信息交流的途徑，提高信息交流的效率，將高新技術輸入貧困地區，將特色產品輸出到全國各地。同時，利用大數據對生產、銷售各個環節進行管控，使得產業發展科學化、規模化。利用互聯網的強大功能，推出電商銷售平台，擴大產品銷售面和產業發展影響力。

（4）靈活統籌，多種脫貧路徑相融合。

精準扶貧的路徑是多樣化的，更是靈活變通的。沿河縣系統性而又有彈性地引導脫貧，不止走「五個一批」脫貧路徑的單一道路，還靈活統籌多種路徑。

其一，對於生態脆弱地區，走的是生態與產業扶貧雙向結合新路子。

不僅針對生態環境脆弱的地區開展生態環境保護工作，同時也利用生態保護工作開展的契機發展綠色實業。

其二，對於殘疾人、留守兒童、空巢老人等弱勢群體，不是走「社會保障兜底一批」的單一路子，而是在其基礎上結合了「發展教育脫貧一批」的複式路徑。要大力發展教育，完善教育基礎設施，為貧困人口提供教育機會，同時也要發揮社會保障的兜底作用。將貧困地區弱勢群體轉化為脫貧攻堅的新生力量，利用教育阻隔貧困的代際傳遞。

其三，對於異地搬遷的群眾，對其秉承「離土不離鄉」的原則，實施就近搬遷，為精準扶貧注入人文關懷。針對異地搬遷群眾，不僅提供物質支持，亦進行精神幫助，以慰其思鄉之情。使得精準扶貧政策增加了人情溫度，不僅追求最終達到脫貧致富，同時，也要努力做到在其實施過程中對貧困群眾有足夠的精神層面的關懷。

（5）激發內生動力，帶領群眾主動「造血」。

從社會輿論大環境、教育事業、技術支持、模範大戶等多個方面開展工作，培養群眾的「造血」思想，促進群眾的「造血」意願，提升群眾的「造血」能力。

其一，充分發揮社會輿論的作用，運用符合當地群眾知識水平的宣傳冊子，從生活中的各個方面滲透精準扶貧思想，大力宣傳扶貧精神，增加群眾參與度。

其二，開展意識扶貧。從意識形態層面貫徹扶貧思想，推動教育事業與扶貧事業共同發展，爭取發揮二者相互驅動、相互推進的複合作用。

其三，邀請專家和技術人才對農業種植戶進行技術指導，增強當地貧困戶的生產能力，增加其經濟收入。

其四，對於那些率先脫貧成功的示範戶予以激勵，在貧困村中實行「先富帶動後富」的機制，不僅使「雁歸」人群為家鄉注入了勞動力，也減少了空巢老人和留守兒童現象。

二、案例 2：汝城縣的「面子工程」

（一）基本情況

1. **自然狀況**：汝城縣位於湖南省東南部，是國家的扶貧重點縣之一，也是國家集中連片開發區的重點區域之一。汝城縣下轄 15 個鄉和 8 個鎮，總面積為 2401 平方公里。[1]

2. **人口和經濟狀況**：全縣總人口為 39.9 萬，少數民族人口佔比近兩成，總共有 6.8 萬人。汝城縣民族地區的經濟社會發展相對緩慢，目前全縣 70% 的貧困人口分佈在少數民族鄉。

3. **致貧原因**：其一，汝城自然生態環境惡劣，是中國自然災害多發區；其二，許多貧困村地處偏僻之地，基礎設施落後，交通不發達，對外交流能力弱。

（二）扶貧領域出現的問題

1. 大搞「闊面子」工程，罔顧民生

汝城縣沒有將中央所分發下來用於扶貧開發工作的資金用到實處，沒有把群眾的「救命錢」用到刀刃上，而用來大搞政績開發。

2. 融資代建，政府失信，負債累累

融資代建，表示當政府資金缺乏充足性和周轉性的時候，由第三方，即負責施工的相關單位或者其他社會資本提供資金幫助，待政府有力償還時再歸還本息。汝城縣領導主觀性行政，以這種方式使得政府背負極重的債務負擔，使得其被劃入債務風險紅色預警陣地。

3. 賣地填債，項目調停，給群眾生活帶來困擾

為了償還債務，將債務風險降到橙色預警以下，汝城縣政府調停了正在進行的建設、投資項目，連續五年出讓價值達 4.5 億元的土地。進入 2018 年，汝城縣政府大量出讓土地，同時也就帶來房地產市場的亂象。這不僅沒

1　https://baike.so.com/doc/5621268-5833885.html.

有使貧困狀況得到緩解，反而更使得群眾的正常生活受到困擾。

4. 粗放規劃，盲目建設

沒有把握精準扶貧的核心，並未採用因地制宜、因人施策的「精準」扶貧方法。依然採用大水漫灌的方式，粗放地進行規劃，盲目投資建設，卻沒有取得實質性成效。2014 年至 2017 年，汝城縣將全縣的發展重點聚焦於「全域旅遊開發」，提出打造「一環一心五水十園」，構建「會呼吸的城市」，並在全縣範圍內遍地開花建旅遊景點，試圖給每個鄉鎮都確定一項旅遊特色。總投資 50 多億元的理學古鎮、總投資 30 億元的汝城特色小鎮、總投資 15 億元的熱水國際溫泉度假中心等一大批旅遊產業項目短期內紮堆開建。[1]

資料來源：中國紀檢監察報，2018 年 8 月 5 日

針對上述案例，我們可進行如下反思。

（1）把握精準扶貧的核心——「精準」。

精準扶貧，成敗在精準。很顯然，汝城縣恰恰喪失了精準扶貧的靈魂。無論是對於貧困人口的識別還是對於幫扶措施的施行，都沒有做到「精準」二字。為了完成上級部屬的任務，而將精準扶貧數字化、冰冷化——只為盲目追求政績而不管貧困群眾真正的境況和需要，將不符合貧困戶條件的人納入幫扶體系之中，而將那些最需要幫扶的人排除到體系之外。這樣不僅會造成人力、物力資源的浪費，而且會使貧困程度相對加深，社會矛盾加大。

（2）精準幫扶，要確定好「誰來扶」。

扶貧工作要充分抓好黨建扶貧，發揮基層幹部在精準扶貧中的領導組織作用，加強扶貧隊伍機構建設。

1 https://finance.sina.com.cn/china/dfjj/2018-10-12/do.

其一，「幫錢幫物，不如幫助建個好支部」[1]。基層領導幹部與人民群眾的關係最為密切，其在扶貧工作中起着極為重要的作用。在思想好、作風正、能力強的好幹部的領導之下，扶貧攻堅工作將會事半功倍。反之，在思想作風不正的領導帶領下，民眾走向的不是「小康」，而是「萬丈深淵」。在思想作風不正的領導帶領下，領導集體內部混亂，更使得汝城縣沒有改變多年的貧困狀況；使得當地貧困地區與其他保持正常速度脫貧的地區相比，處於相對貧困的地位；使得當地貧困群眾生活更加艱難，脫貧信心和意識淡薄。

其二，黨員幹部要潛心投入到扶貧工作中，紮根到貧困村中，發揮基層黨組織的先鋒作用，帶領貧困群眾衝在脫貧前線陣地，奪取脫貧新勝利。中國共產黨本就是中國人民的先鋒隊，在精準扶貧工作中，應該以「從人民群眾中來，到人民群眾中去」為基本路線，在脫貧攻堅中發揮其戰鬥堡壘的作用。

（3）精準考核，要確定好考核標準。

對於地方政績的考核，不應該使 GDP 在考核的各項指標中佔有極大比重。因為這樣會造成部分地方官員只重扶貧數字而不顧民生，不幹實事。以 GDP 為先的政府政績論的精準扶貧工作開展是沒有溫度的，是缺失意義的，是違背初心的。應該將生態環境考核、群眾的生活水平提高程度、群眾的幸福指數加入考核維度，使得考核標準多維化、綜合化、全面化。應杜絕出現象汝城縣基層幹部那樣，為了在上級領導面前蒙混過關，而拿着扶貧的錢大搞面子工程的現象。

（4）加強扶貧工作中的監督考核機制建設。

在汝城縣的扶貧問題案例當中，由於缺乏監督考核機制的建設，以至

1　中共中央文獻研究室：習近平總書記重要講話文章選編［M］. 北京：中央文獻出版社，2016：298。

於問題不斷積累和發酵，最後乾脆由國家紀檢部門一舉揭發。對於監督考核機制的建設應該着重從以下三個方面進行。

其一，加強動態監督。從縱向來看，雖然在精準扶貧過程中我們要解決好「如何退」的問題，但是扶貧工作是一個動態的過程，對於扶貧工作的監督自然不應停留在脫貧攻堅的最後階段，應該將其貫穿精準識別、精準幫扶、精準管理、精準考核的全過程。在各個階段均設計監督體系，哪個階段出問題、出岔子就在哪個階段解決，減弱脫貧攻堅工作過程中由於階段性工作失誤而帶來的不必要損害。從橫向來看，精準扶貧工作的開展涉及多個等級的不同部門和機構，對每個機構進行監督同樣是必要的，這樣不僅可以減少不同部門之間的責任推諉事件，而且可以提高脫貧攻堅的工作效率，增強脫貧攻堅的實質性效果。

其二，加快專業性較強的第三方監督機構的引入進程，第三方監督機構要加強自己的專業性建構，上級部門應委託第三方機構評估下級單位，將評估結果公開化。

其三，擴大當地群眾對於扶貧工作的監督面並提高群眾的參與度。群眾是扶貧工作最直接的參與者和受益者，扶貧的成效好不好，群眾最具有發言權。要在精準扶貧的全過程拓寬群眾監督的途徑，將群眾上訪、投訴的路徑拓寬貫穿於扶貧工作中，讓群眾的監督貫穿扶貧工作全程，使其真切感受到精準扶貧工作的時效性與公開性。

第五節　精準扶貧的實踐困境與應對策略

一、精準扶貧面臨的實踐困境

綜合學界的研究和筆者上述所提及的範例來看，精準扶貧的實踐困境主要可以從四個方面來分析，即分析在扶貧工作開展的各階段 ——「四個精準」中所呈現的問題。

（一）精準識別過程中出現的問題

精準識別貧困村和貧困戶是精準扶貧的前提，但在實踐過程中卻面臨很多挑戰。

（1）自然環境的障礙成為工作開展的瓶頸。中國許多貧困地區主要是由於自然環境惡劣造成的，而這些造成貧困的自然障礙也正好成為精準識別貧困人口的阻礙。很多貧困地區交通受阻、通信設施缺乏，難以與外界保持聯繫暢通，故在此居住的貧困人口難以被精準識別出來。

（2）貧困認定標準不統一。國家對於貧困人口的認定是年平均收入低於當年貧困標準，而不同地方政府的貧困認定標準又是根據當地的經濟發展水平和人口狀況等因素來確定的，這就會出現兩線不統一，部分實際上生活困難的群眾被排斥在政策之外，而又有許多「僥倖者」會被包攬進政策之中，使得對貧困人口的識別出現誤差，變得不「精準」。

（3）扶貧前沿的基層工作人員文化素質尚有欠缺。基層工作人員是精準扶貧的生力軍，也是奮鬥在精準識別一線的人員。由於貧困地區教育水平偏低，因此基層工作人員也存在知識水平偏低、文化素質不高、知識老化等問題。

（4）科層制的弊端是對工作開展的一大禁錮。科層制的一大特徵就是信息的單向流動，同時不能跨層級，這不僅導致了中央下達的政策和標準被逐層解讀，還使得那些因病返貧、因災返貧的人口來不及重新被加入檔案之中。

（5）地方政府對貧困人口數目的上報缺乏真實性。由於地方政府開展扶貧工作要向中央立下軍令狀，而最後中央又要以此來對貧困地區進行脫貧效果的考核，所以一些地方政府會少報貧困人口，以減小政績壓力。同時，由於上級政府是根據貧困人口的規模來進行撥款，有的地方政府想獲得高額的扶貧資金，便會多報人口數量。

（6）人情關係使得識別的精準程度大打折扣。中國傳統社會中對於人情關係、裙帶關係比較看重，這一概念會在精準扶貧的過程中有所滲透。為了享受國家的優惠政策，許多不符合貧困人口標準的非貧困群體就依靠「關係」被加入貧困名單之中。

（7）人口政策現實性基礎有所欠缺。現實生活中許多人沒有戶口，或者生活在過於偏僻地區的人口具有隱祕性，使得國家所掌握人口狀況與現實生活中的人口狀況不相符。這就使得依照國家所獲得的數據制定的人口政策在現實生活中缺乏完全的適用性。

（二）精準幫扶中出現的問題

1. 資金方面的問題

資金分配、調動、運轉缺乏完整性和嚴謹性。

政府沒有統一對扶貧資金進行管控和調度，導致資金碎片化嚴重、低效率利用。許漢澤、李小雲（2016）兩位學者通過對華北 W 縣的競爭性扶貧項目進行田野調查，得出結論：W 縣地方政府只關注政績上的宣傳，並不關注扶貧項目的質量和後續維持。這就使有限的扶貧資金分散在各個貧困村與合作社之中，導致扶貧資金的碎片化供給與低效率使用。[1] 李金龍、楊潔（2017）在其文章《農村精準扶貧政策執行的失範及其矯正 —— 基於街頭官僚理論視角》中提到，扶貧資金使用的隱瞞性執行使得扶貧工作的效果大打折扣，這集中表現在村組幹部對扶貧資金的截留、轉移和盜取上。[2]

2. 扶貧項目方面的問題

（1）產業扶持缺乏「滴灌化」。目前產業扶貧主要針對的對象是貧困

1 許漢澤、李小雲：精準扶貧視角下扶貧項目的運作困境及其解釋 —— 以華北 W 縣的競爭性項目為例 [J]. 中國農業大學學報（社會科學版），2016，33（4）：49-56。

2 李金龍、楊潔：農村精準扶貧政策執行的失範及其矯正 —— 基於街頭官僚理論視角 [J]. 青海社會科學，2017（4）：120-127。

村或者貧困縣，還沒有具體到貧困戶、貧困人口。產業扶貧還停留在大水漫灌的層面，對於貧困人口的精準幫扶還有所欠缺。

（2）產業扶持存在制度性缺陷，未能形成總體的統籌和安排。許多貧困地區的產業扶貧項目開發缺乏制度性安排，在扶貧項目開展初期有政策支持，但是在中後期便出現了資金、技術難以跟進的狀況。

（3）產業扶貧過程中的多因子致貧因素被忽視。這就不得不與精準識別過程相聯繫了，在精準識別過程中，地方基層幹部對於貧困人口做到精準識別之後，又分析不同的致貧原因，以便做到因人制策、精準施策。但是如果上一環節出現了問題，缺乏對多維致貧原因的分析，則會導致產業扶貧過程中的扶貧效果大打折扣。

（4）私人企業支持產業扶貧的過程中，以自我利益優先，忽視貧困群眾的利益。許多貧困地區的產業扶貧項目開發一般是以私人企業為主，而私人企業又正好是以自己的利益優先，所以貧困群眾真正的利益被排斥在產業開發之外。

（三）精準管理中出現的問題

精準管理中出現的問題主要體現在主體的參與性不足、融入性低，對此主要從三個層面來探討。

1. 社會各主體融入性低

顧海娥（2017）從民族地區精準扶貧研究中利益相關者的角度，提出精準管理中所存在的社會力量參與不足問題。這裏的社會力量主要指社會組織。一種是有官方背景的社會組織，它們雖然給扶貧帶來了一定的成效，但是由於其人事、資金基本上完全依賴於政府，因此會出現扶貧效率低下的情況。另一種是無官方背景的社會組織，一方面它們並未得到政府的廣泛支持，在貧困地區的工作開展的深度與廣度有限；另一方面它們因其自身的價值選擇，更多的是關注某個民族貧困地區的典型，着重向世界呈現中國貧困的現實，而在貧困實際解決方面的努力有限。還有一種是由一些中國優秀的企業家出於企業的社會責任感和公益理念而成立的社會組織參與到扶貧工作中，目前此類社會組織有着很高的參與熱情，但是在專業性方面存在問題。[1]

2. 貧困戶融入度不夠

這存在三種情況，第一種是由於貧困群眾的知識文化水平較低，對政府的政策解讀能力極弱，所以對精準扶貧政策漠不關心；第二種是因為當地政府在前幾年的扶貧實踐中沒有做出實質性扶貧成績，使貧困群眾對扶貧政策本身有失望心理，導致對精準扶貧工作參與度極低；第三種是因為許多地區的精準扶貧工作都沒有真正做到「精神扶貧」與物質扶貧相結合，顧海娥（2017）在文章中提到，目前民族地區主要還是一次性或每年、每季度多次給予現金扶貧，這樣貧困戶每次拿到扶貧資金，只能在短期內使生活得到改善，但錢花完後，依然處於貧困狀態。[1]

3. 基層工作者、駐村人員無法熱心投入工作

中國處於精準扶貧工作前線的正是那些基層工作者，基層工作者對精準扶貧工作起着十分重要的領導帶頭作用。但是現實生活中依然存在基層工作者對扶貧工作的敷衍、不認真、不負責情況。這主要是由於中國精準扶貧實施的過程中缺乏系統的精細化管理，以至於政府部門各自為政，駐村工作人員無法熱心投入工作；其次是因為許多貧困地區的駐村工作組都是經上級部門外派任職，難以適應當地的風土人情及生活習慣；還有一個原因就是，有些地方基層工作者、地方官員人員不足，面對十分繁雜的精準扶貧工作有心無力。

---

1 顧海娥：民族地區精準扶貧的實踐困境及解決路徑 —— 基於利益相關者理論的分析 [J]. 新視野，2017（2）：41-46。

（四）精準考核中出現的問題

1. 群眾監督力量薄弱

第一個是思想上的原因，許多貧困地區的群眾以地方官員為「父母官」，對於官員持崇拜、敬畏心理，而對於地方官員所為的政事則「不敢言」。第二個是由於貧困人口自主融入不足。有些群眾對於精準扶貧的前三個環節沒有完全參與，或是參與程度不夠，沒有涉及與自身利益切實相關的事務，自然對第四個環節是漠不關心的。第三個原因就是中國監督體系還不完善，群眾監督的途徑和渠道相對來說還比較狹隘，這就造成了在精準扶貧工作中群眾監督的缺位現象。

2. 監督缺乏技術支持

貧困地區也正是科學技術沒有能夠涉足的地區。貧困地區落後的基礎設施成為進一步引進高科技技術的桎梏，對於扶貧成果考核不能完全引入互聯網技術。例如，在考核的數據採集方面，貧困村一級大多使用紙質填表，而縣一級使用的是電腦錄入，這不僅造成了在扶貧成果最底層可能會出現數據缺失問題，使扶貧成果的考核缺乏精準性，還會對考核的工作效率帶來直接影響。

3. 第三方主體的引入有所欠缺

在吳雄周和丁建軍（2015）二位學者的研究中指出，第三方考核主體引入的滯後性導致精準考核中出現了主體排斥，這裏的第三方考核是指社會專業考核機構、公眾和輿論等對扶貧責任主體進行的外部考核。與政府機構考核相比，第三方考核主體有自身的優勢，可以斬斷利益鏈條。而在中國扶貧考核的監察體系中，第三方主體的引入雖然早已在社會上倡導和呼籲，但是措施上依然還處於滯後階段，第三方主體的引入尚且缺乏制度性對接。其次就是第三方主體還缺乏專業性，監督技術、監督策略和內部監督體系還不完善。[1]

二、應對策略

（一）精準扶貧政策體系化

開展精準扶貧工作過程中，政府居於主導地位，政府的政策體系化便具有十分重要的指導性和保障性意義。精準扶貧過程中，發揮政府作用的政策體系包括以下政策：一是關於資源配置的政策，包括財政政策、貨幣政策、產業政策和區域發展政策等；二是促進基礎公共事業發展的政策，包括土地政策、醫保政策、教育政策等；三是促進貧困地區人民收入的增加。通過各類政策對精準扶貧的保障性作用，為精準扶貧提供有力的結構化體系支撐。

1. 完善關於資源配置的相關政策

政府政策制定應該做到具體問題具體分析，財政政策、貨幣政策多向貧困落後地區傾斜和偏移。不僅加大中央政府對貧困地區轉移支付的幫扶力度，地方政府也要在自己財政能力範圍之內，形成中央和地方政策合力支持，從上至下加強對貧困地區財政的投入力度。同時，政府應出台相關政策引導各類金融機構加大對精準扶貧的支持力度，形成金融服務與政策相對接、與扶貧產業項目相對接、與貧困人口相對接。最後，建立健全扶貧資金的監督政策，以政策保證扶貧資金和項目在實踐中發揮最大功效和作用。

2. 完善促進公共事業發展的相關政策

在土地政策方面，要完善土地的總體規劃，實現土地合理利用、適度開發和有效保護相結合。確立精準扶貧用地的需求的優先性，統籌安排用

1 吳雄周、丁建軍：精準扶貧：單維瞄準向多維瞄準的嬗變——兼析湘西州十八洞村扶貧調查[J]. 湖南社會科學，2015（6）：162-166。

地規模和佈局，同時，政府要將增大建設用地指標向貧困地區傾斜力度貫徹落實到審批用地指標過程中。在醫療制度方面，進一步完善農村新型合作醫療保障制度以及醫療保險制度，對於那些因病致貧和因病返貧的貧困群眾要從政策上加大幫扶力度。對於教育政策，要保證國家教育經費向貧困地區傾斜，加大基層地區的教師隊伍和基礎教育設施建設力度，進一步落實職業教育學費減免和九年義務教育政策。

3. 完善社會分配和就業政策

通過精準制定就業政策與社會分配政策，開展對貧困地區群眾的幫扶工作，通過政策性支持，增強貧困地區的自主「造血」能力，縮小社會差距，從根本上解決中國區域性不平等和收入分配差距過大的問題。在產業扶貧和生態扶貧中政策性引導貧困地區人民積極投入就業當中，增加其勞動性收入。

（二）精準扶貧責任化

1. 增強人員委派的嚴謹性，切實做到因村派人

在精準扶貧工作中，中共中央、國務院主要進行頂層設計，省一級負總責，對扶貧工作進行中層組織，市一級上下銜接，推進實施。對於高層級的人員委派具有嚴謹性，但是對於基層幹部的委派有所疏忽。在人員委派的過程中要增強對人員選拔的嚴格性，切實挑選那些踏實肯幹、具有奉獻精神的基層幹部，並且做到外調人員就近派人，針對不同貧困區域的不同貧困狀況派遣具有相應能力的幹部。

2. 加強領導責任制，扶貧責任落實到人

首先需要選好領導班子，統籌省內領導幹部，選準配強到扶貧攻堅重地的主要領導人。確保扶貧一線陣地領導班子的穩定性。有計劃地安排各級後備幹部到貧困地區掛職任職，對政績突出的部門和個人進行表彰，對不負責、造成不良影響的人堅決撤換，追究責任到部門和個人。

其次要強化分級負責制，明確分配扶貧任務到各級，發揮各級扶貧攻堅的不同作用。

3. 增強對扶貧工作負責人的多維、細化考核

對於扶貧工作的考核標準要多維化，不能只以經濟增長作為考核的主要標準，還要將生態文明建設、群眾的滿意度等作為考核的標準。對於扶貧負責人要層層考核，不僅要對扶貧工作最後的成績進行考核，而且要貫穿到扶貧工作的各階段。打破考察過程中的科層制弊端，形成下級對上級的監督作用和上級對下級的督促作用相結合，加強扶貧工作跨層級式考核機制建設。

（三）精準扶貧科學化

1. 科學技術的引入

把科學技術引入到貧困地區，通過一般性的科學技術解決貧困農村地區農作物栽培、灌溉、施肥、病蟲防害等問題；通過互聯網技術促進貧困地區的一、二、三產業融合，延長貧困地區的產業鏈，擴大貧困地區特色產品的市場佔有率，增加貧困地區群眾的穩定性收入。同時，加強對貧困地區群眾的科學技術指導，發揮科技示範大戶的輻射性作用。也可以促使科技發達地區或者科技研究機構和貧困地區結成「對子」，形成一對一幫扶，充分發揮科技脫貧的作用。

2. 科技人才的引入

第一，鼓勵、支持、引導科研人員到貧困地區基層去，接觸貧困現實問題，了解貧困群眾的需要，通過自己的科學技術知識解決實際問題。第二，貧困地區存在科學技術人員數量不足、知識老化的問題，應該通過教育着力培養有志於獻身於基層扶貧的科技人員，並不斷對貧困地區進行人才性輸入。同時，對貧困地區現有科技人員組織集中培訓，更新其知識結構、提高其科研能力。

（四）精準扶貧綜合化

1. 路徑的綜合，因地制宜，分類指導

對於脫貧的路徑選擇要實事求是，根據當地發展需求和條件來進行合理規劃和制定。有些地區的致貧原因是多因子複合而成，應充分發揮「生產脫貧一批、易地搬遷脫貧一批、生態補償脫貧一批、發展教育脫貧一批、社會保障兜底一批」的綜合性作用。除此之外，還要探索符合自己地區發展的創新路徑，充分保障脫貧符合創新、協調、綠色、開放、共享的發展理念。

2. 參與力量的綜合

第一，綜合東西部力量。要通過政策性號召，促進東部與西部形成對口性支持，建立發達區域和欠發達區域的合作交流機制。鼓勵東部地區機關、事業單位、企業單位和社會組織精準對接西部貧困縣、貧困村、貧困戶，使得扶貧具有針對性、綜合性。

第二，綜合社會多元主體加入扶貧工作。

首先，政府制定優惠政策，鼓勵企業參與扶貧項目開發、貧困地區勞動力就業和貧困地區技能培訓，鼓勵企業積極履行社會責任。其次，加強各民主黨派和無黨派人士對扶貧工作的支持力度，加強對貧困地區科教事業等方面的支持；發揮民間各群眾性組織的聯繫紐帶作用，爭取實現政府主導扶貧與社會群體參與扶貧的雙向良性互動。最後，突出個人在扶貧前沿的作用，積極引導大學生到貧困地區去，為貧困地區注入新鮮活力。有效引導港澳台同胞以及世界其他正義性力量對中國貧困地區的支持。

第六節　總結

精準扶貧是中國扶貧工作開展到一定階段的創新之舉，也是實現中華人民共和國偉大復興的重要舉措，是中國人民實現共同富裕的必經之路。

自 2013 年精準扶貧工作開展以來，中國領導幹部帶領群眾不斷探索實踐並反思改進，使扶貧工作在新時期取得了舉世矚目的成就。精準扶貧工作不僅是對以往扶貧成就的肯定，也是對以往扶貧成就的提升與發展；精準扶貧工作的受益者不僅僅是貧困地區群眾，更是中國人民乃至世界人民；精準扶貧工作不僅對於中國有極其重要的意義，對於世界其他發展中國家的反貧困行動也具有借鑒意義，乃至對整個人類世界的進步與發展都具有難以替代的作用。

精準扶貧工作的開展充分體現了中國特色社會主義制度的優越性。首先，中國共產黨是中國的執政黨，始終堅持以人民利益為中心，尊重人民的主體地位。精準扶貧、脫貧攻堅正是本着以人民利益為中心的原則，旨在解決人民的基本生存、生活問題，提高人民生活水平。其次，社會主義的本質是消滅剝削，消除兩極分化，最終實現共同富裕。鄧小平曾指出，貧窮不是社會主義。帶領人民擺脫貧困、共享改革開放成果才是社會主義的最終目標和本質特徵。從精準扶貧初具雛形到制度體系的健全與實施，使貧困地區擺脫貧困，使貧困人民解決溫飽問題並走向小康社會，充分表明精準扶貧是中國在走中國特色社會主義道路上探索出的適合中國國情的新型路子。

精準扶貧工作的開展為世界其他發展中國家的反貧困行動提供了有意義的借鑒。中國通過精準扶貧、脫貧攻堅使得貧困規模大幅減小，貧困地區狀況日益改善，充分反映了中國扶貧政策選擇的正確性以及扶貧舉措的有效性。精準扶貧戰略的形成，不僅是結合中國國情，從中國扶貧實踐的經驗總結中得來的，同時，也是充分吸取世界其他國家人民的智慧和借鑒其他國家扶貧工作經驗而形成的。精準扶貧具有理論來源和內涵的豐富性，以及推行的可實踐性，無疑成為世界其他發展中國家的優秀借鑒範式。

精準扶貧工作的開展，是人類發展史上的偉大壯舉，為世界消除貧困做出了重大貢獻。貧困問題是人類社會的重要問題，關乎世界人民的生存和生活，直接影響國際政治安全、經濟安全以及環境安全；貧困問題也是當今世界人類面臨的幾大難題之一，是世界各國所亟須解決的重大問題。中國作為世界上最大的發展中國家和世界上人口最多的國家，通過精準扶貧工作的開展，積極承擔為世界減貧的責任。中共十八大以來，中國農村貧困發生率持續顯著降低，貧困人口規模大幅減少，對全球減貧貢獻率超過七成。中國的精準扶貧，顯示了中國擺脫貧困、走向繁榮富強的勇氣和信心，更為世界反抗貧困作出了巨大的努力，極大地推進了世界減貧工作的進程。

在世界貧困難題被完全解決之前，精準扶貧會一直在路上。

從橫向來看，精準扶貧不僅僅是中國的偉大戰略，其更具有世界性推行的戰略意義。精準扶貧的成就不容置疑，其對於中國和世界的重大意義也是不容忽視的，但對於在其推行過程中所出現的問題更應該予以重視、加以解決。只有這樣，精準扶貧才能在不斷否定中變得更加成熟，更具發展性、靈活性、動態性和實踐性，才能使其適用範圍跨越國家界限，擴展到世界其他國家。

從縱向來看，精準扶貧不僅適用於當今社會的貧困問題，其對於超越時空局限性的貧困問題更具有重要意義。精準扶貧從初步構想到施行，再到取得階段性成就，其理論內涵和實踐經驗是不斷豐富和發展的。它所包含的「六個精準」「五條路徑」等重要內容和工作方法、推行措施也不僅僅局限於當今時代的貧困問題。我們應該以一種超越時間局限的、運動的、發展的眼光去豐富、發展並且創新其內涵，使其成為有效的反貧困策略。

第十五章　深度扶貧

深度扶貧是全面實現小康社會、完成兩個「一百年」奮鬥目標的必由之路，也是脫貧攻堅的「重中之重，堅中之堅」。中華大地幅員遼闊，區域差異鮮明，如何確保深度貧困地區同全國一道邁進小康社會，如何攻克深度貧困的堡壘，是黨和國家現階段面臨的嚴峻問題。[1]

本章第一節對深度扶貧理論進行概述，介紹了深度扶貧的理論基礎，以及在當代中國深度貧困地區的主要成因。第二節以湖南省懷化市為例，主要討論深度扶貧在現階段取得的成就和經驗。第三節介紹深度扶貧目前存在的問題，包括法律、幹部和觀念三個方面。第四節將針對深度扶貧現有的問題，提出相應的解決對策。

第一節　深度扶貧的理論基礎及主要成因

一、深度扶貧的理論基礎

（一）人權保障

《中華人民共和國憲法》的第二章是「公民的基本權利和義務」，這是從根本大法的層面重視和保障公民的基本人權。保障深度貧困地區的人民生存和發展權利，是深度扶貧政策必須重視的問題。

生存權最初見於中世紀意大利神學家托馬斯．阿奎那（Thomas

---

* 感謝王藝遙為本章所做貢獻。

1 雷明：深度扶貧——打贏脫貧攻堅戰之關鍵 [N]. 中國社會科學報，2018-09-26（4）。

Aquinas）的著作，20 世紀初德國的《魏瑪憲法》則對其進一步做了法律性質的規定。[1] 在中國，隨着經濟社會的發展和變革，國家越來越尊重和保障公民權利，其中，基本生活保障權利與扶貧政策的價值取向一脈相承。2017 年 9 月，國務院新聞辦公室發佈《中國健康事業的發展與人權進步》白皮書指出，努力為人民群眾提供全生命周期的衞生與健康服務，提升了中國的健康權保障水平，使中國人權事業得到長足發展。[2] 貧窮的最大問題是缺乏基本生存的條件，公民的生存權無法得到滿足。因此，扶貧政策首先要解決的便是生存權的問題。

中國全面構建小康社會的基本目標之一是保障人權，其中還包括了發展的權利。人權的發展離不開堅實的經濟基礎，這便需要深度扶貧政策發揮其應有的效力。深度貧困地區在保障基本的生活的基礎上，還應該重視公民的發展權，即教育、勞動、就業等追求自身提升、獲得發展機會的權利。只有發展權得到尊重，才能實現「授之以漁」的扶貧目標，讓貧困地區不再長期掙扎於最低生存線上，而是以積極主動的姿態，步入小康的生活。

深度扶貧不僅僅是對貧困地區經濟上的援助，更是對貧困地區生活的人民從生存到發展的支持。只有實現對人民基本權利的保障，才能徹底地、有效地達成全面建成小康社會的奮鬥目標。

（二）共同富裕

共同富裕是社會主義的本質規定和奮鬥目標，也是中國特色社會主義的根本原則。共同富裕要求消除兩極分化，在生產力發展的基礎上，先富帶動後富，實現普遍富裕的社會狀態。同時，共同富裕也要求物質生活和精神生活都能達到高度文明的程度，不僅物質水平得到提升，而且人的自身文明素質和社會的精神面貌都應該得到提升。

---

1 寧林：我國深度扶貧法治機制的構建論析 [J]. 重慶社會科學，2018（1）：94。

2 國務院新聞辦公室：中國健康事業的發展與人權進步 [J]. 人權，2017（6）：125-144。

這一點反映在扶貧政策中，正是深度扶貧的意義所在。傳統的扶貧方式往往面臨「一刀切」或時效短的問題，深度扶貧的針對性和準確性彌補了這一缺陷。深度扶貧的理念是從源頭上根治貧困問題，由表面上的短期經濟增長轉入實際中的長效發展，先富地區對口支援貧困地區，實現經濟和文化全面進步，這與共同富裕的思想內涵是高度統一的。

二、深度貧困的主要成因

深度貧困地區的問題由來已久，往往牽涉政治、經濟、文化等諸多方面。2017 年 6 月 23 日，習近平發表《在深度貧困地區脫貧攻堅座談會上的講話》，其中提到深度扶貧治標與治本的問題。如要徹底攻克深度貧困地區的貧困問題，需要發掘其致貧原因，針對「根本」施以政策，方能實現脫貧的目標。

（1）「老少邊」地區的複雜性。中國的深度貧困縣中，有革命老區縣 55 個，少數民族縣 113 個。自然地理、經濟社會、民族宗教、國防安全等問題交織在一起，加大了脫貧攻堅的複雜性和難度。[1] 深度貧困縣中的「三區三州」是脫貧工作的難中之難。「三區三州」指西藏、四省藏區、新疆南疆四地州和四川涼山州、雲南怒江州、甘肅臨夏州[2]，這些地區均屬於「老少邊」的範疇。從歷史層面看，「老少邊」地區經歷過較為曲折的發展路徑，在改革開放前期一直是非重點發展對象。從現狀層面看，「老少邊」地區的基礎設施、科教文衞、公共服務等均十分落後，單憑當地人民和社會的力量難以實現卓有成效的進步和發展。

（2）政策支持力度不足。1978 年十一屆三中全會的召開標誌着中國進入了改革開放新時期。1980 年設立深圳、珠海、汕頭、廈門等經濟特區。1984 年劃定 14 個沿海開放城市並開闢沿海經濟開放區。1992 年，中共

1　習近平：在深度貧困地區脫貧攻堅座談會上的講話 [J]. 黨建，2017（17）：10-18。

2　中共中央、國務院關於打贏脫貧攻堅戰三年行動的指導意見。

十四大明確提出建立社會主義市場經濟體制的改革目標。2001 年中國加入世貿組織。可見，中國的經濟格局一直處於逐步擴大、加深的狀態。但與此相對應的，是對西部地區、中部鄉鎮和大型城市周邊村鎮的關注不足。西部大開發戰略和前期的扶貧工作，在西部和中部地區取得了相當大的成就，但其局限於大規模的工程和主要城市，對村鎮一級和偏遠地區的影響力有限。深度扶貧政策的提出，可以彌補以往政策支持力度的不足，更有針對性地帶給深度貧困地區發展機遇，既縮小區域差距，也縮小城鄉差距。

（3）社會自生動力缺失。深度貧困地區多有「先天不足」和「後天滯後」的問題，因此自身缺乏原生的發展動力。從先天層面來看，深度貧困地區沒有中原地區優良的地形、氣候、土壤、水源、礦產等自然條件，也沒有沿海地區天然的水路或海港優勢；從後天發展來看，深度貧困地區的建設成本過高，基礎設施較為落後，甚至人民的生存也會受到自然災害的威脅。人口出生率高，但教育資源嚴重缺失，文化水平普遍較低，缺乏良好的經濟環境，遠低於同期全國經濟發展平均水平，同外界溝通不便，經常處於脫節的狀態，因而難以引進人才、留住人才，並形成了惡性循環。

（4）生態環境脆弱。所謂「綠水青山」，通常都建立在經濟發展較好或自然條件優越的基礎上，而在深度貧困地區，經濟發展的目標尚且難以實現，更妄論對生態環境的保護問題。「還有一些地方處在地質災害頻發地帶，『十年一大災、五年一中災、年年有小災』，實現脫貧和鞏固脫貧成果都存在很大不確定性」[1]，習近平在座談會上也提及，深度貧困地區的成因之一便是生態環境的脆弱性。

在深度貧困的成因中，需要特別關注因病致貧問題。未富先病、因病返貧，這樣的現象在貧困地區時有發生。2017 年《人民日報》刊登了一篇名為《駐村三記 —— 來自內蒙古杭錦旗巴拉貢鎮昌漢白村的精準扶貧駐村調研》的文章，記者探究當地居民貧困的原因時發現，全村因病致貧率達

1 習近平：在深度貧困地區脫貧攻堅座談會上的講話 [J]. 黨建，2017（17）：10-18。

到八成。由於貧困地區本身醫療條件較差，並且教育水平落後，「諱疾忌醫」或擔心醫藥費過重而拒絕治療的現象時有發生。即使有醫保，但由於鄉村周邊缺乏基礎醫療設施，也只能尋求「赤腳醫生」的幫助，無法報銷費用，最終由個人完全承擔，導致原本就處於貧困線的家庭更加貧困。

第二節　深度扶貧的成就與經驗

深度貧困主要發生在以下幾種地區：一是連片的深度貧困地區，例如西藏和四省藏區、南疆三地州、四川涼山、雲南怒江、甘肅臨夏等地區，貧困發生率普遍在 20% 左右；二是深度貧困縣，據國務院扶貧辦對全國最困難的 20% 的貧困縣所做的分析可知，貧困發生率平均為 23%；三是貧困村，全國 12.8 萬個建檔立卡貧困村居住着 60% 的貧困人口。

一、現階段深度扶貧取得的成就

中共十八大、十九大以來，扶貧工作越來越成為社會各界重視的任務指標，這場脫貧攻堅戰已經取得了階段性成就。

（一）制度設計較為合理，脫貧工作持續進展

從制度設計層面來看，「中共中央確定的中央統籌、省負總責、市縣抓落實的管理體制得到貫徹，四樑八柱性質的頂層設計基本形成，五級書記抓扶貧、全黨動員促攻堅的氛圍已經形成」[1]，這樣的制度設計可以較好貫徹落實深度扶貧的各項政策。從數據層面來看，脫貧攻堅成績顯著，每年農村貧困人口減少都超過 1000 萬人，累計脫貧 5500 多萬人；貧困發生率從 2012 年底的 10.2% 下降到 2016 年底的 4.5%，下降 5.7 個百分點；

1　習近平：在深度貧困地區脫貧攻堅座談會上的講話 [J]. 黨建，2017（17）：10-18。

貧困地區農村居民收入增幅高於全國平均水平，貧困群眾生活水平明顯提高，貧困地區面貌明顯改善。[1]

案例：湖南懷化深度扶貧「十項工程」

懷化市位於湖南省西南部，市轄 13 個縣（市、區），其中沅陵縣、通道縣屬於國家扶貧工作重點縣，中方縣、沅陵縣、辰溪縣、麻陽苗族自治縣、新晃侗族自治縣、漵浦縣、芷江侗族自治縣、通道侗族自治縣、會同縣、靖州苗族侗族縣 10 個屬於國家集中連片特困地區扶貧開發工作重點縣，鶴城區、洪江市、洪江區 3 個為湖南省政府明確的省扶貧開發重點比照縣。深度扶貧模式近年來在懷化取得較好的效果，依託政策扶持，懷化的脫貧程度得到有效提高。湖南省針對深度貧困問題統籌推進產業、就業、易地搬遷、生態補償、教育、社會保障等「十項工程」。[1] 2012—2015 年，全市脫貧人口分別為 10.05 萬人、11.6 萬人、12.3 萬人、18.81 萬人。[2] 以 2012 年為例，懷化全市投入財政資金 6203 萬元，新修、維修村級公路 602 公里，硬化村級公路 4421 公里，改造農村用電線路 12 公里，解決飲水困難人口 3.32 萬人。

資料來源：武陵山區深度扶貧模式創新研究 —— 基於湖南懷化個案分析，2016 年

見微知著，懷化的進步是中國諸多貧困地區條件改善的縮影。截至 2014 年年底，懷化市有貧困村 1237 個，佔全省的 15.4%；農村貧困人口 752 393 人，佔全省貧困人口的 12.5%；貧困發生率 2014 年底為 17.5%，2015 年年底為 12.66%，高於湖南省的 11.2%；全面小康實現程度為

1 習近平：在深度貧困地區脫貧攻堅座談會上的講話 [J]. 黨建，2017（17）：10-18。

2 刀波、烏小花、宋志光等：武陵山區貧困鄉村經濟社會發展現狀的調查與思考 [J]. 中央民族大學學報（哲學社會科學版），2014（6）：59-65。

76.8%。[1] 儘管脫貧攻堅之路依然漫長，但扶貧工作的「量變」已經在積累中越發明顯，為實現「質變」提供了機遇和保障。

（二）因地制宜謀發展，實現多元化脫貧

深度貧困地區儘管具有共性，但各地的具體地域條件不同，也要求扶貧政策的多元化。山西聯動實施退耕還林、荒山綠化、森林管護、經濟林提質增效、特色林產業五大項目，通過組建造林合作社等，幫助深度貧困縣貧困人口脫貧。四川省針對大小涼山彝區、川西北高原藏區整體深度貧困地區，制定了大小涼山彝區扶貧規劃和方案等、藏區六項民生工程行動計劃、阿壩州扶貧開發和綜合防治大骨節病方案等，推進彝家新寨、藏區新居、烏蒙新村、扶貧新村建設。雲南對人口較少民族、「直過」民族採取特殊扶持政策，打通進山隧道，明顯加強了基礎設施建設。[2]

除了不同地區的政策差異，即使在同一地區，當地也會組織多種扶貧的方式全方位實現脫貧目標。湖南省懷化市推行「十大行動」，從多個領域和層次改善了當地生活條件和人民素養。一是產業扶持到村到戶行動，以精準扶貧模式謀求致富，避免「一刀切」的政策弊端。二是生態移民到村到戶計劃。對地處高海拔山區、石山區、水庫淹沒區、飲用水源稀缺區、地質災害頻發區等自然條件惡劣的貧困村，實施異地生態移民搬遷，確保貧困人口脫貧。三是低保兜底到村到戶行動，由此保障百姓的基本生存權利。四是醫療救助到村到戶行動，針對因病致貧、因病返貧問題，醫療救助可以有效減少貧困戶人數。五是危房改造到村到戶行動，實現「居有所安」的發展目標。六是基礎設施到村到戶行動，加快實施貧困村水、電、路、氣、房、環境治理「六到農家」等建設，切實改善貧困地區基礎設施較差的狀況。七是教育培訓到村到戶行動。通過教育手段改變當地人

1　湖南省懷化市統計局：懷化統計年鑒 [M]. 北京：中國統計出版社，2013。

2　習近平：在深度貧困地區脫貧攻堅座談會上的講話 [J]. 黨建，2017（17）：10-18。

的精神面貌，增強專業技能，使貧困地區的下一代有更多的發展機遇，從而徹底實現脫貧目標。八是金融服務到村到戶行動。加強農村金融服務體系和農村金融服務網點建設，創新金融產品，簡化貧困戶信用等級評定流程，提高貧困戶貸款授信額度，大力推進扶貧小額信用貸款，確保 100% 的貧困農戶評級授信，90% 的有脫貧項目的貧困群眾得到貸款扶持，扶貧貸款規模實現穩定增長，助推貧困農戶增收脫貧。九是結對幫扶到村到戶行動，全面、深入完成扶貧工作。十是黨員示範引領到村到戶行動，發揮黨員在基層群眾中的先鋒模範作用。[1]

二、深度扶貧的成功經驗

（一）深度扶貧政策對深度貧困地區的有效扶持

當前的扶貧政策比以往任何時候都更具有針對性，省級設立專項資金用於脫貧攻堅戰，設立大量的項目幫助深度貧困地區組織建設各類設施。例如，探索資產收益扶貧方式，財政專項扶貧資金和其他涉農資金投入設施農業、養殖、光伏、水電、鄉村旅遊等項目形成的資產，具備條件的折股量化給貧困村和貧困戶。[2] 加大對深度貧困地區的政策投入，可以幫助當地又好又快地步入全面小康新格局。

（二）科技扶貧和教育扶貧尤為重要

如果硬件基礎設施可以用資金加以改善，那麼文化、創新等軟要素，則必須通過科學技術和教育來推進。科技扶貧在專家指導下，能夠促使當地產業長效發展；教育扶貧為當地注入人才新血液，既完成物質進步，也

1 文斌：武陵山區深度扶貧模式創新研究 ——基於湖南懷化個案分析 [J]. 重慶與世界（學術版），2016（9）：32-38。

2 習近平：在深度貧困地區脫貧攻堅座談會上的講話 [J]. 黨建，2017（17）：10-18。

具有思想的提高。科技扶貧和教育扶貧可以將現有的扶貧政策和技術保留在當地，使其紮根於貧困地區，以避免重返貧困狀態。

（三）實施綜合治理，促進區域協調發展

深度貧困是一個動態的問題，因此，必須因地制宜，重點突破，綜合治理。本着有進有出的原則，把不夠條件的村及時清退出來，把未入圍的而又真正深度貧困村及時納入進去。[1] 由此，才能保障每一部分資金和資源的高效使用。

第三節　深度扶貧的難點和問題

習近平在「深度貧困地區脫貧攻堅座談會」上指出，脫貧攻堅的主要難點是深度貧困，深度貧困的特徵可以概括為「兩高、一低、一差、三重」。「兩高」即貧困人口佔比高，貧困發生率高；「一低」即人均可支配收入低；「一差」即基礎設施和住房差；「三重」即低保五保貧困人口脫貧任務重，因病致貧返貧人口脫貧任務重，貧困老人脫貧任務重。[1] 截至2016年底，全國農村貧困人口多達4300多萬人。

總量大、難深入的脫貧局勢也暴露出中國深度扶貧政策中的諸多問題，一是扶貧工作中的法律問題和法治意識不足；二是扶貧的幹部隊伍自身的動力不足，甚至有違法亂紀的行為和作風；三是深度貧困地區人民自身的思想問題，尚需加強引導以增強深度貧困地區內生型發展的動力。

1　習近平：在深度貧困地區脫貧攻堅座談會上的講話 [J]. 黨建，2017（17）：10-18。

一、法律問題

深度扶貧作為近年提出的政策，在立法、執法、司法和法律監督方面均有缺失，因此，深度扶貧法治化問題在當前十分突出。

（一）深度扶貧工作無法可依

全面依法治國是中國的基本戰略，深度扶貧工作作為國家重點政策之一，應當有法可依。但當前深度扶貧的立法工作卻缺乏專門的法律法規，多為部委或地方政府的規章和規範性文件。深度扶貧法治化首先應當全面推進立法工作，通過全國人大頒佈相關法律，並符合憲法的要求和精神，由此方可使行政主體和人民都對扶貧工作有相對明確的預期，既能有效推進深度扶貧工作，也能切實保障自身的合法權利。

（二）深度扶貧工作執法不嚴

扶貧工作大多是行政主體對人民的行政行為，而非平等主體之間的民事行為，因此，約束公權力也是深度扶貧法治化需要考慮的問題之一。扶貧是一項長期並艱巨的工作，其地域差異性要求政策手段具有多元性，所以難以做到中央統一監管，由此容易出現效率低下、權力尋租、貪污腐敗、職務侵佔等法律問題。這些問題的解決是無法依靠群眾力量和社會力量完成的，如若缺乏明確、公開的法律機制，深度扶貧政策極容易在基層「變味」，將損害社會公共利益，並對黨和國家的形象造成不良影響。

（三）深度扶貧工作司法缺位

在行政法律關係中，司法救濟是人民維護自身合法權利的有效措施。然而，現階段的深度扶貧政策沒有從法律層面明確司法救濟途徑和責任追究程序，因此人民難以用司法手段尋求救濟，這將可能導致人民和政府之間的矛盾和衝突。

（四）深度扶貧工作監督紕漏

公權力必須在陽光下運行，但法律缺位導致對深度扶貧工作的監督力度大打折扣，既沒有法定的行使監督權的部門或人員，也難以開展社會監督，極易導致幹部腐化問題。儘管監察委在體制管理中仍能發揮應有的作用，但深度扶貧是一項特殊的任務，地區發展不同，甚至村與村之間都有鮮明的差異，因此應當對參與深度扶貧的國家工作人員從法律層面加以更為細化的約束。

二、幹部問題

（一）貪腐問題

案例：汪祖壽挪用扶貧專項資金案

2018 年 2 月，湖北省陽新縣人民法院裁判一起領導幹部挪用扶貧專項資金的案件（〔2018〕鄂 0222 刑初 6 號）。2015 年，被告汪祖壽在擔任陽新縣浮屠鎮湖彭村黨支部書記、村委會主任期間，採取虛報、欺騙的手段，以發展東北松基地 300 畝項目為由向陽新縣扶貧辦申報扶貧資金 20 萬元。該項目 20 萬元資金由陽新縣發放撥付浮屠鎮財政所後，在汪祖壽的安排下，將該筆扶貧款資金中的 9.3 萬元用於補償東北松基地的實際承包人；剩餘 10.7 萬元用於償還村委會新建辦公樓的欠款，支付村委會以往不能報的招待費、以往村委會租用村幹部彭方華的車費和村委會其他日常開支。

資料來源：http://law.wkinfo.com.cn/judgment-documents/detail/MjAyMjk4OTQ0 MTI%3D?module=

扶貧資金是專門用於改善人民生活，使人民脫貧的財政支出，屬於民政事業費，因此各級領導幹部必須保證扶貧資金的專款專物專門使用制度。最終，法院判決被告人汪祖壽犯挪用特定款物罪，判處有期徒刑六個月。本案是一個村委會負責人之所為，可以反映出領導幹部的貪污腐敗會致使國家和人民群眾利益遭受重大損失。因此，各級領導幹部都應該加強個人作風問題，將扶貧資金用在「刀刃」上，確保「扶真貧」「真扶貧」，否則應當承擔相應的法律責任。

（二）治理能力不足

習近平在《在深度貧困地區脫貧攻堅座談會上的講話》中指出，貧困村多存在「村兩委班子能力普遍不強，四分之三的村無合作經濟組織，三分之二的村無集體經濟，無人管事、無人幹事、無錢辦事現象突出」[1] 的問題。領導幹部在深度扶貧中必須清楚當地經濟發展狀況，了解當地自然地理條件、人文地理條件、區域地理條件等情況，「務實」而非「務虛」，切實確定扶貧項目和措施。領導幹部應當因地制宜，並尊重自然規律，做到人與自然和諧相處。

（三）急功近利的心態

脫貧是一項長期的、系統的工作，因此各級領導幹部應該避免追求短期成果、片面成果，不能「唯 GDP 論」或「唯政績論」。扶貧工作最大的意義在於讓人民群眾過上幸福生活，如果這項工作變成各地爭相「放衛星」的惡性比拚，將會導致人民群眾的生活更加困難，大大影響政府的公信力。脫貧攻堅是一件功在當代、利在千秋的偉業，扶貧幹部是完成這項事業的排頭兵，因此必須有責任感和信念感。深度扶貧工作不能流於形式

1 習近平：在深度貧困地區脫貧攻堅座談會上的講話 [J]. 黨建，2017（17）：10-18。

和統計數據，各類報表只是工作的輔助手段，而非完成深度扶貧工作的標準。急功近利的心態既是對扶貧機遇和進程的貽誤，也是對國家資源和扶貧資金的浪費。

三、觀念問題

（一）過度人情消費的陋習

人情消費是中國民間的傳統消費。一項對四川典型貧困地區（民族地區貧困縣、省級貧困縣、國家級貧困縣）農村「人情紅包」的調查顯示，每個家庭每年送出人情紅包個數大多都在 20—40 個，17% 的人每年人情消費達 40 次以上，多數家庭單次人情消費金額增加到了 300 元、500 元以上，甚至達到 1000—2000 元，導致一次人情消費的金額竟然達到了每月收入的一大半。[1] 過度的人情消費導致村民在婚喪嫁娶等場合講究排場，互相之間形成攀比風氣，甚至有「一婚十年窮」的說法。因此，深度貧困地區應該做到「開源節流」，在享受扶貧政策帶來的收益的同時，也減少不必要的支出，將有限的收入投資在健康、教育、技術等領域，讓自身發展具有能動性。

（二）脫貧自主意識不強

貧困地區難以實現致富的原因，除了客觀上缺乏技術和資金外，還有安於現狀的心理問題。大部分貧困地區人民具有「小富即安」的心理，因為周邊的發展水平基本處於同樣落後的狀態。在缺乏致富模範的環境中，如果當地群眾難以見到成功脫貧致富的案例，其在主觀心理上就會對脫貧工作持懷疑態度，因此應當在深度貧困地區樹立起群眾身邊的帶頭榜樣，

---

1 葛嘉俐、楊小川、羅茂園等：影響全面建設小康進程的「人情枷鎖」探索 —— 基於四川典型貧困地區農村「人情紅包」的調查 [J]. 現代商貿工業，2018（34）：141-143。

從思想上鼓勵貧困群眾形成「我要脫貧」的自主意志，這樣既可以減少政府的扶貧成本，也讓扶貧具有原生性的動力。

脫貧攻堅本來就是一場硬仗，而深度貧困地區脫貧攻堅則是這場硬仗中的硬仗。[1] 因此，黨和國家不能滿足現有的成就與收穫，應當正確、深刻認識到深度扶貧政策實施過程中的諸多問題，了解其複雜性，進而在實踐中不斷調整政策力度和扶貧內容，切實有效地推進深度扶貧工作，讓每一份參與扶貧的力量都能迸發出活力，紮紮實實地打好全面小康社會的基礎。

第四節　深度扶貧問題的解決措施

2018 年 6 月 15 日，中共中央、國務院印發《關於打贏脫貧攻堅戰三年行動的指導意見》，文章指出，中共十九大明確把精準脫貧作為決勝全面建成小康社會必須打好的三大攻堅戰之一，然而未來三年，還有 3000 萬左右農村貧困人口需要脫貧[2]，其中因病、因殘致貧比例居高不下，深度貧困地區程度更深，因此任務仍十分艱巨。

一、明確指導思想和扶貧目標

（一）以習近平新時代中國特色社會主義思想為指導

習近平在深度貧困地區脫貧攻堅座談會上的講話中強調，加快推進深度貧困地區脫貧攻堅，要按照中共中央統一部署，堅持精準扶貧精準脫貧基本方略，堅持中央統籌、省負總責、市縣抓落實的管理體制，堅持黨政一把手負總責的工作責任制，堅持專項扶貧、行業扶貧、社會扶貧等多方力量、多種舉措有機結合和互為支撐的「三位一體」大扶貧格局，以解決

---

1 習近平：在深度貧困地區脫貧攻堅座談會上的講話 [J]. 黨建，2017（17）：10-18。

2 中共中央國務院關於打贏脫貧攻堅戰三年行動的指導意見 [N]. 人民日報，2018-08-20（1）。

突出制約問題為重點，以重大扶貧工程和到村到戶幫扶措施為抓手，以補短板為突破口，強化支撐保障體系，加大政策傾斜力度。[1]接下來的深度扶貧工作應以習近平新時代中國特色社會主義思想為指導，集中各方力量，凝聚人心共同攻克深度貧困的難關。

（二）合理確定脫貧目標

中共中央制定了2020年脫貧目標，即到2020年，穩定實現農村貧困人口不愁吃、不愁穿，義務教育、基本醫療和住房安全有保障；實現貧困地區農民人均可支配收入增長幅度高於全國平均水平，基本公共服務主要領域指標接近全國平均水平；確保中國現行標準下農村貧困人口實現脫貧，貧困縣全部摘帽，解決區域性整體貧困。[1]但從實際來看，深度貧困地區的問題已累積多年，絕非朝夕之間可以改變，因此2020年能夠使這些地區接近全國平均水平已是不易，這便要求人民群眾和領導幹部對深度扶貧有合理的預期，實事求是，不能以發達地區的標準做硬性要求，但也不能因此妄自菲薄，否定多年扶貧工作的成績。

具有針對性地改善深度貧困地區基礎設施發展條件。例如，在交通設施方面，加快實施深度貧困地區具備條件的建制村通硬化路工程。在用水方面，加快實施深度貧困地區農村飲水安全鞏固提升工程；加快深度貧困地區小型水利工程建設，推進深度貧困地區在建重大水利工程建設進度。在用電方面，推進深度貧困地區農村電網建設攻堅，實現農網動力電全覆蓋；加強「三區三州」電網建設，加快解決網架結構薄弱、供電質量偏低等問題。在網絡方面，加大深度貧困地區互聯網基礎設施建設投資力度，加快實現深度貧困地區貧困村網絡全覆蓋。在土地方面，推進深度貧困地區整合資金，統一規劃、統籌實施農村土地綜合整治和高標準農田建設。在生態治理方面，推進西藏、四省藏區、新疆南疆退耕還林還草、退牧還

1 習近平：在深度貧困地區脫貧攻堅座談會上的講話 [J]. 黨建，2017（17）：10-18。

草工程；加快岩溶地區石漠化綜合治理、西藏生態安全屏障、青海三江源生態保護、祁連山生態保護和綜合治理等重點工程建設。[1]

在民生方面，應當針對不同地區的條件進行政策調整。例如在「三區三州」地區，做好健康扶貧攻堅行動，重點做好包蟲病、艾滋病、大骨節病、結核病等疾病綜合防治。在省、國界地區，加強禁毒脫貧工作，分級分類落實禁毒脫貧舉措；全面落實邊民補助、住房保障等守邊固邊政策，改善抵邊一線鄉村交通、飲水等條件，啟動實施抵邊村寨電網升級改造攻堅計劃，加快推進邊境村鎮寬帶網絡建設。[1] 在少數民族地區，應當採取特殊措施和手段推動人口較少民族貧困人口精準脫貧。

（三）加大政策傾斜力度

北京大學貧困地區發展研究院院長雷明認為深度扶貧的關鍵在於「深」：目前所剩的貧困人口主要分佈在深度貧困地區，特別是殘疾人、孤寡老人、長期患病者等無業可扶、無力脫貧的貧困人口，以及部分教育文化水平低、缺乏技能的少數民族貧困群眾，需要通過加大投入、完善社會保障來實現脫貧。[2]

中共中央和國務院在未來三年的規劃中也提出：第一，發揮金融資金的作用。中央財政進一步增加對深度貧困地區專項扶貧資金、教育醫療保障等轉移支付，加大重點生態功能區轉移支付、農村危房改造補助資金、中央預算內投資、車購稅收入補助地方資金、縣級基本財力保障機制獎補資金等對深度貧困地區的傾斜力度，增加安排深度貧困地區一般債券限額。規範扶貧領域融資，依法發行地方政府債券，加大深度貧困地區扶貧投入。新增金融資金優先滿足深度貧困地區，新增金融服務優先佈局深度

1 中共中央國務院關於打贏脫貧攻堅戰三年行動的指導意見 [N]. 人民日報，2018-08-20（1）。
2 http://www.rmlt.com.cn/2018/0809/525440.shtml.

貧困地區，對深度貧困地區發放的精準扶貧貸款實行差異化貸款利率。[1]

第二，加大政府的投入，發揮主導作用。保障深度貧困地區產業發展、基礎設施建設、易地扶貧搬遷、民生發展等用地，對土地利用規劃計劃指標不足部分由中央協同所在省份解決。深度貧困地區開展城鄉建設用地增減掛鈎可不受指標規模限制，建立深度貧困地區城鄉建設用地增減掛鈎節餘指標跨省域調劑使用機制。深度貧困地區建設用地涉及農用地轉用和土地徵收的，依法加快審批。在援藏援疆援青工作中，進一步加大對「三區三州」等深度貧困地區幹部選派傾斜支持力度。[1]

二、扶貧法治化

（一）實行制度扶貧和法治扶貧

近年來隨着扶貧工作的不斷深入和資金投入力度的加大，多地法院都出現了扶貧資金被挪用或侵佔的刑事案件，領導幹部和部分群眾利用制度監管的漏洞中飽私囊，積少成多，足以阻礙中國進一步推進深度扶貧的進程。因此，深度扶貧工作應該從扶貧的行動向制度化、法治化扶貧深入。行動式扶貧具有靈活的優點，正確實施扶貧行動可以在局部地區有顯著的效果，但局部的優化不代表整體的優化，其效果的顯著也不具有長期性，因此將行動確立為制度或法律就顯得尤為重要。

首先，制度扶貧和法治扶貧可以使深度扶貧工作開展得更加系統，從整體入手解決局部問題，可以具有長期的扶貧效果。其次，制度扶貧和法治扶貧也可以避免權力尋租，將權力關在籠子裏，保障扶貧工作的平穩運行。最後，制度扶貧和法治扶貧可以減少行動扶貧的偶然性，扶貧工作不是一次兩次就能完成的工作，一次行動的成功不代表經驗可以複製，因此需要用制度和法律的形式加以規定，確保每一次的扶貧行動都能發揮應有的效力。

1　中共中央國務院關於打贏脫貧攻堅戰三年行動的指導意見 [N]. 人民日報，2018-08-20（1）。

總體而言，法治化扶貧具有整體性、長期性和穩定性。在推進深度扶貧過程中，可以從單純依靠政府，到依靠政府＋企業＋社會組織＋個人，再到政府＋企業＋社會組織＋個人＋貧困戶，從行動式扶貧向制度機制扶貧深入，建立扶貧＋扶智＋扶志＋扶制的長效機制，扶植發展股份合作制和集體經濟，激發貧困群體內生動力。[1] 在法律層面，國家可以組織法制機構研究針對扶貧政策的法律，及時彌補法律的滯後性，使深度扶貧領域的工作也能做到有法可依、有法必依、執法必嚴、違法必究，形成行動式扶貧＋制度性框架的聯合互動，才是既解決深度扶貧的困境問題，也實現「依法治國」的戰略目標。

（二）以裁判案例做警示

汪祖壽在擔任湖北省陽新縣浮屠鎮湖彭村黨支部書記、村委會主任期間，將國家撥付專門用於幫助本村發展 300 畝東北松扶貧項目的 20 萬元資金，挪用於償還村委會新建辦公樓欠款等非特定項目，觸犯了《中華人民共和國刑法》第 273 條規定，犯挪用特定款物罪。這只是諸多挪用、侵佔扶貧資金刑事案件中的一起。這些貪污扶貧資金的領導幹部，導致國家和人民群眾利益遭受重大損失，影響了政府的公信力，有損黨群關係、幹群關係。解決扶貧工作法律缺失的問題，可以從案例判決入手。在正式法律頒佈之前，這些案例可以作為法院裁判的參照，或幹部、群眾引以為戒的學習材料，通過發佈指導案例的形式加強扶貧工作的法治進程，樹立參與扶貧工作的國家工作人員和基層群眾對扶貧工作的正確認識，使其提高法律意識，規範自身行為。用裁判案例作為扶貧工作的警示，可以在法律出台之前起到一定的作用，有利於扶貧工作的制度化和法治化，從而適應時代的新需求。

1 http://ex.cssn.cn/zx/bwyc/201809/t20180926_4569349_2.shtml.

三、扶貧「自主化」

（一）鼓勵內生動力

深度扶貧不單單是經濟上的扶持，更重要的是從心理和精神上幫助深度貧困地區的人民群眾認識外面的世界，並使其自身擁有改變現狀的決心和信念。習近平在深度扶貧座談會中指出：現在，一些地方出現幹部作用發揮有餘、群眾作用發揮不足現象，「幹部幹，群眾看」，「幹部着急，群眾不急」。一些貧困群眾「等、靠、要」思想嚴重，「靠着牆根曬太陽，等着別人送小康」。[1] 這種思想讓扶貧變成了表面工作，難以深入「窮根」，只能做到短效的扶貧，難以扭轉長期積累下的弊病，因此，即使深度扶貧的任務完成，效果良好，也容易發生「返貧」的現象。

案例：吉林省評選「草根」人才　挖掘農村實用人才「內生動力」

吉林省在 2012 年評選出首批十大鄉土專家和農村實用型專家，涉及當地藥材種植、荒漠治理、銷售、文藝、農業發明等眾多領域。敦化市大蒲柴河鎮普通農民劉振江，僅高中學歷，但他培育出的雞蛋每 100 克含維生素 A、E、B_2 以及 18 種氨基酸總量，分別比普通雞蛋高出 60 倍、40 倍、20 倍和 1.0—3.6 倍以上，膽固醇含量比普通雞蛋低 90% 以上，為目前國內、國際上最好的綠色雞蛋之一。

資料來源：南方農業，2013 年 7 月

吉林省還採取發放省政府特殊津貼、納入專家人才庫等措施，用良好的待遇和政策鼓勵農民自主研發、增收增創，挖掘出當地農村的「內生動力」，改變了以往直接補助、發放實物的做法，建立的新機制有利於鼓勵

1　習近平：在深度貧困地區脫貧攻堅座談會上的講話 [J]. 黨建，2017（17）：10-18。

人民群眾以勞動換取新生活，最終實現脫貧致富的偉大目標。

（二）多元模式尋找經濟增長點

以往的單純依靠政策和政府的扶貧模式如今已不再適用，隨着社會經濟的多元化發展，深度貧困地區的脫貧途徑和機遇也越來越多。「生態＋」「互聯網＋」等綜合扶貧模式比以往依靠政府資助的模式更加能夠刺激經濟增長點。例如，當前農村旅遊度假已成為生活在都市中的人民群眾的熱潮，針對這一現象，國家旅遊局（現為中華人民共和國旅遊部）在 2017 年 9 月確定了旅遊扶貧行動方案，計劃每年對深度貧困地區進行包括人才、金融、創業等多方面的專項扶持，旅遊扶貧項目將不少於 1000 個，資金不少於 3000 億元。

案例：國家旅遊局發佈旅遊扶貧行動方案　旅遊扶貧項目將不少於 1000 個

國家旅遊局牽頭的《鄉村旅遊扶貧工程行動方案》，共梳理出具備發展鄉村旅遊條件的貧困村 2.26 萬個，涉及建檔立卡貧困戶 230 萬戶。以西藏自治區為例，截至 2017 年 9 月，該地區已累計接待國內外遊客超過 2000 萬人次，同比增長 17.7%。當地旅遊部門通過推動旅遊產業與文化、體育、藏醫藥、農牧業、民族手工業等相關產業融合深化，以農家樂、藏家樂、牧家樂、休閒度假點、家訪點為代表的鄉村旅遊新業態，鼓勵城鎮居民和農牧區群眾依託旅遊發展，實現旅遊收入 301.54 億元，同比增長 21.6%。

資料來源：https://www.sohu.com/a/212487167_776128

國家旅遊局的方式不僅使當地的旅遊業得到迅速發展的機會，而且建立了綠色脫貧的發展模式，同時，對深度貧困地區當地的人民群眾而言，旅遊模式的脫貧行動改善了就業環境，使農民可以不用外出打工便能賺錢，既解決了留守兒童和留守老人的問題，也解決了深度貧困的難題。從供給轉向消費，在刺激當地經濟增長點的同時，也帶動了國家經濟的增長，達成共贏的局面。

（三）注重教育和職業技能培訓

教育和職業技能培訓是完成脫貧目標的根本舉措，「授人以魚不如授之以漁」，必須加強深度貧困地區人民群眾自身的能力，才能徹底改變深度貧困的困境，可謂是「打鐵還需自身硬」。人社部、國務院扶貧辦決定於 2018 年 9 月至 2020 年年底，在全國組織開展深度貧困地區技能扶貧行動，目標是實現每個希望學習技術和知識的貧困勞動力都能接受職業技能培訓。其主要內容有以下幾點：精準掌握貧困勞動力信息，廣泛組織動員；大力開展就業職業技能培訓，促進實現轉移就業；積極開展創新創業培訓，培養創業帶頭人；支持企業開展職工培訓，促進穩定就業；深入推進技工教育，加大對口幫扶力度；做好職業技能培訓結業考核和職業技能鑒定工作，提高就業質量；優化職業技能培訓方式方法，提高培訓供給能力；加強基礎設施建設，提高辦學水平。組織教育和技術學習，不僅打破了深度貧困地區與外界交流的隔閡，也使當地人民群眾的視野放寬、放遠。思想上的改變才是真正的改變，扶貧工作能否長期有效地進行也取決於此，因而教育和職業技能培訓式的扶貧是一件真正功在當代、利在千秋的大事。

四、扶貧區域化

孤立的扶貧是難以達到預期效果的，因此必須統籌安排、區域協調，調動各方力量幫助深度貧困地區走出深度貧困狀況。將扶貧政策同鄉村振興戰略和區域可持續發展戰略有機地結合起來，增強鄉村發展、區域發展對扶貧的溢出效應，防止非貧困對象對貧困對象的擠出效應，防止非扶貧政策對扶貧政策的擠出效應。[1]

發展較好的東部地區應該定點幫扶深度貧困地區，這符合共同富裕中「先富帶後富」的要求，也強化了對口支援的責任，要求在資金、技術、專家、項目等方面加大政策傾斜力度。例如，「攜手奔小康行動」和「萬企幫萬村行動」，分別是東部發展較好的市縣和民營企業發起的扶貧行動，積極鼓勵社會力量參與政府工作，擔起企業的社會責任。統計數據顯示，截至 2018 年上半年，進入全國「萬企幫萬村」行動台賬管理的民營企業已有 5.54 萬家，幫扶 6.28 萬個村（其中建檔立卡貧困村 3.99 萬個）；企業投入 597.52 億元，公益投入 115.65 億元，安置就業 54.92 億元，技能培訓 58.31 億元，帶動和惠及 755.97 萬建檔立卡貧困人口。[2]

案例：遠達集團推動「萬企幫萬村」精準扶貧行動縱深發展

2016 年始，遠達集團在甘肅省武威市天祝縣、甘南藏族自治州、臨夏回族自治州建立了遠達藜麥科研試驗基地。遠達集團在進行試種試驗確保成功後，免費向當地農戶提供種子、肥料和地膜，並指導技術，加強培訓工作。除了指導種植，遠達集團還提供銷路，簽訂回收訂單，這一舉措大大激勵了當地農戶的積極性。2018 年，遠達集團聯袂中國農科院作物研究所在甘肅天祝縣建立了擁有 486 種藜麥品種的種植資源基地，是南美原產地之外最大的種源基地，並培育出世界首例零皂苷飼草用藜麥新品種。

資料來源：中華工商時報，2018 年 8 月 30 日

在科技和資本的共同幫扶下，當地農戶已找到脫貧致富的新路徑。遠達集團將再投資 2.6 億元建設國際藜麥加工產業園，這是對當地產業結構

1 雷明：深度扶貧：打贏脫貧攻堅戰之關鍵 [N]. 中國社會科學報，2018-09-26（4）。

2 周勇剛：推動「萬企幫萬村」精準扶貧行動縱深發展 [N]. 中華工商時報，2018-08-30（6）。

的調整，也是對口幫扶和區域間協調發展的代表性民營企業。

五、幹部隊伍是中堅力量

（一）精神力量應堅定

基層幹部是扶貧工作的先鋒，也是離人民群眾最近的政府代表，因此，基層幹部的「精神氣」一定程度上影響了深度貧困地區人民群眾對黨和國家的深度扶貧政策的認識和信心。

領導幹部首先應當發揚實幹精神。深度扶貧不是表面工作，不是填寫報表的任務，而是紮紮實實給人民群眾帶來改變和利益的工作。因此，領導幹部必須沉心靜氣做一個實幹家。焦裕祿在河南蘭考縣幫助當地治理環境、脫貧致富，內澇、風沙和鹽鹼地都是黃河流域給蘭考地區帶來的巨大挑戰，但是焦裕祿發揮實幹家的精神，率領幹部和群眾進行了小面積翻淤壓沙、翻淤壓鹼、封閉沙丘試驗，用栽種泡桐的辦法解決了內澇、風沙和鹽鹼地「三害」問題，最終讓歷史上最難治理的黃河流域的蘭考地區擁有了可以耕種的良田。實幹精神需要積少成多的耐心和毅力，艱巨的扶貧不是一朝一夕就能完成的，深度扶貧更是如此，因此必須發揮實幹家的精神，一步一個腳印地丈量承載了幾千年風雨的土地，讓中華大地的深度貧困地區一點一點發生改變，在積累中發生量變，最終實現質的飛越。

其次，領導幹部還應該具備勇於擔當精神。扶貧工作的瑣碎和艱巨是每個基層幹部都要面臨的問題，能不能深入人民群眾中，了解人民群眾的真實需求，擔負起幫扶人民群眾的責任，是檢驗領導幹部的一項標準。

案例：務實紮實的好書記——記大姚縣灣碧鄉黨委書記李忠凱

出任中共雲南省楚雄州委組織部州管幹部的大姚縣灣碧鄉黨委書記李忠凱，1980 年生人，但幾年扶貧工作下來頭髮已經全白。據《楚雄日報》報道，在任期間，李忠凱將全鄉貧困程度最為嚴重的 5 戶群眾分配給自己掛包，並在 2014 年至 2017 年間，幫助灣碧鄉共 993 戶 3941 人貧困人口實現穩定脫貧。該報道還表明：為拉動當地經濟增長，李忠凱在當地做了長時間的調研實踐工作，並結合灣碧豐裕的光熱資源、獨特的「梯次」海拔高差以及立體氣候，提出了產業富民「32 字經」—— 山上核桃、山下花椒，林中牛羊、江中水產，江岸熱果、江上旅遊，甘蔗紅糖、特色冬棗。李忠凱所在鄉村離縣城相對較遠，在扶貧初期基礎設施環境較差，經過幾年扶貧工作後已經明顯有了改善，基礎設施問題得到了妥善解決。

資料來源：https://www.jiceng.org/povertyrelief/3519.html

李忠凱認為，想要了解脫貧工作必須進行走訪，縣裏要求鄉鎮黨委書記要走遍全鄉所有的貧困村，脫貧的人民群眾也相當支持，其辛苦程度可見一斑。李忠凱也是諸多散落在全國各地的基層領導幹部的代表，這些有擔當和責任的領導幹部才是扶貧工作的中流砥柱，才能讓扶貧工作順利完成。

最後，領導幹部要有奉獻精神。對深度貧困地區的人民群眾來說，扶貧資金的每一分都來之不易，因此各級領導幹部應該有無私奉獻的精神，絕不能出於私利動用扶貧資金。同時，扶貧是一項長期的工作，因此領導幹部有時會面臨「只開花，不結果」的問題，這就需要領導幹部端正思想，秉持功成不必在我的思想境界。扶貧工作的完成凝聚了每一位參加基層領導工作的幹部的汗水和心血，這些努力都會為歷史和人民所銘記。脫貧工作並不是到 2020 年完成就萬事大吉了，而是具有更加深遠的意義，因此要求領導幹部不要過度在意一時的成績和政績，應當為深度貧困地區長期有效的可持續發展能力着想。

（二）嚴格幹部紀律，完善監督機制，提高管理能力

中國已經在大規模的扶貧工作中取得了舉世矚目的成績，但仍然存

在貪污腐敗的問題，這是阻礙深度扶貧工作進一步開展的重要障礙。中共中央長期以來對領導幹部以「四個意識」來要求，即政治意識、大局意識、核心意識、看齊意識，這不僅僅是一句口號，而是要求落實在扶貧工作中的一項原則。習近平在深度扶貧座談會上強調：中共中央沒有硬性要求地方提前完成脫貧任務，更何況貧困問題錯綜複雜的深度貧困地區。脫貧計劃不能脫離實際隨意提前，扶貧標準不能隨意降低，絕不能搞數字脫貧、虛假脫貧。要實施最嚴格的考核評估，堅持年度脫貧攻堅報告和督查制度，加強督查問責，對不嚴不實、弄虛作假的現象嚴肅問責。要加強扶貧資金管理使用，對挪用乃至貪污扶貧款項的行為必須堅決糾正、嚴肅處理。扶貧工作必須務實，脫貧過程必須紮實，脫貧結果必須真實，讓脫貧成效真正獲得群眾認可、經得起實踐和歷史檢驗。[1] 一方面，領導幹部應該認識到黨內紀律和國家法律的嚴格性，端正自己的行為；另一方面，法律和政策應該儘快落實監督機制，讓扶貧工作在陽光下開展。

領導幹部還應該提高自身能力，堅決落實中共中央的決策部署，有所作為。扶貧工作不能淪為形式主義，領導幹部要講究科學和效率，尤其是第一書記應該具有決策的魄力和眼光。近年來，大學生村官越來越多，提高了基層領導幹部知識文化水平，領導幹部如同扶貧攻堅戰的士兵，必須有精良的隊伍才能利用精良的武裝打贏這場仗，否則只是花拳繡腿走過場。各地應該建立有能力、有作為的領導班子，讓基層幹部在實戰中鍛煉成長，也為深度貧困地區的發展注入新活力。領導幹部除了自身的文化水平和能力要強，還應該學會利用科學技術使工作高效化，例如使用電子設備和網絡資源，建立共享信息數據庫，可以節省一遍遍的填報表時間，從而使深度扶貧工作不在瑣事上花費過多的時間和精力，將有限的精力投入到更有意義的實務工作中。習近平強調：我在這裏再次重申，脫貧攻堅期

1　習近平：在深度貧困地區脫貧攻堅座談會上的講話 [J]. 黨建，2017（17）：10-18。

內貧困縣縣級黨政正職要保持穩定，對表現優秀的，完成脫貧攻堅任務後可提拔重用。希望在這個崗位上的同志不辱使命，把黨交給的光榮任務全面完成好。[1]

第五節　總結

深度扶貧工作主要針對「三區三州」（西藏、四省藏區、新疆南疆三地州和四川涼山州、雲南怒江州、甘肅臨夏州）地區，應着力在這些地區加強基礎設施建設、改善公共服務、開拓產業扶貧、加強生態保護、提高人口素質等，從而奠定脫貧工作的基礎。在自身條件改善的同時，注重區域協調發展，引進項目、資金和人才，拉動區域經濟增長，提高公共服務水平，降低貧富差距。

深度貧困地區現階段取得的成就是有目共睹的，大多數地區大大改善了以往的生存環境，保障了人民群眾的基本生存權，但距離全國的平均水平還有相當大的差距。未來三年的脫貧攻堅期，深度扶貧地區是黨和國家的重點關注對象，也是實現全面小康社會的關鍵一步。要走好這一步，必須正確面對現階段發現的各類問題，例如：立法工作尚不完善，部分領導幹部存在貪污腐敗情況，深度貧困地區的人民群眾脫貧致富的思想還比較消極等。

為了解決現階段存在的這些問題，攻克扶貧工作的難關，應該從以下方面着手進行改變：第一，明確扶貧思想和扶貧目標。扶貧工作儘管有地域之間鮮明的差異性，但必須在統一的領導下來完成，以保障扶貧工作的質量和效率。第二，扶貧工作法治化。必須解決現階段存在的法律漏洞，完善制度設計，才能最大可能地減少扶貧工作中出現的程序問題和實體問

1 習近平：在深度貧困地區脫貧攻堅座談會上的講話 [J]. 黨建，2017（17）：10-18。

題，讓扶貧工作有法可依，這也是建設法治社會的基本要求。第三，扶貧自主化也尤為重要。「打鐵還需自身硬」，只有深度貧困地區的人民群眾從思想上認識到脫貧致富的重要性，扶貧工作才能減少不必要的阻力，才能讓幹部和群眾「心往一塊想，勁往一塊使」，從而發掘其內在的經濟增長點，逐步脫離被扶持的狀態，發現自身的經濟增長動力。第四，扶貧區域化可以彌補深度貧困地區自身動力不足的問題。例如石漠化、乾旱等自然條件極其脆弱的地區，依靠自然經濟而無法形成產業鏈的地區，基礎設施極為落後的地區等，這些地區難以僅憑自身取得重大的發展進步，需要區域之間的協調幫助和對口支援，才能促進當地經濟條件的明顯改善。第五，幹部問題始終是扶貧工作中不可忽視的問題。領導幹部是深入一線的排頭兵，最能了解深度貧困地區人民群眾的基本需求，所以要求領導幹部必須有堅定的理想信念和紮實的工作態度，以及優秀的領導決策能力，能夠主動為鄉村的發展帶來有利影響，主動幫助困難群眾，從點滴小事做起，最終才能實現「星星之火可以燎原」的扶貧工作的勝利。

第十六章　可持續扶貧

精準扶貧，關鍵在「可持續」、在提高「造血」能力[1,2]，完成扶貧工作對於每個國家而言都是一場針對貧困艱難的、持久的戰爭，形成可持續的扶貧狀態尤其重要。現今中國扶貧已經將產業扶貧作為重點，前期粗放式綠水青山換得金山銀山的策略已經弊端明顯，因地制宜、適應發展的可持續性扶貧成為主流模式。可持續發展重點把握「資源的可持續」，要求各行業共同參與扶貧工作，將貧困地區資源更加有效地利用起來。找尋一個地區的可持續發展狀態，對中國扶貧事業有着極為重要的意義。

第一節　緒論

如何有效利用資源致富？這是一個貧困地區發展的重要途徑，也是貧困地區脫貧致富的難題。資源是一個地區發展的基礎條件。可持續扶貧模式在一個地區可行與否、成功與否，都依賴於該地區如何利用本地和外來資源，從而找到正確的發展方式，這是地區脫貧致富的前提條件。中國在可持續扶貧方面取得了諸多成就，也獲得了很多寶貴的經驗，因此，回顧和總結中國開展的可持續扶貧道路有何可借鑒之處，有何需改進之處，對於更多的貧困地區走脫貧之路都是非常重要的。

---

1 雷明，等：科學發展　構建和諧——貴州省畢節地區開發扶貧與生態建設[M]. 北京：經濟科學出版社，2008。

2 雷明，等：貧困山區可持續發展之路——基於雲南昭通地區調查研究[M]. 北京：經濟科學出版社，2010。

一、可持續扶貧的概念內涵

可持續扶貧是中國在 20 世紀 90 年代提出來的，依託可持續發展理念而確定的新型扶貧模式，貫徹落實了可持續發展觀以保護自然環境為主體，鼓勵經濟持續健康增長並提高和改善人們的生活質量的目的。「可持續扶貧是一個系統工程，以扶貧對象最終的獨立發展為目的，充分考慮系統內各因素的特點，保證了扶貧工作的科學性、合理性和有效性。」[1] 目前，可持續扶貧還沒有準確的定義，大部分都集中在已取得的成功案例上，但已經有學者陸陸續續地將可持續扶貧形成一個科學的模型。左齊等（2002）對可持續扶貧開發的二元系統觀進行了總結，將可持續扶貧模式分為經濟子系統和社會子系統。可持續扶貧不是單一的經濟問題，它更是一個複雜的社會問題，貧困地區的經濟發展水平還處於粗放的發展狀態，它的社會子系統則更為原始和落後，對生態系統的破壞只獲得了短暫的經濟效益。社會子系統對於貧困地區的可持續發展有着決定性的作用，也是可持續扶貧模式的中心思想，兩個系統是否能協調發展，是地區脫貧致富的關鍵，「可持續扶貧開發是一個龐大的二元系統，新的可持續扶貧開發觀點強調了兩個系統的協同 —— 實施對象和實施手段的可持續性。」[2] 丁軍、陳標平（2010）則對可持續扶貧模式進行了模型化的總結。「主體—供體—載體」三體均衡、三位一體的扶貧模式要求以「三體均衡」為前提條件，以「貧困主體能力持續提高、扶貧資源持續供應、生態環境持續循環」為基本內容，以「三位一體」整體推進為目標，「主體、供體、載體」

1 王蓉：我國傳統扶貧模式的缺陷與可持續扶貧的戰略選擇 [J]. 農村經濟，2001（2）：8-10。
2 左齊、張麟、莫虹：論可持續扶貧開發的二元系統觀 [J]. 經濟體制改革，2002（1）：58-60。

三者相互促進、相互協調、均衡發展。[1] 因此對於主體，要關注自我積累和發展能力的提高；對於供體，要加強扶貧資源可持續供應與利用；對於載體，要實現生態環境的可持續循環。三方的可持續，是構成可持續發展模式的基礎。

二、可持續扶貧的基本特徵

（一）以資源為主導，與環境承載力相協調

2003 年《中國城市統計年鑒》數據表明，資源型城市的貧困發生率總體上更高，並且，資源型城市的貧困率隨城市規模變化的幅度更大。非資源型城市的貧困率總體上低於資源型城市，但在超大型城市和小城市貧困率反而更高，在特大型、大型與中等城市中，資源型城市的貧困率顯著高於非資源型城市，尤其是中等城市中，資源型城市的貧困率比非資源型城市高出了 1 倍多，見表 16-1。可見，資源對於一個地區的發展起到了決定性的作用，貧困城市資源的短缺使得可持續扶貧顯得更加重要。在致富的同時必須保護環境，嚴格控制環境污染，讓生態系統能夠健康運轉，讓資源開發依託於環境承載力，制定符合自然規律的科學發展模式，使貧困地區實現經濟和生態環境的良性循環，加強行政管制，嚴格控制資源使用標準，確保資源能夠可持續利用，避免惡性循環。並且，貧困地區的人力資源缺乏無法避免，控制人口、提高勞動力素質也是保證可持續發展的重要條件，發展要「以人為本」，和自然環境的協調發展需要人進一步的探索和適應。應增強人力資本積累，避免不斷返貧，從而實現人口的可持續發展。

1　丁軍、陳標平：構建可持續扶貧模式　治理農村返貧頑疾 [J]. 社會科學，2010（1）：52 57，188。

表 16-1 城市規模與貧困發生率（2003 年 12 月）

城市規模		貧困發生率 /%
超大城市	非資源型城市	3.81
	資源型城市	2.02
特大城市	非資源型城市	3.91
	資源型城市	6.56
大城市	非資源型城市	5.32
	資源型城市	8.48
中等城市	非資源型城市	5.22
	資源型城市	10.49
小城市	非資源型城市	10.78
	資源型城市	7.26

資料來源：中國減貧研究數據庫，https://www.jianpincn.com/skwx_jp/ImgDetail.aspx?ID=91004

（二）鼓勵經濟增長

經濟發展和可持續發展在貧困地區經常呈現出矛盾的狀態，但可持續扶貧的最終目的是增加財富，改善生活質量。應對扶貧資金進行管理和利用，使其功效能夠得到充分發揮，在引資的同時引智，改變以往簡單的發展模式，運用高科技致富，例如「十大精準扶貧工程」之一的光伏扶貧，將扶貧開發與新能源利用相結合，成功解決了一些貧困地區的用電問題，實現脫貧增收，如表 16-2 所示。充分發揮政府和科技的推動力，使經濟不光是得到了數量上的增長，更是保證了增長過程中的質量，提高效益，創新消費模式，更能體現國家的財富實力。

表 16-2　2015—2017 年三年光伏扶貧數據統計

省、自治區	光伏扶貧電站總規模／萬千瓦
山西	181.35
河北	176.55
安徽	126.57
山東	111.70
甘肅	76.25
青海	62.16
江西	62.00
陝西	51.06
吉林	41.83
內蒙古	36.76
黑龍江	34.93
湖北	30.80
寧夏	29.97
新疆	19.79
雲南	18.80
河南	10.50
遼寧	4.60
湖南	3.84
江蘇	3.50
四川	1.70
海南	0.11

資料來源：中國新能源網，http://www.china-nengyuan.com/news/119670.html

第二節　產業融合：可持續扶貧發展新模式

一、金融業參與扶貧工作，助推可持續扶貧發展

為了打贏脫貧攻堅戰，中國一直在尋找新型扶貧模式。2016 年 3 月 16 日，中國人民銀行、國家發展改革委、財政部、中國銀監會、中國證監會、中國保監會、國務院扶貧開發領導小組辦公室聯合印發了《關於金融助推脫貧攻堅的實施意見》，提出了金融在脫貧攻堅工作中的作用要適應精準把握的總體要求，扶貧狀態和金融需求需要相互對接，要將金融服務精確到村和人，精準解決需求，讓貸款能夠及時發放到符合條件的貧困人口手中，使其得到現代化的金融服務，為實現脫貧攻堅提供充足的金融支撐。金融扶貧是新時期中共中央扶貧開發的重要制度安排，也是脫貧攻堅的重點工程。

首先，金融扶貧將資產支持放在了每一家每一戶上，它是精準的、定點的，讓個人可以直接從金融扶貧中獲益。江西省崇仁縣桃源鄉朗源村的貧困戶朱運龍就成功通過金融扶貧在自家屋後山坡上建起養雞場，實現了自己的脫貧夢。他通過在當地農商行貸款 2 萬元，購買和養殖了麻雞 5000 羽，賺了 1 萬多元。崇仁縣銀監辦指導當地金融部門向貧困戶推廣免抵押、免擔保 5 萬元以下扶貧小額信用貸款，成功解決了貧困戶面臨的融資難問題，對當下社會中的一些針對落後地區的融資騙局也有所遏制。

在中央金融單位定點扶貧工作推進會上，初步展現了金融定點的扶貧成效：23 家金融單位組織系統內 93 萬餘人參與定點幫扶，對口幫扶 66 個國家級貧困縣，其中深度貧困縣 19 個，目前已累計脫貧 86.6 萬戶 312 萬人，為金融產業助推扶貧事業的發展做出了重要貢獻。中國人民銀行副行長劉國強在會上指出「要發揮金融單位的優勢和特長」，要突出「用金融的手段幹好扶貧工作」的特色，充分展現金融的價值。[1] 以「定點」「精準」為核心，精確扶貧主體，細化操作，和國家財政融合，為精準扶貧做堅實的後盾。

---

1 陳果靜：精準扶貧彰顯金融「價值」[R]. 經濟日報 . 2018-10-22。

其次，就是金融人才的重要性。金融扶貧 86.6 萬戶 312 萬人脫貧的成績離不開金融專業人才的作用。金融扶貧機制能夠逐步完善、順利推進、因地制宜都依賴金融人才發揮作用，中國人民銀行先後選派 8 名優秀中青年幹部到定點縣掛職、中國進出口銀行派 17 名幹部到貧困地區掛職，並形成了職責清晰、分工明確的扶貧工作機制。中共十八大以來，23 家金融單位組織系統內 93 萬餘人參與定點幫扶，累計向定點扶貧縣派駐掛職幹部 369 人[1]；直接投入資金 13.47 億元，投入貸款、基金、風險保障金等行業扶貧資金 330.96 億元；幫助引進扶貧龍頭企業 114 家，投資 25.31 億元，帶動貧困人口 13.6 萬人。要改變貧困村「空心化」、人才流失現象，「兩個雙向」成為吸引人才、培養人才的重要舉措。其一，是促進人才雙向流動，建立健全人才流動機制，目的是為貧困縣培養更多的金融扶貧人才。其二，是銀保監會推動實施雙向掛職，國家開發銀行向 4 個扶貧定點縣派駐 1 名掛職幹部的同時，接受定點縣 3 名幹部到國家開發銀行進行學習交流和掛職。培養出的專業人才成為填補貧困地區人力資源空缺以及金融產業扶貧重要的智力支持。

自從產業扶貧成為扶貧新階段的主導力量之後，也成為各貧困縣脫貧的關鍵，產業脫貧在引進產業進行發展的同時，脫貧的可持續性更加重要。與金融產業的相互融合成為了進一步發展的難題，需要金融單位充分運用政策、資金、信息、技術密集的優勢，發揮金融平台作用，將金融扶貧與發展當地產業緊密結合，完善利益聯結機制，增強貧困地區脫貧的可持續性。

金融產品的「量身定製」，讓金融產業成為保障可持續扶貧實現的重要條件。不同的貧困縣有一樣的貧窮和不一樣的原因，金融產業不能盲目照搬發展模式，在為貧困戶拓寬資金來源的同時，因地制宜地找到最合適的投資狀態、發展狀態是最重要的，這是有效杜絕資源、資金浪費的舉措。金融扶貧必須結合貧困縣的實際情況，為定點縣量身設計金融產品，找到適合不同地區的發展模式。

人民銀行實施「金融＋」政策幫扶體系，針對定點貧困縣缺資金的狀況，對扶貧再貸款、定向降準等貨幣政策工具要靈活運用，打造「扶貧再貸款＋」模式，充分發揮政策帶動作用，緊密對接財政貼息、產業扶貧等。截至目前，人民銀行累計向 2 個定點縣區投放扶貧再貸款 6.2 億元，引導發放涉農貸款 17.17 億元[1]。同時，向陝西宜君縣農信社定向降準 1 個百分點，將融資的成本降低了，最大限度地保障了扶貧資金的供給問題，因地制宜推動地區產業發展，積極參與脫貧攻堅。

在資本市場參與扶貧方面，據證監會辦公廳扶貧辦副主任楊志海介紹，2016 年度證券公司幫助貧困地區融資額達 828 億元。上市公司、證券公司、期貨公司等着力解決融資問題。根據《我國農村金融發展報告（2017）》中對中國目前各個金融產品的概述，2010 年，國際金融公司和紅杉資本先後入股中和農信，2016 年 12 月，螞蟻金服及天天向上基金正式宣佈戰略投資中和農信；截至 2017 年 10 月，中和農信小額信貸業務覆蓋全國 21 個省、276 個縣、89 713 個行政村，有效客戶數達 38.8 萬人，其中農戶佔比為 92.8%，女性客戶佔比為 86.6%[2]。在保險業參與扶貧方面，需要發揮其保障作用，建立以農業保險、大病保險為核心的扶貧保

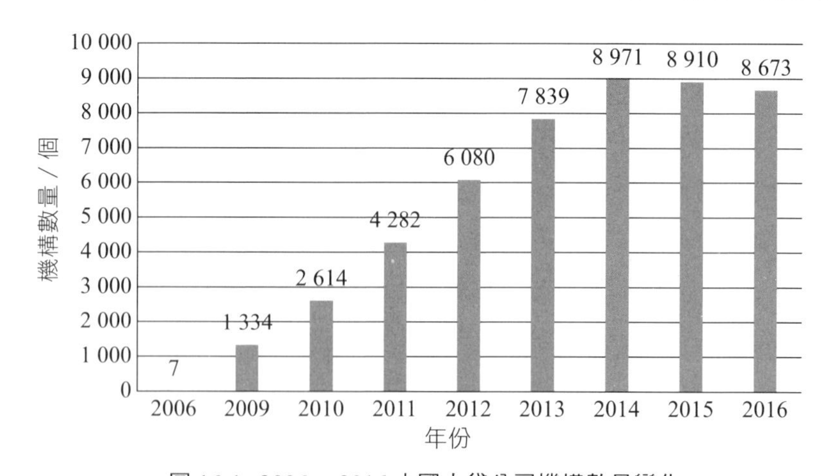

圖 16-1　2006—2016 中國小貸公司機構數量變化

1　陳果靜：精準扶貧彰顯金融「價值」[R]. 經濟日報 . 2018-10-22。

2　我國農村金融發展報告（2017）[R]. 利基研究院，2017-12-26。

障體系，在保證貧困戶生活基礎的同時保證資金的有效利用。扶貧工作的開展不僅需要依靠國家財政，更要引進社會資金，結合金融機構、金融部門，實現精準扶貧目標。[1] 如圖 16-1 所示，2013 年第一個季度中國小額貸款企業數量呈穩步發展趨勢。

二、鄉村振興戰略下的民族地區旅遊可持續扶貧 [2]

實施鄉村振興戰略，是中共重大決策部署，是全面建成小康社會的重大歷史任務，也是一場攻堅戰。對於自然環境較為優越、第三產業發展較為緩慢的地區，鄉村扶貧的工作重點應該放在旅遊扶貧上來。但目前鄉村旅遊仍存在很多問題，如缺少政府層面的統籌規劃，農業現代化發展薄弱，文化保護力度不夠，生態保護觀念淡薄，鄉村環境亟待改善等；由於農村人口向外流動性強，導致缺乏智力和相關技術支撐，使得農村旅遊發展經驗不足，需要更科學的發展道路。

（一）構建民族地區旅遊的可持續發展模式

要以旅遊帶動經濟，就要建造一種旅遊佔主導地位的發展模式。首先，將發展全域旅遊示範區域作為重點，這也是目前旅遊轉型升級的新方向。全域旅遊需要各行業的參與，是一種「全域佈局、全民參與、全業融合、全程服務」的旅遊狀態，需要政府相關部門構建新的旅遊產業體系，將區域已有資源進行充分利用，結合其他各產業共同發展，形成全面系統化的旅遊產業體系，在貧困地區將旅遊業的帶頭作用發揮出來，使經濟的發展能夠迎合自然資源、能夠依託自然環境承載力，達到和諧的發展狀態，培育旅遊市場消費新熱點。創建全域旅遊示範區，打造全要素產業集群，實現優質的全域旅遊示範區。

1　新華社中國網事：金融扶貧顯成效，探索可持續扶貧機制 [R]. 新華社，2017-11-09。

2　汪姣：鄉村振興戰略下的民族地區旅遊可持續扶貧研究 [J]. 農業經濟，2018（8）：30-32。

其次，構建旅遊產業融合其他產業的可持續扶貧模式。貧困地區要發展旅遊業，一定要抓住特色產業，將發揮民族特色作為實現脫貧的根本。民族地區擁有獨特的地域文化、豐富的旅遊資源，應根據民族自然生態條件和民俗特色，將農業、電商等產業融合發展，開闢更寬廣的發展道路，提升致富能力，奠定可持續扶貧的基礎，讓扶貧的道路變寬，讓致富的可能性增加，最終實現貧困地區村民的精準脫貧和可持續發展。

要以旅遊業作為主導產業，保證「綠水青山」是基礎工作。一個地區是否有原汁原味的特色，是吸引遊客的關鍵，無論是地處邊遠地帶，地理位置較為偏僻，人口稀少、交通不便的區域，還是逐步向現代化發展的鄉村，都需要保持原始的生態環境，自然生態資源和人文資源豐富多彩，是鄉村振興和旅遊業發展的基礎。「良好的生態環境是農村的最大優勢和寶貴財富。必須尊重自然、順應自然、保護自然，推動鄉村自然資本加快增值，實現百姓富、生態美的統一。」要將「青山綠水」變成「金山銀山」，讓貧困地區脫貧致富，就一定要立足實際，嚴抓生態環境建設和保護工作，擁有良好的自然生態環境和獨特的民族文化環境，是民族地區旅遊業的吸引力和生命力。在對生態環境進行維護的基礎上發展的旅遊業，是人與自然能夠和諧共生、形成良性發展循環的體現，是貧困地區通過旅遊業來實現可持續發展的途徑。

要發展可持續旅遊扶貧模式，必須發展進步觀念、得到智力支持、採用合適的方式發展，三者缺一不可。首先需要政府和相關部門進行正確的價值觀念引導，積極宣傳扶貧新思想，將以村民為主體的內生動力有效激發出來。建立科學扶貧的制度環境，將貧困群眾從等待政府援助和社會捐助的無助環境中拉出來，讓貧困地區學會自力更生，發揮民族特色和優勢，積極主動參與扶貧項目，成為「自己家」的主人，參與鄉村建設，真正實現脫貧致富。如今，互聯網已經成為旅遊業發展的重要因素，民族貧困地區是否能充分利用互聯網，是能否脫貧致富的關鍵。將鄉村旅遊資源、特色產品、農家樂或者民宿等資源整合起來，利用互聯網平台推廣出去，積極構建線上營銷平台，形成完整的鄉村旅遊信息服務功能。讓貧困地區發揮自己的特色、展現自己優美的自然環境，同時實現脫貧增收，是一種綠色的、可持續的扶貧道路。[1]

（二）「非遺＋扶貧」傳統工藝帶來可持續扶貧新模式[2,3]

根據文化和旅遊部出台的相關文件，推進文化扶貧同樣成為發展重點，應振興貧困地區傳統工藝，讓非物質文化遺產尤其是傳統工藝成為帶動貧困地區脫貧致富的獨特優勢。有利的就業條件是利用非物質文化遺產發展扶貧產業的特色。來自文化脫貧攻堅一線的專家學者、非遺產業帶頭人共同分享了「非遺＋扶貧」的經驗與做法。

文化和旅遊部辦公廳對於通過大力振興貧困地區傳統工藝來實現脫貧致富充滿信心，開始加大對貧困地區傳統工藝的振興力度，要求相關省區市組織制定振興措施和計劃，並對實施成效進行評估，對計劃進行改進。加強貧困地區非遺傳承人群培養，實施中國非遺傳承人群研修研習培訓計劃。擴大知名度，提升當地傳統工藝傳承與發展水平。2018 年 7 月，文化和旅遊部辦公廳、國務院扶貧辦綜合司下發《關於支持設立非遺扶貧就業工坊》的通知，要求充分依託傳統工藝帶動貧困勞動力就近就業和穩定增收的獨特優勢，將文化在脫貧攻堅工作中的「軟作用」體現出來，激發深度貧困地區自我發展能力，有效促進就業，持續增加收入，助力精準扶貧。文化和旅遊部相關負責人表示，中國對非遺項目長久以來的重視，使得藉助非遺來進行精準扶貧的基礎較好，為傳承人群的研修培訓提供了人才支持，使非遺項目幫助貧困地區脫貧致富得到了保障。先總結提煉一批可複製、可推廣、可持續的非遺扶貧就業工坊工作經驗與模式，然後進行進一步推廣。

1　中國產業研究院數據：中國休閒農業和鄉村旅遊發展數據分析　市場前景明朗，呈井噴式增長 .http://www.lbzuo.com/shuju/show-18752.html.

2　周瑋：文化和旅遊部：大力推進「非遺＋扶貧」振興貧困地區傳統工藝 [R]. 新華社，2018-07-19。

3　劉尚君：非遺振興　扶貧有路 —— 第五屆中國非物質文化遺產博覽會側記 [R]. 中國青年網，2018-09-21。

第三節 可持續扶貧案例

一、海南省產業扶貧新模式[1]

案例：產業扶貧取得顯著成效，讓脫貧更有活力和可持續

海南堅持「三扶」—— 扶產業、扶資金、扶技能的政策，選擇個別產業作為基礎性產業，在五指山、臨高、瓊中、白沙和保亭 5 個國定貧困市縣實施了 11 個農業產業扶貧示範項目，相互聯結帶動貧困戶脫貧增收。堅持「三合」—— 抓好資金整合、抓好生產與市場的結合、抓好一二三產業融合的政策，融合「三加」—— 圍繞責任加強組織領導、圍繞產業加強項目建設、圍繞增收加強模式創新，專門成立產業扶貧辦公室統籌工作，明確扶貧目標和方法、攻堅克難，使農業產業扶貧取得顯著成效。

同時，重視扶貧龍頭企業，開發其強大的帶動能力，更多地吸收貧困戶，達到更好的扶貧效果。探索推廣「龍頭企業 + 合作社 + 貧困戶」「政府 + 公司 + 金融機構 + 合作社 + 貧困戶」等多種形式的利益聯結機制，使「脫貧」變得更加可持續化。海南省頗有成效的龍頭企業正生堂健康產業集團公司，是一家集益智、牛大力、砂仁等南藥產業化為主營業務的大型生物工程企業。該公司通過南藥品種的種植加工進行產業扶貧，累計帶動貧困戶 1300 餘戶，累計免費向貧困戶發放益智種苗 240 萬叢，平均每年可為農戶帶來 3600 萬元的收益。

農民專業合作社對脫貧致富的帶頭作用同樣很強。為廣大農民特別是貧困戶傳授技術、提供信息、提供生產資料，同時還開拓產品銷售市場，讓貧困戶有致富的方法、有致富的渠道，以一種更加可持續的方式完成扶貧任務。近幾年，已在保亭縣引進受市場青睞的高產優質新品種 5 個，組織編號生產管理技術 3000 份，技術人員跟蹤指導 150 餘次。僅推廣黃秋葵種植這一新品種方面，在技術上就已實現縣域全覆蓋，產量從原來的畝產 3000 斤

1 海南產業扶貧取得顯著成效，讓脫貧更有活力可持續[R]. 人民網 - 海南頻道，2017.12.08。

提高到3500斤以上，產品的商品率從75%提高到90%以上，畝純收入也從5000元提高到8000餘元，成為冬季瓜菜生產效益最穩定的品種，保亭黄秋葵也成為市場上最受歡迎的產品。帶動農戶500餘戶（其中貧困戶50餘戶，種植面積270畝），據估算，全縣黄秋葵產業將給農民帶來1900萬元的收入，成為農民增收脫貧的主要產業。

資料來源：人民網 - 海南頻道，2017年12月8日. http://hi.people.com.cn/n2/2017/1211/c231190-31018961.html

海南省看重基礎產業帶動經濟發展的作用，着重開發龍頭企業，積極引進新品種，同時利用農業合作社集中發展農業。積極發展典型產業，可以初步作為探索可持續扶貧模式的方法，它對於因地制宜發展地區特色有重要意義。海南省的扶貧發展模式看重和市場、政策的協調性和統一性，對市場，開拓銷路，促進產業融合，把準市場發展風向；對政策，迎合大發展方向，明確發展目標，落實各方責任，極大程度地保障貧困戶的利益，減少發展過程的不穩定性，讓脫貧實現可持續並且具備活力，實現長效穩定增收。

二、陝西省特色農村經濟發展模式——以渭南白水縣為例[1]

案例：陝西能源集團西部信託駐白水縣楊武村扶貧工作典型

「堅持因地施策，發展村級經濟」，陝西能源集團西部信託駐白水縣楊武村扶貧工作成為因地制宜可持續扶貧模式的典型材料。楊武村位於渭南市白水縣城西北36公里，黄土高原溝壑地貌，地理位置偏僻，氣候乾旱少雨，導致該村水資源貧乏，農戶飲水困難，經濟落後，村民主要以地窖蓄水的方式解決飲水問題。全村共445戶1610個村民，精準識別貧困戶41戶116人，主導產業為蘋果，全村人均純收入為2300元左右。2014年7月，陝西能源

1　省扶貧辦社會扶貧辦：堅持因地施策　發展村級經濟——陝西能源集團西部信託駐白水縣楊武村扶貧工作典型經驗材料 [R]. 陝西省扶貧開發辦公室，2017-11。

集團西部信託投資有限公司開始幫扶楊武村，第一時間下派了駐村工作隊。工作隊堅持常年駐守，認真貫徹落實扶貧相關政策，因地制宜、找準症結、積極探索「合作社＋貧困戶＋電子商務」的特色農村經濟發展模式，工作隊首先要解決的問題就是村民的用水問題。在陝能集團來白水縣掛職扶貧副縣長孫李軍和西部信託駐村工作隊隊長劉永柏的努力協調下，西部信託公司出資20萬元硬化村道並安裝了小高抽水系統，擴大了灌溉面積，有效解決了部分村民用水和農作物灌溉的問題。為了徹底解決全部村民的用水問題，西部信託公司再次投資90萬元打一口機井，並將機井項目資產歸村集體所有，運營收入優先考慮貧困戶增收。2017年8月機井項目竣工，並達到了預期出水量，成為北鎮的第一口深水井，村民長期的飲水和農業灌溉問題最終得到了根本性的解決。其次，工作隊積極與社會聯動，發動社會各界愛心人士助力村子的教育事業發展，改造學校、捐贈器材，多次組織社會人士採購蘋果，以擴大銷路，形成打贏脫貧攻堅持久戰的可持續扶貧道路。同時，工作隊認識到實現整村發展才能真正走對扶貧道路，於是選擇成立農村專業合作社，逐步吸納貧困戶和普通農戶，通過電子商務實現產品到商品的轉變，逐步使農戶轉變為商戶，加快集體經濟的發展，創建一套成熟的、現代化的發展模式。全村經濟得到發展，才能讓貧困戶實現真脫貧，才能更有效地杜絕返貧現象的出現。工作隊將大戶作為依託，發揮帶頭作用，成立了養殖合作社，並依靠西部信託公司出資30萬元為其啟動資金，吸納貧困戶和一般農戶參與，以合作社形式統一對外經營。並與白水農村電子商務公共服務中心建立合作關係，將部分商品通過互聯網進行銷售。陝西能源西部信託集團工作隊開發的「合作社＋貧困戶＋電子商務」新型脫貧致富模式，是一條正確的、可持續發展的扶貧道路，為村民帶去了實實在在的財富，而這一模式在為楊武村帶來經濟大發展的同時，也為其他地區帶去了寶貴的扶貧經驗。

資料來源：陝西省扶貧開發辦公室，2017年11月.http://www.shaanxifpb.gov.cn/newstyle/pub_newsshow.asp?id=29018253&chid=100431

陝西省的發展模式首要症結所在，是發展所需要的用水問題，這是嚴重制約白水地區發展的因素。引進小高抽水系統，前期所需要投入較大，但可一勞永逸地解決用水問題，為進一步發展鋪平道路。其次是看重新型銷路。線上直銷的方法在很多地區都取得了顯著效果，結合合作社的統一發展、對外經營，形成規模，比單家單戶地進行線上直銷更有保障，銷路更寬，銷量自然會更高，農民也可以實現脫貧增收。陝西省的新型發展模式值得更多貧困地區學習。因地制宜的發展非常重要，找準造成貧困的症結所在才能從根本上解決貧困。當下科技發展迅速，能夠提供更先進的技術改變本土發展缺陷，因此，更需要去積極地尋找、大膽地嘗試新型發展模式。

三、河北省光伏產業扶貧新情況 —— 以張北縣為例[1,2]

河北省政府在 2017 年 9 月 29 日發出通知，正式批准了阜城縣等 11 個國家扶貧開發重點縣、邯鄲市肥鄉區等 14 個省扶貧開發重點縣區，共計 25 個縣市區退出貧困縣序列，這是河北省長期以來扶貧脫貧工作取得階段性成效的標誌。河北省貧困縣大力推進產業扶貧、提高就業、完善社會保障機制，堅持以打贏脫貧攻堅持久戰作為主導，統領全局工作，不斷增強貧困地區內生動力，有力地促進了貧困戶致富脫貧、穩定增收和可持續發展。2017 年，中央和省級財政扶貧資金下達情況進行了公示，張北縣以總額度 7105 萬元，其中中央財政 5198 萬元、省級財政扶貧基金 1907 萬元位居河北省 115 個縣市區之首。國家財政的支持和資本的進入，更有力地支持了扶貧工作的開展。

1　張北德勝村「鐵杆莊稼」：頂上發電　地上養牛 [N]. 北京日報，2018-06-29。

2　肖光明、崔濤、張帆：回訪張北德勝村：壩上農村的產業扶貧路 [R]. 中國新聞網，2017.08.03。

案例：張北德勝村「鐵杆莊稼」，走光伏扶貧道路

張北縣德勝村，最值得村支書葉潤兵驕傲的是村裏「鐵杆莊稼」的收成，因為它讓德勝村的村民能夠「頂上發電，地上養牛」，成功走向了脫貧致富的道路。所謂「鐵杆莊稼」指的就是村裏的光伏發電。德勝村曾經是河北省貧困人口最集中的地區，位於河北省10個深度貧困縣之一的張北縣，過去，種植業和畜牧業是德勝村村民維生的手段，每年的收入很低。加之乾旱缺水，村民日常生活用水困難。村內的土路更使得德勝村的發展越來越艱難。村裏大量的年輕人外出打工，村內大多數都是留守老人，人才人力的缺失，造成村子的「空心化」「老齡化」嚴重。通過國家扶貧開發工作，德勝村2017年在原來的荒灘地上建起了光伏電站，張北縣全縣光伏扶貧電站達到了174座，總佔地面積24畝，目前已經全部併網，並實現了貧困人口全覆蓋。村支書葉潤兵說：「項目20年可實現收益1365萬元。其中60%的電站收益用於增加村民收入，40%用於電站運營維護及全村公益事業，例如幫助村民購買醫療和養老保險等。」德勝村的光伏發電扶貧模式就是光伏電站下種草養羊。光伏電站架下空出來的土地可以種草養羊，可以種植觀賞性植物，作為旅遊業的發展條件。2018年6月23日，張北縣饅頭營鄉胡家坊村的128個村級分佈式光伏扶貧電站異地聯建項目併網發電。由於分佈式光伏扶貧電站存在電網改造難、投入大等問題，電力專家最終確定本次村級電站採用異地聯建的建設模式。這128座光伏扶貧電站與原來建造的光伏扶貧電站相比，最大的特點就是：異地聯建、節約土地。全部電站都採用單軸太陽能跟蹤支架系統，以高支架的方式建設，使得佔地1500畝的電站有1000畝的土地能夠得到二次利用，不僅不影響農作物的成長，而且常規農業機械也可以使用。德勝村以「生態修復＋發電＋種樹＋種草＋養殖」的特色生態光伏扶貧模式，成功地做到了脫貧致富，使產業脫貧的觀念深入人心，並且可以有效地防止返貧情況的發生，扶貧的可持續性得到了貫徹。其次是旅遊產業，德勝村準備將村子打造成為特色民俗旅遊村，大力發展鄉村旅遊服務，

在維護村子的生態環境的同時發展農業、旅遊業，形成良性循環模式，真正走上致富之路。

資料來源：北京日報，2018 年 6 月 29 日，中國新聞網，2017 年 8 月 3 日，http://www.chinanews.com/gn/2017/08-03/8294723.shtml

光伏扶貧已經成為脫貧攻堅的重要舉措，取得的成果非常顯著，它可以對資源進行有效利用，覆蓋的受益面積廣，可以長期長效地獲取收益，並且本身是綠色清潔能源，因此對貧困地區來說是非常適合的發展模式。目前，冀北地區受惠於光伏扶貧模式的貧困戶已經達到 9.9 萬戶。光伏扶貧目前還在建設期，因此不斷有一些問題出現，首先，光伏發展站的建設前期需要大量的政府資金投入，較為依賴財政補貼；其次，存在發電不穩定的情況，技術、自然環境等都是影響光伏發電狀態的因素。光伏發電的扶貧模式重點在於它的可持續性很強，是發展可持續扶貧的重要舉措，但在因地制宜選擇光伏扶貧模式的同時，更需要加強監管，完善前期的投資和後期維護的關係。

四、寧夏因地制宜扶貧發展新戰略 —— 以寧夏灘羊產業、養蜂產業為例[1]

近日，寧夏回族自治區發展改革委聯合扶貧辦、財政廳、林業廳、農牧廳共同制定出台了《寧夏扶貧工作方案》，動員 3 萬貧困人口參與生態扶貧工程建設，在未來的兩年間，準備組建 300 個生態建設扶貧專業合作社，新增生態管護員崗位，將會帶動近 10 萬貧困人口脫貧增收。

寧夏回族自治區將加大財政投資力度，用來支持貧困地區的各項生態扶貧項目，將貧困人口組織動員起來參與各類生態扶貧建設，並在貧困

1 鄭崢、何杉：寧夏 6 部門出台生態扶貧工作方案　2 年內將帶動 13 萬貧困人口增收 [N]. 寧夏日報，2018-08-16。
海永強：因地制宜發展增收致富產業　確保貧困群眾穩定可持續脫貧 [N]. 2018-09-10。

地區實施精準扶貧五大重點工程。寧夏地區歷史文化悠久，自古以來就有「塞上江南」的美稱，現有適合耕作的荒地 1067.3 多萬畝，有可開發利用的草場 4500 多萬畝，為全國十大牧場之一。土地資源豐富，地處黃河流經區域，有良好的農作物灌溉基礎，都成為發展農業極好的條件。水稻單季畝產達 700 公斤，是西北地區著名的水稻產地，也是全國 12 個商品糧基地之一。因為氣候乾旱少雨、光照充足，寧夏地區自古以來盛產瓜果，且品質優良，含糖量比中原地區高 15%—20%。發展農業的歷史較長，基礎較好。針對寧夏地區的扶貧政策，最適合發展生態扶貧產業，通過發展特色林、特色草畜產業和特色林下經濟以及衍生出的區域生態旅遊業四大重點產業，以發展地方特色生態產業為主導，將一、二、三產業融合發展，形成生態農業為主、其餘產業共同發展的特色生態農業發展模式，利用兩年時間，讓貧困地區枸杞種植面積達到 40 萬畝，葡萄種植面積達 20 萬畝，並着力培育一批作為先行主導的旅遊示範村。

對於國家重點生態功能區中的貧困縣，要充分利用轉移支付，探索更加多元的生態保護補償機制，調動社會各界參與生態環境保護的積極性，完善以市場為主體開展橫向生態補償等渠道資金，將特貧人口放在重點，建立完善市場化的生態補償機制，補償前期由於經濟發展而遭到破壞的自然環境。

寧夏地區雖然擁有良好的農業發展條件，但長時間的產業無法升級，使它仍然成為國家扶貧開發工作的重點區域。佔據寧夏土地總面積 58.6% 的南部山區地帶是寧夏的貧困人口主要集中地，貧困人口佔寧夏總人口的 42.6%。據 2007 年統計的數據，寧夏地區農村絕對貧困人口和低收入人口總數為 33.6 萬人，重點貧困村有 1000 多個，佔貧困地區行政村總數的 60% 以上。儘管中國已經有 20 年的扶貧歷史，並取得了不菲的成就，寧夏貧困地區也經過一系列改革，實現累計減少貧困人口 330 萬人，經濟社會發展取得了一定的進步，但是和中國其他地區迅速的、高質量的脫貧情況來比，寧夏地區緩慢的脫貧步伐仍舊相對落後，與中國其他地區的發展差距被拉開，貧困範圍佔據了較大的土地面積，貧困歷史積累較長、較深，區域間因為條件不同造成了較大的貧困程度差異，處於僅僅靠自我脫貧很難成功的嚴峻狀態。複雜的扶貧狀態經常是民族聚居地區的群體貧困的特點。

寧夏地區對自然條件的依賴程度較大，貧困與否、貧困的程度都取決於該地區的生態系統狀態，基礎條件較差、氣候環境惡劣嚴重影響了區域的發展。「中國貧窮之冠」「苦甲天下」，都被用來形容寧夏的西海固地區，它是位於寧夏回族自治區南部山區地帶和黃土丘陵區的 6 個國家級貧困縣的統稱，在 1972 年被聯合國糧食計劃署確定為最不適宜人類生存的地區之一。這裏是寧夏生態系統最脆弱的地區，生態環境承受力度較弱，容量較小，多發旱災、沙塵暴、泥石流等自然災害，生態平衡失調狀態嚴重，使寧夏貧困地區生存所依賴的農業生產環境更加惡劣、更難發展，扶貧模式和方法難以開展，硬式的扶貧會導致返貧情況嚴重。據統計，在 1985 年至 2005 年寧夏發生的各類自然災害中，氣象災害高達 80% 以上，使大氣環境被惡化嚴重，直接造成約佔全寧夏地區 GDP1.9%—6.5% 的損失，對基礎設施、環境、全區安全狀態造成了難以估量的巨大間接損失，直接加劇了寧夏的貧困。

寧夏地區主要依靠農業發展經濟，靠天吃飯的狀態，對糧食、燃料逐年增加的需求量，使農民缺乏可持續發展的意願，一味地開墾荒地和索取、過度放牧、亂砍濫伐，這種掠奪式的開發並不能帶來長久的收益，對生態環境過度透支，返貧情況必然會頻繁出現，結果只能是加劇貧困，毀壞了自然環境，破壞了森林和草原生態系統的自我調節能力，使其自我恢復能力不斷下降，面積逐年減少，斷了致富的後路。寧夏人均糧食雖由 1949 年的 308 公斤提高到 1999 年的 320 公斤，但付出了水源涵養林減少 22.05 萬平方公里的沉痛代價。同時由於過度放牧，嚴重破壞了草原生態系統。2000年，在寧夏的草場中，中度和重度退化草場佔77.5%，天然草地覆蓋度下降到10%以下，20%嚴重荒漠化，成為國家環保部監測確認的全國沙塵暴沙源產生地的四個地區之一[1]，成為風能夠直接進入內地的主要通道和直接受災區。因此，在2011年1月7日寧夏回族自治區第十屆人民代表大會常務委員會第二十二次會議上，通過了《寧夏回族自治區禁牧封育條例》(以下簡稱《條例》)。《條例》自實施以來，通過禁牧封育和補播改良治理，有效遏制了草原荒漠化、沙化等嚴重退化現象，生態環境明顯得到改善，初步探索出了一條生態與經濟「共贏」的和諧發展道路。據2003—2011年全區草原資源與生態監測結果顯示，全區草原植被覆蓋度平均年遞增17.37個百分點，草層高度平均年遞增3—5個百分點，天然草原植被平均覆蓋度、高度、鮮草產量和可食比例均有提高，植物群落朝着趨於穩定的方向發展。

「越墾越窮、越窮越墾」的錯誤發展模式，使貧困與生態環境惡化交織，並陷入惡性循環。讓解決貧困問題也「靠天」，由自然環境和氣候條件所掌控，廣種薄收、粗放經營、農作物質量和土地承載能力逐年下降，都是讓寧夏地區的經濟狀況越來越差的導火索。「振奮精神，實幹興寧」，寧夏市人民政府在中國共產黨寧夏回族自治區第十二次代表大會上的報告中，詳細地列出了寧夏市的各項扶貧政策，包括產業扶貧、整村推進、金融扶貧、移民搬遷、危房危窯改造、教育扶貧、精準脫貧能力培訓政策、就業政策、社保政策、健康扶貧、扶貧保險等。

寧夏地區扶貧的重點就是協調環境和經濟發展，對於用水困難的貧困地區，水資源的高效利用是重要發展戰略，寧夏應該將重點放在提高水資源利用效率上，加大水資源合理配置，利用西部大開發戰略和國家積極的

1 查燕、王惠榮、蔡典雄，等：寧夏生態扶貧現狀與發展戰略研究[J].中國農業資源與區劃，2012，33(1)：79-83。

財政支持，加快建設各類水利工程，建立水資源高效利用網絡，加快建設節水型灌區、高標準集雨工程，高效率利用洪水資源。應退耕還林還草、種植三北防護林、建立自然保護區等，根據地區自然環境條件，宜林則林，宜灌則灌，宜草則草，喬灌草結合，構建完整的生態環境良性循環的林業支撐體系和以灌木為主、耐旱的防風固沙林體系。針對特貧地區貫徹落實生態移民戰略，形成新的自然資源與人類和諧共處的關係，更好地集中發展產業脱貧、教育脱貧。建立區域特色產業發展戰略，讓示範地區起帶頭主導作用，引導貧困地區人民脱貧致富，打出寧夏的品牌知名度，發揮特色產業，並且加快產業升級，實現脱貧致富目標。

案例：石泰峰調研鹽池縣脱貧攻堅指示，可持續發展項目助推同心下垣村脱貧攻堅

鹽池縣位於寧夏回族自治區東部，是著名的寧夏灘羊集中產區，以盛產「鹹鹽、皮毛、甜甘草」著稱。灘羊是鹽池的主要經濟來源，也成為該縣脱貧的主導產業。自治區黨委書記、人大常委會主任石泰峰實地查看灘羊屠宰生產加工流水線和生產產品類別及質量，對灘羊產業後續精加工、如何打造品牌、擴大市場銷售途徑以及對群眾脱貧增收情況產生帶動作用。鹽池灘羊具有悠久的歷史積澱，這本身就是寧夏的一張名片，提高知名度和美譽度是推廣灘羊產業的重要步驟，要把發展灘羊產業作為鹽池縣脱貧致富的重點產業，要發揮主導作用，重視與市場對接，形成完整的供應鏈和產業鏈，將整個產業價值鏈延伸，提高附加值，加快產業升級，打造規模化養殖、標準化生產、特色化經營的優質產業，持續實現脱貧增收，讓產業扶貧帶動貧困群眾走致富道路。石書記強調，當前脱貧攻堅已進入最後的攻堅階段，要把發展特色產業作為穩定可持續脱貧的關鍵。立足本地實際，因村制宜，把產業做出特色、做出品牌、做出效益、做出市場競爭力，不斷拓寬貧困群眾的增

收致富空間。[1]

2018 年 7 月 26 日，寧夏回族自治區同心縣下馬關鎮紅城水社區可持續發展項目正式啟動。該項目由寧夏商務廳直接對接隆基綠能科技股份有限公司，委託寧夏扶貧與環境改造中心承辦實施，以建設「可持續發展社區」為目標，支持和改善下垣村的產業脫貧、基礎教育和鄉村建設。在脫貧產業方面，將養蜂業作為脫貧的主導產業和特色產業，開展就業幫扶培訓和定向招聘等，並向下垣村 16 戶養蜂戶捐贈了 40 套蜂箱和 16 台搖蜜機。養蜂的李老漢說：「養了大半輩子蜂，沒想到愛心企業給我們送來了現代化的蜂箱、搖蜜機，讓我的土蜂養殖事業科技化了，以後幹活的勁頭更足了。我要帶頭養好蜂，和鄰里鄉親一起脫貧致富。」在基礎教育方面，將支持暑期公益夏令營、開展陽光夢想課堂、建設融合光伏的校園科學中心等；在美麗鄉村建設方面，將援建太陽能路燈、進行植樹綠化，並開展垃圾分類環保教育，促進村容環境的綠化、亮化和美化。

寧夏是隆基股份重要的產能佈局地，企業的快速發展讓隆基股份一直不忘反哺當地。此次紅城水社區的可持續發展項目堅定扶貧要走可持續發展道路，對貧困地區的內生動力非常重視，項目貫徹落實以「政府＋企業＋社會組織」的扶貧模式，成為紅城水社區脫貧的大機遇。

資料來源：環球網，2018 年 9 月 11 日，http://city.huanqiu.com/jzfp/2018-09/12986773.html；寧夏新聞網，2018 年 7 月 27 日，https://www.nxnews.net/yc/jrww/201807/t20180727_6000091.html

可持續扶貧的特點就是因地制宜，相比於其他地區，寧夏的自然環境狀態、承載力、可利用方面都更差，有利條件更少，貧困數量更多，脫貧難度更強，因此能夠有效利用有限的資源達成可持續扶貧，對於寧夏地區

1 環球網：石泰峰調研鹽池縣脫貧攻堅指示「學習借鑒鹽池灘羊產業發展經驗」[R]. 環球網，2018-09-11。
胡俊：可持續發展項目助推同心下垣村脫貧攻堅 [R]. 寧夏新聞網，2018-07-27。

來說較為不易。充分發揮有限的有利條件，增強獨特性和不可替代性，以此在市場佔據不可或缺的地位，對於類似於寧夏這樣的貧困地區，是很珍貴的因地制宜的發展方式。中共十九大報告強調「堅持大扶貧格局，堅決打贏脫貧攻堅戰」，即由政府主導專項扶貧、行業扶貧和包括企業在內的社會扶貧「三位一體」的扶貧格局。具有靈活性、創造性和市場貼近性等特點的社會扶貧，一定能在大扶貧格局中發揮它獨有的作用。以往的企業扶貧經常局限於捐款捐物，或是通過與公益組織和政府的合作項目來進行公益活動，這種方式比較單一，產生的實際效果也並不好，社會扶貧難以找到更好的參與方法和參與機制，加上國家規定可以利用企業稅收來投資公益項目，因此社會扶貧更應該成為當下中國扶貧的主力。企業在扶貧方面潛能巨大，讓他們施展所長，利用企業條件，將貧困地區的發展新動能和消除貧困的內生動力激發出來，這是目前探索扶貧新道路的一大目標。

五、湖南省探索生態模式助脫貧

案例：湖南宜章探索生態模式助脫貧

地處湘南的宜章縣，處於山地森林及生物多樣性生態功能區。宜章縣對縣內的生態建設非常重視，探索出油茶種植、林下經濟、生態護林、造林獎補等扶貧新路子，以實現生態建設與產業扶貧共贏，與扶貧政策有機結合。

建立示範基地，完善「基地＋貧困戶」模式，將泰豐農業、盛世農業等油茶企業作為示範企業，發揮龍頭作用，從而解決貧困戶的就業問題。在增產增收的同時不大範圍進行人口遷移，方便貧困戶照顧家庭。2018 年，該模式累計幫助 10 344 人實現就業，發放貧困戶工資 1200 萬元。全縣種植臍橙 23.6 萬畝，年產量達 14.9 萬噸，年產值達 7.5 億元，帶動 10 萬農戶增收。

該縣科學規劃，點線面結合，連續實施九輪 10 萬畝生態營造林工程暨森林生態景觀提質工程。針對東部鄉鎮石漠化嚴重、立地條件差、造林成本高的地區，縣林業局聘請專業施工隊在廈蓉高速公路沿線兩側完成高標準造林 1409 畝。縣政府參照退耕還林政策，每年對廈蓉高速公路沿線兩側 100 公里範圍內旱土造林的旱土所有者進行補助，補助標準為每年每畝 230 元，補償年限定為 16 年，每年補助到位 32.41 萬元。實實在在的收入帶動了貧困戶參與的積極性，由他們親手將果園和速生豐產林面積擴大，改善鄉村環境，形成造林綠化與造林獎補有機結合的共贏局面。針對造林投資周期長、見效慢的特點，宜章縣以建設國家林下經濟及綠色產業示範縣為契機，大力發展林下經濟。2018 年全年實現林下經濟產值 5 億多元，帶動 8000 多貧困戶脫貧致富。

為加大生態保護力度，該縣嚴格按照公告、申報、審核、考察、評定、公示、聘用 7 項程序，從建檔立卡貧困人口中選聘生態護林員，安排生態扶貧資金 496 萬元，其中中央財政資金 248 萬元，縣財政自籌資金 248 萬元。出台了《建檔立卡貧困人口生態護林員管理考核辦法》，每月對生態護林員進行綜合考核，考核結果與生態護林員績效工資直接掛鈎。年度考核合格者簽訂續聘合同，不合格者按程序解聘。目前，共選聘建檔立卡貧困人口生態護林員 496 人，每人每年補助勞務費 1 萬元，讓 496 名貧困戶在家門口就業，增加收入，實現「一人護林、全家脫貧」。

資料來源：中國林下經濟，湖南新聞網，2018.12.13

宜章縣首先利用示範基地的帶頭作用，打造「基地 + 貧困」模式，把握本地特點，就地解決貧困問題，在實現增收的同時留住勞動力，解決以往家庭和工作之間的矛盾，扶貧成果斐然。其次，政府政策的大力支持。林業局運籌帷幄，深知旱土不僅不能夠為貧困戶帶來增收，反而對環境有嚴重的負面影響，因此採取讓貧困戶參與綠化、政府給予補貼的方式，在調動了貧困戶積極性的同時，極大地改善了生態環境，同時看到發展林下經濟的契機，形成生態致富的良性循環圈。最後，拓寬貧困戶的增收渠道，藉助林業的發展選聘護林員，生態保護和脫貧致富一手抓，實現可持續扶貧狀態。在湖南省的生態扶貧政策中，最重要的一點是以脫貧致富為目的，但同時激發了貧困戶對生態保護的積極性。地區扶貧，要着重把握當地環境特點，才能明確扶貧政策方向，因地制宜，同時政府要合理發放補助，加強監管，保證質量，才能順利實現脫貧致富。

第四節　可持續扶貧存在的問題 [1]

可持續扶貧政策最重要的是因地制宜，開發和維持當地特色，保證產業活力、資金流暢，將國家財政和社會資產相結合，助力本土企業發展，同時加強監管，才能保證資金的有效利用，保證扶貧政策順利開展，獲得應有的成效。在此過程中，經濟與自然之間的矛盾仍舊造成了可持續扶貧中的很多問題。

（1）農村人口素質——主體的不可持續發展。人力資源對貧困地區的發展起到了決定性的重要作用，但「貧困—超生多生—教育水平低—素質低—返貧」的惡性循環仍舊存在於非常多的貧困地區。貧困所直接反映出來的是經濟問題，但更深層次的是社會文化問題，是地區的人文環境的問題，勞動人口數量少、文化水平低，造成了根本性的貧困。對於貧困地區來說，生活環境的閉塞導致了地區的現代化水平、思想觀念的落後。這也是很多新型發展觀念無法在一些貧困地區開展的原因，等、靠、要的消極思想嚴重影響了扶貧政策的推動，使地區的自我發展能力無法從根本上得到提高。

（2）扶貧資源——供體的不可持續發展。扶貧資源是實施現場可持續扶貧的必要條件，扶貧資源是否能夠有效供給和利用，對支持貧困地區可持續發展有着重要的作用，外部經濟、社會環境的不平等，扶貧制度不完

1 丁軍、陳標平：構建可持續扶貧模式　治理農村返貧頑疾 [J]. 社會科學，2010（1）：52-57，188。
左齊、張麟、莫虹：論可持續扶貧開發的二元系統觀 [J]. 經濟體制改革，2002（1）：58-60。

善、下撥資金不足、基礎設施不完善、人才引進缺失等，都會使得貧困地區無法得到外部支持，造成了「貧困—扶貧資源不足—經濟困難—返貧」的狀態。

（3）自然環境——載體的不可持續發展。貧困地區資源匱乏，自然環境錯誤治理，經濟與自然環境發展不協調，粗放式的發展狀態都造成了貧困地區自然生態質量下降，生態環境遭到破壞，甚至斷絕了其本身的發展道路。前期對自然生態環境的索取，對自然規律的破壞，雖然在短期內得到了經濟回報，但無疑是不利於可持續發展的。

可持續扶貧政策如何進行監管，金融機構如何確保資金的有效利用，新型互聯網產業加入扶貧如何進行引導和教育，針對大企業參與扶貧只做面子工程、成效甚微、浪費資源的情況，如何進行規範，都是中國可持續扶貧所面臨的問題。中國扶貧工作已經達到最後的攻堅階段，接下來的扶貧工作面臨的是最難脫貧的貧困戶。由此，貧困的根源是資源。在甘谷縣的大山深處，仍然存在「群婚」的病態婚姻狀態。所謂的因地制宜發展、靠山吃山理念，在那樣的狀態下都無法發展，原因只有一個，就是資源的極度缺乏，民俗風情也毫無開發的價值可言。資源的缺乏，斷了大山發展的道路，根據前期國家扶貧的政策，只有大規模的移民這一條路可走，而村民世世代代生活在地區深處，思想狹隘，移民的困難可想而知。

國家為了調整南北、東西的資源不協調，已經有了南水北調、西氣東輸的大型工程，以此來解決資源分配不均的問題。東部帶動西部的發展也一直是國家努力的方向。對於上述的地區而言，只能通過國家政策來進行調整，移民遷徙是必要的措施。

（4）城鄉差距較大。貧富差距也是因為資源的分配不均而出現的，它使經濟發展中的矛盾更加突出，富有的掌握了先機和資源，而貧窮的那部分人因為各種原因所掌握的資源匱乏進而無法繼續發展。這就是資源分配不平衡所帶來的複雜問題。之所以會貧窮，就是沒有發展的資源，沒有資源，就沒有發展致富的途徑。而要解決貧窮，沒有資源的就需要遷往有資源的地方，資源匱乏的區域就要多修路、多宣傳。一個地方並不是沒有任何的發展資源的，有可能只是未開發或者資源存在的地方不均，而和貧困人口相互配合，就能夠有勞動力來開發這些資源。資源成為貧窮的根源，而貧窮的狀態向來是相對而言的，它不可能消失，但也並不能成為發展的阻礙，只有積極地去探索發展道路，探索如何解決資源分配的問題。大同社會自然是人類發展的終極目標，但達到貧窮和富有的平衡，這才是社會發展的良性狀態。

第五節　總結

通過對可持續扶貧模式的深入研究，我們總結出如下經驗。

第一，提高人力資源素質，加大對農村貧困地區教育資金的投入，要因地制宜，準確把握實際情況，嘗試「基礎教育和職業教育相結合，職業教育與技術培訓相結合」的發展思路，培養專業人才，充分利用農村勞動力價值，加強教育宣傳，提高貧困地區人民的發展自主性，使其轉變思想，主動尋求脫貧措施，使貧困地區返貧的現象減少。政府要加快建設完善貧困地區的社會保障制度，完善醫療措施，提高人口質量，從根本上改善人力資源的狀態。

第二，發揮政府財政的重要作用，確保扶貧資源的供給，對下放資金的公示、流程的規範都要完善管理，讓扶貧資源得到充分利用，完善扶貧開發機制，加大開發力度，加快貧困地區基礎設施建設，引進先進發展技術和高科技助推扶貧事業發展，提高可持續能力。扶貧不光是經濟補助，更不能忽視社會文化的作用，需要全面發展公共事業，保障扶貧能夠可持續，杜絕返貧現象的出現。

第三，堅持以保護自然生態環境為主導。良好的生態環境是發展的前提條件，經濟需要迎合生態環境的發展，人與自然的和諧能夠確保扶貧能夠順利推進，形成良性發展，才能夠最終保證可持續扶貧。

扶貧是一個長期的、艱巨的任務，並不能在短期內實現。很多地方都成立相關的扶貧工作組，下派基層去進行扶貧工作，但貧困地區造成貧困的原因不同、症結不同，首先應該針對具體問題具體分析，找出造成貧困的根本原因，這是一個較為艱難的、可能會發生很多錯誤的過程。誠然，任何扶貧工作的開展都需要國家財政和社會支持，這至少能解決當地一些實際需要的基礎設施問題，客觀上直接幫助當地的生產生活發展，但顯然這種粗暴的給錢式扶貧不是可持續的，不能更持久地致富，反而會助長貧困地區人民的惰性，變成一種惡性循環。「授人以魚不如授人以漁」的道理非常簡單，只能短期幫助當地解決問題的扶貧方法不是扶貧。通過發展改變當地的經濟、生產、生活，需要激發當地群眾的內生動力，讓他們做自己的開荒者，因為只有本地人才最了解當地的情況，能最快地找出問題所在，這時候我們的扶貧工作組就要從長遠的利益考慮幫助當地群眾，積極尋求各方支持，宣傳新技術、新思想，使新興產業可以讓人們更容易地接受，這是工作隊應該做的事，是形成良性扶貧模式的保障。可持續扶貧是精準扶貧的發展方式和扶貧的最終目標，形成可持續發展狀態，是徹底解決貧困問題的唯一辦法。可持續扶貧需要的是一種長期的制度和模式，可以有階段性、可以不斷地改變策略和方法，但必須是一種良性的、具有前瞻性的、具體問題具體分析的方法。

第十七章　中國扶貧經驗總結

自 2014 年 5 月國務院扶貧辦制定《建立精準扶貧工作機制實施方案》後，以精準扶貧為主要形式的新型扶貧工作開始在國內各貧困地區展開。在中共和政府的領導下，中國脫貧事業取得了歷史性的成就：農村貧困人口從 1978 年的 7.7 億人減少到 2018 年的 1660 萬人，同期農村貧困發生率從 97.5% 下降到 1.7%，降低了 95.8 個百分點。在這個過程中多種新型扶貧形式各放異彩，為扶貧事業作出了巨大的貢獻。

本章將從精準扶貧、開放式扶貧、綠色扶貧、可持續扶貧、共享扶貧、協調扶貧、創新扶貧七個方面來對中國的扶貧經驗進行系統闡述。[1]

第一節　精準扶貧

目前關於中國精準扶貧經驗的研究大體分為兩類：第一類主要從精準扶貧的理論意蘊層面來探討；第二類主要從扶貧方法和相關經驗層面來討論。

一、精準扶貧的理論意蘊

「精準扶貧」概念首次提出是在 2013 年習近平於湘西考察時：「扶貧要因地制宜、實事求是，精準扶貧。」[2] 隨即習近平在 2015 年於雲南考察時再一次強調「要以更加明確的目標、更加有力的舉措、更加有效的行

1　雷明：論習近平扶貧攻堅戰略思想 [J]. 南京農業大學學報（社會科學版），2018（1）。

2　習近平赴湘西調研扶貧攻堅 _ 湖南頻道 _ 紅網 . http://hn.rednet.cn/c/2013/11/03/3186926.htm.

動，深入實施精準扶貧、精準脫貧」。[1] 國務院扶貧辦隨即制定了《建立精準扶貧工作機制實施方案》，精準扶貧工作在各貧困地區開展。半年之後，習近平在貴州省考察時，提出了中國的貧困人口要在 21 世紀 20 年代實現脫貧，精準扶貧開始成為各級政府的第一要務。

關於精準扶貧理論意蘊的研究，張橋、范鴻達（2018）將精準扶貧定義為：「運用科學有效的標準和程序，對貧困人口和地區的精準識別、精準幫扶、精準管理和精準考核的扶貧開發模式。」他們指出精準扶貧的核心內涵在於引導各類扶貧資源到戶到人實現最優化配置，以達到幫助困難群眾徹底脫貧的目標[2]。汪三貴等（2015）通過對精準扶貧的經驗研究，提出了確定貧困戶之考核過程的重要性，他們指出，在精準扶貧成效考核過程中應將當地政府以及有關部門的扶貧動作是否到位作為考核重點，同時對其工作進度加以敦促，而不應該僅將群眾是否住進了新房、受益是否增加作為考量標準[3]。習近平在深度貧困地區脫貧攻堅座談會上的講話中也進行了着重強調：「要實施最嚴格的考核評估，堅持年度脫貧攻堅報告和督查制度，加強督查問責，對不嚴不實、弄虛作假的嚴肅問責。」有關精準扶貧的理論意蘊，習近平精準扶貧理念對於馬克思主義反貧困理念有了一定的繼承，他提出：「社會主義在解決貧困問題上有着根本的優越性，要始終發揮社會主義政治制度優越性。」劉永富（2014）在首屆「10．17」論壇上指出：「扶貧不單單是幫助群眾脫離經濟匱乏、物質短缺，更重要的是通過文化教育和技能培訓培養人民群眾自我成長、實現自身全面而自由的發展，從根源上阻止貧困的代際傳遞，這才是根本意義上的脫貧。」其開創性地從個人成長與發展的角度闡述了扶貧的內核所在。[4]

1 習近平在雲南考察工作時強調：堅決打好扶貧開發攻堅戰 _ 要聞 _ 新聞 _ 中國政府網 . http://www.gov.cn/xinwen/2015-01/21/content_2807769.htm.

2 張橋、范鴻達：精準扶貧：理論意蘊、實踐路徑與經驗探索 [J]. 瀋陽師範大學學報（社會科學版），2018，42（5）：17-21。

3 汪三貴、郭子豪：論中國的精準扶貧 [J]. 貴州社會科學，2015（5）：147-150。

4 劉永富：從嚴從實，堅決打贏脫貧攻堅戰 [J]. 新西部，2018（13）：10-11。

綜上所述，精準扶貧指的是區別於傳統的粗放式扶貧模式，精確識別最為貧困、最需要幫助的個人以及家庭，通過針對性的幫扶政策從根本上消除致貧因素，以達到使其徹底脫貧的目標，實現可持續發展的新型脫貧方式。這與中國以往通過評定貧困村、縣來認定貧困程度識別方法和集中連片撥發資金的扶貧方法形成了鮮明的對比。

二、精準扶貧的實現路徑

目前對於精準扶貧經驗的研究較多，主要是基於實地調研的精準扶貧路徑及其成效的研究。

韓學俊（2018）從文化扶貧的角度對精準扶貧的路徑進行了探索，該研究指出貧困群眾思想認識上的改變是扶貧工作的源頭所在。農村圖書館一方面可以承擔起向貧困群眾傳播最新的政策以及致富資訊、科學和先進的農業知識之角色，例如通過講座、展覽、培訓的方式來提高其知識素養和致富能力[1]，另一方面也可以根據貧困地區的文化風俗特色以及經濟特徵來利用其文化資源，因地制宜地探索相關的致富脫貧之路，從基礎的物質扶貧達到自身能力的建設。

張橋、范鴻達（2018）通過對閩西武平民主鄉扶貧的實踐探討了精準扶貧的實踐路徑。民主鄉幹部秉持精準識別的要求「一公示一公告」來確定扶貧對象，通過搬遷安置、集中安置、修繕改造等方法安置貧困戶，同時也利用產業項目使民主鄉有勞動力的貧困戶發展各自的農副產業（百香果、野兔等），培養其生產以及就業技能。[2]

研究發現，部分被認定為貧困戶的村民只是居住房屋較為破舊，實際生活並非貧困。建成新居或將舊屋修葺完成後，即認為該貧困戶已脫貧。這表明住房條件抑或任何一項條件都不能單一地成為認定貧困或是已脫貧的依據。

1　韓學俊：農村圖書館文化精準扶貧路徑探究 [J]. 農村實用技術，2018（9）：50-51，55。

2　張橋、范鴻達：精準扶貧的理論意蘊、實踐路徑與經驗探索 [J]. 瀋陽師範大學學報，2018（4225）：17-21。

案例：宣城：旅遊扶貧　鄉村民宿助農增收

安徽省宣城市涇縣立足自身資源優勢，探索建立了「發展全域旅遊帶動脫貧致富、發展鄉村旅遊助力精準脫貧」的旅遊扶貧模式，將旅遊與脫貧攻堅相結合，讓「好風景」變成「好錢景」。「皖南川藏線」是近年來廣受網友熱捧的自駕線路，旅遊業給周邊群眾增收創造了有利條件。據了解，「皖南川藏線」沿線5個鄉鎮有8個貧困村，旅遊扶貧直接幫扶，引導當地村民改擴建自家住房經營民宿及農家樂。目前汀溪鄉已擁有159家民宿及農家樂，接待遊客體驗鄉村風情。[1] 旅遊扶貧不僅讓貧困群眾「動起來」，也讓貧困農戶的錢袋子「鼓起來」。安徽涇縣通過「扶貧」與「扶志」結合起來，將「綠水青山」真正變成「金山銀山」。

資料來源：中國新聞網，2018年12月16日

鄉村旅遊業實質上是一條產業鏈。首先，通過開發旅遊資源，農民的收入有所改觀，物質脫貧的目標初步實現；其次，旅遊業往往會帶動當地的餐飲、住宿、農副產品、養殖業的發展，極大地豐富了當地產業結構；此外，旅遊經濟的蓬勃發展為當地群眾創造了大量就業機會，增加了人才培養以及人才引進的機會，也從根源層面減少了留守兒童以及留守老人等問題。同時，該案例也指出了現有模式所存在的問題，如旅遊形式單一、資源浪費等。基於現存問題，案例從「精準」這一層面出發，指出要因地制宜地根據不同地區的不同旅遊資源，採取最合適的發展路徑，以此將政府的扶貧政策落實到細節，達到產業扶貧的最佳效果，實現貧困地區真正意義上的自由全面發展。

研究發現互聯網與精準扶貧也有一定的契合點：首先，互聯網模式可以促進貧困地區交通物流體系的發展，使農產品銷售突破交通因素的制

1 安徽涇縣旅遊扶貧　鄉村民宿助農增收，深圳新聞網. http://news.sznews.com/content/2018-12/16/content_21283156.htm.

約，實現高效物流水平，以使商品能夠快速大量對外銷售。其次，互聯網模式亦可改變貧困地區傳統的自產自銷、各村各戶分散且低效率的小規模生產現狀，促進當地農業生產的標準化之路。此外，互聯網參與精準扶貧突破了傳統的扶貧路徑，在促進就業、解決人員流失問題、加快人才引進等方面都有着深遠的意義。

從以上案例可以看出，中國的精準扶貧的前期認定、項目策劃、項目實施、成效評估的一系列工作過程已經達到較為完善的水平。中共十九大前夕的統計數據顯示，按照 2010 年農民年人均純收入 2300 元的扶貧標準，農村貧困人口從 1978 年的 7.7 億人減少到 2017 年的 3046 萬人（參考圖 17-1），減少了 73 993 萬人；同期農村貧困發生率從 97.5% 下降到 5.7%，降低了 91.8 個百分點。[1] 目前脫貧事業也進入了攻堅克難、放手一搏的階段，精準扶貧作為中國扶貧事業的先進導向，是需要長期堅持並持續發揚的，其意義不僅體現在中國的脫貧事業上，也為中國政府工作提供了新的視野和方法。

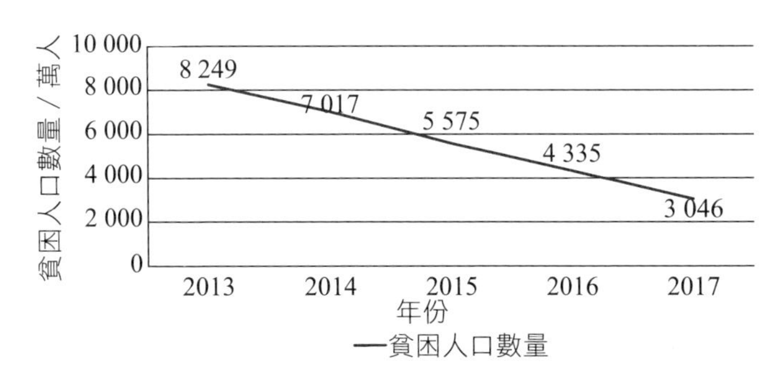

圖 17-1 2013 年到 2017 年年末農村貧困人口數

資料來源：國家統計局

1 中華人民共和國 2017 年國民經濟和社會發展統計公報，國家統計局 . https://baijiahao.baidu.com/s?id=1593656271082733578&wfr=spider&for=pc.

第二節　開放式扶貧

對於開放式扶貧的概念，學界尚無定論，本章根據習近平數次精準扶貧座談會中的講話對其做出以下定義：開放式扶貧是以政府為主導，以社會性、廣泛性、參與性為原則，通過調動國內國外兩種資源、省內省外兩種力量、體制內體制外兩種要素參與脫貧攻堅，構建一個扶貧主體開放、扶貧領域開放、扶貧資源開放、扶貧方式開放的適應市場經濟的經濟運行方式和形態，覆蓋生產領域、流通領域等扶貧開放的各個領域。它包含四個方面的特徵：一是扶貧資源的開放性，強調引入並整合新型的扶貧開發資源和投入要素；二是扶貧參與人員的多元化，即扶貧並非單一依賴政府資金；三是強調扶貧地區需進行整合聯動，基於整個地區的發展來助力精準扶貧；四是扶貧手段的廣泛性。[1] 下面就開放扶貧的經驗進行文獻回顧。

徐可（2017）在對新疆沿邊地區開放式扶貧的經驗研究中發現，新疆沿邊開放是由地方政府強力推動，抓住絲路機遇將沿邊區位劣勢轉為開放的優勢，以點帶面培育經濟增長極，帶動周邊地區開發脫貧。相關數據顯示，喀什、霍爾果斯口岸區已成為開放式扶貧的經典脫貧案例。這其中地方政府的職能創新是最為重要的轉變。新疆部分與哈薩克斯坦鄰近的地區如伊犁霍城縣等通過民族手工藝品輸出、兩岸經濟交流會、高校學術交流等方式，來吸引境外的投資[2]。

基於新疆沿邊開放的新型扶貧模式的成功經驗，中原部分貧困地區也可借鑒此模式對自己的扶貧之路進行展望。現階段中原內陸地區開放式扶貧的最佳實施模式應是由中央政府引領、營造開放氛圍，地方政府抓住時機、增設口岸、調整開放佈局，利用口岸經濟促進貧困地區形成「開放—

---

1 雷明：農村社會治理現代化與開放式扶貧，《生態文明與開放式扶貧》[M]. 北京：社會科學文獻出版社，2016。

2 徐可：新疆沿邊「開放—開發」扶貧模式及其對中原農區的啟示 [J]. 中共伊犁州委黨校學報，2017（4）：68-71。

開發一產業」的脫貧機制。

案例：巴中市：開放合作　打造全國扶貧攻堅示範區

「巴中市曾以老少邊窮而著稱，發展滯後、發展不足是巴中最大的市情，發展水平不高是巴中最大的現實。」巴中市委書記在採訪中如是說。自該市確定了開放式扶貧的主線之後，巴中市政府通過開放合作、招商引資，先後投資建設了興文開發區、盤興物流園與西部商貿城三大商貿基地，逐步建立了以縣區、園區為主體的對外開放格局。巴中市自2014年到2017年的招商實際到位資金已連續翻番，開放式扶貧效果喜人。自2011年以來，巴中市已建設重點鎮9個，已建成中心村38個、產村相融的新村聚居點935個，36.73萬人搬入「巴山新居」。其中，平昌縣元山鎮所有11個村，村村有產業、有企業，戶戶有就業。[1]

資料來源：中國改革報，2014年4月24日

貧困地區通過產業創新，突出謀創新、強產業、補短板、增效益，把產業提效益與農民增收入有機結合起來，不斷推進農村新型合作經濟組織快速健康發展，產業轉變助力鄉村振興正在成為中國扶貧事業發展新圖景。

案例：六盤水：打造開放式扶貧試驗區

羅亮亮（2018）基於貴州六盤水市鍾山區開放式扶貧試驗區的探索，對該地的成功經驗進行了總結。六盤水市打破了行政區劃和地域限制，採用鍾山區主導、周邊5鄉鎮輔助的發展格局，與森林資源豐富的木果鎮、適宜飼養牲畜的青林鄉、盛產水產作物的金盆鄉等鄉鎮協同，打造了全域生態、全

1　王進、何子蕊：開放合作打造全國扶貧攻堅示範區[N]. 中國改革報，2014-04-24（4）。

域產業、全域旅遊、全域文明的開放式扶貧試驗區建設新樣板。此外，「金融＋扶貧」模式亦成為鍾山開放扶貧試驗區的亮點所在。以木果鎮為例，該鎮的食用菌採取了「公司＋農戶」的生產銷售模式，在該模式下，農民既承擔生產者的角色，同時也享受股東的分紅待遇，其收入除利益分紅之外，還包含種植作物的直接收入和務工收入。村民劉富貴在訪問中說道：「在我們香菇公司幹了半年，分紅一下就分了 8100 元，這放以前是想都不敢想的。」[1] 該案例的成功之處可見一斑。據中國新聞網的最新數據顯示，上述 5 個連片特困鄉鎮參與公司分紅制改革共 23 290 戶 90 235 人（其中貧困戶 10 780 戶 36 880 人），共簽訂合同 23 290 戶，合同簽訂率 100%；頒發股權證 22 980 戶，股權證發放率 98%；分紅單發放 22 980 戶，發放分紅金 2609.4 萬元，分紅單發放率 98%。[2]

資料來源：貴州新聞網，2017 年 11 月 9 日

以往的扶貧模式大都是以低保、五保戶為主的福利救濟式方法。美國經濟學家米德（1992）認為，福利救濟政策會對貧困群體和貧困代際傳遞產生負面影響。持續性地被施於物質援助的困難人口很大程度上會滋生依賴心理，從而喪失學習和擺脫貧困的自覺心，陷入越救濟越貧困的福利救濟陷阱。開放式扶貧一方面打破了傳統扶貧的救助性質，開創性地將困難群眾自身作為脫貧的主體，依靠當地生態資源、文化風俗、地理優勢等進行具有當地特色的生產建設；另一方面，該模式着眼於區域合作，突破了貧困地區與外界的地域限制，在利用自身優勢資源的基礎上引進外界先進產業和技術，同時也致力於「走出去」，在國家政策的支持下積極向外拓展交流，形成貧困地區特色開放格局。此種「一進一出」所形成的對外開

1 羅亮亮：協同作戰、共書扶貧新篇章——鍾山區打造開放式扶貧試驗區取得階段性成效 [J]. 當代貴州，2018（4）：70-71。

2 六盤水鍾山區打造開放式扶貧試驗區，貴州新聞網．http://www.gz.chinanews.com/content/2017/11-09/77502.shtml.

放的扶貧模式除了對困難地區、困難人口具有積極的意義外，同時也為國家的對外開放發展提供了新思路。

第三節　綠色扶貧

梅志里等（2006）在《發展型社會政策》一書中指出，在一些發展中國家，貧困往往發生在一些多山、通信閉塞、交通不便的地區。[1] 這種貧困發生特徵在中國也有明顯體現，即貧困地區與生態脆弱地區在地理空間分佈上高度契合，環保部印發的《全國生態脆弱區保護規劃綱要》中指出，中國 592 個貧困縣中，80% 以上地處生態脆弱區；完全貧困人群中超過九成分佈在諸如四川大涼山這樣環境惡劣的生態區。[2] 傳統的「輸血式扶貧」依賴貧困地區在地資源、政府政策和資金支持，該模式實現了貧困地區產業的轉型和升級，使農業從主要依靠人工勞作模式轉向工業化模式，被一致認為見效快、績效高。但只注重經濟效益，靠過度開墾耕地、砍伐森林和開採礦產資源來發展經濟，很大程度上相當於「用資源促發展、用環境換繁榮」。貧困地區自然條件惡劣、生態系統脆弱，部分地區的許多動物以及稀缺的生態資源在以片面追求經濟增長的扶貧過程中被犧牲，水土流失、植被縮減、自然資源枯竭的狀況時有發生，群眾祖輩以來所依賴的生態環境一去不返。

綠色扶貧的概念首次正式提出於 2015 年 10 月 29 日中共中央關於制定國民經濟和社會發展第十三個五年規劃的建議中：「實現『十三五』時期發展目標，破解發展難題，厚植發展優勢，必須牢固樹立創新、協調、綠

1 安東尼・哈爾、詹姆斯・梅志里：發展型社會政策 [M]. 北京：社會科學文獻出版社，2006。

2《全國生態脆弱區保護規劃綱要》，2008. https://baike.baidu.com/item.

色、開放、共享的發展理念」。[1] 隨即在 2015 年 11 月，習近平在中共中央政治局審議通過的《關於打贏脫貧攻堅戰的決議》中明確提出了「堅持生態保護，實現綠色發展」的脫貧原則，即「牢固樹立綠水青山就是金山銀山的理念，把生態保護放在優先位置，扶貧開發不能以犧牲生態為代價，探索生態脫貧新路子，讓貧困人口從生態建設與修復中得到更多實惠」。[2] 由此，以環境保護、資源節約與生態平衡為主線的綠色扶貧成為當今中國精準扶貧的重要方式。[3,4]

曹康康（2018）認為綠色扶貧就是在國內生態遭到破壞的背景下，在資源短缺、環境破壞以及生態失衡的客觀約束之下，通過「綠色化」的扶貧開發模式，達到在生態文明建設中脫貧致富與扶貧開發建設生態保護的良性互動，從而最終實現貧困地區脫貧致富與自然演化共進和諧的新型扶貧觀。[5] 彭斌、劉俊昌（2013）認為綠色扶貧的精髓在於使貧困地區生態環境不被破壞的前提，是以開發式扶貧為基礎、綠色發展為主調、可持續發展為理念。[6] 戴旭宏（2012）基於對四川省政府財政政策的分析，認為綠色扶貧是以科學發展觀為核心意涵，在不犧牲生態環境的前提下帶領貧困群眾脫貧攻堅，促進經濟發展與美好環境相依託。[7]

牟永福（2016）進行了環京津貧困地區綠色扶貧產業化模式新途徑的探究，發現該地區傳統扶貧是以煤礦冶煉、輕工業製造業促進就業為主的

---

1 《十三五規劃建議》，2015 年 11 月 4 日 . http://www.tibet3.com/news/content/2015-11/04/content_1923147_2.htm.

2 中共中央國務院關於打贏脫貧攻堅戰的決定，2015 年 11 月 29 日 . https://baike.baidu.com/item.

3 雷明：兩山理論與綠色減貧 [J]. 經濟研究參考，2015，2696（16）：21-23。

4 雷明：綠色發展下生態扶貧 [J]. 中國農業大學學報，2017（5）。

5 曹康康：協同作戰、共書扶貧新篇章 —— 鍾山區打造開放式扶貧試驗區取得階段性成效 [J]. 當代貴州，2018（4）：70-71。

6 彭斌、劉俊昌：民族地區綠色扶貧新的突破口 —— 廣西發展林下經濟促農增收脫貧路徑初探 [J]. 學術論壇，2013，36（11）：100-104，134。

7 戴旭宏：綠色扶貧：中西部地區現階段財政支持政策的必然選擇 —— 基於四川財政政策支持的視角 [J]. 農村經濟，2012（12）：60-63。

產業，因此諸如霧霾、水污染、水土流失、土地荒漠化和石質化的惡劣情境成為這些區域脫貧路上的最大阻力。因此，傳統產業扶貧已經不能使該地區在保護和恢復生態環境的前提下實現脫貧目標。[1]

環京津地區通過利用臨近首都等發達城市的文化資源，着力打造京津休閒旅遊產業帶。同時積極培養諸如鐘點工、月嫂、居家養老照護者等人員，增加貧困戶的就業渠道，並大力建設養老服務業，「休閒養老集中區」成為該區域產業發展的支柱產業。該地區加速進行能源研發、發展循環經濟，積極培育養殖業、種植業循環經濟產業鏈條，建設了一批大規模高端綠色產業園，藉此孵化新技術、新產品、新產業。同時園區也通過有機土壤栽培以及畜禽糞便的綜合開發等方面緩解環境污染。

案例：康縣：精準扶貧精準脫貧成效明顯

康縣是一個地處甘肅東部的國家級貧困縣，縣裏九成以上的村落地處陰冷潮濕的山林深處。甘肅本就是脫貧攻堅的重點省份，省內多地位於黃土高原的區，自然資源匱乏、經濟作物單一、自然災害頻發是該地的典型特徵。先天環境再加之歷史因素的作用，使得脫貧攻堅的任務尤為艱巨。由於地處偏僻，發展基礎非常薄弱，單一的糧食種植業成為這裏的主導產業，這導致當地經濟結構單一，群眾除傳統農業之外無致富門路，因病、因學返貧致貧現象較多。在過去六年的時間裏，全縣貧困發生率由 2011 年年底的 54% 下降到了目前的 11.6%，該縣先後獲得國家級生態建設示範區、全國休閒農業和鄉村旅遊示範縣、國家農村一二三產業融合發展示範縣、全國農村精神文明建設示範縣等榮譽。

康縣扶貧班子開創性地推行了「基地＋農戶＋產業＋市場」的產業扶

1　牟永福：環京津貧困地區綠色扶貧產業化模式創新研究：基於京津冀協同發展的視角 [J]. 領導之友，2016（7）：55-59。

貧模式，通過引導貧困群眾種植核桃、花椒、香菇以及養殖中蜂等特色優勢產業，以此有效促進了農民增收，同時增強了縣城的經濟實力。村民張仲武一家有 5 口人，近幾年，寺台鄉和剪子村兩級組織針對張仲武一家的實際情況，採取一戶一策的措施給張仲武和老伴辦了低保，兑現了 10 畝地的退耕還林生態效益補償費，扶持種植了一畝金銀花，發放了精準扶貧貸款 5 萬元扶持中蜂養殖、中藥材種植、高產核桃種植等。通過以上措施的實施加上勞務輸出，張仲武一家全年的經濟總收入已從過去單一勞務輸出的兩萬元提高到 5 萬元，全家人已經摘掉了窮帽子。

資料來源：每日甘肅網，2018 年 2 月 2 日

據相關文件顯示，截至 2017 年上半年，康縣已建成年產 5 萬噸的核桃露生產線、50 萬公斤茶葉生產線、年銷售額 4000 多萬元的興源土特產加工、獨一味生物系列製藥、康元生物等一批循環產業項目，成立農民專業合作社 1027 個、產業協會 290 個、扶貧互助金協會 330 個。[1] 增產增收效果明顯，脱貧成果喜人。

案例：西藏：發展淨土產業　打造「健康西藏」

西藏地區的生態環境具有多樣性和獨特性，且由於全球氣候變暖等生態退化現象的加劇[2]，導致當地江河流量減少，對大氣調節能力減弱，生態系統穩定性降低，不確定因素增多，水土流失、草場退化、土地沙漠化、地質災害頻發[3]。由此，綠色扶貧、生態扶貧成為西藏脱貧攻堅的首選之策。

1 康縣精準扶貧精準脱貧成效明顯，隴南 - 每日甘肅網 . http://ln.gansudaily.com.cn/system/2018/02/02/016902909.shtml.

2 關於西藏生態環境保護的幾點思考 [N].http://www.tibetcul.com/zhuanti/whzt/201706/42655.htul.

3 王躍、張雷雷：新發展理念視域下促進西藏綠色扶貧的思考 [J]. 西藏民族大學學報（哲學社會科學版），2018，39（4）：1-7，153。

首先從政策方面，西藏自治區政府先後出台並實施了《西藏生態安全屏障保護與建設規劃》，規劃涵蓋了自治區建設、保護、保障三大領域，落實資金 71.2 億元。[1]「十二五規劃」也通過生態補償的手段，使當地農牧民搖身一變成為森林、草場管護人員。截至 2016 年底，全自治區已有 8.4 萬轉型管護人員，累計增收 6000 元。其次，自治區政府另闢蹊徑，使「淨土企業」成為脫貧攻堅的新路徑。西藏依託青藏高原獨特的水、土壤、空氣、人文環境「四不污染」的資源優勢，大力發展淨土產業，為西藏農牧區的精準扶貧與精準脫貧提供了新動能。現階段，西藏以淨土產業為導向的公司產值已超過 35 億元，相關公司的財政貢獻率達到半數以上。數據顯示，已有超過 2800 戶拉薩市的貧困群眾通過參與新興產業脫去了貧困的帽子。[2]

資料來源：中國新聞網，2016 年 12 月 1 日

綠色扶貧是對中國日益嚴重的環境污染、生態破壞現象的積極反應。上述分析所展現的綠色扶貧模式一般是以家庭農場、生態觀光園等旅遊觀光、休閒度假項目為主，此種將生態資源與科技相結合的方式充分利用在地資源與外來援助。貧困群眾通過甄選適合本土生長與發展的作物以及產業，進行與環境相協調的生產建設活動，在修復被破壞的生態的同時，也為自身開闢了新的致富路徑。

第四節　可持續扶貧

改革開放以來，中國農村貧困人口有了大幅度的減少，從 1978 年的 2.5 億人減少到 2008 年的 4007 萬人。但由於傳統的以資金扶持為主、經

1 《西藏生態安全屏障保護與建設規劃》（2008—2030 年）. http://jiuban.moa.gov.cn/zwllm/zcfg/qtbmgz/200903/t20090305_1230124.htm.

2 發展淨土產業打造「健康西藏」，中國新聞網，2016 年 12 月 1 日 . http://www.chinatibetnews.com/jysp/201612/t20161201_1581402.html.

濟建設為輔的扶貧手段的落後性，使得貧困人口的自身優勢發掘、發展能力建設被忽視，故而出現了貧困地區非但未曾脫貧，反而造成了地區生態環境被破壞、返貧快於脫貧等現象。相關數據顯示，自 2003 年，中國每年有大量脫貧人口重新返貧，貧困人口甚至不減反增（四川省返貧人口超過 200 萬）。由此，可持續扶貧的概念開始被學界廣泛討論，同時也被納入政府扶貧的必要手段。

可持續扶貧理念將脫貧攻堅視為一種協助貧困人口進行自我能力建設、自我成長的過程。該模式主張扶貧應是地域特色支柱產業鏈形成、貧困人口生活質量大幅提升、生態文明和諧可持續的綜合體。可持續扶貧的核心要義一方面是指在現階段扶貧開發的基礎上，不破壞或損毀子孫後代發展所需要的資源條件；另一方面是指扶貧應由表及裏，從個人自身能力建設出發，拒絕返貧。

丁軍、陳標平（2010）從以下三方面論述了中國現階段亟須進行可持續扶貧的必要性[1]。第一，扶貧主體的素質即貧困人口的身體素質、思想文化水平、勞動技能等得不到持續有效的提高，這在很大程度上導致了「貧困—超生多生—教育水平低—主體素質低—返貧」的惡性循環，這是貧困地區返貧的根源所在。第二，外部經濟、社會環境的不平等導致貧困地區得不到持續有效的資源供給，如農村制度（農村扶貧制度、社會保障制度等）缺失，扶持資金不足，基礎設施和公共服務滯後等，使貧困地區因缺乏外部支援而陷入經濟困境，貧困主體的自我積累和發展能力也因此受到制約，最終形成「貧困—扶貧資源不足—經濟困難—返貧」的惡性循環。第三，盲目扶貧導致生態環境惡化，致使表面脫貧的人口不斷返貧，由此造成扶貧「越扶越貧」、脫貧速度趨於緩慢。基於上述原因，作者主張從提高主體素質、確保資源的持續供給以及保護貧困地區的生態可持續循環

1 丁軍、陳標平：構建可持續扶貧模式　治理農村返貧頑疾 [J]. 社會科學，2010（1）：52-57，188。

三方面來實現可持續扶貧。

案例：雲南：探尋「可持續」的精準扶貧之路

作為全國脫貧攻堅的主戰場之一，雲南有貧困人口 331.12 萬人，184.3 萬名貧困勞動力；16 個州市中有兩個是國家「三區三州」重點扶持州市；129 個縣中有 88 個「國家級、省級扶貧開發重點縣」，其中 27 個為深度貧困縣，脫貧攻堅任務非常繁重。為了避免陷入脫貧又返貧的惡性循環，雲南省通過創業培訓、導師幫扶、降低放貸成本、豐富擔保形式等措施，重點加大對農村勞動力生存型、自僱式創業的扶持，提高他們的創業成功率。2016 年至 2018 年 8 月，全省累計開展貧困勞動力創業培訓 2.5 萬人次，一大批貧困人員通過創業實現了脫貧。此外，雲南省還專門制定技工院校貧困家庭學生培養方案，實施費用減免、強化培訓、就業幫扶等舉措，促進貧困家庭學生依靠技能就業，並指導優質培訓資源到扶貧一線開展培訓援助。2016 年以來，雲南省技工院校每年招生均在 5 萬人以上，全省 34 所技工院校在校生規模達到 14 萬餘人，其中貧困地區的農村學生比例達 85%，每年招收建檔立卡貧困戶學生達 5000 餘人。[1]

資料來源：人社部官網，2018 年 11 月 15 日

由雲南省的扶貧經驗可以看出，脫貧工作需扶智更要扶志，通過技能培訓，提高貧困地區村民的就業能力，並引導他們轉移輸出，大力扶持他們因地制宜創業，將短期扶困和長期脫貧有效結合起來，由此取得的成效是傳統扶貧工作所無法比擬的。

李永、周桂彬、楊華（2007）從農村現代化建設的視角出發，論述了

---

1 人力資源與社會保障部：雲南：探尋「可持續」的精準扶貧之路 . https://baijiahao.baidu.com/s?id=1617195169203642366&wfr=spider&for=pc.

可持續扶貧的效用所在。該研究指出，大力推進農村住宅、交通、供水、供電、通信、文化娛樂等基礎設施建設，可以有效激發貧困地區的投資需求以及消費需求，從而可以促進貧困地區消費市場的形成，為貧困家庭勞動力創造就業機會。[1] 此外，完善貧困地區少年兒童的基礎教育以及中青年的職業技術培訓教育意義重大。阿馬蒂亞・森（2002）認為，基礎教育不僅可以直接提高生活質量，還可以提高貧困戶獲得收入的能力，使其免於收入貧困，基礎教育越好、越完善，貧困戶就越有機會脫離貧困。文化和科技教育對於人的自身能力的提升遠比單一接受政府既定扶貧模式的幫扶要有成效。綜上所述，我們可以從三方面來概括可持續扶貧的經驗。首先，建立規範的扶貧模式。一個責權分明、穩定高效的政策制定和執行的主體是國家能如期實現脫貧目標的硬件所在[2]。與此同時，一套與時俱進、專業化程度高的貧困人口甄別與篩選方法亦不可或缺。只有兩者相結合，政府扶貧資金、項目資源等方可實現效用最優、受益最大。其次，促進扶貧資源的內外聯動，實現科學可持續。「巧婦難為無米之炊」，各類資源的短缺是導致貧困最為直觀的原因，因此在扶貧過程中援助資金以及給予相關幫扶政策至關重要。在傳統扶貧機制下，國家對於貧困的認定往往是依據地域因素劃分貧困縣，從而以縣為單位傾注扶貧資源，這種做法在很大程度上造成了資金的浪費，比如被頻頻報道的低保亂申、冒領的現象。這說明扶貧主體對於資源的分發必須根據實際建立一套運行有效的機制，使得扶貧資源能切實惠及貧困人口。最後，多主體參與共同助力可持續扶貧。實現人自由而全面的發展、物質財富人人共享的共產主義社會是每一個社會主義國家的最終目標，扶貧則是實現共產主義的必由之路。然而，如果單一依靠政府這一主體，那麼脫貧攻堅就只能形成單一的哺育模式。

1 李永、周桂彬、楊華：基於農村城鎮化的可持續扶貧戰略研究 [J]. 甘肅農業，2007（12）：78-81。

2〔印〕阿馬蒂亞・森：以自由看發展 [M]. 北京：中國人民大學出版社，2002。

因此，國家應該積極促進扶貧主體多元化，動員盈利企業、非政府組織、社會企業、電視傳媒等社會各界助力扶貧，共同推進扶貧可持續。

第五節　共享扶貧

中共五中全會首次對共享發展的理念加以闡述：「堅持共享發展，必須堅持發展為了人民、發展依靠人民、發展成果由人民共享，作出更有效的制度安排，使全體人民在共建共享發展中有更多獲得感，增強發展動力，增進人民團結，朝着共同富裕方向穩步前進。」從這一闡述中我們可以看出，新時期中國的扶貧工作開始真正地聚焦於「以人為本」，切實考慮發展的最終目的和受益者。王思斌（2016）認為，共享從根本上指的是一種過程和結果由全部參與對象共同擁有的情境，是以人為本、人人享有的發展結果。部分貧困地區多數人口有強烈的脫貧願望，也做過不懈努力，但是由於面臨那些靠自身力量難以改變的不利因素而依然陷入貧困之中。[1] 對於這一群體，政府和社會應該伸出援手，通過各方共同努力，儘快使他們走出貧困，共享發展成果。2015 年 10 月，十八屆五中全會通過的《中共中央關於制定國民經濟和社會發展第十三個五年規劃的建議》指出：「共享是中國特色社會主義的本質要求，要按照人人參與、人人盡力、人人享有的要求，堅守底線、突出重點、完善制度、引導預期，注重機會公平，保障基本民生，實現全體人民共同邁入小康社會的目標。」[2] 這從政策層面闡明，脫貧攻堅、實現小康社會的主體是所有社會成員，實現該項目標不單單需要政府的前期規劃與資金投入，更需要社會全員參與進來。馬克思主義的最終意義就是讓所有社會成員過上幸福生活，這與脫貧工作

1　王思斌：理解共享發展及社會工作的促進作用——以我國扶貧開發和脫貧攻堅為例 [J]. 重慶工商大學學報（社會科學版），2016，33（5）：1-6。

2　中共中央政治局：《中共中央關於制定國民經濟和社會發展第十三個五年規劃的建議》，2015 年 11 月 3 日。

消除貧困和發展不平等、增進社會福祉、實現人人平等的目標不謀而合。「共享」概念在此次會議上的提出，一方面總結了中國之前在經濟發展與扶貧事業中的盲目和不足之處。1978 年以來，國家經濟高速增長，許多人藉改革開放的東風改變了貧窮的境況和命運，但由於片面追求經濟增長和經濟政策的地域傾斜，生態環境問題、東西發展不均衡、城鄉發展二元化等問題愈加明顯。另一方面「共享」概念的提出也是對未來脫貧攻堅的展望和要求，共享扶貧也是脫貧攻堅、實現全面小康社會的必行之舉措。共享發展勢在必行。

張文婷、周建華通過對精準扶貧機制的探索，指出了中國當前扶貧事業的不均衡之處。首先，以貧困縣、貧困村為受眾的扶貧政策在很大程度上忽視了一些在貧困縣、村之外的貧困人口。其次，以往扶貧事業均以政府為主心骨，以政策支持、資金支援為主扶貧手段，在很大程度上忽略了貧困人口自身、企業、媒體等社會力量的參與。該拔苗助長式的手段容易造成貧困人口對扶助資金的依賴心理，降低了他們探索脫貧之路的主動性。[1] 此外，共享發展強調每個貧困家庭都有機會享受扶貧資源，但中國的扶貧實踐顯示資源往往被挪用，從而導致其無法惠及所有貧困戶。有研究顯示，20 世紀 80 年代中期，中國實施以貧困縣為單元的區域瞄準，但由於這種瞄準主要針對貧困縣而不是貧困村和貧困戶，因此貧困戶無法直接享有扶貧資源。最後，部分地區扶貧過於重視經濟發展，而忽視了共享發展不僅是經濟發展成果的共享，同時也是政治、文化、社會等各方面的共享，由此導致貧困地區教育、醫療、社會保障等公共服務事業發展緩慢。基於以上扶貧過程中存在的共享問題，作者提出要建立貧困人口精準共享機制，採用多維貧困標準來精準識別貧困人口。同時通過建立扶貧資源共享機制，使得貧困人口參與扶貧資源的選擇和分配。此外，必須加強教育、健康、技能和思想觀念等方面的幫扶，使他們獲得更多的發展機會，

1 張文婷、周建華：基於共享發展理念的精準扶貧機制研究 [J]. 2017（8）：86-90。

增強可持續生計能力。具體來說，要加大對貧困地區的教育投入，完善就業服務體系和勞動培訓，發展新型合作醫療，加強生態環境建設等；同時引導貧困群眾在接受幫扶的同時積極樹立自立自強品質，徹底改變「等要靠」的依賴思想。中國貧困地區的兒童入學率隨着精準扶貧工作的開展而年年攀升，這說明國家開始意識到文化教育、思想扶貧之於脫貧事業的極端重要性。

張霞等（2018）從文化自信、文化共享的視角出發，認為衍生於城鄉二元體制下的農村文化貧困問題不僅成為精準扶貧難以攻克的難點，也是造成貧困長期惡性循環的深層根源。實踐證明，作為舶來品的城市文化和外來文化並不能真正解決農村的文化饑荒和文化貧困，只有將土生土長的鄉土文化與現代文化、多元文化進行融合與碰撞，才能使文化扶貧真正發揮作用。[1]

案例：濟陽：「121」齊步走出「共享式」扶貧新模式

山東省濟陽縣新市鎮圍繞脫貧攻堅工作要求，不斷創新工作思路，積極探索扶貧新舉措，形成了以「121」為核心的「共享式」扶貧工作模式，在幫扶工作中凝聚脫貧力量，放大扶貧成果，實現了全鎮貧困群眾脫貧和貧困村摘帽的工作目標。首先「共享式」扶貧充分運用「三會一課」和主題黨日活動，採取「本村第一書記負責，其他第一書記配合」的黨建管理模式，不斷加強對基層黨員幹部的教育引導，提升基層黨員黨性修養，使黨員幹部敢於亮身份、做表率，提升貧困村支部的向心力、凝聚力。把好的經驗成果分享推廣也是新市鎮「共享式」扶貧模式的另一重要特色。開展幫扶工作以來，新市鎮部分貧困村在「第一書記」的幫扶下形成了許多各具特色、卓有

1　張霞、趙美玲、滕翠華：共享發展理念下的農村文化精準扶貧路徑探析 [J]. 圖書館，2018（4）：52-57。

成效的幫扶工作，在成果共享的引領帶動下，可以將一個村的成功變成 N 個村的成功[1]。工作中，「第一書記」通過經驗講解與現場觀摩等方式主動分享工作成果，其他「第一書記」根據自身實際提出需求，由成功「第一書記」結合成功經驗量身制定更為合理的工作方案，迅速推動好的成果在其他村生根發芽。

資料來源：新華網，2018 年 6 月 13 日

「共享是發展的出發點和落腳點」。新市鎮「共享式」扶貧在實現共商共議、資源共享、成果共享工作目標的同時，依靠「共享式」扶貧，讓廣大貧困群眾共享了扶貧成果。「共享」扶貧工作機制的完善、「第一書記」及其幫扶單位的密切配合、幫扶舉措的不斷創新，為確保貧困群眾長效脫貧提供了堅實保障，真正讓扶貧路成坦途。

在共享理念下，首先應該將文化共享工程納入公共文化服務體系總規劃和貧困地區農村文化建設的總目標中。利用政府援助資源開闢文化保護專欄基金，鏈接外界企業、媒體等建立鄉村文化站，實現網絡村村通。其次，要充分發揮社區參與的作用，支持社會團體、科研組織等各類社會組織以多種形式參與農村文化扶貧，為農民送文化，舉行科普講座。地方文化部門應積極發揮溝通和協調作用，建立文化幫扶長效合作機制。鼓勵社會志願者積極參與，形成「一對一」「一對多」「多對一」「多對多」等結對形式。同時，還可通過稅收、信貸等優惠政策，鼓勵民營企業通過開發地方特色文化資源、打造文化品牌、發展文化產業等方式參與貧困地區農村文化建設，帶動農民就業的同時提高農民文化意識。最後，文化扶貧還可參照「西氣東輸」等形式，鼓勵發達地區的文化基金、文化產業參與貧

1 新華網，濟陽縣新市鎮「121」齊步走出「共享式」扶貧新模式 . https://baijiahao.baidu.com/s?id=1603118586187310308&wfr=spider&for=pc.

困地區文化的發掘與文化資產的建設，動員東部地區黨政機關、團體、企事業單位、社會組織、各界人士等積極參與文化扶貧，實現對口援助、精準對接。

西藏、貴州、雲南、新疆等長期以來一直是中國扶貧事業中難啃的「硬骨頭」，除了地處邊陲、交通不便等致貧原因外，教育資源匱乏、文化貧困（圖 17-2）也是極為重要的原因。美國人類學家劉易斯（1959）在對墨西哥貧民窟居民進行一系列的研究之後提出了文化貧困的概念，並利用文化貧困對貧困代際傳遞進行解釋。他認為貧困不僅僅是經濟上的收入少，同時也是一種可以實現自我維持和代際傳遞的文化現象。長期貧困的窮人群體會形成一種特定的生活方式、行為規範及價值觀。而窮人群體的聚居，以及缺少與其他社會階層的交流與流動，更加強化與固化了這種「貧困」的價值觀與文化，因而形成一種「亞文化」，會對周圍特別是後代產生影響，保持貧困文化自我維持並且不斷複製，導致貧困的惡性循環。[1]

打好「扶貧攻堅戰」，做好精準扶貧是共享發展理念的根本要求。

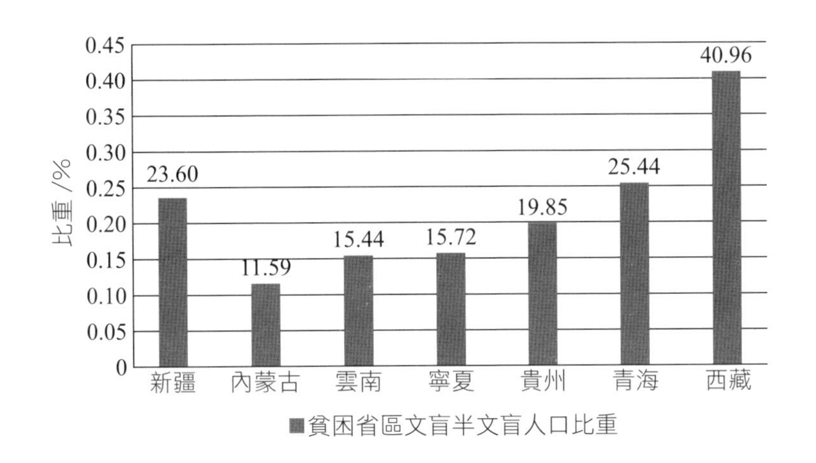

圖 17-2　15 歲以上文盲半文盲人口比重

1　奧斯卡・劉易斯：《五個家庭：墨西哥貧窮文化案例研究》（1959 年）。

「沒有農村的小康，特別是沒有貧困地區的小康，就沒有全面建成小康社會」。如何鞏固前一段時間的扶貧工作成效，解決精準扶貧工作中存在的問題，消除潛在的隱患，繼續推進精準扶貧，攻堅克難，勝利完成決勝全面建成小康社會的使命，是當前的首要任務。要把「扶貧攻堅」統一到共享發展的戰略發展理念上來，統一到共享發展成果的戰略全局上來，以共享發展理念為指導全力推進「精準扶貧」，攻堅克難。「扶貧」不是「劫富濟貧」，不是「恩賜施捨」，而是共享發展。「扶貧」不僅要共享發展成果，而且要共享發展機會，共享發展過程，是共同發展、共同富裕。共享發展理念不僅是對發展理念、道路與範式的深入總結與反思，更是對發展時代本質的深刻理解與闡釋；不僅是對中國特色社會主義發展道路的戰略思考與理論總結，更是共享中國經驗與中國智慧推進人類命運共同體建設的共享共贏；不僅是發展的指路明燈，更是推進發展的科學方法，是習近平發展理念的核心要義，是我們認識發展、分析發展、解決發展的理論武器，是精準扶貧攻堅克難的戰略抓手。共享發展理念是目的論和手段論的統一。共享是目的，要實現共享發展，就要實現人民共享、全面共享、漸進共享、共建共享，就要始終把人民放在心中最高的位置，以人民為中心科學統籌經濟、政治、文化、社會和生態文明建設，把人民對共享發展的訴求作為工作的突破口、着力點和落腳點，作為唯一的宗旨和任務，作為唯一的目的。共享又是手段，要通過線上線下、網上網下各種渠道、各種途徑將科學、技術、信息、資源、人才等共享，通過各種制度安排、文化交流將各國的發展經驗、發展教訓、發展智慧等進行共享。通過手段來實現目的，又通過目的來強化手段，在目的與手段的統一中堅持共享發展理念。

綜上所述，共享扶貧的終極意義在於使困難群眾在脫貧建設中樹立主體意識即主人翁意識，在脫貧的過程中實現人人出力、人人享有，並切實提高自身參與的積極性，從思想文化層面發掘自身建設能力。

第六節　協調扶貧

中共十八屆五中全會提出的五大發展理念中對於協調發展的闡述如下：「堅持協調發展，必須牢牢把握中國特色社會主義事業總體佈局，正確處理發展中的重大關係，重點促進城鄉區域協調發展，促進經濟社會協調發展，促進新型工業化、信息化、城鎮化、農業現代化同步發展，在增強國家硬實力的同時注重提升國家軟實力，不斷增強發展整體性。」[1] 協調是立足長遠、謀劃全局的戰略考量，協調理念在中國的扶貧事業中具有非同尋常的意義。王鵬（2017）指出，協調理念的提出首先是對地區經濟發展失衡現象的明確要求，貧困問題表面上看是收入差距大，而實際反映的是能力低和發展機會少。部分發展較快的群體的經濟水平掩飾了大部分人群處於貧困之中的真實現象。[2] 劉慧（2016）通過對當前扶貧工作中困難與挑戰的分析，指出了促進區域協調扶貧的重要性。文章指出，在 2013 年的貧困新標準下，中國有貧困人口 8249 萬。其中，東部地區貧困人口佔比 14.2%，中部地區佔 34.78%，西部地區佔 51.02%（圖 17-3），貧困人口在全國的區域分佈差異十分顯著。

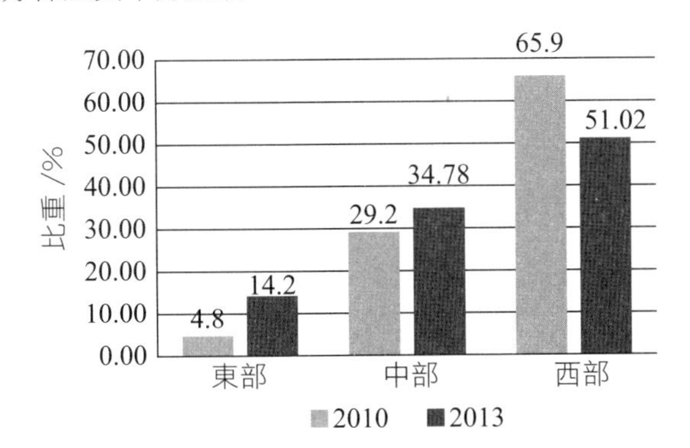

圖 17-3　東、中、西部貧困人口佔全國人口比重變化

1　十八屆五中全會報告，2015 年 10 月 30 日．https://www.unjs.com/fanwenwang/ziliao/421145.html.

2　王鵬：以五大發展理念推動青海省精準扶貧 [J]. 青海金融，2017（9）：24-27。

以協調理念為指導的扶貧措施有利於緩解扶貧過程中的區域發展不平衡的現狀。楊枝煌（2017）指出，協調扶貧也是針對扶貧開發過程中政策和資源一味向農村貧困地區傾斜，而忽視了城市貧困人群的現狀，如農民工的身份、待遇、社會保障問題。[1] 習近平曾強調指出：「小康路上一個都不能掉隊」。這表明在全面建成小康社會的征途中，實現東西區域發展協調、城鄉發展協調尤為重要。此外，王小京提出，協調扶貧是對目前存在的貧困地區的扶貧產業與當地經濟承載能力以及貧困人口的脫貧能力不相適應的狀況之積極應對。在很多貧困地區，行業扶貧處於自發狀態，制度性、計劃性不強。[2] 扶貧缺少統籌協調機制，作用需要進一步發揮。且部分扶貧產業一味強調規模化、產業化、集約化經營，沒有考慮到貧困人口的能力水平等因素，由此給其帶來了沉重的負擔，無益於脫貧致富。

案例：石城：從精準扶貧到致富脫貧

石城縣政府和江西省政府、贛州市政府通過加強與福建、廣東兩省政府在省、市級層面的溝通與合作，建立了具有共同約束力的制度規範，協調各區域的局部利益以服從於整體利益。同時，通過建立邊界區域資源聯動開發機制，整合優勢資源，培育特色產業。贛州市的優勢在於歷史文化資源、旅遊資源、勞動力和林木資源，所靠近廣東和福建相鄰省市的資源優勢在於資金、人才和技術等經濟要素。區位因素的便利使得石城縣可通過承接珠三角發達地區的產業轉移，以特色產業帶動經濟發展的同時，實現區域整體脫貧。

資料來源：石城縣扶貧移民辦，2017 年 10 月 3 日

1 楊枝煌：精準扶貧亟須統籌協調轉型升級 [J]. 科學發展，2017（11）：89-95。

2 王小京：扶貧政策實施中應上下協調 [J]. 西部大開發，2012（3）：88。

對於貧困地區發展水平、貧困人口的脫貧能力與當前產業扶貧不相協調的問題，劉衛東等（2010）認為，一方面需要從基礎教育着手，切實加強貧困農村地區基礎教育，徹底普及九年義務教育，加大教育設施建設，推進基礎教育資源的均等化；同時也要努力進行義務教育後三年的生存技能培訓，增強貧困地區年輕勞動力外出務工及本地工作能力[1]，並全面實施貧困地區中等職業教育免費計劃。另一方面，在扶貧開發工作中也需要因地制宜、因村制宜地進行開發項目。要在借鑒以往經驗的基礎上，着力開發對經濟發展有拉動作用的重點項目。同時注意使相關扶貧工程與在地人口的自身能力相適應，與當地生態氣候、經濟發展水平等狀況相協調，以此使得貧困人口能以飽滿的熱情、足夠的動力參與脫貧，真正成為改變自己貧窮命運的主宰者。

李智（2014）從城鄉發展一體化的視角出發，對湖北武陵山片區的協調發展戰略進行了深度探究。[2]

案例：武陵山：統籌城鄉一體化大視野　謀劃區域協調發展大格局

武陵山片區堅持區域發展與扶貧攻堅「聯姻」，走統籌協調扶貧之路。通過跨省合作溝通，先後與國務院以及國家民委簽訂協議，共同推進武陵山片區民族團結創建工作，為省部之間溝通協調開設了直通車。同時，該地區以武陵山龍山來鳳經濟協助合作示範區建設為平台，建立湘鄂兩省、湘西恩施兩州、龍山來鳳兩縣政府跨區域推進協調機制，推動縣域經濟跨越式發展。此舉不僅為該地經濟落後的少數民族地區增加了一定的資金扶持，也為

1　劉衛東、劉毅、秦玉才，等：2009 中國區域發展報告 —— 西部開發的走向 [M]. 北京：商務印書館，2010。

2　李智：統籌城鄉一體化大視野　謀劃區域協調發展大格局 —— 湖北武陵山片區區域發展與扶貧攻堅發展報告 [J]. 民族大家庭，2014（4）：41-44。

其提供了一個與省內其他市合作發展的平台，有力地促進了地區城鄉一體化統籌協調發展。

資料來源：民族大家庭，2014 年 4 月 11 日

堅持協調發展，實現農村發展和現代化是關鍵，而貧困地區的發展和貧困人口的脫貧是瓶頸。十八屆五中全會提出，要在「十三五」期間農業現代化取得明顯進展，人民生活水平和質量普遍提高，中國現行標準下農村貧困人口實現脫貧，貧困縣全部摘帽，解決區域性整體貧困。為了達到這些目標，五中全會也提出了一系列舉措，如加大對貧困地區的轉移支付，實施精準扶貧，對貧困人口實行資產收益扶貧，健全農村留守兒童和婦女、老人的關愛服務體系，推動教育的均衡發展和普及高中階段教育等。這些政策措施緊扣當前中國農村發展和扶貧建設中的突出問題，具有很強的現實針對性和指導性。加大對貧困地區的轉移支付，是要緩解貧困地區長期財政資金缺乏的問題，增強貧困地區地方政府提供公共服務的能力，特別是提高基礎教育和基本醫療衛生服務的質量，保證貧困地區的群眾享受較高質量的服務水平。實施精準扶貧，是為了改變長期農村扶貧工作以區域為主要對象，對貧困家庭和人口扶持力度不夠，影響扶貧效果的問題。這一扶貧方式將有效解決貧困農戶由於觀念、資金、技術和市場方面的限制，創收能力通常較弱的問題，提高扶貧投資的效率。

在農村勞動力大量外出的背景下，留守在農村的兒童、婦女和老人通常面臨更嚴重的貧困狀況。這種貧困不僅表現在物質生活方面，更表現在精神健康方面。在農村建立關愛和服務體系，對這些特殊群體進行有針對性的幫助，不僅能夠提高他們的生活水平，也關係到兒童的健康成長和國家未來的發展能力。教育是人的基本需求，也是重要的人力資本，是阻止貧困代際傳遞的最有效的途徑之一。農村地區一要大力發展早期兒童教育，二要普及高中階段教育。國家將為貧困家庭的學生免除高中階段的學費，並為各階段的貧困學生提供補貼。從長期看，教育的均衡發展能有效

改變區域發展不平衡問題，使貧困家庭能充分利用社會機會，提高自我發展能力。

綜上所述，協調式扶貧着眼於統籌東、中、西三個地域，城鄉兩元結構協調發展，一方面強調在脫貧攻堅征程中重視固本困難地區的同時，兼顧發達地區的困難區域，做到小康路上一個都不掉隊；另一方面，「協調」理念主導下的扶貧工作應該在幫助農村困難群眾走出貧困現狀的同時，將城市貧困人口——諸如農民工、孤寡老人、困境兒童等群體納入脫貧的體系之中，做到城鄉協調發展、共同脫貧致富。總的來說，我們國家要達成的小康社會不是局部的、單方面的小康，而是包括城鎮和農村，東部地區和中西部地區，經濟和政治、社會、文化、生態各領域的全面的小康。應始終注重發揮各地比較優勢，尊重差異性以及與之相適應的效率貢獻，追求區域間要素流動和有效互補。

第七節　創新扶貧

中共十八大以來，習近平不止一次地強調創新是引領發展的第一動力，是一個民族進步的靈魂；抓創新就是抓發展，謀創新就是謀未來；不創新就要落後，創新慢了也要落後。十八屆五中全會指出，「堅持創新發展，必須把創新擺在國家發展全局的核心位置，不斷推進理論創新、制度創新、科技創新、文化創新等各方面創新，讓創新貫穿黨和國家一切工作，讓創新在全社會蔚然成風。」創新扶貧的模式是實現精準扶貧的驅動力所在。[1]

丁向權、韓建民（2018）從創新政府治理模式的視角探討了創新在扶貧工作中的重要性。他指出，從政府治理視角來看，一方面，政府一直處

1　雷明：共享發展與可持續減貧 . 中國共享發展研究報告（2016）. 北京：經濟科學出版社，2017。

於主導地位，而貧困群眾則處於「被脫貧」的狀態之中，在脫貧工作中，貧困群眾普遍缺乏主動積極性，不願意參與扶貧工作，直接造成了扶貧、脫貧工作效率不高；另一方面，在扶貧工作中，扶貧主體也不單單由政府來承擔，在過去的扶貧工作中，政府總是一力承擔治理工作，所以導致扶貧過程中出現了效率不高、投入不足等政府失靈情況。[1]

為解決目前所出現的問題，首先政府應創新治理理念，樹立群眾意識，保證脫貧的主體——貧困人口能夠以參與者而不僅僅是受惠者的身份融合到扶貧全程中。同時通過樹立這一理念，對群眾意願和需求產生進一步了解，明確群眾在脫貧工作中的主體地位，通過吸引、引導群眾參與，協調好群眾與政府的關係，確保各項扶貧工作順利開展，繼而從根源上真正解決農村貧困問題。其次，政府還應認識到在市場經濟體制下建立多元合作理念的重要性，由「槳手」變為「舵手」，加強與社會組織的合作，吸引民間力量參與貧困治理工作。由貧困戶、市場、民間力量各司其職，緩解政府資金與相關資源的壓力。此外，藉助各種社會組織的力量，不斷深入農村貧困地區開展有針對性的幫扶工作，從而形成多元的扶貧格局。

案例：蒙城葛寒寨村：佔領主戰場，弘揚正能量

在蒙城縣岳坊鎮，有一個名為葛寒寨的村子，被周圍群眾稱為「狀元村」。該村先後建立了鄉賢館、農民文化大禮堂兩個引領村民精神脫貧的扶智基地。

鄉賢館主要展示的是葛寒寨的姓氏分佈及家訓、民諺等，向大家介紹村裏人的勵志故事、革命故事和創業故事等。濃厚的學習氛圍帶來豐厚的回報，據不完全統計，自 1977 年恢復高考制度以來，全村先後向高等院校輸

1 丁向權、韓建民：淺談「精準扶貧」的治理理念、治理能力與治理工具——基於政府治理創新視角 [J]. 農業開發與裝備，2018（8）：145-146。

送大學生234名。其中：博士3名，碩士13名，一本52名，普通本科43名，亳州市文科、理科高考狀元各1名，蒙城縣理科高考狀元1名，另外還有5名學子分別留學於美國、英國、德國和加拿大。2000年11月29日，《安徽日報》以「蒙城有個『狀元』村」為題，對葛寒寨村頻出學子的現象進行了專題報道，《安徽科技報》《潁州晚報》以整版的篇幅進行了採訪報道。蒙城縣葛寒寨狀元村因此得名，「學在蒙城」品牌越擦越亮。

農民文化大禮堂是村裏舉辦文化活動的場所。根據村裏實情和工作需要，制定大禮堂全年活動計劃和管理制度，實現建設好、管理好、使用好的要求，依託文化大禮堂陣地，舉辦農民耕讀文化學校葛寒寨教學班，把在家的農村青年、知識分子、種養殖大戶等人員從「牌桌」引向「課桌」，從「教堂」引入「課堂」，從「人場」引到「會場」，對他們進行文化教育補習，同時宣傳黨的政策、法律法規、鄉風文明及脫貧攻堅等知識，牢牢把握基層意識形態主陣地，引領基層輿論新導向。

資料來源：中國社會扶貧網，2018年12月12日

「治貧」必先「治愚」，大力發展農村的文化事業，提高農民的思想文化素質和科學技術水平，是促進農村經濟發展，從根本上改善農民生活的關鍵所在。一方面，發展農村文化事業，有利於推動社會全面進步。由於文化扶貧工程不是單一地就文化抓文化，而是把文化、教育、科學普及等與滿足農民求知、求富、求樂的要求和發展農村經濟緊密地結合起來，這就不僅能使文化更好地為經濟建設這個中心服務，而且能夠使文化更好地與之同步協調發展，促進經濟的快速發展。另一方面，隨着時代的前進、市場經濟的發展，文化與經濟「一體化」的趨勢在增強，文化功能負荷在增值。各種產品的文化含量、文化附加值越來越高，文化也不再是單一地滿足人們的娛樂要求，而是要在更大範圍內為經濟發展提供精神動力和智力支持。

案例：涼山：從「扶貧創新」到「創新扶貧」

侯遠高（2018）基於鄉村社工在涼山精準扶貧中的行動，認為扶貧工作的範疇應該擴大為圍繞貧困人口開展的各種支持和服務。其所在的公益組織在涼山彝族貧困區開展了彝族婦女手工產品發展計劃、支持撫養孤兒的老人養豬項目以及「借羊還羊、禮品傳遞」等項目，並進一步提出了賦權式扶貧的策略和方法[1]。賦權式扶貧是借用社會工作中的賦權理念，從提高貧困群眾的自我發展能力入手，來引導他們解決致貧因素。所謂賦權就是把公民享有的權利還給他們，通過行使這些權利讓自己的處境得到改善。這些權利包括生存權、受教育權、發展權、參與權等。

社會工作組織開展了以涼山彝族貧困女青年為扶持對象的 glow 項目，動員和組織青少年接受系統培訓，普及健康知識，提高他們的自我保護意識和能力；此外還針對涼山的貧困人口識字率低等困境，建立「入戶動員知識培訓、技能培訓、就業安置、跟進回訪、法律援助」的人力資源開發模式，培訓和安置了 600 多名 17—24 歲的彝族女孩到城市就業。該項目標順利實現，徹底改變了這些女孩的命運，使其遠離了毒品和艾滋病的威脅，也幫助其家庭實現了脫貧目標。

與此同時，作者提出了社區綜合扶貧的方法，即在一個貧困社區（村或鄉），制訂和實施社區綜合發展規劃，以探索鄉村重建的模式。

資料來源：中國社會工作，2018 年 7 月 21 日

貧困是一切苦難中必須首先根除的苦難。「堅決打贏脫貧攻堅戰，讓貧困人口和貧困地區同全國一道進入全面小康社會」是中國共產黨的莊嚴承諾。2015 年底，國務院扶貧辦發佈推進實施精準扶貧「十大工程」，首次將電商扶貧納入扶貧政策體系，指出要採用電商扶貧方式使貧困地區、

1 侯遠高：從「扶貧創新」到「創新扶貧」的實踐與反思 ——鄉村社工在涼山精準扶貧中的行動研究報告之二 [J]. 中國社會工作，2018（24）：15-17。

貧困人口共享經濟發展的紅利。作為國務院扶貧辦主管的唯一全國性社會扶貧網絡平台，中國社會扶貧網充分發揮「互聯網＋」的社會扶貧巨大優勢，建立扶貧商品專屬的電商平台，積極探索電商扶貧新路徑。

中國社會扶貧網利用「互聯網＋」社會扶貧新模式，貫徹精準扶貧新方略，深度運用大數據，構建了連接貧困戶與貧困地區脫貧多元化需求和社會愛心資源扶持的網絡對接平台。截至 2016 年 8 月 7 日，平台註冊用戶已突破 3341 萬人，遍佈全國（不含港、澳、台）31 個省（區、市），2937 個縣，29 萬個行政村[1]。已累計發佈幫扶需求 340 萬條，對接成功率 70%，平台已有 390 萬愛心人士為 217 萬貧困戶提供健康、教育、住房設施改善等方面的救助。其電商扶貧平台堅持對商品生產、加工、包裝、物流、銷售等環節進行扶貧屬性認證，確保貧困戶在商品營銷利益鏈條中的長期收益，對於偏遠農村的精準扶貧發揮了重要作用。

根據上述現狀以及案例分析，本章將創新扶貧的經驗總結為以下幾點。

（1）改革經濟體制，打造區域特色產業。

在市場經濟體制下特色產業是每一個區域經濟的核心競爭力，也是每一個地區打造自身經濟資源優勢的核心紐帶。在創新性經濟政策引導下，區域政府實施精準扶貧要以深化經濟體制改革為根本之策，通過調整社會生產力關係來引導區域原有產業發展，同時要樹立創新性思想意識，結合本地區優質資源打造特色產業集群。以特色經濟產業為引導，創新經濟發展模式帶領地區貧困群眾共同致富。

（2）切實做好貧困群眾的思想工作。

在新的經濟發展時期，創新精準扶貧工作模式就要以政府領導為動員主體，做好貧困群眾的思想動員工作。首先要幫助貧困群眾樹立去除貧困

1　農產品電商，社會扶貧電商，電商平台，中國社會扶貧網，2018. https://www.zgshfp.com.cn/pages/shoppingMall1.html?w=3.

的思想認識，要從根本上加強貧困群眾的思想教育，以政策為引導、以思想教育為手段，引導貧困地區黨員幹部和人民群眾轉變觀念。其次，要以區域政府為主體積極主動開展精準扶貧工作，要讓先富起來的人民群眾幫助貧困的人民群眾，要讓貧困的人民群眾團結起來共同奮鬥，以擺脫生活貧困為導向，從根本上突破經濟條件限制。最後，黨員幹部要切實發揮自身的領導帶頭作用，有幫帶能力的黨員幹部要與貧困群眾結成一對一幫扶對子，帶動群眾共同致富，要通過細心工作和耐心引導發動貧困地區幹部群眾艱苦奮鬥、自力更生。根據本地區的資源優勢打造創新型經濟產業，創新經濟發展模式，共同致富。

（3）政府扶貧與社會扶貧相結合，推動社區參與。

近年來隨着中國經濟的快速發展，人民生活水平的提高，社會上熱衷於公益和扶貧工作的志願者越來越多。各類社會企業、組織團體也都熱衷於社會公益事業，都在竭盡所能幫助貧困對象。扶貧開發是社會民生事業的一項系統工程，需要社會各方面力量一起努力，既要動員黨政機關事業單位進行一對一幫扶，選定特定幫扶對象，對其在思想、文化教育、家庭經濟來源方面予以指導，也要在經濟方面進行特定幫助。

（4）做好貧困人口的教育培訓工作。

創新精準扶貧模式最關鍵的一點是要做好群眾的教育培訓工作。經濟落後地區的群眾之所以貧困，很大程度受到「讀書無用論」的影響，對文化教育的重視程度不夠，忽略了學習和知識的重要性。對文化教育的忽視，不僅降低了貧困群眾的脫貧能力，還會導致貧困基因世代相傳，教育扶智的關鍵是要讓貧困人口公平享受公共教育資源，而不能讓貧困群眾的孩子無書可讀、無學可上。地區政府要想方設法改變當地基礎辦學條件，以創新性思路作為發展引導，打造創新型教育模式；要重視貧困人口的教育，努力提升其素質；要完善現代信息教育網絡建設，開設網上課堂；要在落實各項教育政策的前提下打造創新型教育產業，通過加強貧困人口的教育培訓來提升其素質，激發其創新意識，以文化和知識為引導促進區域經濟發展和轉型。

（5）以生產發展為主線。

在中共中央新的精準扶貧戰略引導下，地區政府還要做好生產發展工作，以幫助貧困群眾改變生活狀態、打造區域特色資源優勢為導向發展特色經濟產業。地區政府要想增強區域經濟實力，最有效的途徑就是樹立創新性發展思路，促進本地區內經濟產業轉型和升級，結合互聯網技術和現代信息技術，運用「互聯網＋」戰略大力發展特色種植養殖產業、旅遊產業和服務產業，引導貧困群眾共同創業，走出一條適合區域經濟發展的特色產業道路。

第十八章　總結

自 1949 年中華人民共和國成立以來，中國扶貧事業已經走過 70 年的歷程，從最初篳路藍縷、跌跌撞撞到改革開放時期「摸着石頭過河」，再到 21 世紀「取得決定性進展」，國家和人民克服重重困難，才取得了今日的非凡成就，積累了諸多有益經驗，為全世界的反貧困事業作出了突出貢獻。

本書以政策文件、統計報告和典型範例為基礎，綜合國內外學術研究，系統描述了中華人民共和國成立以來中國的扶貧理論和實踐概貌，涉及政策體系、體制機制、治理結構、能力建設及實現路徑等多方面內容，總結中國特有的扶貧理念與方式，列舉實例，具體分析成功原因，深度挖掘成功經驗，並提出建議。

第一節　本書要旨

中國扶貧事業始於 1949 年中華人民共和國成立，至改革開放前這 30 年間，政府以救濟式扶貧為主，通過直接發放救濟金、救濟糧或低息、無息貸款等方式支援貧困人口。20 世紀 80 年代初期，扶貧工作向幫助生產為主、無償救濟為輔的模式轉型，信貸扶貧、以工代賑都是這一階段的扶貧手段。1986 年，貧困地區經濟開發領導小組成立，中國開啟了統籌規劃扶貧的新階段，按貧困標準劃分的「貧困縣」作為扶貧工作重點登上歷史舞台。1994 年，中國出台《國家八七扶貧攻堅計劃》，這是中國第一個系統化的扶貧政策，以解決農村溫飽問題為目標、開發式扶貧為途徑，通過政策傾斜、產業扶持、基礎設施建設等措施推進扶貧攻堅。進入 21 世紀後，中國普遍貧困基本緩解，貧困人口開始出現零散化分佈，中國也相應地調整扶貧戰略，以整村推進為扶貧工作模式，取得了良好效益。隨着貧困人口進一步減少，2010 年，中國將集中連片特困區作為扶貧工作重點，加強跨省協作，整體規劃產業發展。2013 年，習近平首次提出「精準扶貧」概念，此後這一概念不斷得到深化和發展，中國扶貧事業實現新跨越。進入「十三五」以後，中國扶貧攻堅任務到了最後的衝刺階段，解決深度貧困地區的貧困問題成為當務之急，為此，中國出台了一系列政策推進貧困地區多領域、全方位發展，以深度提升貧困群眾內在發展能力，切實確保脫貧群眾不返貧。

縱觀 70 年的扶貧歷程，中國扶貧工作歷經了「自上而下」到「自下而上」、「菜單式」到「訂單式」、「學後幹」到「幹中學」、「政府主導」到「市場主導」、「供給側」到「需求側」的機制轉變，扶貧工作不斷深化和發展。針對不同時期的不同貧困問題，中國政府先後通過輸血救濟式扶貧、以工代賑、以縣為中心、整村推進、片區扶貧、精準扶貧、深度扶貧和可持續扶貧等扶貧方式，推進扶貧攻堅事業長足發展。

同時，中國也在不斷探索中建立了政府、市場、社會協同合作的扶貧治理結構，形成了經濟扶貧、法制扶貧、道德扶貧、內生動力扶貧的全方位多領域扶貧機制，健全了中國特色扶貧政策體系，藉助行政手段和力量，充分發揮市場機制，引導社會力量參與，汲取國際先進理論與實踐經驗，提高貧困人口脫貧參與度與可行能力，取得了舉世矚目的扶貧成就，扶貧事業的內在發展力也伴隨着扶貧開發建設得以提升。各級扶貧開發領導小組、基層組織和社會組織也為中國扶貧事業的開展提供有力的支撐和保障。

第二節　中國貧困現狀

在中國扶貧取得矚目成就的今天，仍有 1600 多萬同胞生活在貧困線下，中國絕對貧困問題還未徹底解決。準確把握貧困現狀，才能使得中國扶貧事業不斷發展。

一、區域發展不均衡

改革開放之初，為了促進國民經濟快速發展，中國以「先富帶動後富」為理念制定並實施相關政策，而由此帶來的區域發展不均衡問題未能得到很好解決，同時，優質人口向經濟快速增長區域聚集也加劇了發展不均衡的狀況。中國農村整體經濟水平低於城市，2017 年，中國城鎮居民人均可支配收入 36 396 元，人均消費支出 24 445 元，農村居民人均可支配收入 13 432 元，人均消費支出 10 955 元，城鄉居民收入和消費水平差距明顯[1]；中西部地區經濟發展較東部地區遲緩[2]，2016 年，西部地區農民人均可支配收入僅為東部地區農民的 64%[3]，且產業結構也更為單一，以傳統農業生產為主。在區域發展不均衡的大背景下，貧困人口的分佈也呈區域性集中，按現行國家農村貧困標準測算，一半以上的農村貧困人口仍集中在西部地區。以五年累計脫貧人口下降幅度看，東部地區脫貧速度快於中西部地區，2012—2017 年，東部地區為 78.1%，中部地區為 67.7%，西部地區為

1　中華人民共和國 2017 年國民經濟和社會發展統計公報。

2　中部地區：包括山西、吉林、黑龍江、安徽、江西、河南、湖北和湖南 8 個省份。
西部地區：包括內蒙古、廣西、重慶、四川、貴州、雲南、西藏、陝西、甘肅、青海、寧夏和新疆 12 個省（區、市）。
東部地區：包括北京、天津、河北、遼寧、上海、江蘇、浙江、福建、山東、廣東和海南 11 個省市。

3　國家統計局：中國統計年鑒 2017。

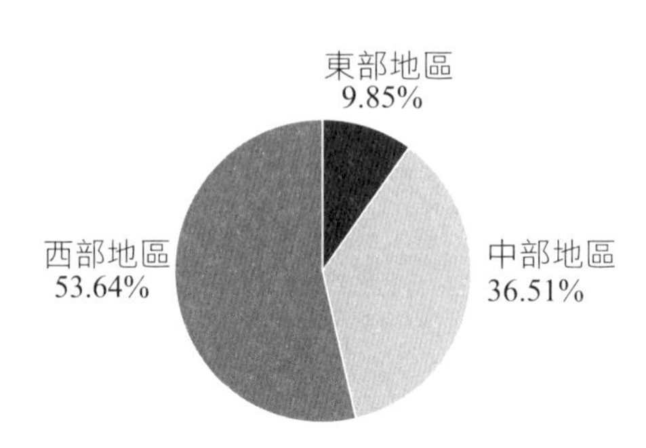

圖 18-1 2017 年中國貧困人口分佈情況

資料來源：國家統計局住戶調查辦公室：扶貧開發成就舉世矚目 脫貧攻堅取得決定性進展[N]. 中國信息報，2018-09-04（1）

67.9%。[1] 如圖 18-1 所示為 2017 年中國貧困人口分佈情況。

區域發展不均衡還體現為區域發展與扶貧開發有效銜接不足，即當地發展不能帶動貧困人口脫貧，主要有三種情況：第一，區域內貧困人口主要集中在位置偏僻、交通不便的邊遠山區，與外界聯通不足，導致區域經濟增長紅利無法覆蓋貧困人口，這樣的地區往往城鎮化進程落後，城鄉二元結構特徵明顯。第二，扶貧開發工作與農村開發建設之間缺乏有效銜接，貧困人口在開發建設或實施項目中沒有直接受益，產業發展和經濟建設對農村居民尤其是貧困人口收入增加的促進作用不足，貧困個體的脫貧效果不明顯。第三，區域經濟增長本身不能帶動貧困人口脫貧，而在經濟增長過程中出現的收入分配不均更會抑制或抵消其減貧效果。

二、脫貧難度加大

2018 年末，中國仍有 1660 萬貧困人口亟須脫貧[2]。據建檔立卡數據顯示，目前貧困人口超過 300 萬的還有 5 個省區，貧困發生率超過 18% 的貧

1 國家統計局住戶調查辦公室：扶貧開發成就舉世矚目 脫貧攻堅取得決定性進展[N]. 中國信息報，2018-09-04（1）。

2 中華人民共和國 2017 年國民經濟和社會發展統計公報。

困縣有229個、超過20%的貧困村有2.98萬個。按照這些縣和村前幾年每年貧困發生率下降3—4個百分點的速度，在剩餘時間內完成脫貧任務十分艱巨。特別是「三區三州」[1]基礎條件薄弱，致貧原因複雜，脫貧難度更大。[2]

當前，中國貧困人口大多集中在自然環境惡劣、生活水平低下的邊遠山區，地區經濟發展緩慢，基礎設施落後，貧困人口眾多，且居住分散，自我發展能力低下，扶貧成本高、難度大。以甘肅省秦巴山片區為例[3]，2015年，片區內有1365個建檔立卡貧困村，佔片區行政村總數的42%，建檔立卡貧困人口52.1萬人，貧困發生率為21%，高於當年連片特困地區發生率7個百分點[4]。區內農村居民人均可支配收入為全國的47.3%，尚未通瀝青（水泥）路的行政村289個，佔行政村總數的9%；未通硬化（沙化）路的自然村7571個，佔自然村總數的56.2%；尚有13.5%的貧困戶未解決飲水安全問題，37.1%的貧困戶危房尚未改造。

同時，中國現有貧困人口中因病因殘致貧比例居高不下，2017年分別超過40%和14%，65歲以上貧困老人佔比超過16%，內生動力不足佔比超過14%。[2]現在剩下的因病致貧人口「多數是病情重、條件差的群眾，且很多疾病都是長期的、慢性的、易復發的」[5]，這一部分貧困人口生產能力低下，內生動力和活力嚴重不足，需要強有力的針對性政策和措施才能解決他們的貧困問題。

集中連片特困區跨省分佈也加大了脫貧難度。由於現行扶貧政策和措施多以行政區劃統籌安排，即便同在一個片區，資金投入和項目建設仍由

---

1 「三區三州」: 西藏、四省藏區、新疆南疆四地州和四川涼山州、雲南怒江州、甘肅臨夏州。

2 脫貧攻堅開啟新征程，譜寫新篇章 . http://f.china.com.cn/2018-03/05/content_50660481_2.htm.

3 http://www.gansu.gov.cn/art/2017/6/15/art_4786_310679.html.

4 國家統計局：中國農村貧困監測報告2017。

5 https://baijiahao.baidu.com/s?id=1615304268927211169&wfr=spider&for=pc.

貧困地區所在省市集中規劃，片區內跨省協調聯動機制仍未建立健全，扶貧資源難以共享，尤其是涉及區域發展的重大利益問題難以協調，實際上削弱了扶貧效力。另外，片區內位於省際交界的貧困人口往往處於被邊緣化的狀態，加大了脫貧難度。

三、返貧現象時有發生

在中國現有貧困人口當中，有很大一部分是返貧人口。數據表明，自2000 年以來，中國農村返貧率通常維持在 20% 以上，部分年份甚至達到60% 以上，如 2009 年的貧困人口中超過 62% 的人口是返貧人口。從區域看，西部地區是返貧高發地區，返貧率通常在 20% 以上，個別省份甚至高達 50% 以上。[1]

返貧人口大多十分脆弱，處於極不穩定的狀態。[1] 他們的收入水平受經濟波動影響大；一些居住在自然災害頻發、生態脆弱區域的脫貧人口，因為抵禦災害能力不足，在自然災害發生後很容易返貧；另一些脫貧人口因病返貧、因殘返貧。[2] 究其根本，還是在於返貧人口的「可行能力」沒有真正得到提升，沒有做到真脫貧。這與前期扶貧工作中追求短期效益、貧困戶參與度不足和社會保障體系不完善等因素密切相關。

四、貧困退出機制亟待完善

當前，中國扶貧事業已經取得巨大成就，貧困規模減小，但農村貧困退出方面呈現出被動退出、退出數量少和退出效果不佳的情況。以貧困縣的退出為例，有數據表明，自 1994 年以來，中國國定貧困縣的退出比例

---

1 楊立雄：高度重視扶貧攻堅中的返貧問題 [J]. 中國民政，2016（5）：18-20。

2 http://cpc.people.com.cn/GB/64093/82429/83083/16288072.html.

只佔 8.6%，退出數量較少，效果也並不明顯。[1] 貧困地區往往不願意自覺退出，仍希望依賴國家扶貧優惠政策和扶貧資源，加上中國貧困退出機制和制度尚不健全，退出程序尚不明確，都導致了貧困地區退出難的問題。因此對於貧困退出問題需要加以重視。

第三節　思考與建議

一、明確指導思想，加大政策傾斜力度

當前，黨和國家領導人十分重視扶貧工作，推進深度貧困地區脫貧是中國重要的民生工程，也是全面建設小康社會的內在要求。扶貧工作要堅持黨和政府領導，以習近平新時代中國特色社會主義思想為指導，堅持精準扶貧、精準脫貧的基本戰略方針，加大政策傾斜，凝聚全社會之力，攻克貧困難關。

堅持脫貧攻堅與社會主義新農村建設有機結合。中共十九大明確提出「實施鄉村振興戰略」，將扶貧工作與「鄉村振興戰略」結合起來，建立鄉村振興與脫貧攻堅聯動機制，共享政策紅利。

建立健全制度扶貧和法制扶貧，規範扶貧程序，監管扶貧資金，減少貪污腐敗，使扶貧工作有法可依、有法必依、執法必嚴、違法必究，切實提高扶貧工作效率，維護社會公平。

完善精準識別機制，因地制宜，因人施策，實現針對貧困人口的精準幫扶；同時，建立明確的貧困退出機制和制度，避免扶貧資源浪費，保證扶貧工作的精準性。

1　林科軍：新常態下農村貧困退出機制研究 [J]. 農業經濟，2018（5）：74-75。

二、打破行政體制固化，實現跨省連片治理

高效合理的政府機構設置和行政體制安排，是建設社會主義現代化強國的重要組成部分[1]，這就要求政府「統籌使用各類編制資源，形成科學合理的管理體制」，「賦予省級及以下政府更多自主權」[2]。同樣，政府在扶貧工作中也要注重體制改革，加強部門間合作，或設立合署辦公，多領域、全方位推動貧困地區脫貧。在集中連片特困地區，片區行政區域的異省分佈導致區塊分割，使得扶貧資源相對分散，體制僵化問題較為突出。片區內各省間要通過建立協商機制、統一工作目標、加強合作交流、共享信息資源、完善經辦流程、統籌建設項目等措施，減少跨省治理在具體執行中的阻力，實現區域性整體脫貧。

三、促進產業培育，激發貧困人口脫貧內生動力

貧困群眾是脫貧主體，其內生動力沒有調動起來，就會出現「一扶就脫貧，不扶又返貧」的被動狀態，不能從根本上解決問題。[3]貧困人口脫貧，需要的是從根本上激發貧困人口積極性、主動性，可持續的長效減貧機制，其核心是可持續的增收機制。立足於農村的產業培育，才是支撐這一機制長效運轉的有效動力。

首先，應依託地方特色優勢資源，建立現代化的農村產業體系，通過轉變農業生產方式，提高農業生產力，逐步建立起以規模化、集約化、綠色化、工業化和社會化為特徵的新型農業生產方式[4]。其次，應促進農業與

1 十九大明確了政府機構和行政體制改革的三大方向 . http://www.china.com.cn/opinion/think/2017-10/19/content_41759366.htm.

2 習近平：決勝全面建成小康社會　奪取新時代中國特色社會主義偉大勝利 —— 在中國共產黨第十九次全國代表大會上的報告 . http://www.gov.cn/zhuanti/2017-10/27/content_5234876.htm.

3 讓貧困群眾內生動力再增強 . http://news.ifeng.com/a/20170716/51438699_0.shtml.

4 魏後凱：2020 年後中國減貧的新戰略 [J]. 中州學刊，2018（9）：36-42。

第二、第三產業的融合，拓展農業多維發展渠道，形成生產、加工、銷售鏈條，提高初級農產品附加值；挖掘和提煉農村文化內核與生態文明，推動旅遊業、餐飲業的發展，助力農民尤其是貧困人口創收，培育其可持續發展能力。最後，還要開展貧困群眾職業技能培訓，引進專業技術人員參與產品生產與創新，為涉農產業的長足發展奠定堅實的基礎。

四、提高公共服務水平，改善農村生活條件

貧困地區脫貧，根本目標在於讓人民生活得更加幸福。完善的生活設施和公共服務也是人民生活幸福美滿的重要保障。現階段，大部分貧困人口的衣食住行問題已經得到解決，對於少數深度貧困地區，通水、通路、通網仍是人民熱切期盼卻懸而未決的問題，推進深度貧困地區的基礎建設刻不容緩。同時，貧困地區公共教育、文化體育、醫療衛生等公共服務水平仍然較低，應加大資金投入，首先從加強基礎設施建設開始，再通過政策宣傳、人才引進等方式逐步提高公共服務水平。其次，完善社會保障體系，有效銜接社會救助和扶貧開發，保證貧困人口的基本生存與發展，發揮社會保障的兜底作用。

五、推動廣泛參與

繼續開展東西部對口支援、事業單位幫扶、軍隊幫扶和黨員結對幫扶等黨政機關主導的幫扶項目，同時，大力支持社會組織、民營企業等社會力量參與扶貧，創新參與機制，統籌安排社會扶貧資源，發揮社會組織的橋樑作用和企業的市場導向優勢，讓社會力量參與資金、人才、技術、產業等多方面投入，加強各界的協作交流，減輕中央財政負擔，拓展扶貧帶寬，將其作為傳統扶貧的重要補充，具有重要的經濟、政治和社會意義。[1]

1 激活精準扶貧的社會力量 . http://ex.cssn.cn/zx/bwyc/201805/t20180503_4221079.shtml.

六、隊伍建設

當前，中國扶貧工作進入最後衝刺階段，更加需要高素質、專業化的工作隊伍，貫徹落實中央精神和相關決策。通過加強組織領導，統籌規劃安排，明確脫貧責任；開展針對性培訓，提升工作能力；嚴明工作紀律，完善監督機制等措施，確保扶貧工作在組織層面的實效性。各級幹部是中國扶貧工作的中堅力量，要自覺發揮真幹實幹、勇於擔當、無私奉獻的精神，為改善民生福祉，全面建成小康社會、實現人民對美好生活的嚮往而不斷奮鬥。

第四節　2020 年扶貧工作展望

回看中國 70 年的扶貧之路，縱然荊棘叢生，但在黨和政府的帶領下，全國人民齊心協力，找到了一條符合中國國情的、具有中國特色的扶貧開發道路，取得了舉世矚目的脫貧成就。尤其是中共十八大以來，中國農村脫貧進程明顯加快，貧困群眾生活水平明顯提高，貧困地區面貌明顯改善。

2015 年年底，《中共中央國務院關於打贏脫貧攻堅戰的決定》（以下簡稱《決定》）出台，提出到 2020 年，確保現行標準下農村貧困人口全部脫貧，貧困縣全部摘帽，解決區域性整體貧困。《決定》實施以來，中共中央、國務院總結原有脫貧經驗，堅持「黨和政府領導、群眾主體、社會參與」的基本扶貧制度，始終將提高貧困地區和貧困人口的自我發展能力作為脫貧目標，在發展中解決貧困問題，同時不斷推進扶貧戰略、治理結構和資金管理創新，建立健全精準扶貧干預體系，及時、有效地對扶貧工作進行動態調整。四年來，扶貧工作不斷向前推進，深度貧困地區脫貧增速，扶貧腐敗和作風問題的治理初見成效，扶貧人才培育得到重視。

當前，距離全面打贏脫貧攻堅戰最後時間節點不到一年，中國扶貧事業進入攻堅克難的關鍵時期。我們深刻地認識到扶貧工作的緊迫性和艱難性：深度貧困地區貧困成因複雜、脫貧工作困難重重，城鄉發展不平衡的問題仍舊突出，返貧現象依舊存在，現行標準貧困人口全部脫貧任重道遠。接下來，中國仍將以解決深度貧困地區的貧困問題為重點，針對深度貧困地區產業落後、勞動力素質低下和老病殘聚集的基本狀況，通過產業發展、人才培養（勞動力、扶貧幹部兩方面）、社會事業建設等途徑，不斷推動群眾脫貧和地區可持續發展。同時，確保扶貧工作全覆蓋：依託全國扶貧信息開發系統，逐戶核實貧困人口狀況，防止工作死角出現；落實扶貧工作監測和考核評估，避免「數字扶貧」和虛假扶貧；動態調整扶貧工作，保證貧困退出機制順利運行和對非貧困地區貧困人口的扶持力度；鼓勵國有企業和社會力量助力脫貧，鼓勵東西合作助力產業發展，吸引鄉村人才回流；加強脫貧攻堅與其他農村發展戰略的銜接，幫助脫貧人口提升穩定脫貧能力，鞏固脫貧攻堅成果。[1]

行百里者半九十，越到緊要關頭，我們越要堅定必勝的信念，迎難而上，不懈奮鬥。只要黨和國家各部門切實承擔責任、真抓實幹，只要廣大幹部群眾繼續奮發進取、埋頭苦幹，只要全國各族人民團結一心、咬定目標加油幹，就一定能如期打贏脫貧攻堅這場硬仗。[2]

另外，2020 年消除絕對貧困並不意味着扶貧工作的結束，當中國從中低收入國家邁入中等收入國家後，新的貧困問題將會凸顯出來。[3,4]

---

1 http://www.scio.gov.cn/xwfbh/xwbfbh/wqfbh/37601/39447/wz39449/Document/1643439/1643439.htm.

2 http://www.cpad.gov.cn/art/2018/10/17/art_2622_90285.html.

3 雷明：提升貧困群體可持續發展能力 [N]. 中國社會科學報，2018-11-21（3）。

4 2020：中國扶貧不惑之年的新門檻 . https://pit.ifeng.com/a/20180708/59057998_0.shtml.

首先，相對貧困將持續存在[1]，社會中一定比例的人群收入低於社會中其他人群，解決這部分人口的相對貧困問題將是 2020 年後扶貧工作的重點；其次，貧困將更多地表現為教育、醫療、文化等各方面的發展落後狀態，徹底改善貧困人口的發展能力狀況，對扶貧工作深度與廣度的要求更加嚴格；再次，貧困標準是隨着國家經濟發展而不斷變化的，確保脫貧人口不因貧困線提高而返貧、保障扶貧可持續性尤為重要；最後，統籌城鄉貧困治理是扶貧工作的終極目標，隨着城鎮化進程的加快和城鄉二元結構的改善，貧困人口將逐步從農村向城市集中，扶貧工作的重點也要及時向城市傾斜。[2]

未來，中國扶貧工作需要根據國情不斷改革體制機制，在總結以往脫貧攻堅經驗的同時創新扶貧理論與戰略，針對不同形式的貧困制定、實施相應政策，持續推進中國特色減貧開發事業。改革不停頓，扶貧不鬆勁，才能從根本上解決中國前進中面臨的困難和問題，為實現中華民族偉大復興的中國夢和全面建成社會主義現代化強國奠定堅實的基礎。

1 雷明：扶貧戰略新定位與扶貧重點 [J]. 改革，2016（8）：74-77。

2 陳明珠：改革開放四十年的扶貧進程與展望 [J]. 中共珠海市委黨校珠海市行政學院學報，2018（5）：25-31。